出土戰國文獻字詞集釋

曾憲通　陳偉武　主編

禤健聰　編撰

卷二（上）

中華書局

卷二部首目録

卷 二

小 川

𝌆 秦駰玉版"小子"合文

𝌆 石鼓文・而師"小大"合文　𝌆 石鼓文・汧殹"小魚"合文

○**張守中**（1994）　（編按:睡虎地簡）通少　小孤　日乙二四三。

《睡虎地秦簡文字編》頁 11

○**何琳儀**（1998）　（編按:陶彙5・73"咸鄲小有"）秦陶小,姓氏。小氏宜出於小顥。見《路史》。

《戰國古文字典》頁 321

△**按**　"小、少"古本一字,秦系分化爲"小、少",然仍混用無別;六國通用"少"兼表後世小、少二詞之義。貨幣文"小曲"與"少曲"並見。

【小子】秦駰玉版

○**李零**（1999）　"小子",貴族子弟自稱"小子",兩周金文常見這種説法。

《國學研究》6,頁 530

【小夫】睡虎地・日甲 3

○**李學勤**（1985）　讀者可能覺得"郡"和小夫兩詞像是秦人之語。按楚國早在悼王、威王時即設有宛、黔中等郡。簡文"小夫四成"不易解,但與《商君書・境内》軍爵一級以下的小夫也未必有什麼關係。這段話作爲楚人語,還是完全可以的。

《江漢考古》1985-4,頁 61

○**睡簡整理小組**（1990）　《商君書・境内》:"軍爵自一級已下至小夫,命曰校、徒、操士。"小夫,當指無爵位者。

《睡虎地秦墓竹簡》頁 181

○**劉樂賢**（1994）　　李學勤先生云：“‘小夫四成’不易解，但與《商君書·境內》軍爵一級以下的小夫也未必有什麼關係。”此説不確，本篇的“小夫”與《商君書》的“小夫”是相同的。“小夫”的意義與“匹夫”相近。《莊子·列禦寇》：“小夫之知，不離苞苴竿牘。”疏：“小夫，猶匹夫也。”《潛夫論·交際》：“孟軻辭禄萬鍾，小夫貪於升食。”馬王堆帛書《十大經·前達（編按：“達”當作“道”）》：“正名不奇，奇名不正。正道不殆，可後可始。乃可小夫，乃可國家。小夫得之以成，國家得之以寧。”此處的“小夫得之以成，國家得之以寧”正與《日書》的“邦郡得年，小夫四成”可以互相印證。又何雙全認爲“小夫”是“小嗇夫”的漏寫，不確。

　　　　　　《睡虎地秦簡日書研究》頁 24—25，1994；《文物》1994-10，頁 38 與此略同

○**李家浩**（1999）　　劉樂賢先生指出，此注對“小夫”的解釋是正確的，但證據不夠充分，所以他補充了《莊子·列禦寇》《潛夫論·交際》和馬王堆漢墓帛書《十大經·前道》等一些書證。其實“小夫”除了見於上列文獻外，還見於下列資料。1980 年山東龍口市石良鎮出土西周早期小夫卣：“小夫乍（作）父丁寶旅彝。”敦煌寫本《文子·道德》：“小夫行之，身受大殃；大人行之，國家滅亡。”據小夫卣銘文，“小夫”之稱，至少在西周早期就已出現。

　　　　　　　　　《著名中年語言學家自選集·李家浩卷》頁 381，2002；
　　　　　　　　　　　　　　　　　　　原載《史語所集刊》70 本 4 分

△**按**　　睡虎地簡《日書》甲 3 云“陽日，百事順成。邦郡得年，小夫四成”，“小夫”九店楚簡《日書》作“少夫”（簡 56·26），“小、少”爲秦、楚用字差別。參“少夫”條。

【小内】

○**劉樂賢**（1994）　　（編按：睡虎地·日甲 100 正）此處“大内”並非古籍中的常用義。“内”指内室、臥室。“大内”指大臥室。《日書》甲種“相宅篇”有“小内”，指小臥室。

　　　　　　　　　　　　　　　　　　《睡虎地秦簡日書研究》頁 127

【小曲】貨系 32

○**何琳儀**（1998）　　周空首布“小曲”，讀“少曲”，地名。

　　　　　　　　　　　　　　　　　　　《戰國古文字典》頁 321

○**崔恆昇**（2002）　　貨系 32 空首布：“小曲市南。”小曲讀爲少曲。

　　　　　　　　　　　　　　　　　　《古文字研究》23，頁 219

△**按**　　小曲，貨幣、兵器等銘文多作“少曲”。參“少曲”條。

【小廄南田】官印 0030

○**羅福頤等**（1987）　小田南廄。

《秦漢南北朝官印徵存》頁 6

○**牛濟普**（1988）　"小田南廄"也是一方秦代的廄印，但很難判斷識讀順序，姑以正讀釋之。

《中原文物》1988-4，頁 70

○**王輝**（1990）　小廄南田。此印《官印徵存》釋"小田南廄"，不確，以小田南作廄名也不見文獻。秦有小廄，周銑詒《共墨齋藏古鉢印》（又見《官印徵存》0029）有"小廄將馬"印。又 1976 年臨潼秦陵區上焦村出土陶盆、陶罐（76D、G29）刻文有"小廄"。袁仲一先生《論秦的廄苑制度——從秦陵馬廄坑出的刻辭談起》釋爲三，但三字不應豎刻，且三豎不平行，左右二筆外撇，應釋爲小。"小廄南田"是小廄附近的公田，以供放牧官有馬牛。秦簡記載，秦時公馬牛常到各地放牧（《廄苑律》）。

《文博》1990-5，頁 244

○**王人聰**（1990）　此印有田字格，印文右起交叉讀。小廄，廄名。1976 年秦始皇陵東側馬廄坑出土的銅器、陶器上刻辭，記有秦宮廷廄苑名稱，如"大廄、中廄、宮廄、左廄、小廄"。其中陶盆和陶罐的刻辭"小廄"原簡報釋爲"三廄"，不確。今據銘文拓本，審其字形結構，與此印文的"小"字相同，應釋爲"小"。此印文的"小廄"正可與陶文的"小廄"互爲印證。小廄與刻辭中的"大廄、中廄"，正好是一組廄苑的名稱。印文"田"指田官，見上"廄倉田印"考釋。此印係管理屬於小廄官田的田官所用之印。

《古璽印與古文字論集》頁 55，2000；原載《秦漢魏晉南北朝官印研究》

【小廄將馬】官印 0029

○**羅福頤等**（1987）　小馬廄將。　《漢書·霍光傳》："昌邑王使官奴騎乘皇太后小馬車游戲掖庭中。"張晏注："漢廄有果下馬，高三尺以駕輦。"師古注："小馬可於果樹下乘之，故曰果下馬。"

《秦漢南北朝官印徵存》頁 6

○**王輝**（1990）　小廄將馬。小廄之釋見前文，《官印徵存》讀作小馬廄，以爲所養爲果下馬，非是。

《文博》1990-5，頁 246

○**王人聰**（1990）　此印與 20 至 24 五印，同一形式，有田字格，印文從右上角讀起，作交叉讀，各印應讀爲"龍廄將馬、左廄將馬、右廄將馬、小廄將馬"。這六方印都是廄官所用之印,而非軍官廄將之印。秦漢之際的半通印中有"廄印"及廄印封泥,是廄官有印的明證。《漢書·百官公卿表》"太僕,秦官,掌輿馬……屬官有大廄、未央、家馬三令……又車府、路軨、騎馬、駿馬四令丞,又龍馬、閑駒、橐泉、騊駼、承華五監長丞",注:"如淳曰:橐泉廄在橐泉宮下,騊駼,野馬也。"據如淳所說,可知龍亦爲廄名,印文之"龍廄"可能即是龍馬廄之省稱。其他各印之"左廄、右廄、小廄"也是廄名。前述 1976 年秦始皇陵東側馬廄坑出土秦代陶器刻辭,記有秦馬廄名稱如"左廄、小廄",正可與印文互爲印證。將馬,當係掌管飼養、放牧廄中馬匹事務的官吏名稱。秦簡《廄苑律》:"將牧公馬牛,馬[牛]死者,亟謁死所縣,縣丞診而入之……其大廄、中廄、宮廄馬牛[殹],以其筋、革、角及賈[價]錢效,其人詣其官。"簡文中的"將牧公馬牛",意思就是率領牧放公家的馬牛,也即是簡文中所提到的大廄、中廄、宮廄所豢養的馬牛。主管其事的官吏名稱,簡文雖未提及,但與印文參照,可能就是印文所署的"將馬"。秦代官名與"將"字連稱的還有"將行、將作少府"(見《漢書·百官公卿表》)、"將粟"(見下秦"鈺將粟印"),這些都可作爲釋"將馬"爲官稱的旁證。

　　　　《古璽印與古文字論集》頁 56,2000;原載《秦漢魏晉南北朝官印研究》

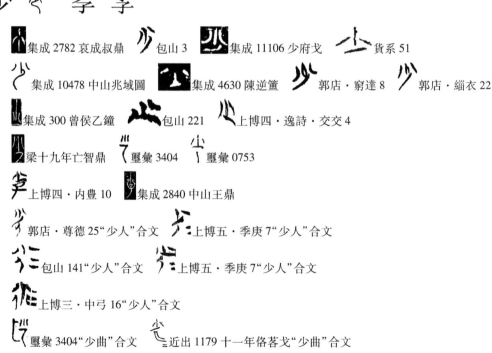

集成 9452 長陵盉"少府"合文　天星觀"少韋"合文　信陽 2·11"少雜"合文

○**中大楚簡整理小組**(1977)　楚簡大小之小均寫作少,爲戰國楚人用字的習慣。

《戰國楚簡研究》3,頁 14

○**中大楚簡整理小組**(1977)　(編按:望山 2·47)少即小,古文字中少、小每通用不分。

《戰國楚簡研究》3,頁 46

○**張政烺**(1979)　(編按:中山王鼎"孝君")孝,金文常見,舊以爲小子二字之合文。此句及下文"事孝如長"皆是單音,知當爲少長之少字,蓋从子小,小亦聲。

《古文字研究》1,頁 224

○**趙誠**(1979)　(編按:中山王鼎"孝君")子字《說文》古文作孝,與本銘孝字形近,在此爲幼、小之義,故以少釋之。

《古文字研究》1,頁 254

○**吳振武**(1983)　0753 長孝·長少。

《古文字學論集》(初編)頁 494

○**黃錫全**(1993)　(編按:貨系)

147	心	□	少或水	古文字中水有省兩點者	周	空

《先秦貨幣研究》頁 350,2001;

原載《第二屆國際中國古文字學研討會論文集》

○**張守中**(1994)　(編按:睡虎地簡)通小　少額是胃少楮　日甲一三〇。

《睡虎地秦簡文字編》頁 11

○**何琳儀**(1998)　孝,从子,从小,會少小之意。小亦聲。少之異文。

中山王鼎"孝君",讀"少君"。《左·哀六年》:"少君不可以訪,是以求長君。"

《戰國古文字典》頁 321

十一年庫嗇夫鼎少,姓氏。少姓出於少典。見《元和姓纂》。

《戰國古文字典》頁 324

○**李守奎**(2003)　《說文》之尐,即少之或體。楚文字小、少、尐同字。

《楚文字編》頁 51

○**李守奎、曲冰、孫偉龍**（2007）　（編按：上博簡）上列各“少、尐”皆讀爲“小”。“小”下部加撇猶“余”下加撇，皆爲飾符。（中略）

　（編按：上博四·曹沫46、上博五·君子1）楚文字之“小、少、尐”一字異體，尚未分化。上列三字或可讀“少”。

《上海博物館藏戰國楚竹書（一—五）文字編》頁 39

△**按**　“小、少”古本一字，秦系分化，然仍混用無別；六國通用“少”兼表後世小、少二詞之義。又，戰國文字有反寫如屰者，有將中豎寫作兩筆者，皆“少”之異體。中山王鼎、上博四《内禮》簡或增形符“子”，爲年少義之專字，如《内禮》簡 10“爲孨必聽長之命”。

【少人】

○**陳煒湛**（1998）　（編按：包山簡）“小人”一語，文書簡（正獄）所屢見，且皆合文書之（説見前），亦爲訴訟者之自稱。（中略）訴訟中自稱小人者有兩類人：一爲無官無職者，如里人郏傛、邑人黄欽；一爲位卑職微者，如東敓公余卑、敓司馬陽牛、州里公周瘝、司豊之客須某。簡文所謂小人，有如後世百姓見官於公堂之上自稱小民、草民，衙役小吏言於縣令知府自稱卑職、屬下，自屬謙稱。

　　先秦典籍中小人一語屢見，但均含貶義，如《書·無逸》：“高宗時，舊勞于外，爰暨小人。”《易·繫辭下》：“小人不恥不仁，不畏不義。”《論語》尤多以小人與君子對舉，視小人爲卑微不足道、無道德理想可言之賤民。樊遲欲學稼、學圃，即被孔子罵爲小人（《子路》篇：“小人哉樊須也。”）。孔門弟子無一人自稱小人者。與包山簡“小人”之義相近者，則有《左傳》隱公元年：“潁考叔爲潁谷封人，聞之，有獻於公。公賜之食，食舍肉。公問之，對曰：‘小人有母，皆嘗小人之食矣，未嘗君之羹，請以遺之。’”此爲潁考叔與鄭莊公對話時之謙稱，惜僅一見，頗有孤證之嫌。

　　戰國中晚期楚地下級官吏謙稱僕或小人，尊稱地位顯赫之官員爲見日；無官職之平民里人，面對官員則謙稱小人：這是包山楚簡給人們的又一新知識。

《容庚先生百年誕辰紀念文集》頁 583—585

○**程鵬萬**（2006）　（編按：上博三·中弓16）我認爲將“〔字〕”字釋爲“道、順”於字形皆有可商，此當是“小人”的合文。楚簡文字中“小人”二字在連用時多數爲合文。（中略）

　　上博楚簡《仲弓》篇第 16 簡的“〔字〕”字與上舉小人的合文字形一致，只不過是將左側人字寫的較小罷了。

《古文字研究》26,頁 355

△按　楚系文字未見獨體的"小"字,故疑楚簡習見的"小人"合文,當析爲
"少、人"二字,部分合文實"少、人"二字共用撇筆。楚簡有不共用筆畫之例,
如郭店《尊德義》簡 25,有不作合文之"少人"例,如上博四《昭王毀室》簡 2。
"少人"當讀爲"小人"。

【少工佐】集成 10373 長沙銅量

△按　少表副職,少工佐即工佐之副。

【少大】

○**中大楚簡整理小組**(1977)　(編按:信陽 2·18)少(小)大。

《戰國楚簡研究》2,頁 22

○**何琳儀**(1998)　兆域圖"少大",讀"小大"。《禮記·月令》:"制有小大,度
有長短。"

《戰國古文字典》頁 324

△按　信陽簡 2·18"少大十又三",上博二《子羔》簡 1"少大之竈",中山兆域
圖"闊狹少大","少大"即"小大"。"小大"一語自西周金文起習見,如毛公鼎
"小大邦"等。

【少子】集成 4630 陳逆簋

○**何琳儀**(1998)　陳逆臣、鄱侯簋"少子",幼子。《戰國策·趙策》:"長子之
韓,少子之齊。"

《戰國古文字典》頁 324

△按　上博五《弟子問》簡 5"少子,來,取余言","少子"則讀爲"小子",爲文
獻習見之尊長對晚輩的稱呼。

【少夫】九店 56·26

○**李家浩**(2000)　"少夫四城",秦簡《日書》甲種楚除陽日占辭作"小夫四
城"。整理小組注:"《商君書·境内》:'軍爵自一級已下至小夫,命曰校、徒、
操士。'小夫,當指無爵位者。四成,四年成熟。"劉樂賢《睡虎地秦簡日書注釋
商榷》説"'小夫'即'匹夫',就是没有爵位的人。《莊子·列禦寇》:'小夫之
知,不離苞苴竿牘。'疏:'小夫,猶匹夫也。'《潛夫論·交際》:'孟軻辭禄萬
鍾,小夫貪於升食。'……馬王堆漢墓帛書……《十大經·前達(引者按:"達"
應當作"道")》:'正名不奇,奇名不立。正道不殆,可後可始。乃可小夫,乃
可國家。小夫得之以成,國家得之以寧。'此處的'小夫得之以成,國家得之以

寧'與《日書》的'邦郡得年,小夫四成'正可互相應證,都是將'小夫'與'國家'或'邦郡'作比較"(《文物》1994 年 10 期 38 頁)。"小夫"除了見於上引文字中所提到的文獻外,還見於下引的資料:1980 年山東龍口市(原黃縣)石良鎮出土西周早期小夫卣銘文"小夫乍(作)父丁寶旅彝"(李步青、王錫平《建國來煙臺地區出土商周銘文青銅器概述》,《古文字研究》19 輯 70、78 頁圖二·3)。伯希和 3768 號敦煌寫本《文子·道德》:"小夫(通行本"夫"作"人")行之,身受大殃;大人行之,國家滅亡。"據小夫卣銘文,"小夫"之稱至少在西周早期就已出現。

《九店楚簡》頁 80

△按　睡簡《日書》甲 3 作"小夫",參"小夫"條。

【少帀】包山 159、160,曾侯乙 177

○裘錫圭(1979)　少帀(師)——見於《左傳》昭十九年。春秋時隨國也有少師,見《左傳》桓公元年。

《古文字論集》頁 407,1992;原載《文物》1979-7

○裘錫圭、李家浩(1989)　隨國有"少師",見《左傳》桓公六年。

《曾侯乙墓》頁 528

○何琳儀(1998)　隨縣簡"少帀",讀"少師",官名。《左·桓六年》:"隨人使少師董成。"

《戰國古文字典》頁 324

○劉信芳(2001)　《左傳》昭公十九年:"費無極爲少師。"《説苑·至公》:"楚莊王之時,太子車立於茅門之內,少師慶逐之。"周官少師爲"三孤"之一,《尚書·周官》:"少師、少傅、少保曰三孤。"

《包山楚簡解詁》頁 167

【少〓】上博六·鄭壽 4

○陳佩芬(2007)　(編按:辭云"王與之語少〓")"少〓",重文,作"少少",言不多也。《後漢書·度尚傳》:"所亡少少,何足介意。"

《上海博物館藏戰國楚竹書》(六)頁 260

【少內】

○羅福頤等(1987)　(編按:官印 0004)《漢書·丙吉傳》有少內嗇夫。師古注:"少內,掖庭主府藏之官也。"

《秦漢南北朝官印徵存》頁 1

○睡簡整理小組(1990)　(編按:睡虎地·秦律 81)少內,《漢書·丙吉傳》有"少內嗇夫”,注:“少内,掖庭主府臧(藏)之官也。”漢末鄭玄注《周禮·職内》也説:“……若今之泉所入謂之少内。”簡文此處的少内可能也是朝廷管理錢財的機構。另有縣少内,見下《法律答問》及《封診式》。《十鐘山房印舉》卷二有“少内”半通印。

《睡虎地秦墓竹簡》頁 39

○**王輝**(1990) （編按:官印 0004）“少内”印學者或定爲漢初印,然該印與“芷(編按:“芷”是篇原皆誤排作“茝”,今徑改,下同)陽少内”印“少内”二字風格相同,後者羅福頤定爲秦印,前者似不應例外。《漢書·丙吉傳》有“少内嗇夫”,顏師古注:“少内,掖庭主府藏之官也。”鄭玄注《周禮·職内》:“若今泉之所入謂之少内。”秦簡《金布律》:“縣、都官坐效、計以負賞(償)者,已論,嗇夫即以其直(值)錢分負其官長及冗吏,而人與參辨券,以效少内,少内以收責之。”《法律答問》:“‘府中公金錢私貣用之,與盜同法。’可(何)謂‘府中’? 唯縣少内爲‘府中’,其它不爲。”秦簡又屢見“大内”,大内是京師府藏,少内與之相對,當是次一級的府藏,從簡文看,少内當有朝廷與地方兩種,“芷陽少内”即“縣少内”。芷同茝,秦陶文例甚多。《漢書·地理志》:“霸陵,故芷陽,文帝更名。”

《文博》1990-5,頁 241

○**王人聰**(1990) （編按:官印 0066）少内,係掌管金錢出入的財政機構。《周禮·天官冢宰·敘官》“職内”條,鄭注云:“職内,主入也。若今泉之所入,謂之少内。”秦漢時期,縣一級地方政府亦設少内之官,秦簡《法律答問》:“‘府中公金錢私貣用之,與盜同法。’何謂‘府中’? 唯縣少内爲‘府中’,其它不爲。”又《金布律》:“縣、都官坐效、計以負賞(償)者,已論,嗇夫即以其直(值)錢分負其官長及冗吏,而人與參辨券,以效少内,少内以收責之。”由以上所引秦簡資料參證,可知此印係秦代芷(芷)陽縣屬下少内之官所用的官印。

《古璽印與古文字論集》頁 56,2000;原載《秦漢魏晉南北朝官印研究》

△**按** 官印“少内”(官印 0066),又見“芷陽少内”(官印 0004),睡簡《秦律十八種》81 云“而人與參辨券,以效少内,少内以收責之”。

【**少去母父**】集成 2782 哀成叔鼎

【**少央**】

△**按** 見新蔡簡甲二 22、23、24,甲三 1 等,楚卜筮簡中亦有“大央”,與“少(小)央”皆爲卜筮工具。

【**少司馬**】新蔡甲三 233、190

△**按** “少”表副職,少司馬即司馬之副。參卷九【司馬】條。

【少民】上博一・緇衣 6

○**陳佩芬**（2001）　少（小）民（**中略**）

　　此句郭店簡作"君舊員：'日俗雨，少民佳曰惂，晉冬旨滄，少民亦佳曰惂。'"今本作"君雅曰：'夏日暑雨，小民惟曰怨，資冬祁寒，小民亦惟曰怨。'"

《上海博物館藏戰國楚竹書》（一）頁 180、181

【少邦】上博四・曹沫 14

○**李零**（2004）　（**編按**：辭云"少邦處大邦之間"）少（小）邦。

《上海博物館藏戰國楚竹書》（四）頁 252

【少曲】

○**吳振武**（1983）　3404 [字] 敢・少リ（曲）敢。

《古文字學論集》（初編）頁 515

○**李家浩**（1985）　"曲"字原文作"乚"，過去我們釋爲"匕"，讀爲"幣"（見《戰國貨幣文字中的"尙"和"比"》，《中國語文》1980 年 5 期 374、375 頁），是錯誤的。戰國三穿布面文有"上邱陽、下邱陽"，李學勤先生釋"邱陽"爲"曲陽"，以"乚"爲"曲"字（參看李零《戰國鳥書箴銘帶鉤考釋》，《古文字研究》第八輯 61 頁、62 頁注 3），其說甚是。"少曲市南"布的"乚"與"邱"的左旁相同，故改釋爲"曲"。《巖窟吉金圖録》42 頁著録一件戈銘，其地名之字作少，當是"少曲"的合文。《史記・范雎傳》："秦昭王之四十三（**編按**：三，當是"二"）年，東伐韓少曲、高平，拔之。"是"少曲"爲韓地。

《文史》24，頁 20—21

○**吳振武**（1989）　（**編按**：璽彙 3404）[字] 應釋爲"少曲"二字合文，右下方"＝"是合文符號。李零同志和李學勤先生曾釋乚爲"曲"，其說甚是（看李零《戰國鳥書箴銘帶鉤考釋》，《古文字研究》第八輯）。（**中略**）上揭"少曲敢"璽中的"少曲"是複姓，當是以邑爲氏。雲夢秦簡《編年記》曾記秦昭王"卅二年，攻少曲"，整理小組注："少曲，韓地，今河南濟源東北少水彎曲處。"漢印中有"少曲右距、少曲況印"（《漢印文字徵》二・二十、二・一），可爲其證。《古璽彙編》將此璽列入姓名私璽類不確，應改歸複姓私璽類。

《古文字研究》17，頁 274—275

○**睡簡整理小組**（1990）　（**編按**：睡虎地・編年 42）少曲。韓地，今河南濟源東北少水彎曲處。

《睡虎地秦墓竹簡》頁 9

○**蔡運章、楊海欽**（1991）　（**編按**：近出 1179 十一年佫䞈戈"少曲䞈"）少斤夜，少是其

姓,斤夜是其名。《元和姓纂》謂“少姓出於少典”,《萬姓統譜》説是“少昊氏
之後”,未知孰是。《史記·孔子世家》有“少連”,漢有下邳令少年唯,應即少
氏之後。或謂“少斤”乃複姓,夜是其名。

《考古》1991-5,頁 415

○**李家浩**(1993)　(編按:近出 1179 十一年佫莟戈)戈銘“少曲”下有兩短横,作“＝”。
“＝”在戰國文字中有多種功能,除了大家熟習的表示合文、重文外,還有一種
功能,即兩個字的地名、職官、姓氏和習慣用的名字等的標記。例如《古璽彙
編》0353 的“邠犢”、0066 的“司寇”、3238 的“者(諸)余”、3434 的“東谷”、
3875 的“公孫”、4000 的“門椙”、2041 的“相女(如)”、4088 的“右車”等所加
的“＝”。戈銘“少曲”下的“＝”的功能與 3238、3434、3875、4000 等印的“＝”
相同,即表示這兩個字是複姓。蔡、楊二氏説是合文符號,欠妥。“少曲”本來
是韓國的一個邑名,位於現在的河南濟源東少水彎曲處。戈銘人名“少曲㕣”
之“少曲”,當是以邑爲氏。《古璽彙編》3404“少曲敢”,亦以“少曲”爲氏。

《考古》1993-8,頁 758

○**施謝捷**(1994)　(編按:近出 1179 十一年佫莟戈)“少曲”在戰國文字材料裏常作爲
韓國地名出現,而這裏的“少曲”顯然是皋落令的姓,古璽中有“少曲敢”(《古
璽彙編》3404),其中“少曲”二字也作合文;漢印中有“少曲況印”(《漢印文字
徵》2.1“少”)、“少曲右距”(《漢印文字徵》2.20“距”),均可爲證。至於其名
字“夜”,其下從“口”,跟古璽中釋爲“從心從夜”的字(《古璽文編》268 頁),
應該是同一字的異體,蔡文把它們視作不同的字,恐不確。至於此字究竟應
如何釋讀,尚待研究。

《文教資料》1994-4,頁 110

○**崔恆昇**(2002)　十一年佫莟戈:“少曲。”貨系 39 空首布:“少曲。”據睡虎地
秦墓竹簡編年記注㉙,釋爲韓國韓地。在今河南濟源市東北沁河彎曲處。
《戰國策·燕策二》秦召燕王章:“秦王告韓曰:‘我起乎少曲,一日而斷太
行。’”少曲亦稱小曲。參見“小曲”。按韓地或釋爲燕地;濟源或釋爲宜陽,均
不確。

《古文字研究》23,頁 219

○**劉釗**(2005)　(編按:近二 1210 上佫莟戈)“少曲”爲複姓。(中略)“少曲”本是韓國
的一個邑名,其地在今天的河南濟源東少水彎曲處。“少曲夜”其名是以邑爲
氏。《古璽彙編》3404 號私璽“少曲敢”印,也是以“少曲”爲氏的例子。

《考古》2005-6,頁 96

【少曲市中】貨系 49

○**蔡運章**（1995）　或説鑄行於韓,面文釋作"少曲市中"。少曲,古地名,在今河南孟縣。或説鑄行於周王畿,面文釋作"市中小貨"。

《中國錢幣大辭典·先秦編》頁 96

【少曲市左】貨系 52—57

○**黃錫全**（1993）　少曲市左。河南濟原東北。

《先秦貨幣研究》頁 349,2001；

原載《第二屆國際中國古文字學研討會論文集》

○**蔡運章**（1995）　或説鑄行於韓,面文釋作"少曲市左"。少曲,古地名,在今河南孟縣。或説鑄行於周王畿,面文釋作"市左小貨"。

《中國錢幣大辭典·先秦編》頁 96

【少曲丘市東】貨系 62

○**黃錫全**（1993）　少曲丘市東。古璽丘作𦥑𦥑,兆域圖作𦥑,241 作𦥑。

《先秦貨幣研究》頁 349,2001；

原載《第二屆國際中國古文字學研討會論文集》

【少曲市西】貨系 58—61

○**鄭家相**（1958）　文曰封西少化。按封西即封甫西地所鑄。

《中國古代貨幣發展史》頁 52

○**黃錫全**（1993）　少曲市西。河南濟原東北。

《先秦貨幣研究》頁 349,2001；

原載《第二屆國際中國古文字學研討會論文集》

○**蔡運章**（1995）　或説鑄行於韓,面文釋作"少曲市西"。少曲,古地名,在今河南孟縣。或説鑄行於周王畿。面文釋作"市西小貨"。

《中國錢幣大辭典·先秦編》頁 98

【少曲市東】貨系 63

○**鄭家相**（1958）　文曰封甫少化,或正或反,頗多變化。按封甫即封父,見定四年,杜注古諸侯國也,在今河南封邱縣西,春秋屬宋地。

《中國古代貨幣發展史》頁 51

○**黃錫全**（1993）　少曲市東。河南濟原東北。

《先秦貨幣研究》頁 349,2001；

原載《第二屆國際中國古文字學研討會論文集》

【少曲市南】貨系 32—33

○**鄭家相**（1958）　文曰封丘少化,或正或反,亦多變化。按封丘即封甫,春秋

時其地屬宋,嘗改名長丘,見文十一年,杜注宋地。此稱封丘,蓋合封甫長丘
而爲文也。或當時亦稱封丘,故今名從之。

《中國古代貨幣發展史》頁 52

○**黃錫全**(1993)　少曲市南。少或作小,河南濟源東北。

《先秦貨幣研究》頁 349,2001;

原載《第二屆國際中國古文字學研討會論文集》

○**蔡運章**(1995)　或説鑄行於韓,面文釋作"少曲市南"。少曲,古地名,在今
河南孟縣。或説鑄行於周王畿,面文釋作"市南小貨"。

《中國錢幣大辭典・先秦編》1995,頁 98

【少斗】集成 2746 梁十九年亡智鼎

○**馬承源**(1964)　少半升即小半升,爲一升之三分之一。

《文物》1964-7,頁 12

○**李學勤**(1983)　"少半"義爲三分之一,所以"載少半"和梁上官鼎的"容三
分"文異義同,都指鼎實爲三分之一齋。梁上官鼎的容積,據實測爲 2381 毫
升,此鼎則爲 3075 毫升,差距較大,但兩件平安君鼎之閒也有類似的差異。

《新出青銅器研究》頁 207,1990;原載《古文字論集》1

○**黃盛璋**(1989)　鼎爲少斗,當爲少半齋,即 1/3 齋,器有破殘,未能量測,當
在二四〇〇毫升左右。

《古文字研究》17,頁 5

○**湯餘惠**(1993)　少半,即少半齋,三分之一齋。據實測,鼎容 3075 毫升,不
足一齋(約 7200 毫升)的一半。

《戰國銘文選》頁 4

○**何琳儀**(1998)　《管子・海王》"大男食鹽五升少半",注:"少半,猶薄劣
也。"《史記・項羽紀》"漢有天下大半",集解:"韋昭曰,凡數三分之二爲大
半,一爲少半。"

《戰國古文字典》頁 324

△按　"斗"或即"料"字省寫,在戰國出土文獻中用同於"半"。"少斗"即小
半,比一半少之三分之一。

【少臣】

○**羅福頤等**(1981)　(編按:璽彙 1862)少臣

《古璽彙編》頁 189

○**林素清**(1990)　(編按:璽彙 1862)少臣合文作🔣。

《金祥恆教授逝世周年紀念論文集》頁 108

○河南省文物考古研究所（2003）　（編按：新蔡甲三16）第二種爲“小臣成”（即平夜君成）自己祈禱的記録，數量很少。

《新蔡葛陵楚墓》頁 173

○楊華（2007）　（編按：新蔡簡）以“小臣”自稱，文獻常見，如《尚書・召誥》，戰國時楚人亦有此自稱之例。它們屬於自禱之辭，不應有疑。甲三 21、23、57 和零 9 中，主禱者小平夜君成在向水神（“大川有㳚”）致禱辭時，追憶了自己的身世（“暮生早孤”），也是禱告之辭的慣例。

《簡帛》2，頁 365

【少龙籭】新蔡甲三 204

△按　辭云“彭定以少龙籭爲君貞”，又作“少豖籭”，“龙籭”是楚卜筮用具名稱，“少”是限定成分。楚卜筮工具中常見，如“少央”，又有“大央”。（見本卷【少央】條）

【少旻】上博一・詩論 8

○馬承源（2001）　少旻多悆＝，言不中志者也　悆，讀爲“疑”，有重文符，增語辭“矣”。《詩・小雅・節南山之什》第五篇《小旻》，内容也是怨憤國家亂象的，“謀夫孔多，是用不集，發言盈庭，誰敢執其咎”，孔子評之爲“言不中志”。

《上海博物館藏戰國楚竹書》（一）頁 136

【少言惙惙】新蔡甲三 31

○于茀（2005）　“惙惙”，應讀爲“綴綴”，又《類篇》：“諁，多言不止謂之諁。”“綴綴”，應是多言不止之義。下言“若組若結”正是形容多言不止。

《文物》2005-1，頁 69

○禤健聰（2006）　《説文》：“惙，憂也……《詩》曰：‘憂心惙惙。’一曰意不定也。”“讝讝”當與“惙惙”義近，言有憂忡，故“若組若結”。“惙、兑”二字可與郭店《五行》簡 9—10“未見君子，憂心不能惙惙，既見君子，心不能兑（悦）”參看。

《康樂集》頁 221

○宋華强（2010）　《荀子・非十二子》有“綴綴然”之語，楊倞注云：“不乖離之貌，謂相連綴也。”“惙惙”當讀爲“綴綴”。“小言”容易流於破碎支離，不相連屬，簡文説“小言綴綴”，意思可能是“小言”應該彼此關聯，連綴不離。

《新蔡葛陵楚簡初探》頁 179

△按　辭云“其䌛曰：是日未兑，大言讝＝，少言惙＝，若組若結”，䌛（繇）辭爲貞問所得的文辭，備有成文以便引述。因簡文前後殘缺，繇辭具體所示未得而

知,"惙惙"以文獻一般用法讀之,或不失其穩妥。

【少杠】九店 56·23

○李家浩（2000）　"杠"當是"攻説"之"攻"的專字。古代的祭祀分大祭、小祭,"小杠（攻）"猶"小祭",大概古代舉行"攻"這種祭祀活動也分大小。

《九店楚簡》頁 75—76

【孴君】中山王鼎

○李學勤、李零（1979）　孴,在本銘中不是小子兩字合文,而是少字,少君就是幼主。第十五行説"寡人幼童未通智",與此相應。

《考古學報》1979-2,頁 155

○張政烺（1979）　孴,金文常見,舊以爲小子二字之合文。此句及下文"事孴如長"皆是單音,知當爲少長之少字,蓋从子小,小亦聲。

《古文字研究》1,頁 224

○趙誠（1979）　子字《説文》古文作𠧢,與本銘孴字形近,在此爲幼、小之義,故以少釋之。

《古文字研究》1,頁 254

○商承祚（1982）　兩周金文"小子"兩字每合書,此孴及第十二行之孴皆讀爲小,其子字是有形無音的裝飾性字,可能因小字結構不易安排,故而增入一個無義的子字。此銘有人讀爲子君或少君的,我認爲讀小君爲當。《穀梁·昭公二十二年》:"小君,非君也。"與此稱小君,皆自謙之詞。

《古文字研究》7,頁 48—49

○湯餘惠（1993）　孴,下文又有"事孴如長",即少字異文。字从子从小,小亦聲。少君,指王𩫟之子,圓壺銘文中的𡭗蚉。

《戰國銘文選》頁 34

【少事】上博三·周易 32

○濮茅左（2003）　少事吉　馬王堆漢墓帛書《周易》作"小事吉";今本《周易》同。

《上海博物館藏戰國楚竹書》（三）頁 180

【少夏】上博一·詩論 8

○馬承源（2001）　少夏　即《詩·小雅·節南山之什·小弁》,《毛詩》中篇名之小雅、小旻、小弁,簡文中皆作少夏、少旻、少夏,"少、小"通用。"弁"通"夏"字,《曾侯乙編鐘》音變之字作"𩎟",从音,夏聲,通作"變"。"弁、變"音同。

《上海博物館藏戰國楚竹書》（一）頁 136

【少杲】_{楚帛書}

○**饒宗頤**（1985）　　杲字从日从木甚明，諸家均釋杲，是。少杲疑讀爲少昊。《漢書·律曆志》載劉歆《世經》引《考德》（《五帝德》）曰：“少昊曰清。”清，黄帝之子青陽也。《佚周書·嘗麥解》：“乃命少昊清司鳥師，以正五常之官，故名曰質。天用大成，至於今不亂。”帛書記四時，長曰青樽，又載群神五正，知少昊傳説亦流行於楚。《釋名·釋天》：“夏曰昊天，其氣布散皓皓也。”皓皓即杲杲。《楚辭·遠遊》：“陽杲杲其未光兮。”少昊意義當如此。餘月爲四月，其氣如初陽之杲杲未光，故於是月言及少昊之名。

《楚帛書》頁 76

○**曹錦炎**（1985）　　少杲即少皞。皞从皋得聲，皋爲幽部見母字，杲爲宵部見母字，兩字韻部相近，聲母相同，例可通假。《左傳》昭公十七年，郯子對昭公言：“我高祖少皞摯之立也，鳳鳥適至，故紀於鳥，爲鳥師而鳥名。”杜注：“少皞，金天氏，黄帝之子，己姓之祖也。”《吕氏春秋·七月紀》高注：“少皞，帝嚳之子，摯兄也，以金德王天下，號爲金天氏，死配金爲西方金德之帝。”則以爲是帝嚳之子、摯之兄。少皞又作少昊，《山海經·大荒東經》：“東海之外大壑，少昊之國。少昊孺帝顓頊於此，棄其琴瑟。”《西次三經》“長留之山，其神白帝少昊居之”，郭注：“少昊，金天氏，帝摯之號也。”

《江漢考古》1985-1，頁 64

○**何琳儀**（1986）　　“少杲”，嚴讀“少昊”，疑即“少皞”。

《江漢考古》1986-2，頁 84

△**按**　　“杲”字下半殘去，且上下文例不全，朱德熙釋爲“旱”，“少旱”即“小旱”（見《長沙帛書考釋》[五篇]，《古文字研究》19 輯 293 頁；又載《朱德熙古文字論集》），存以備考。

【少明】_{上博一·詩論 25}

○**馬承源**（2001）　　今本《詩·小雅·谷風之什》篇名《小明》。

《上海博物館藏戰國楚竹書》（一）頁 156

【少府】

○**張頷**（1979）　　_{（編按：長陵盉）}“少府”爲供養帝王的私府，亦官名。《史記·秦始皇本紀》“少府章邯曰”注：“《漢書·百官表》曰：少府，秦官。應劭曰：掌山澤陂池之税。”秦代以後，歷代王朝均有少府的設置。

《山西大學學報》1979-1，頁 83

○**黄盛璋**（1985）　　少府即小府，爲王家私府，故名。漢代的少府主造器械，見

《漢書・百官表》,三晉少府主造兵器、金銀器,證據如下:

　　1.韓少府所造弓弩即以少府名,很爲有名,見《戰國策・韓策》。

　　2.少府盃刻有"少府、長子",長子爲韓地,此盃乃韓少府所作而用於長子。

　　3.少府銀器:"少府匋(容)二益。"可能亦爲韓少府造。

　　秦少府也造兵器。燕下都出土少府矛。

　　少府雖爲王室私府,但所造器械不一定全供應王室,少府盃爲韓少府所造,而轉至長子,少府工檐所造之矛,而轉至屬邦,皆可爲證。舊少府爲中央官府,必設在國都。

《古文字研究》12,頁 342—343

○**黄盛璋**(1985)　少府即小府,與大府對,爲王室私府,故稱"少",即"小"。(中略)三晉之少府可製造寶器,如韓少府所造兵器即稱少府,舉世聞名。蘇秦説韓王謂"天下强弓勁弩皆自韓出",其中即有"少府"。亦造金銀器與銅器,上海博物館所藏少府盃、後轉長子,當爲韓少府造,故宮博物院藏一銀器口沿刻"少府胸(容)二益"非韓即趙。至西溝畔出土銀節約,則爲趙少府夛工所製,少府之下還分設許多官府,如考工秦與漢初皆屬少府,《漢書・百官表》少府下屬官府多至數十,三晉尚未發現考工,而夛工自戰國以後秦漢皆不再見,趙夛工屬少府,主造兵器與用器,其性質當和考工相似,但是否即考工前身,尚待更多材料究明。

《考古》1985-5,頁 462

○**張占民**(1986)　"少府"張頷先生考證:"'少府'爲供養帝王的私府,亦官名。《史記・秦始皇本紀》'少府章邯曰'注:《漢書・百官表》曰:少府,秦官。應劭曰:掌山澤陂池之税。"其實題銘"少府"與文獻中的"少府"似有區別。其一:在職能上題銘"少府"屬於鑄銅器的官署之一,與秦代"寺工""詔事"職能相似,而文獻中的"少府"則是"掌山海池澤之税,以給供養"。其二:在職官設置上兩者亦不相同。題銘"少府"僅設工室、丞、工,而文獻中"少府"設有"六丞。屬官有尚書、符節、太醫、太官、湯官、導官、樂府、若盧、考工室……"。因此兩者的職能是不同的。題銘"少府"應與韓國少府相同。《史記・蘇秦列傳》曰:"天下强弓勁弩皆從韓出。谿子、少府、時力、距來者,皆射六百步之外。"索隱:"韓又有少府所造時力、距來二種之弩。"秦題銘"少府"亦爲兵器鑄造官署,它們在職能上當是相同的。

《古文字研究》14,頁 64

○**王輝**(1987)　《戰國策・韓策》：“天下之强弓勁弩，皆自韓出，谿子、少府、時力、距來，皆射六百步之外。”這裏所謂少府，是少府所造弓弩的借代。這段話是蘇秦對韓王説的，説明韓的少府已長時閒製造兵器，引起周圍國家注意。

長陵盉之少府，可能即韓之少府。

《中國考古學研究論集》頁 350—351

○**黄盛璋**(1989)　少府爲第一次刻，“府”字係三晉寫法。記載所見，韓確有少府，所造兵器，很是有名。《戰國策・韓策》：“天下之强弓勁弩皆自韓出，谿子、少府、時力、距來皆射百步之外。”所謂少府係指少府所造兵器，因取以爲弓弩之名。傳世還有一銀器：“少府肎（胸）（容）二益。”證明少府不僅造兵器，也造其他器，以益爲容量，與長子盉同，兩者又皆有“少府”，國別可定屬韓。

其中少府爲秦漢沿用，《漢書・百官公卿表》“少府，秦官，掌山海池澤之税，以給共養”，注引應劭曰：“名曰禁錢，以給私養，自別爲藏。少者小也，故曰少府。”師古曰：“大司農供軍國之用，少府以供天子也。”大司農等於《周禮》之大府，戰國銘刻僅見於楚，有壽縣所出之大府銅牛，大府鎬，與鳳臺所出之郙大府銅量等。少府即小府乃王家私府，此雖爲秦漢制度，但少府三晉已有，秦官應來自三晉。

《古文字研究》17，頁 21、48—49

○**王輝**(1990)　考少府原爲三晉官署機構。上海博物館藏的長陵盉刻銘有“長阝（子）少府”，長子是戰國趙地。又《三代》十八・三十九・二收有“少賡”小器一件，賡是三晉的文字風格。又《戰國策・韓策》載蘇秦謂韓王曰：“天下之强弓勁弩，皆自韓出，谿子、少府、時力、距來，皆射六百步之外。”説明此時韓的少府已長時期製造兵器，在周圍國家已引起影響。秦少府的設置，當在三晉之後，但是否要到始皇時，則不一定。此戈胡雖特長，已開始皇期長胡戈之先河，但仍作三穿，爲昭王時特點，故以置於莊襄王時爲宜。少府、寺工均可能置於莊襄王時，前文亦已述及。

袁仲一同志説秦兵器刻銘中的“少府”當爲“少府工室”的省稱。按少府工室見於太原揀選的五年相邦吕不韋戈。《漢書・百官公卿表》：“少府，秦官，有六丞。”少府屬官有考工室，臣瓚曰：“《冬官》爲考工，主作器械也。”但少府始設時，可能只有少府之名，而無工室之名，故三晉兵器及此戈只刻少府。至於始皇十三年少府矛銘“十三年少府工櫓”，“少府工”才是“少府工室"之省,因爲這已在少府設立工室之後。

《秦銅器銘文編年集釋》頁 82

【少府工丞】秦封泥集 1・2・32

○**周曉陸、路東之**(2000)　《漢表》:少府,有六丞。六丞屬官有"考工室",在秦時稱爲"工室",少府工丞當爲少府工室之丞。

《秦封泥集》頁 131

【少府工室】近二 1243 五年相邦呂不韋戈

○**袁仲一**(1984)　"少府工室"主管製造的兵器,目前見有三器,如山西太原出土的"五年相邦呂不韋戈"。戈銘中有"少府工室鄭",戈内背面鑄"少府"二字。説明"少府工室"隸屬於"少府"。"少府矛"和"十三年少府工檐矛"中的少府,當爲少府工室的省稱。《漢書・百官表》:"少府,秦官,掌山海池澤之税,以給共養,有六丞。"屬官有"若盧、考工室"。注"若盧主藏兵器",考工室"主作器械"。《封泥彙編》有漢封泥"右工室丞、左工室印"。證明考工室有左右之分。秦的"少府工室"似類於漢的"考工室",主造兵器,是少府的屬官。1976 年在秦始皇陵東側上焦村 M18 號秦墓中出土一件銀蟾蜍形飾件,上刻"少府"二字。亦當爲少府工室製造。可見它除鑄造兵器外,亦兼作其他器物,與漢的考工室"主作器械"的説法契合。

　　《睡虎地秦墓竹簡》中不見"少府"及"少府工室",而有"工室"這一管理官營手工業的機構。《工律》説:"縣及工室聽官爲正衡石贏(累)、斗用(桶)、升,毋過歲壺(壹)。有工者勿爲正,叚(假)試即正。"律文中不諱正,説明此條律文的修訂必在始皇前。因而"工室"不同於"少府工室",前者隸屬於内史,後者隸屬於少府。

《考古與文物》1984-5,頁 105—106

○**王輝**(1990)　按少府工室見於太原揀選的五年相邦呂不韋戈。《漢書・百官公卿表》:"少府,秦官,有六丞。"少府屬官有考工室,臣瓚曰:"《冬官》爲考工,主作器械也。"但少府始設時,可能只有少府之名,而無工室之名,故三晉兵器及此戈只刻少府。至於始皇十三年少府矛銘"十三年少府工檐","少府工"才是"少府工室"之省,因爲這已在少府設立工室之後。

《秦銅器銘文編年集釋》頁 82

【少府榦丞】秦封泥集 1・2・35

○**周曉陸、路東之**(2000)　少府榦丞爲少府六丞之一。

《秦封泥集》頁 133

【少府斡官】

○周曉陸、陳曉捷（2002）　少府斡官，《聚》。“少府斡丞”見《集》一.二.35。看來官、丞有一些區別。

《秦文化論叢》9，頁 264

【少貞】 貨系 4274

○朱活（1983）　鈔，舊從龔景張釋潁（編按：潁，是篇誤排作“穎”，今徑改，下同），地望在今河南臨潁西北十五里，《左傳‧隱公六年》：“置姜氏於城潁。”杜注鄭地。戰國時屬於韓國，但何時爲楚所併，史無明文。按鈔字从鼎从少，少與小通，即鼐字，鼐爲小鼎。這裏鼐字不當作器名解釋，鼐、蔡音近通假，蔡和陳都是“楚賦皆千乘”的大都。《鄂君啟節》：“庚繁陽、庚高丘、庚下蔡。”下蔡在今安徽阜陽西。《史記‧貨殖列傳》記載陳是“在楚、夏之交，通魚鹽之貨，其民多賈徐、僮、取慮”。《正義》曰：“……言陳南則楚，西及北則夏，故云楚、夏之交。”文獻上總是陳蔡並舉，可見蔡也是楚通往諸夏的交通要道的一座在商業經濟上與陳媲美的大城市。陳鑄陳爰，蔡難例外。

《江漢考古》1983-3，頁 33—34

○吳興漢（1987）　“鈔”字舊釋潁，不確。朱活先生釋爲鼐，殆爲蔡的音假字。昭侯時遷州來，爲下蔡，故城在今安徽壽縣北鳳臺縣，公元前 447 年爲楚所滅，鈔字金版必爲蔡入楚以後所鑄。

《楚文化研究論集》1，頁 139

○李學勤（1984）　末兩種可能是表示精煉之意，“少貞”可讀爲“小鼎”。

《東周與秦代文明》頁 319

○羅運環（1995）　少貞金幣的鈐印爲方形，中閒有“少貞”二字（陰文），作 形。

少貞金幣，最早發現於 1903 年（光緒二十九年），地點在安徽壽縣二里橋，出土“少貞”金鈑二塊，其中一塊存二方完整的印記；另一塊存四方殘缺的印記（有二方較完整）。一同出土的還有郢稱、陳稱和專稱金。1974 年，在河南扶溝縣又出土二塊，其中一塊存一完整的印記和一殘缺的印記；另一塊僅存一印。一同出土的還有郢稱、陳稱及無印金幣。總之，這種金鈑比較少見，在已發現的有字金鈑中居第四位。

龔心銘（字景張）先生是最早考釋“少貞”金幣的學者，他於“少貞”等金幣初次出土的第二年，即 1904 年（光緒三十年）出版了《楚金爰考》一書，將此書文釋爲“潁”字，認爲潁即楚邑，在近於壽春（今安徽壽縣）的潁州（今阜陽）

一帶。至今爲止,從其説者不乏其人。但是,他的釋文與原字形不合,安志敏先生雖曾用其釋文,同時又指出,其字形與潁字迥異,或可另作解釋。朱活先生釋"肅",謂假借爲蔡,即楚國的大都蔡邑(縣)之蔡。其將金幣右邊的"少"視作"才",背離了幣文字形,雖有不少從者,但實不可取。李學勤先生釋"少貞",甚是,但沒有加以論證。在此進一步作些探討。

　　貞字作自形,這是戰國中晚期楚文字中的一個書寫特點。如包山楚簡第216—217 號簡:

　　　　苛嘉以長則爲左尹𤲚自……占之,恆自吉……苛嘉占之曰吉。

　　簡文"自之曰吉"與"占之曰吉"對文,自顯然是貞字。《説文》云:"貞,卜問也。"整理小組認爲簡文中貞字用爲筮用,是對的。此類完整的卜筮祭禱記録在包山簡中近 30 條,貞字 40 餘個,均作&、自等形,與金幣貞字字形相同。

　　貞字此形及此類用法在望山 M1 楚簡和天星觀 M1 楚簡中也較多見,如:

　　　　(爲)悼固自,恆自吉。(望山 M1)

　　　　以長保爲邸陽君番勒自。(天星觀 M1)

　　其貞字分別作自 自形,這種寫法也與金幣的寫法相同。凡此,均可證金幣自應釋爲貞。

　　還應當指出的是,貞與鼎在古文字中雖可通用,但僅就戰國中晚期的楚文字而言,似乎區別還比較嚴格。如包山楚簡 40 多個自字反無一用鼎字形的,反之,鼎字在自的下部一般都有偏旁𠔁,作𣇄(包山楚簡 254 號)、𣇄(信陽楚簡 2-014 號)、𣇄(酓忎鼎)等形。個别的作𣇄(酓肯鼎)形。但尚未見作自形者。因此,我雖主張釋"少貞",而不贊成讀爲"少鼎"。至於"少貞"爲何義,尚待進一步考證。

　　另外,從此金幣與郢稱、陳稱、鄟稱、專稱金同在楚地出土的情況,以及鈐印字體來看,當屬楚國中晚期鑄造的稱量貨幣。

　　　　　　　　　　　　　　　　　　《江漢考古》1995-3,頁 71—73

○**蔡運章**(1995)　面鈐陰文方印,印文"卶",待考。或釋爲貨,通作瑣,古地名,戰國屬楚。《左傳·昭公五年》:"越大夫常壽過帥師會楚子於瑣。"杜預注:"瑣,楚地也。"在今安徽霍丘縣東。

　　　　　　　　　　　　　　　　《中國錢幣大辭典·先秦編》頁 27

○**何琳儀**(2001)　《貨系》4274 著録金版,銘文二字。舊多以爲一字,即"潁",實不可信。近年或改釋二字,隸定"少貞",讀"小鼎"。

　　檢楚簡"貞"字習見,均作:自

　　與金版銘文左字吻合無間。故金版銘文隸定爲“少貞”，十分正確。至於二字的確切含義，似乎應參照其他金版銘文的格式釋讀。金版銘文除“羕（養）夌（陵）”爲純粹地名之外，其他均爲地名之後綴以貨幣名稱的格式。例如“郢稱、陳稱、鄟稱、鄽稱、鹽金”等。其中“郢、陳、鄟、鄽、鹽”爲地名，“稱、金”則爲貨幣名稱。因此“少貞”的“少”也可能是地名，而“貞”則是貨幣名稱。基於這種認識，筆者試做如下推測：

　　“少”爲“沙”之初文，與“瑣”音近可通。《春秋・成公十二年》：“夏，公會晉侯、衛侯於瑣澤。”《公羊傳》作“沙澤”。《春秋・定公七年》：“齊侯、衛侯盟於沙。”《左傳》作“瑣”，均其佐證。金版銘文“少”亦應讀“瑣”，楚地名。《左傳・昭公五年》：“越大夫常壽過帥師會楚子於瑣。”注：“瑣，楚地。”在今安徽霍邱。

　　衆所周知，“鼎、貞”一字之分化。《説文》於“貞”字下“一曰，鼎省聲……籀文以鼎爲貞字”。而“鼎”與“丁”音近可通。《説文》“頂，籀文作顁”是其佐證。朱珔曰：“《漢書・賈誼傳》春秋鼎盛。又《匡衡傳》無説詩，匡鼎來。注，鼎猶言當也。此以鼎爲丁之假借。丁，當也。”

　　金版銘文“貞（鼎）”疑讀“釘”。《説文》：“釘，鍊黃金。”段注：“《周禮・職金》旅於上帝，則共其金版，享諸侯亦如之。注曰，鉼金謂之版。”《爾雅・釋器》：“鉼金謂之鈑（釋文亦作版）。”許慎所謂“鍊鉼”即“謂鍊冶金爲版金”。由此可見，“釘”的本義是經過冶煉的金版。金版的自銘“釘”亦順理成章。

　　總之，楚金版銘文“少貞”，應讀“瑣釘”，似乎是指瑣地的金版。

《古幣叢考》（增訂本）頁 233—234，2002

○**黄錫全**（2001）　　此説較諸説顯然合理一些。楚地又有“沙汭”，金幣之“少（沙）”也可能與沙水、沙汭有關。“少貞”讀“沙釘”，即沙地鑄行之金版，瑣與沙汭，均沙水流經處，(中略)瑣與沙汭，均在楚都壽春周圍。然究竟應該定於何處，還有待證實。

《先秦貨幣通論》頁 353

○**趙平安**（2004）　　應該説，隸定爲“少貞”有相當的依據，讀爲“瑣釘”或“沙釘”也頗有理致。但疑問也是很明顯的。譬如：一，印記左右兩半比較緊湊，占據一個字的位置，存在着一字的可能性；二，印記還有另外一種寫法作𥥍，右邊所從不是“少”，而是“多”；三，所有楚金幣印記有簡繁兩式，簡式僅爲地名，繁式爲“地名＋幣名”，幣名稱“冉”或“金”，不稱“釘”。因此我覺得，與其把它隸作兩個字，解釋爲“地名＋釘”，還不如看作一個字，解釋爲地名更爲直接。

　　我們知道，夏韻線韻錄《古尚書》"變"作𰀀，敦煌本《尚書》、《尚書釋文》殘卷和日藏岩崎本隸古定《尚書》作𰀀，日藏內野本隸古定《尚書》和薛季宣《古文尚書訓》作彪。這些不同版本《尚書》中的所謂"變"可以統一隸作彪。

　　彪的左邊來源於古文字的兌。

　　經過學者們考證，兌的演進序列已經明確：甲骨文作𰀀，金文作𰀀，戰國文字作𰀀、𰀀，漢印作𰀀。彪字左邊和兌一脈相承。右邊的"彡"，或以爲欠的訛誤，或以爲攴的訛變，或以爲是飾筆。然而不管"彡"來源爲何，也不管彪相當於後世的什麼字，彪都可以分析爲從兌聲，兌、變古音相近可通。《尚書》中的彪是變的通假字。

　　回過頭來看楚金幣上的𰀀和𰀀，可以發現它和彪在形體上有諸多聯繫。我曾指出：

　　在兩周文字裏，兌總有一種省去又、攴或収的寫法。如江陵天星觀楚簡有人名"兌丑"，兌一作𰀀，一作𰀀。侯馬盟書"……而敢或兌改𰀀及頯（𰀀）"，兌或作𰀀，或作𰀀（二爲羨畫）。師酉簋中的"𰀀身夷"，與師詢簋的"兌口夷"相對，前者作𰀀，後者作𰀀。

　　實際上在甲骨文裏兌也有兩種繁簡不同的寫法，繁體作𰀀，簡體作𰀀。幣文左邊與兌之簡體相近。戰國以後兌字中部確有從兩橫者，如前引傳抄古文。幣文左邊多一橫是字形演變的結果。因此幣文左邊可視爲兌之簡體。右邊和彪所從或相同或相近。在《籀韻》裏，頯字或作頯，其中"彡"訛作"分"，戰國文字"分"的寫法和幣文𰀀右邊極爲相似，有時候甚至到了從字形上難以分開的程度。閔字，《古文四聲韻》作𰀀，《隸續》卷四錄魏三體石經作𰀀，所從"彡"變成四撇。情形和幣文𰀀相似。可見，幣文𰀀右邊的所謂"少"係由"彡"變來，幣文此字應釋爲彪。

　　依據《說文》，兌之異體作弁。《玉篇·兒部》："兌，弁也。"《讀書雜誌·荀子第六·禮論》：兌"今經傳皆作弁"。古書弁、卞通用。《左傳·成公十八年》"弁糾御戎"，《經典釋文》："弁本又作卞。"《國語·楚語上》："魯有弁費。"《國語補音》："弁，《內傳》作卞。"《漢書·杜欽傳》："《小卞》之作可爲寒心。"今本《詩經》"小卞"作"小弁"。《孔子家語·曲禮子貢問》"卞人有母死而孺子之泣者"，孫志祖《書證》："《禮記·檀弓》作弁人，卞、弁通。"類例甚多。楚幣上的兌當讀爲卞。

　　卞爲古地名，商代甲骨文已經出現。如：

　　　　丁丑王卜貞:今日步截,亡災。

　　　　庚辰王卜,在卞貞:今日步于叉,亡災。

　　　　辛巳王卜,在叉貞:今日步于沚,亡災。(《甲骨文合集》41768)

　　　　戊寅王卜,在截貞:今日步于卞,亡災。(《東京大學東洋文化研究所藏
甲骨文字》940)

　　這兩例都是第五期征尸方卜辭,卞是商王征尸方所經之地,春秋時成爲
魯邑。《春秋·僖公十七年》:"夫人姜氏會齊侯於卞。"杜預注:"卞,今魯國
卞縣。"《左傳·襄公二十九年》:"季武子取卞。"杜預注:"取卞邑以自益。"
《漢書·地理志》魯國下有卞縣,顏師古認爲"即春秋僖十七年夫人姜氏會齊
侯於卞者也",地在今山東泗水東部。

　　據《史記》,魯頃公二十四年,楚考烈王伐滅魯。但是卞地爲楚所有,可能
早到楚惠王四十四年(公元前 445 年),"是時越已滅吳而不能正江、淮北;楚
東侵,廣地至泗上"。這些記述,可以作爲彭幣鑄造年代的參考。

　　往歲在山東南郡的費縣、荷澤、日照、嶧縣等地,甚至北到臨淄,都出土過
楚國"郢爯"和"陳爯"金幣。"郢爯"和"陳爯"是從山東境外輸入到山東境内
的楚幣,"彭"字金幣不同,是在山東本地鑄造的。它的出現應在楚國占領卞
地之後。

　　還要注意的是,楚幣中"彭"的寫法,和楚文字有一定距離(從左邊的寫法
判斷),卻和上述《尚書》傳本屬於一路。這一現象頗值得尋味。

　　黃錫全先生根據前人的研究,對《尚書》的流傳作過系統的梳理。從黃先
生的敘述可以知道,前引《尚書》的幾個本子雖然都出自僞《古文尚書》,但它
們和真的《古文尚書》有着千絲萬縷的聯繫,也就是説,僞《古文尚書》保留着
真本的一些内容。大家知道,真的《古文尚書》出自孔壁,爲孔子後人爲避秦
禁學而藏,原本大約是用齊系文字書寫的。楚幣"彭"和《尚書》傳本寫法相似
透露出一個深層信息:卞地原來屬魯,是使用齊系文字的區域,幣文寫法與
《尚書》相似,是一種必然的現象。

《語言研究》2004-4,頁 35—36

【少宮角】曾侯乙鐘

△按　曾侯乙編鐘冠於音階前之"少",指比正音高八度之音。詳參下【少㺟】
等條。

【少㺟】曾侯乙鐘

○**黃翔鵬**(1981)　比正聲組高一八度的、用"少"字前綴或"反"字後綴,有時

則采用"終、鼓、巽、缺"等異名來表示它的八度位置。

比"少"聲組再高一八度的,兼用"少、反"前後綴,或取"終、鼓"等名加"反"字後綴。

《音樂研究》1981-1,頁 33

○**李零**(1984)　第二件鐘"少翆反","翆"即羽,是音階名;少和反是階名的前綴和後綴用語,用以表示音程高低。少字,曾侯乙編鐘作𬺋,宋人沒有把它摹全,結果成了"卜"字,過去有人以爲是"外"字,那是不對的。曾侯乙編鐘銘文,其階名的前綴用語有濇、大、少,後綴用語有反字。全部音高包括五個八度:前綴"濇"表示最低組;前綴"大"表示比濇音高一個八度;居於正中的一組不用前後綴;比正中一組高一個八度,用前綴"少"或後綴"反";高兩個八度,兼用"少""反"前後綴。"宮反",宮是音階名,反含義同上。此鐘既標"少翆反"又標"宮反",是一種兩音之證。我國古代編鐘往往都是雙音鐘,這在音樂史研究界已經是一件公認的事實。

《江漢考古》1984-1,頁 88—89

○**曾憲通**(1986)　另一銘之"宮反",於曾侯乙鐘銘中每見之;至於"卜翆反"之"卜",據曾侯乙鐘銘少字作𬺋,頗疑"卜"乃少字之缺筆;其翆即羽字,也與曾侯乙鐘銘同。"少翆反"即"少羽之反",是羽在高音區的別名。編鐘鐘架(見中一 6 及中三 4)有鐘鍵(中一 4、中一 6、中三 3 及中三 5)上常見有"少翆之反",也與此同例。由"少翆反"與"宮反"皆高音名,推測其鐘體大概與中層一組四號鐘、中層二組四號鐘相當(二鐘標音銘皆作"少翆、宮反",與此極近)。

如果標音銘所在的八度位置高,其相應的樂律銘則或在宮、商、徵、羽之前加"少"字,或在其後綴以"反"字,如少羽、宮反等。

《曾憲通學術文集》頁 36、40,2002;原載《古文字研究》14

【少翆反】曾侯乙鐘

△**按**　詳參【少翆】條。

【少惎】上博一·緇衣 12

○**陳佩芬**(2001)　少(小)惎(謀)。

《上海博物館藏戰國楚竹書》(一)頁 187

【少虽】上博一·緇衣 18

○**陳佩芬**(2001)　《少(小)虽(雅)》。

《上海博物館藏戰國楚竹書》(一)頁 194

【少卿】上博三·周易 53

○**濮茅左**（2003）　“少卿”讀爲“小亨”。（**中略**）

本句馬王堆漢墓帛書《周易》作“少亨，旅貞吉”；今本《周易》“少”作“小”。

《上海博物館藏戰國楚竹書》（三）頁 208

【少宰尹】包山 157 反

○**何琳儀**（1998）　宰尹的副職。

《戰國古文字典》頁 324

【少豕鼄】新蔡甲一 25

△**按**　“豕鼄”又作“龙鼄”，是楚卜筮用具名稱，“少”是限定成分，與“大”相對。

【少豕鼄】新蔡甲三 133

△**按**　“少豕鼄”又作“少龙鼄”（見上），是楚卜筮用具名稱。“少”是限定成分，與“大”相對。

【少商】曾侯乙鐘

○**何琳儀**（1998）　曾樂律鐘“少商”，音律名。《帝王世紀》：“神農始作五弦之琴，以具宮商角徵羽五音，至文王復增二弦曰少宮、少商。”

《戰國古文字典》頁 324

△**按**　曾侯乙編鐘冠於音階前之“少”，指比正音高八度之音。詳參【少孚】條。

【少商之反】曾侯乙鐘

△**按**　曾侯乙編鐘冠於音階前之“少”，指比正音高八度之音。詳參【少孚】條。

【少集尹】集成 10373 鄭客問量

○**何琳儀**（1998）　長沙銅量少，副職。《書·周官》“少師、少傅、少保”，疏：“以孤副貳三公。”

《戰國古文字典》頁 324

△**按**　少表副職，少集尹即集尹之副。

【少敔】望山 1·9

△**按**　少敔或作少筒，是楚卜筮用具名稱，見【少筒】條。

【少道】上博四·曹沫 64

○**李零**（2004）　（**編按**：辭云“而毋惑諸少道歟”）少（小）道。

《上海博物館藏戰國楚竹書》（四）頁 284

【少皋】上博五·季庚 22

○濮茅左（2005）　（編按：辭云“臧皋刑之，少皋罰之”）少皋罰之　“小罪”，《尚書·康誥》：“敬明乃罰。人有小罪，非眚，乃惟終，自作不典，式爾，有厥罪小，乃不可不殺。”“小罪罰之”的處理同樣較前嚴屬了一個等級，與《康誥》也不同。

《上海博物館藏戰國楚竹書》（五）頁 233

【少篘】望山 1·3

○朱德熙、裘錫圭、李家浩（1995）　“周”“壽”古音極近，“篘”疑是“籌”字異體。九號簡有“少敟”，似亦應讀爲“小籌”。（中略）《楚辭·離騷》“索藑茅以筳篿兮，命靈氛爲余占之”，王逸注：“筳，小折竹也。楚人名結草折竹以卜曰篿。”《文選》五臣注：“筳，竹箅也。”疑所謂小籌即筳之類。

《望山楚簡》頁 88

【少僮】包山 180

○何琳儀（1998）　包山簡“少僮”，讀“小童”。《莊子·徐無鬼》：“異哉小童。”

《戰國古文字典》頁 324

【少軩】曾侯乙 169

○裘錫圭（1979）　《左傳》襄公二十三年記齊侯伐衛，列舉了齊方的主要兵車，除齊侯所乘的“戎”以外，有貳廣（杜注：公副車）、先驅、中驅、啟、胠和大殿，簡文的少廣大概相當於《左傳》的貳廣。

《古文字論集》頁 408，1992；原載《文物》1979-7

【少盤】集成 10158 楚王酓忎盤

○郭沫若（1935）　少當讀爲炒（原注：小篆作鬻，見上一八二葉），以備煎爝用，如今人之鍋也。少或讀爲小，或釋介，訓爲大，均非。

《兩周金文辭大系圖録考釋》補録頁 2，1957

○劉節（1935）　鼎名䰞鼎，盤曰介盤。余舊釋氺爲介，甚確。徐中舒氏與余說同。唐氏釋爲少盤，曰即小盤。《易·晉卦》“受茲介福”，王注曰：“介，大也。”《左傳·襄公二十八年傳》“寡君之貴介弟也”，杜注：“介，大也。”是介盤即大盤。

《古史考存》頁 115，1958；原載《楚器圖釋》

○湯餘惠（1993）　少盤，即炒盤，《説文》“炒”作“鬻”，“熬也”。

《戰國銘文選》頁 23

【少徵】曾侯乙鐘

△按　曾侯乙編鐘冠於音階前之"少",指比正音高八度之音。詳參【少磬】條。

【少徵顱】曾侯乙鐘

△按　曾侯乙編鐘冠於音階前之"少",指比正音高八度之音。詳參【少磬】條。

【少膚】

△按　即"少府",參【少府】條。

【少鵹】上博一・詩論 8

○馬承源(2001)　"鵹"字《説文》所無,从兔下有二肉。據以上所排序之詩,此"少鵹"或當爲《小宛》,但另簡篇名有《甹丘》,詩句引文與《宛丘》相同。不可能"宛"字作"鵹",又再作"甹"。簡本、今本兩字並待考。
《上海博物館藏戰國楚竹書》(一)頁 136

△按　"少鵹"即今本《詩經》篇名"小宛","小宛"之"宛"與"宛丘"之"宛"本不同義,今本《詩經》同用一字,與楚簡寫法不同並不矛盾。

【少寶】包山 221

○劉信芳(2001)　占卜所用龜名。古以青緣之龜爲寶,《爾雅・釋魚》:"四曰寶龜。"《禮記・樂記》:"青黑緣者,天子之寶龜也。"《春秋公羊傳》定公八年:"盜竊寶玉、大弓……寶者何? 璋判白,弓繡質,龜青純。"何休《注》:"純,緣也。謂緣甲頗也,千(歲)之龜青髯,明於吉凶。"即今所謂"綠毛龜"。
《包山楚簡解詁》頁 235

八　八

秦陶 119　　包山 36　　新蔡甲三 215　　陶彙 6・230　　貨系 93

包山 140 反 "八十" 合文　　集成 10478 中山兆域圖 "八十" 合文

古幣文編 247 "八万" 合文　　金半球形飾 "八分" 合文

楚帛書 "八日" 合文

集成 11931 八年五大夫弩機 "八年" 合文　　包山 7 "八月" 合文

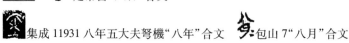

○何琳儀(1998)　(編按:貨系 742 等)趙尖足布八(地名之後),讀半。
《戰國古文字典》頁 1101

○**郭若愚**（2001）　（編按：貨系696等空首布）河南出土之空首布有銎下"八"字者，居鏟面之中，與另一種"八"字居鏟面之左或右者不同。其"八"字有圓折和方折者兩類，空首布銎下有文字者亦只此一種。王毓銓《我國古代貨幣的起源和發展》圖版拾·2，有與此同樣者一枚。云："空首布甲型，柄下端有八紋，背無。此種曾在大河以南距洛陽數十里之地出土。"羅振玉《俑廬日札》："洛中所出空首布皆在大河以北及太行之麓，惟近出空首布一種，文作八字，在至高近柄之外，其文有圓折方折二種，爲以前古泉家所未見，此布獨出大河以南，距洛陽數十里之地，亦近出空首布中異品也。"

此種"八"字空首布，未見有"七"字者，也未見有"九"字或其他數字者。我意"八"於此不是代表數目，而是記一個地名。我認爲是"八關"的簡稱。八關是函谷、廣成、伊闕、大谷、轘轅、旋門、小平津、孟津八處。（中略）

八關在戰國初期由於地理環境和山川形勢，已經形成了一個整體。這是周代王畿四面的重要地區，空首布"八"就是這個地域中的流通貨幣。

八關形勢極險要。後漢靈帝中平元年（184年）黃巾軍起義，當時就在函谷新關（即新安縣）的南塞，今河南宜陽縣東北，築八關城，設置"八關都尉官"，用以鎮守這個地區。《水經注》："惠水流逕關城北二十里，其城西阻塞垣，東抗惠水。八關都尉官治此。"即指此地。

《先秦鑄幣文字考釋與辨僞》頁3—4

分 〳〵

集成2609廿七年大梁司寇鼎　　楚帛書　　睡虎地·效律7

包山82　　郭店·窮達1　　上博六·天乙10

陶彙3·291　　近二296垣上官鼎

○**朱德熙**（1958）　郭沫若先生説"上官鼎等銘末之'參分''四分'字，殆即假爲翔若羍，惜不能得此等器而校量之耳"。今按平安鼎云"容四分𪐴五益六釿半釿四分釿平"，"四分釿"即"四分之一釿"，説見上；"四分𪐴"文例正同，應即"四分之一𪐴"。"𪐴"是量名，弗官鼎銘曰"十年弗官容𪐴"可證。由此可見平安鼎銘之"分"應讀如本字，而非量名。上引前四器之"三分""四分"當是"三分𪐴""四分𪐴"之省略。

《朱德熙古文字論集》頁30，1995；原載《語言學論叢》2

○連劭名（1990）　（編按：楚帛書“姑分長”）分，讀爲氛。《説文》云：“氛，祥氣也。”“分長”指祥瑞之氣騰升而上。

《考古》1990-9，頁 852—853

○何琳儀（1998）　（編按：陶彙 3・319“蔓圍魚里分步”）齊陶分，姓氏，疑讀芬。周芬質，魯大夫。見《正字通》。（中略）

　　天星觀簡分，見《荀子・仲尼》“以齊之分奉之而不足”，注：“分，半也。”《吕覽・仲秋》“日夜分”，注：“分，等也。”

《戰國古文字典》頁 1357

○蔡運章、趙曉軍（2005）　三年垣上官鼎銘“肕四半齋”的含義頗爲費解。以往所見記録韓魏地區銅鼎容量的銘文，如弗官鼎“康齋”、垣上官鼎“康大半”、廿七年肖亡智鼎“康半齋”、上樂床（廚）鼎“康叁分”、梁十九年鼎“肕（載）少半”、二年平安君鼎“康四分齋”等，當是指這些銅鼎能容一齋、三分之二、二分之一、三分之一、四分之一齋之義，未見“肕四半齋”的記録。若從“四半齋”文字的表面看，可能有兩種解釋，一是四個半齋，也就是二齋。二是四又二分之一齋，也就是 4.5 齋。但是，我們實測此鼎能容水 2656 毫升，説明這兩種解釋都與此鼎的實際容量相去甚遠，故均不足取。若從此鼎的實際容量考慮，“四半齋”當理解爲四分之一齋又四分之一齋之半齋，即四分之一又八分之一齋。也就是説，銅鼎校正後的容量爲八分之三齋，應合 2700 毫升。這樣，該鼎實測容量與自銘容量只相差 44 毫升。

《文物》2005-8，頁 92

○李學勤（2005）　（編按：垣上官鼎）鼎上第一處銘文是器的藏用者所刻，其文字是：

　　　　垣，上官，肕四八分齋。

　　“八分”原作“勞”，係合文。“八”字與“分”字上半部共用右側的一筆。“分”字下半部的“刀”增加一點，六國文字曾見。字未用合文號，以前著録類似銘文的“四分”等合文，也可不用合文號。

　　“肕（載）四八分齋”，確應爲容四分齋又八分齋的省略。戰國魏的量制單位齋，據丘光明先生統計，其容積範圍在 7140 毫升至 7329 毫升之間，取平均值 7234.5 毫升，則四分齋加八分齋爲 2712.94 毫升。

《文物》2005-10，頁 93

○吳振武（2005）　（編按：垣上官鼎）鼎銘第（1）部分中的“胾（載）四分齋”之“分”原作勞，蔡文認爲是“夲（半）”字，（中略）問題的關鍵是，“四半齋”這樣的説法從未在魏國記容銘刻中出現過，解釋成"四分之一霝又四分之一霝之半霝"，更是與古漢語的表達方式不合。過去著錄的戰國記容銅器銘文中有"三鈄（半）"的説法，一般都理解爲指三個半斗，即一斗半。通過對相關器物的實測，亦可證明這樣理解是正確的。蔡文所釋的"四半霝"，若理解爲"四個半霝"（即二霝）或"四又二分之一霝"，則又與實測所得容量相差太遠，這一點蔡文也已提到過。

其實，從鼎銘照片和摹本看，蔡文所釋的"鈄（半）"字應該就是"分"字。這個"分"字的特別之處只不過是將"刀"旁寫作"刃"形而已，而戰國時期許多从"刀"的字，"刀"旁往往如此作（原注：即使是獨體的"刀"字，亦可作"刃"形。如 1980 年河北平山中山國靈壽城遺址所出"白刀"刀幣上的"刀"字即有作"刃"形的，見陳應祺《戰國中山國"成帛"刀幣考》，《中國錢幣》1984 年第 3 期 26 頁圖二十八。這也證明這類小直刀上的"刀"字是絕不能釋作"匕（化一貨）"的，參吳振武《戰國貨幣銘文中的"刀"》，《古文字研究》第十輯 305—326 頁，中華書局 1983 年）。1978 年河北易縣辛莊頭出土的一批趙國金飾件上多有記重銘刻，其中有兩件分別記："四兩十六朱（銖）四分一。""二兩二十三朱（銖）四分朱（銖）一。"前者"四分"合文作𢁀，後者"四分"合文作𢁀。"分"字作𢁀形者，正與本銘的"分"字寫法同。更能説明問題的是，倘若要將本銘中的𢁀字釋作"鈄"，就必須承認這個"鈄"字是反書的。辛莊頭所出金飾件上正巧也有"鈄"字，如："四兩十四朱（銖）鈄（半）朱（銖）。""□亓（其）冢（重）四兩十八朱（銖）鈄（半）朱（銖）。"這些"鈄"字都是正書的，寫作𢁀或𢁀，可用來比較。因此我們要問，爲何本銘其他字都是正書的，卻偏偏這個"鈄"字要反書？從這一點看，蔡文的釋法也是有問題的。

"四分霝"（或省稱"四分"）的説法常見於戰國記容銘刻，意即四分之一霝。按一霝容 7200 毫升計，四分之一霝應爲 1800 毫升。本器實測容 2656 毫升，顯然是大出了 856 毫升。這就牽涉到鼎銘的第（2）部分內容。（中略）本器實測大出 856 毫升，正是銘文所記的"大十六㪷（斜）"。

《吉林大學社會科學學報》2005-6，頁 6—7

【分布】貨系 1443

○丁福保（1938）　試從莽布推而上，有布之名無布文。老見眼明新字樣，史留平準未書分。

《史記·平準書》："初，大農筦鹽鐵，官布多。"《索隱》："布謂泉布分布。"二字未必即《食貨志》注分布流行之意，明此布之準一分也，稱布稱分，於此始見。若邑小化，舊釋八分化者，乃半化二字並書，確非分字。【古化雜詠】

《古錢大辭典》頁 1198，1982

○**鄭家相**（1958）　文曰分布。此布形制較狹，足閒較放，略異於一釿平肩布，面文稱布，尤爲特殊。按分爲汾省，即戰國之汾北，在今山西寧鄉之東，襄陵之西，太平之西北也，與韓平陽爲鄰，亦屬韓地。蓋仿魏布之制，而加以變化者。其曰分布，謂汾地所鑄之布化也。

《中國古代貨幣發展史》頁 131

○**何琳儀**（1992）　“分布”，讀爲“汾布”。布幣自銘爲“布”，戰國貨幣中僅此一見。

　　“汾”，見《史記・韓世家》：桓惠王“九年，秦拔我陘，城汾旁”。《正義》：“秦拔陘城於汾水之旁也。”按，“汾”乃城邑名，見《秦本紀》：昭襄王五十二年“十二月，益發卒軍汾城旁”。《韓世家》和《秦本紀》所記爲一事，故“汾”即“汾城”。《韓世家》“城汾旁”無疑是“汾城旁”之誤。“汾城”，戰國晚期爲韓邑，前此則是魏邑，見《戰國策・魏策》三：“子能以汾北與我乎？”稱“汾北”，則因“汾城”在汾水之北。或以爲“汾北”在“皮氏”，或以爲“西河餘地”，均非是。上引《魏策》所載，顧觀光隸於周報王九年（公元前 306 年），相當於魏襄王十三年，屬戰國前期，這時“汾城”理應屬魏。

《古幣叢考》（增訂本）頁 179—180,2002；
原載《吉林大學社會科學學報》1992-2

○**梁曉景**（1995）　面文“分布”，倒書。背平素。“分”通作“汾”，古水名，源自山西寧武縣西南，流經靜樂、陽曲、文水、臨汾，至河津縣西入於黃河，其下游流經魏境。“布”爲先秦貨幣名稱。

《中國錢幣大辭典・先秦編》頁 209

○**何琳儀**（2002）　“分布”形制與字體與橋形布迥異，似爲贗品，可删。

《古幣叢考》（增訂本）頁 183

【分田】包山 82

○**何琳儀**（1998）　（編按：辭云“以其不分田之古”）包山簡“分田”，劃分土地以授民。《孟子・滕文公》上：“經界既正，分田制禄，可坐而定也。”又《漢書・食貨志》上“豪民侵陵，分田劫假”，注：“分田，謂貧者無田，取富人田耕種，共分其所收也。”

《戰國古文字典》頁 1357

【分囷益】近出 1049 分囷益砝碼

○**郭偉民**（1994）　**分**釋爲分，斷無疑義。《説文》曰：“分，別也，从八从刀，刀以分別物也。”“分”之整體形態從甲骨文到金文的演變歷程，無太大的變化，字義亦基本相同，作動詞，即是用刀以別物。

　　由初釋爲由。《説文》："由，象形，鬼頭也。"《中國歷代貨幣大系》亦將由釋爲由。如是解釋，則其象徵意義也就非常明了，説明它是與喪俗有關的一種隨葬冥器，是死人在陰閒使用的砝碼。但這套青銅砝碼還應該是實用器具，因爲若作爲隨葬品，可不必以青銅爲鑄，更不會磨琢出第 4 號砝碼來。之所以如此，就是表明其下葬前曾作爲實用器使用過。湖南幾十年來的考古材料還没有發現有過作爲冥器的青銅砝碼。故此，由似應作他解。筆者曾仔細審視砝碼上的文字，不難發現三字並不在同一平面，如若單從第二字觀察，由之形近似於由，那麼，則可直釋爲囟。另據《説文》云："囟，古囟字。"可知囟可以從"十"而不必從"×"，徐中舒在《漢語古文字字形表》中也釋由爲囟。《説文》："囟，頭會腦蓋也。"清桂馥在《説文解字義證》中説："囟，頭會腦蓋也，象形，凡囟之屬皆從囟……細、思等字從之。"又據《説文》："洦，水出汝南新郪，入潁，從水，囟聲。"《義證》曰："水出汝南新郪者，或借細字。"《漢書・地理志》第八上載有汝南郡細陽條，顏師古注曰："居細水之陽，故曰細陽，細水本出新郪。"洦水即細水。是知細、囟可通假。《説文》："細，微也，從糸，囟聲。"也説明了這一點。細之義有微小、細密、精美、瑣碎、份量輕等多種解釋。

　　堂釋爲益。通鎰。益在甲骨金文中都有記載。

　　《説文》無鎰字。戰國晚期兩件"平安君鼎"銘文中的"益"，分別寫作（三十二年）及（二十八年）。此兩鼎年代都屬於衛孝襄侯時期，二十八年即公元前 297 年。又陝西武功出土的魏器"信安君鼎"銘文中的益作。楚地文字與中原文字的差異比較明顯，同見於楚青銅砝碼上的"益"字形態在湖南長沙出土過一件，寫作。與沅陵楚墓出土的砝碼銘文又有一定的差異。據 1016 號墓隨葬物形態及組合關係，此墓的相對年代已屬戰國後期。砝碼文字的出土，對於研究楚國文字的結構演變具有一定的意義。在古文字中，益與溢、鎰互通。通爲鎰，爲一重量單位，《戰國策・秦策一》"黃金萬鎰"即是指；通爲溢，爲一容量單位，《儀禮・喪服》"朝一溢米，夕一溢米"，即是指。明方以智《通雅・四十・算數》云："二十四兩爲鎰，因一溢而名也。"（中略）

　　就目前我們所掌握的材料來看，楚地出土的砝碼大致可以分爲兩類，一類像"鈞益"砝碼那樣，數量較多，重量較大而且各個體之閒都存在一定的重量比例關係，爲兩倍或一點五倍的遞進比例。另一類是以"分細益"砝碼爲代表，數量少、重量輕而且各個體之閒不一定有完整的比例關係。如漵浦江口 M8，五枚砝碼全部重量合計不到 19 克，55 長掃新 M2 與 64 長九電 M24 也是這種情況，在沅陵楚墓第 1003 號也僅發現兩枚總量不及 10 克的砝碼。這就引發了一個令人深思的問題，那就是"分細益"類砝碼到底是因隨葬品的隨意性還是因爲它有別樣的衡制内容。我們認爲，如果單從文字上理解，"分細益"本身可能有如下兩種含義。第一，"分細益"作爲"動詞+形容詞+量詞"組合聯合詞組，意思可理解爲分割小份黄金單位。"細益"則不及一益之重，比一益要小，此類砝碼是用來稱量小於一益的黄金量的。第二，"益"可理解爲名詞。吴承洛説："凡一制度之名有二，一曰法名，即其爲制度之單位名稱，二曰器名，指其爲器用之名。凡度制量制衡制，均有法名與器名二種。"例如古代有尺爲尺寸之名，有斛、斗、升爲量器之名，則"分細益"可理解爲稱量小份黄金的權器。不過，第一種理解更能説明問題。"分細益"砝碼各個體之間雖然不似"鈞益"砝碼那樣成一定倍數遞增，但仔細審查，也有某些適應"鈞益"衡制的内容。第 1、2、3、4 號個體相加約爲 15.5 克，這大體相當一兩，也就是楚制中的 0.06 斤，第 3、4、5 號砝碼相加爲30.18 克，大致爲 0.12 斤。第 1 號砝碼爲 1 克，合"鈞益"砝碼的 1.5 銖，第 2、3、4 號砝碼相應爲 4 銖、8 銖、10 銖，在第 2、3 號砝碼之間還有可能有一枚砝碼表示 6 銖，而第 1 號砝碼即使在"鈞益"類砝碼中也不是最小單位，則推測在第 1 號砝碼之前，應起碼有一枚 0.69 重（編按："重"當是"克"字誤植）左右的砝碼表示 1 銖或更小的單位。

根據上述推斷，我們認爲，在楚國的黄金稱量上，可能有兩類天平砝碼，一類即如"鈞益"砝碼那一種，用來稱量較重的黄金，即一斤以上的大份黄金稱量，另一類像"分細益"砝碼這一種，用於小份量黄金的稱量，所以它的砝碼個體輕，個數少。

《考古》1994-8，頁 719—721

○**劉彬徽**（1996）　1990 年秋，在湖南五强溪水電站淹没區沅陵太常鄉的考古搶救性發掘中，在第 1016 號楚墓内出土了一套帶有銘文的砝碼。在最大一枚砝碼上有銘文三字：分囟益。已有論文指出，囟讀爲細，益即鎰。但對囟讀細之音韻學依據要作點補充。囟，古音爲真部、心紐，細，脂部、心紐，真、脂二部陰陽對轉，同爲心紐則爲雙聲，二字古音相通，故囟可讀細，《玉篇》："細，微也，小也。""分囟益"三字可解釋爲分成小於一鎰的量值。以往有"鈞益"銘文砝碼，現又有此新發現，這對探討楚衡制大有助益。論者援引成説，認爲楚行"斤、兩制"。筆者則主張楚行"益（鎰）、兩制"。這一新發現又爲余説添一新證。

《湖南省博物館四十周年紀念論文集》頁 121—122；
《第三屆國際中國古文字學研討會論文集》略同

○**劉雨、盧岩**（2002） 分由尚。

《近出殷周金文集録》（四）頁 72

△**按** 讀"分細鎰"者,可備一説。

【分異】睡虎地・日甲 52

○**李學勤**（1991） 睡虎地《日書》中明確提到《易》卦的,只有甲種《日書》的《艮山圖》。這幅圖見於發掘報告圖版 119 至 120,簡 776—786,即《睡虎地秦墓竹簡》的《日書》甲種簡 47—57 正。圖的形狀如圖一,繪在這十一支簡的下部。圖的下面,寫有一段文字:

> 此所謂艮山,禹之離日也。從上右方數,朔之初日及枳（支）各一日,數之而復從上數。□與枳（支）刺艮山之謂離日。離日不可以嫁女、娶婦及入人民畜生,惟利以分異。離日不可以行,行不返。

注釋引《周易・説卦》"艮爲山",説明圖確與《易》有關。

《艮山圖》是推定一月中"離日"的方法。按照這一數術,遇到"離日"不宜嫁娶,不可入納奴婢或牲畜,也不宜出行,因爲據説這一天曾是夏禹的"離日"。在傳説裏,禹是長期離家在外的典型,他娶塗山氏女後,第四天便出去治水,居外十三年,過家門不敢入,連兒子都不及撫養。"離日"既象徵分離,所以只利於"分異"。秦商鞅之法,"民有二男以上不分異者,倍其賦","分異"就是分家。

《簡帛佚籍與學術史》頁 146,2001;原載《文物天地》1991-4

【分諜】包山 47

○**劉信芳**（2003） 分督:對原告和被告分別進行法庭調查。睡虎地秦簡《封診式》2:"凡訊獄,必先盡聽其言而書之,各展其辭。"即各自陳述爭訟之辭。

《包山楚簡解詁》頁 56

△**按** 第二字右半所從,似是楚文字"竊、察"等字聲旁的簡體,疑可讀爲"察"。

尔 亣

集成 2840 中山王鼎　郭店・語一 59　上博一・緇衣 20　璽彙 4584

○**羅福頤等**(1981)　璽文尔借爲璽。

《古璽文編》頁 17

○**湯餘惠等**(2001)　同尔。

《戰國文字編》頁 54

○**何琳儀**(1998)　中山王鼎尔,第二人稱代詞。《正字通》:"尔、汝,與爾、而通,稱人曰尔。"

《戰國古文字典》頁 1249

△**按**　"尔"字構形不明,戰國文字或於中豎增點或橫。

曾 曾

![集成 286 曾侯乙鐘][集成 2291 曾侯乙鼎][集成 11097 曾侯郕戟][集成 9710 曾姬無卹壺][曾侯乙鐘架][曾侯乙石磬][集成 9735 中山王方壺][上博五·季庚 21][秦駰玉版][陶彙 3·359]

○**李學勤、李零**(1979)　(編按:中山王方壺)廿八行"曾亡一夫之救",曾義爲乃,見楊樹達《詞詮》卷六。

《考古學報》1979-2,頁 152

○**趙誠**(1979)　(編按:中山王方壺)曾訓乃,有"竟然"的意思。

《古文字研究》1,頁 252

○**于豪亮**(1979)　姒姓的曾,原有兩個封國,一個在今山東棗莊市以東;一個在今河南泌陽縣東南地區,西與申國接壤,南與隨國接壤;因爲與申國接壤,所以曾同申國攻殺了周幽王;因爲與隨國接壤,所以後來爲隨國所滅。隨滅曾後,改稱爲曾,於是姒姓的曾變成了姬姓的曾。

《古文字研究》1,頁 312

○**曾昭岷、李瑾**(1980)　西周末年居於南陽盆地附近的曾侯國,東周而後,不知何時遷到了淮水支流黃水附近,這裏有個地名"西陽",實即《曾侯鐘》銘之"西陽"。《水經·淮水注》:"淮水又東北合黃水……黃水又東逕晉西陽城南,又東逕光城南……又東北逕高城南,故弦國也。"《左傳》僖公五年(公元前655):"楚人滅弦,弦子奔黃。"杜注:"弦國在戈陽軑縣東南。"《元和郡縣志》卷九,光州"仙居縣"下:"軑縣故城在縣北四十里,春秋時弦國之都也。"又云:"本漢軑縣,春秋時弦國,楚滅之,漢以爲縣,屬江夏郡……天寶元年改爲仙居縣。"《太平寰宇記》卷一二七"光州"下:"故西陽城在縣西二十里。"《元和郡縣志》卷九,光州"定城縣"下:"黃國故城在縣西十二里,春秋時黃國,後爲楚所滅。"唐定城縣即今河南潢川縣所治,西陽故城在今河南光州縣西二十里。據此,春秋時黃國在今潢川附近,弦國在潢川之西四五十里,西陽即曾國故都,在潢川西南三數十里。弦國在三國中最西,最先亡,不久,三國中最東之黃國也爲楚所滅去。那麼,夾在弦、黃二國之間的曾國,何能幸免? 宜在春秋早期之末便被楚國滅去,至少也在此時成了楚國的附庸。

淮水支流黃水近旁有弦、西陽、黃,無獨有偶,江水黃崗縣附近也同樣有黃崗、西陽、弦國,後三者的方位,恰巧爲黃水附近三者之倒。《水經·江水注》:"江水又左逕赤鼻山南……又東逕西陽郡南,郡治即西陽縣也……又東逕軑縣故城南,故弦國也。"赤鼻山,即赤壁山,在今黃崗城西南隅。西陽在其東,弦國又在西陽之東。爲什麼江水淮水兩處恰好同樣有兩組三個相同的地名呢? 有人以爲東晉僑置所致,酈道元、樂史都持此説,非是。

江水這裏還有個"邾縣",《水經·江水注》有明白記載:"江水又東逕邾縣故城南,楚宣王滅邾,徙居於此,故曰邾也。"

楚國把滅掉的國家遷離其故地而用以填充楚境之事,數見不鮮,史不絶書。《左傳》莊公十八年:"初,楚莊王克權,使鬬緡尹之。以叛,圍而殺之,遷權於那處。"《左傳》昭公十三年:"楚之滅蔡也,靈王遷許、胡、沈、道,房於荆焉。"

弦、黃、西陽,本在淮水,三國爲楚國滅後,徙置江水。弦國原在三者之西,先亡最早徙置,故於三者中居東;黃國原在三者之東,最後亡,後徙置,故反在二者之西。江、淮兩處的"西陽"於三國中相對位置前後未變者,説明它爲楚所滅的時間次序沒有超過弦—曾—黃的地理排列次序,否則,江、淮兩處三國位置的排列不可能那麼對應一致。

《曾侯鐘》銘所謂"返自西陽","奠之于西陽",按歷史發展,此"西陽"皆指江水旁之"西陽",因楚惠王末年的曾國早已不在淮水之濱了。

《江漢考古》1980–1,頁79

○**黃翔鵬**(1981)　(編按:曾侯乙鐘)"曾"字可釋作"增",但它卻不可仿照歐洲樂理的概念解釋爲階名上方的增五度。它應當來源於生律法上的弦長之增加，增加的幅度在曾侯鐘的體系中與"顗"相同，也以大三度音程爲度，不過卻是低音方向的下方大三度。從[表Ⅳ]用演奏中最常用的中層鐘產生顗、曾三度的排列規律看來，上述判斷應該是有理由的。所以客曾是ᵇE，而不是ᵗD；商曾是ᵇB，而不是ᵗA；宮曾是ᵇA，而不是ᵗG。孚曾爲"穌"，越出了變化音的地位而成爲七聲或六聲音階中的正音；可見它正是孚音下方大三度的 F，而不是上方增五度的ᵗE。這一點也是曾侯鐘律中存在三度音系的有力的證明。曾侯乙鐘在旋宮情況下，允許同音位的異律相代，構成了實踐中的一種經驗方法。但它究竟不是平均律，ᵗG 和ᵇA 之間的差別，在理論上是不可混淆的。

《音樂研究》1981-1，頁 39

○李純一（1981）　（編按：曾侯乙鐘）角上的大三度皆名爲曾，其音義都相當於重疊之重。《楚辭·招魂》："曾臺纍榭。"《注》："重也。"曾爲角上之角，即重疊二角。客、孚二曾又名爲客顗下角、孚顗下角。之所以名爲下角，蓋因此二顗上之角都超出基音宮的八度之上，是上角，所以要把它們降低八度，成爲下角。至於宮角的高八度也有時叫做下角，是否由於連類所及而使然，也未可知。

《音樂研究》1981-1，頁 63—64

○王文耀（1984）　（編按：曾侯乙鐘）"曾"，表示被限制的五聲音階中那一級的下行大三度變化音。"曾"與"層"同義，有"重"的意思。"宮曾、峷曾"，實際上就是襯托"宮、峷"音的一個大三度音。"宮"音與低大三度的"宮曾"同時奏出，或者"峷"音與低大三度的"峷曾"同時奏出，構成大三和聲音程。

《古文字研究》9，頁 399

○黃盛璋（1989）　存在最大問題的還是漢水流域之曾，其姓爲姬，由稱"曾姬"可以坐實，其爵爲侯，則曾侯乙墓出土曾侯乙、曾侯越、曾侯與諸器以及曾侯仲子游父鼎可以爲證。曾姬無卹爲聖桓之夫人，與楚王室通婚，而又葬於漾陵，必爲漢水流域姬姓之曾；只是楊樹達以漾爲《禹貢》漢水上源漾，漢水乃自嶓冢（編按：當作"冢"）東流至武都，距楚地甚遠，"風馬牛不相及"，應屬誤解。現由"蒹陵"金版與其發現地之地望考定，完全獲得解決。曾之故地既與漾陵有關，這對爭論不決的曾國故址將有幫助。（中略）

　　至於姬姓之曾最初應在南陽之北，並與申、呂接壤，《左傳》哀四年：楚謀北方致蔡於負函，"致方城之外于繒關"，杜注："負函、繒關皆楚地。"此繒關原當爲曾之故地，楚滅曾後，以爲北方門户，亦猶滅申、呂後，"以御北方"，故置

關於此。高士奇《春秋地名考略》疑繒關爲繒之故虚,所見甚是。而丁山先生
乃説:"與其説繒之初封在繒關,不如説在溳水流域,更爲合理。"實混淆姒姓
姬姓之曾不分而致誤。(中略)

　　曾與繒關在方城之外,亦即在葉縣至酈縣東西聯線以北,但具體位置仍
然不能確定,於是曾姬無卹之葬地漾陵就起了重要的定位作用。曾姬安葬於
漾陵,應與其故鄉即曾國有關。

　　上文由養水所經之城邑,結合兼陵金版的出土地點,論訂兼陵在今襄城
之大石橋一帶養水上,距會汝水不遠,正是屬於"方城之外",與繒關應當有
關。《左傳》哀四年楚"謀北方",除致方城之外於繒關外,上文還有"致蔡於
負函",函爲楚北境而去蔡較近,可能即函氏,在葉縣,與上考兼陵地望正相密
邇。繒關當爲曾國之關,曾國南徙,地入楚後,楚仍用爲北門,由函氏的位置
可以看出亦當在葉縣一帶,如此和兼陵亦相靠近。兼陵原應屬兼國之地,但
兼國早在春秋早期或以前就不存在了,兼陵是楚縣名,與古兼國已無關係,但
在入楚之前可能和最早之曾國有過關係,否則曾姬不能無故葬於此地,而恰
又和繒關相近。春秋戰國已有陵寢之制,墓已起陵。《墨子・節葬下》:"壟雖
凡(?)山陵。"《吕覽・安死》:"世之爲丘壟也,其高大若山(陵)。"最早僅爲王
室、公室的公墓地,如楚有夷陵,爲楚先王之陵墓所在。後來始發展爲一王一
陵,如趙肅侯"起壽陵"。而春秋貴族墓地已集中於一定規劃制度之兆域。
《左傳》哀二年趙簡子誓詞有"素車樸馬,死不入兆,下卿之罰也"。杜注:
"兆,葬域。"《周禮・冢人》"掌公墓之地,辨其兆域而爲之圖",又有"墓大夫"
"掌凡邦墓之地域而爲之圖"。既然"有罪不得入兆",無罪當然就葬於兆。陵
原爲自然丘陵之稱,但襄城一帶,尤其養水附近,並無高大的自然丘陵。兼陵
很可能得名於陵墓,但與兼國無關,楚陵地也不應在此,因密邇繒關,倒是曾
國立國於這一帶時有可能以其爲貴族之兆域,因位於兼水流域,因以名陵,曾
姬葬此,似可説明這一點,因而以曾之公墓最有可能。

《出土文獻研究續集》頁 115—117

○**田海峰**(1990)　　前面在談到楚惠王給曾侯乙贈送鑄鐘的情節時,爲了追溯
曾楚之間悠長的歷史關係,引述了文獻記載中關於惠王的先父楚昭王得救於隋
而免遭於難,最後收復郢都的情節,説明楚惠王有感於隋的救父之恩。然而鑄
鐘卻是贈送給曾的,這與感恩於隋有什麼關係呢? 這個問題確實顯得有點撲朔
迷離。看來這裏的主要問題是"曾"和"隋"的問題,那麼曾和隋究竟是什麼關
係呢? 要澄清這個問題,就需要對考古材料和歷史文獻的記載作一番對照研

究。從考古材料看,歷史上自西周便有一個曾國,在湖北的襄陽、隨縣、京山、安陸等地,以及河南的淅川,均出土了許多曾國有銘文可考的文物,這證明曾國是實實在在的存在,它分布在從北至南的丹水兩岸。古之有"天子建德,因生以賜姓,胙之土而命之氏"。"曾"應是周天子根據最初封地給此方諸侯封的國名,故稱之爲"曾侯",自稱爲"曾國"。之所以後來文獻記載中有一個"隨",這是因爲後來曾遷都至"隨"地,文獻即根據都邑的遷徙而記載爲"隨"。實際上則是曾國一直保持着原來的封號。前面引述的文獻記載的情節,是出自《史記》,作爲"後人"的司馬遷,他寫這段歷史時,"曾"顯然早已遷都在"隨"地,他將"曾"記載爲"隨"也是無可厚非的。如果我們不苛求於歷史文獻,那麼文獻記載的"隨"則是實際存在的"曾",而實際中的曾則被文獻記載爲隨,也可以説曾就是隨,隨即是曾。楚惠王贈給曾國國君曾侯乙的鑄鐘,即是對隨國保護昭王的感恩之舉。楚惠王贈給曾侯乙的"宗彝"不是鼎也不是簠等這樣一些作爲禮器的東西,而是鑄鐘,這正表明惠王對曾侯乙有着親密的關係和較深的友情。對其生前的崇尚和愛好有着深刻的瞭解。故能根據曾侯乙生前的喜愛,給他贈送鑄鐘,這正表現了楚惠王對曾侯乙的尊重之情。

《文博》1990-3,頁 34—35

○**何琳儀**(1998) 　楚系文字曾,均國名,或以爲即隨國。

《戰國古文字典》頁 154

△**按** 　新出器物中有隨國器銘,曾、隨關係尚有待更深入探討。最近的討論可參張昌平《曾隨之謎再檢視》(《中國國家博物館館刊》2015 年 11 期 58—66 頁)。

【曾侯邸】

○**韓自强、劉海洋**(2002) 　隨縣曾侯乙墓出土的還有曾侯邸和曾侯遲的器物和兵器,但曾侯乙的大型禮器,例如簠,飾的是龍鳳勾連紋,紋槽內有褐、白色的充填物,與這件只飾淺細的蟠虺紋迥然有別。《曾侯乙墓發掘報告》認爲曾侯邸和曾侯遲是曾侯乙的先君,傳世的有一件"曾侯遲之行簠"(見《三代吉金文存》),今又見"曾侯邸乍時"簠,充分證明曾侯邸、遲和乙不是同一個人。曾侯乙墓的下葬年代是公元前 433—前 400 年之間,即戰國初期,這件曾侯邸簠的年代應在公元前 433 年前的春秋晚期。

《古文字研究》24,頁 168

【曾孫】秦駰玉版

○**李零**(1999) 　"曾孫",疑是秦惠文王或秦武王的曾孫。《爾雅·釋親》:"子之子爲孫,孫之子爲曾孫。""小子",貴族子弟自稱"小子",兩周金文常見這種説法。秦惠文王子爲秦武王,秦武王弟爲秦昭襄王,秦昭襄王子爲秦孝文王,秦孝文王子爲秦莊襄王,秦莊襄王子爲秦始皇。作器者可能是秦莊襄王或秦始皇的同輩,"駰"是其私名,典籍無考。

《國學研究》6,頁 530

○**李學勤**(2000) "有秦曾孫"爲秦嗣君,"曾孫"一詞屢見於《詩》雅、頌,毛傳、鄭箋都解釋爲周成王,例如《信南山》:

> 信彼南山,維禹甸之,畇畇原隰,曾孫田之。

《行葦》:

> 曾孫維主,酒醴維醹,酌以大斗,以祈黄耇。

毛傳都説:"曾孫,成王也。"又《維天之命》:

> 駿惠我文王,曾孫篤之。

傳云:"成王能厚行之也。"鄭玄説:"曾猶重也。自孫之子而下,事先祖,皆稱曾孫。"對先祖而言,孫以下稱曾孫,而就一國而言,只有嗣君得稱曾孫。

《故宫博物院院刊》2000-2,頁 42

○**曾憲通、楊澤生、蕭毅**(2001) "曾孫",李文引《爾雅・釋親》説"孫之子爲曾孫"。我們認爲不一定限於"孫之子",孫子以下也可以稱爲曾孫,如《詩・周頌・維天之命》:"駿惠我文王,曾孫篤之。"鄭玄箋:"曾,猶重也。自孫之子而下,事先祖皆稱曾孫。"

《考古與文物》2001-1,頁 50

○**李家浩**(2001) "曾孫"除了指"孫之子"外,還指"孫之子"以下的統稱。(中略)玉版銘文記的是駰因生病祭祀華山,屬於"外事"。銘文的"曾孫"顯然是"孫之子"以下的統稱。

《北京大學中國古文獻研究中心集刊》2,頁 110—111

○**王輝**(2001) 曾孫,可以是孫之子,也可以是對曾孫以下的泛稱。《詩・周頌・維天之命》:"駿惠我文王,曾孫篤之。"鄭玄箋:"曾,猶重也。自孫之子而下,事先祖皆稱曾孫。"

駰名文獻未載。駰自稱"有秦曾孫",當爲某代秦公或秦王之後,但曾孫可泛稱,故不知其所出,簡末有"王室相如"的話,推測駰應爲王室成員,是秦之公子,也可以指秦王。

《考古學報》2001-2,頁 145

○**侯乃峰**(2005) 曾孫:既可以是《爾雅・釋親》"孫之子爲曾孫",也可以是孫之子以下的統稱。各家多同意後説。《詩・周頌・維天之命》"駿惠我文

王,曾孫篤之",鄭玄箋:"曾,猶重也。自孫之子而下,事先祖,皆稱曾孫。"《索
隱》(編按:指李學勤《秦玉牘索隱》)進一步説,"對先祖而言,孫以下稱曾孫,而就一
國而言,只有嗣君得稱曾孫"。如此,則《詛楚文》"有秦嗣王"和玉版"有秦曾
孫"同例,都是於國號後追加一個表示有國者身份的自稱。

《文博》2005-6,頁69

【曾姬】曾姬無卹壺

○唐蘭(1934)　曾姬壺銘曰:

　　　隹王廿又六年,聖趄之夫人曾姬無卹虖安茲漾陲蒿閒之無鴅。甬乍宗
　　彝尊壺。後嗣甬之,職才王室。

　　此二器雖出於壽縣,然是否楚器,尚難證明。其作銘者爲曾姬,按金文常
見之曾國,爲春秋時姒姓之鄫,此乃姓姬,蓋非一國也。曾侯簠云"叔姬霝乍
黃邦,曾侯乍叔姬邛娟媵器齍彝"(《文存》三卷一百二十六葉),則是姬姓之
曾。而楚王歟章鐘之曾侯,則又似楚之宗族。(或謂曾侯爲楚之先王,非是。
六國時,楚自稱王,不曰侯。)疑曾本漢陽諸姬之一,及楚惠王時,已爲楚所滅,
轉以封其宗族,故鐘銘有曾侯乙矣。

《唐蘭先生金文論集》頁18,1995;原載《國學季刊》4-1

○陳槃(1969)　此曾姬即姬姓曾國之女而爲聖趄之夫人者。曾國姬姓,而其
女稱曾姬,猶杜國祁姓,其女則稱杜祁;偪國姞姓,其女則稱偪姞矣。曾國有
姬姓者,此亦其一證矣。

《春秋大事表列國爵姓及存滅表譔異》4,頁301

○李家浩(1990)　劉節在《壽縣所出楚器考釋》一文中,對"聖趄之夫人曾姬
無卹"有很好的見解,現將其意見歸納爲如下三點:

　　1.曾國有二:姒姓之曾和姬姓之曾。姒姓之曾在山東;姬姓之曾原在鄭,
後徙於楚,復爲楚的附庸。

　　2."聖、聲"古通。"聖趄之夫人"即楚聲王的夫人,她是姬姓之曾的女子。

　　3.壺銘的"二十又六年"是楚宣王二十六年。

　　據近一二十年來的考古發現,證明這些論斷大致上是正確的。

　　先説第1點。近一二十年來,在山東發現有姒姓之曾的銅器和在河南、湖
北發現有姬姓之曾的銅器:(中略)

　　這些銅器的發現,證明中國古代確實有兩個曾國。在姬姓之曾的銅器
中,尤其重要的是隨州曾侯乙墓銅器群的發現,使人們對姬姓之曾有了更深
入的認識。據文獻記載,隨州是隨國的所在地,而且隨也是姬姓,所以有許多

學者認爲姬姓的曾國就是文獻中的隨國。這一意見大概是對的。

其次説第 2 點。1965 年冬,湖北江陵望山一號墓出土一批竹簡,内容是爲墓主人卜筮祭禱的記録。簡文提到被祭禱的楚國先王中,有柬大王、聖王、恕王,即《史記・楚世家》中的簡王、聲王、悼王。在整理這批竹簡的過程中,裘錫圭先生拼接了一枚殘簡,文曰:

☑聖赹王、恕王各備(佩)玉一環。

此簡將"聖王"寫作"聖赹王",可證劉節把壺銘"聖赹之夫人"定爲楚聲王的夫人是非常正確的。

最後説第 3 點。楚聲王名當,聲王或聖赹王是他的諡。曾姬無卹壺銘文既然將楚王當的夫人稱爲"聖赹之夫人",那麽此壺應作於楚王當死後。據《史記・楚世家》,聲王在位六年(前 407—前 402),在他之後在位在二十六年以上的楚君有宣王(前 369—前 340)、懷王(前 328—前 299)和頃襄王(前 298—前 263)。從人的壽命長短來看,壺銘的二十六年只能是劉節所説的楚宣王二十六年。也就是説此壺作於公元前 344 年。

《文史》33,頁 14—16

尚　尚　尙

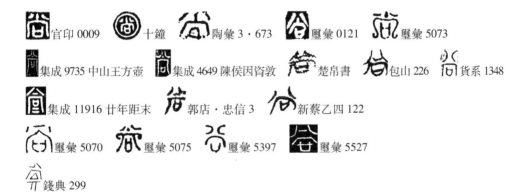

官印 0009　十鐘　陶彙 3・673　璽彙 0121　璽彙 5073
集成 9735 中山王方壺　集成 4649 陳侯因咨敦　楚帛書　包山 226　貨系 1348
集成 11916 廿年距末　郭店・忠信 3　新蔡乙四 122
璽彙 5070　璽彙 5075　璽彙 5397　璽彙 5527
錢典 299

○**鄭家相**(1958)　(編按:貨幣文)文曰尚。按尚亦古之幣名,轉注於幣帛之幣,取常通之義。

《中國古代貨幣發展史》頁 40

○**商承祚**(1964)　(編按:楚帛書)又尚、亡尚,即有常、無常。有,帛書皆作"又",常,皆作"尚"。八行的"亡有尚恆"和"以□天尚"皆同。

《文物》1964−9,頁 12

○**中大楚簡整理小組**(1977)　（編按：望山 1·23）尚，希望之意。

　　　　　　　　　　　　　　　　　　　　　《戰國楚簡研究》3，頁 33

○**商承祚**(1982)　（編按：中山王方壺）尚在此讀常，金文有尚無常。《説文》常：
"下帬也。从巾，尚聲。裳，常或从衣。"《金文編》尚字下云："《説文》常，下帬
也。或从衣作裳。是常乃衣裳本字，經典以常爲尚，以裳爲常。"經典以尚爲
上，如《論語·顏淵》《孟子·滕文公上》"草上之風必偃"，有作"草尚"者，至
容庚謂"經典以常爲尚"則未見。陳公子叔邍父甗："子孫是尚。"喪弢寘鉼：
"永寶是尚。"甫人盨："萬歲用尚。"其意與"子孫是保""永寶用享""萬歲用
享"近。至陳侯因𦻭錞"永爲典尚"之典尚，則作爲典常解。

　　　　　　　　　　　　　　　　　　　　　《古文字研究》7，頁 62—63

○**朱德熙、裘錫圭、李家浩**(1995)　（編按：望山 1·88）簡文"祝"字多讀爲"祟"，
疑"尚祝"是尚有鬼神作祟之意。

　　　　　　　　　　　　　　　　　　　　　　　《望山楚簡》頁 98

○**何琳儀**(1998)　戰國文字承襲兩周金文。或於八與冂之間加短橫、短豎爲
飾。冂或作ㄇ(冃)，可證尚从冂，不从宀。冂、冃一字分化，故从冃猶从冂。ㅂ
或作ㅂ、或訛作囗、△。在偏旁中尚或省ㅂ形。燕系文字或在ㅂ下加＝爲飾。

　　　　　　　　　　　　　　　　　　　　　《戰國古文字典》頁 679

○**曾憲通、楊澤生、蕭毅**(2001)　（編按：秦駰玉版）"尚"，崇尚。

　　　　　　　　　　　　　　　　　　　　　《考古與文物》2001-1，頁 53

○**連劭名**(2001)　（編按：秦駰玉版）"尚"，讀爲"常"，此處指"常祀"。言自今以
後萬世子孫當歲歲依時祭祀華山。《左傳·僖公三十一年》云："禮不卜
常祀。"

　　　　　　　　　　　　　　　　　　《中國歷史博物館館刊》2001-1，頁 53

○**王輝**(2001)　趙尚(《秦印輯》36，《簠齋》48 頁下)

　　睡虎地秦簡《效律》"禾栗雖敗，而尚可食也"，尚字與此同。六國古文尚字
習見作"尚、尚"(《古文字典》678 頁)，作"尚"都(《陶彙》3·674 齊陶)極少。

　　　　　　　　　　　　　　　《四川大學考古專業創建四十周年暨馮漢驥教授
　　　　　　　　　　　　　　　　　　　　　百年誕辰紀念文集》頁 303、307

○**王輝**(2001)　（編按：秦駰玉版）"尚"讀爲常。陳公子甗："子孫是尚。"句例相
似。《詩·魯頌·閟宮》："魯邦是常。"鄭玄箋："常，守也。"

　　駰要後世子孫謹守自己祭祀華大山明神的儀節，以爲常規。

　　　　　　　　　　　　　　　　　　　　　《考古學報》2001-2，頁 152

○濮茅左（2004）　（編按：上博四·柬大3）尚誣而卜之於［大顋］　“尚”，通“當”。《史記·司馬相如列傳》“自以得使女尚司馬長卿晚”，《索隱》：“尚，本或作當也。”

（編按：上博四·柬大3）“未尚又”，讀爲“未嘗有”。

《上海博物館藏戰國楚竹書》（四）頁198、201

○濮茅左（2007）　（編按：上博六·競公2“公舉首答之：‘尚然，是吾所望於汝也，盍誅之。’”）尚，讀爲倘。

《上海博物館藏戰國楚竹書》（六）頁168

【𨟭子】錢典299

○丁福保（1938）　鄍子　《左傳·成二年》，公會晉師於上鄍，時當伐齊，或屬齊地，子屬通用之字，亦如郱布之稱郱子，蒲布之稱蒲子也。【錢匯】

《古錢大辭典》頁1229，1982

○鄭家相（1958）　文曰冥子。冥即鄍省，見僖二年，杜注：虞邑。《彙纂》今平陸縣東北二十五里，有故鄍城。戰國屬魏。子爲通稱，其曰冥子者，猶蒲之稱莆子也。

《中國古代貨幣發展史》頁96

○何琳儀（1992）　《辭典》299著録一品方足布，銘文二字。或釋“鄍子”。即山西平陸之“鄍城”。檢空首布“冥”作：🔲辭典672

據《說文》，“冥”從“冖”從“日”從“六”，知空首布“冥”乃《說文》“冥”之省簡。若將方足布左字與空首布“冥”相互比較，殊少共同之處，故二者決非一字。

檢《文編》“尚”作：🔲113　　　🔲114

可與方足布左字上部類比。至於此幣銘“尚”字所從廿形演變作△形者，參見《文編》“向”作：🔲280

以此例之，方足布左字可隸定“𡭴”，與長沙楚帛書“不得其𡭴（當）”的“𡭴”作：🔲

無疑應是一字。“𡭴”從“尚”得聲，例可讀“尚”。

“尚子”即“長子”。《水經·濁漳水注》引《竹書紀年》梁惠成王“十二年，鄭取屯留、尚子、涅。尚子，即長子之異名也”。饒有興味的是，方足布已有“長子”（《東亞》4.34）、“郎子”（《貨系》1495）。“郎”顯然是“長”的地名專用字，地名加“邑”旁，戰國文字習見。“尚”則是“長”的假借字。古璽“𡪴”（《璽彙》2054）從“尚”省，從“長”，是“尚、長”音近可通之佳證。“尚子、長子”實則一地，在今山西長子西南。同一地名在貨幣銘文中采取不同的寫法，頗值得注意。

長子，地處素有“天下之脊”的上黨郡，戰國曾先後屬韓、趙兩國。《國語·晉語》：“智伯攻趙，襄子將出。從者曰：長子近，且城厚完。”此長子屬趙之證。《史記·趙世家》：成侯“五年，韓與我長子”，此長子屬韓之證。“長子”和“鄗子”方足布出土地點，諸如河北靈壽，内蒙涼城，山西祁縣、朔縣、陽高、定襄、交城等地，戰國均屬趙境。因此這類方足布應是趙國貨幣。“尚子”方足布爲傳世品，則有可能是韓國貨幣。《趙世家》固然可以説明“長子”一度屬韓。《竹書紀年》作“尚子”，則尤能説明問題。衆所周知，《竹書紀年》本是戰國時代魏國的竹簡文字，經西晉學者整理而成爲傳世隸定本，其書寫者應是魏國人。魏、韓兩國由於地理位置甚近，文化關係密切。因此，韓方足布銘文將趙方足布銘文“長子”寫作“尚子”也就易於理解了。

《古幣叢考》（增訂本）頁94—96，2002；原載《陝西金融·錢幣專輯》18

○**張頷**（1992） 《古錢大辭典》（上編26頁，圖號二九九）著録有方足布一枚，其文爲“□□”（左讀）。該書下編援引《錢匯》文字云：“鄍子，《左傳·成公二年》，公會晉師于上鄍，時當伐齊，或屬齊地。子屬通用之字，亦如郲布稱郲子，蒲布之稱蒲子也。”此解釋很不確切。地名從無稱“鄍子”者，與“蒲子”不同，“蒲子”之爲縣邑由來已久。至於“鄍”地在春秋時爲虞國之邑（《左傳·僖公二年》：“晉荀息曰：冀爲不道……伐鄍三門。”），其地望在今山西平陸縣一帶。但也不能稱爲“鄍子”。況“冥、□”二字其形極不相牟。若謂爲齊地之“上鄍”更屬荒唐，齊國貨幣未有作方足布者。余審度之，當爲“長子”即“□□”方足布之别品。

首先須從“長子”布談起。現在從古幣譜録中和新出土的“長子”方足布“長”字都增从“邑”旁而作“長子”（如《古錢大辭典》23頁，圖號二六五—二六九），“長子”春秋時爲晉邑，戰國時屬趙，一度爲上黨郡治所在。地望在今山西省長子縣城之西。“長子”（□□）又爲什麼會書作“□□”？從其字形應隸定爲“𡭊子”。“□”字上部从“尚”。“尚”在古鉩文中有“□、□”諸形可作印證，而此字下部所从之“八”（讀其、基聲），在古文字中偶有當作半個聲符者如“其”（□）字。大多从“八”之字既不發聲也無義訓，如“莊”字古文作“□”（見《説文》），“丘”字古鉩文作“□”。《守坵刻石》和《鄂君啟節》銘文中的“丘”字皆从土从八，把“八”字施於“坵”字的中部作“□”，而不作聲符用。所以“□”字只能从上部而發“尚”之聲。在文字中的習慣讀法亦如此，如堂、棠、常、掌之例。故"尚"字亦可讀如"掌",其音與"長子"之"長"聲同(讀長幼之長),現在山西長子縣的名稱仍保持古代的稱謂,"長"字仍讀長幼之"長"的音讀。因此,"奠子"即"尚子"亦即"長子"。"長子"在古代亦稱"尚子"。《竹書紀年》:梁惠王十二年"鄭取屯留、尚子、涅"。《路史・國名記》云:"長子,《紀年》之尚子也。"《竹書》所謂之"鄭"係指韓國而言。韓國滅鄭國之後,每以地名稱之爲"鄭"。當時這種習慣很通行,如魏國都城由安邑徙都大梁以後,便稱謂"梁",魏惠王也就稱之爲"梁惠王"了。吳國滅邘之後,吳王亦可稱爲"邘王"。當時上黨郡爲韓、趙兩國犬牙相錯之地。當時有"兩上黨"之稱,所以有許多城邑時而屬韓,時而屬趙。《竹書》説"鄭"(韓)奪取了趙國的"尚子"。《史記・韓世家》又有"以上黨郡降趙"的記載。故"長子"方足布既有"郎子"、又有"尚子"這種情況應該是"長子"分别在韓、趙兩國占有時各自鑄造貨幣的文字區别。

"郎子"方足布上的文字一般爲順讀,即"郎"字在右"子"字在左,而"奠子"布則爲逆讀,"奠"字在左"子"字在右,此乃戰國貨幣文字常有的現象。如"宅陽、高都"等方足布既有順讀者亦有逆讀者。

同樣一個城邑地名,在戰國時期,此國占據時用此種文字鑄幣;在别國占領後又用别體文字鑄幣,這種現象以往古貨幣研究者和古文字研究者没有引起注意,如果帶上這個問題再深入探索,一定還能發現類似的情況。另外從古文獻中也有類例可稽。《左傳・襄公十年》:"晉人執衛行人石買於長子,執孫蒯於純留。"而在魏國的《竹書紀年》中"長子"便書作"奠子","純留"便書作"屯留"了。

《張領學術文集》頁 112—113,1995;原載《中國錢幣論文集》2

【尚谷】璽彙 0123
○**黃盛璋**(1989)　　0123 號當爲"尚谷相丞",尚谷即燕國上谷郡。

《文博》1989-2,頁 31

【尚꞊】楚帛書
○**饒宗頤**(1985)　　尚꞊者,《詩・小雅》:"裳裳者華。"傳:"裳裳猶堂堂也。"《廣雅・釋訓》作"常꞊,盛也"。裳裳、常常皆即堂堂,《釋名》:"堂猶堂堂,高顯貌也。"《春秋繁露・郊語》:"堂堂如天。"堂堂本亦作閶閶,借音字亦作棠棠、常常、裳裳。義猶蕩蕩。四時運行正常,則堂堂蕩蕩也。

《楚帛書》頁 38—39

○**劉信芳**(2002)　　"尚尚"讀爲"常常",《孟子・萬章上》:"欲常常而見之。"

《莊子・山木》：“純純常常。”常常猶恆常。

《子彈庫楚墓出土文獻研究》頁 56

【尚冠】

○**周曉陸、陳曉捷**（2002）　尚冠，半通；尚寇府印，《風》162 頁。“尚寇府印”當爲“尚冠府印”，例見《雲夢睡虎地秦簡・日書》八四一、九一〇、九二〇、一〇二〇等。“寇帶”當爲“冠帶”，九八六“始寇”當爲“始冠”。尚冠，見《通典・職官八》：“秦置六尚，謂尚冠、尚衣、尚食、尚沐、尚席、尚書。”據陳直先生在《漢書新證》中介紹，向家巷一帶還出土過“永樂尚冠”封泥，應當也是秦遺物。

《秦文化論叢》9，頁 265

【尚佫】璽彙 0328

○**李家浩**（2002）　《古璽彙編》著錄的 0328 號印，現藏北京故宮博物院，《故宮博物院藏古璽印選》曾予著錄。此印爲曲尺形，鼻鈕；印面縱寬各 2.5 釐米，其上有白文三字，（中略）

印面上方右側一字是“尚”，下方一字是“鉩（璽）”，這是沒有問題的。但問題是上方左側一字是什麽字。此字寫法比較特別，在古文字學界有不同釋法。據我所知，王獻唐釋爲“藏”，湯餘惠釋爲“徇”，何琳儀釋爲“佫”，《古璽彙編》和《故宮博物院藏古璽印選》的編者比較謹慎，作爲不認識的字而缺釋。在“藏、徇、佫”等幾種不同釋法中，我認爲釋爲“佫”是正確的，只要跟下錄“客、敌”二字所從“各”旁比較一下就可以知道：

　　　《金文編》530 頁　　　　《古陶文彙編》3・320

印文“佫”字所從“各”旁與此二字所從“各”旁寫法相近，“彳”旁上一斜畫與“各”旁左側下一斜畫公用。

“佫”字見於《方言》卷一，訓爲“至也”，郭璞注説是古“格”字；又見於《古文四聲韻》卷四暮韻“路”字下引《裴光遠集綴》，是古“路”字。印文的“佫”是古“格”字還是古“路”字呢？要回答這個問題，先得確定此印是官印還是私印。

《古璽彙編》和《故宮博物院藏古璽印選》，都是把“尚佫璽”放在官印一類，作爲官印處理的。但是，羅福頤先生編寫的《古璽印概論》卻認爲“尚佫璽”是私印，與他主編的《古璽彙編》和《故宮博物院藏古璽印選》意見不同，不知是什麽原因。上海博物館藏有一枚“左正璽”，也是曲尺形。《上海博物館藏印選》

把它放在官印一類,《古璽彙編》編號爲 3737,把它放在私印一類,吳振武《〈古璽彙編〉釋文訂補及分類修訂》把它改定爲官印。按"左正璽"有兩點值得注意:第一,從印的文義來説,"正"在古代有官長之義。《國語·楚語上》"天子之貴也,唯其以公侯爲官正",韋昭注:"正,長也。"《禮記·王制》"成獄辭,史以獄成告於正,正聽之",鄭玄注:"正,於周鄉師之屬。今漢有正平丞,秦所置。"第二,從印的大小來説,"左正璽"比同類形制的私印要大。例如《古璽彙編》166頁 1586 號曲尺形私印,縱寬各 1.3 釐米;247 頁 2559 號曲尺形私印和 333 頁 3596 號曲尺形私印,皆縱 1.8、寬 1.6 釐米。"左正璽"縱寬各 2.3 釐米,比 1586號、2559 號和 3596 號三枚曲尺形私印都要大。根據這兩點,"左正璽"當屬官印無疑。"尚袼璽"比"左正璽"還要大,僅從這一點來説,《古璽彙編》和《故宮博物院藏古璽印選》把"尚袼璽"定爲官印,顯然是正確的。

　　已知"尚袼璽"是官印,那麽"袼"是古"格"字還是古"路"字,就容易確定了。古代有官名"尚某"。《韓非子·内儲説下》講到韓昭僖侯之時,有職官"尚宰、尚浴"。陳奇猷《韓非子集釋》引焦竑曰:"秦置六尚,又有尚沐、尚席。古字少,故多省文以轉注。合《周禮》之言,則諸尚字皆古掌字省文。"按焦竑所説的"秦置六尚",除焦氏提到的"尚沐、尚席"外,還有"尚冠、尚衣、尚食、尚書";"合《周禮》之言",指《周禮》大宰的屬官"掌皮、掌次、掌舍",大司徒的屬官"掌節、掌炭、掌荼"等而言。"秦置六尚"中的"尚書",戰國時期的齊國也置有此職官,見《新序·刺奢》"齊宣王爲大室"章,《吕氏春秋·驕姿》作"掌書"。於此可見,"尚書"等之"尚"確實用爲"掌"。戰國三晉官印中,也有這種用法的"尚":

　　　　左庫尚歲。(《中國文字》新 24 期 86 頁)

　　其文例與三晉官印"右庫視事"相同,"尚歲"顯然是職官名,當讀爲"掌歲",大概是"職歲"的異名。"職歲"見於戰國官印和《周禮·天官》。據《周禮·天官》,"職歲"職掌財物支出。"左庫掌歲"當是掌管左庫財物支出的官吏所用的印。"尚袼"與"尚書"等職官文例相同,顯然也是職官名。"尚書"等職官的"尚"後之字,都是名詞。以此例之,"尚袼"之"袼"也應該是名詞,無疑是古"路"字,在此用爲路車之"路"。曾侯乙墓竹簡路車之"路"作"逪",從"辵"從"各"聲。在古文裏,"辵、彳"作爲形旁可以互用。印文"袼"與簡文"逪",當是同一個字的異體。這也可以證明印文"袼"是古"路"字。

　　上面提到的"秦置六尚"之"尚冠、尚衣",在戰國時期的韓國名爲"典冠、典衣"。《韓非子·二柄》説:"昔者韓昭侯醉而寢,典冠者見君之寒也,故加衣於君之上。覺寢而説,問左右曰:'誰加衣者?'左右對曰:'典冠。'君因兼罪典衣與典冠。其罪典衣,以其失其事也;其罪典冠,以爲越其職也。"古代"掌、典"同義。《周禮·天官·序官》"典婦功"鄭玄注:"典,主也。"《孟子·滕文公上》"使益掌火"趙岐注:"掌,主也。"所以"尚(掌)冠、尚(掌)衣"又叫"典冠、典衣"。據此,印文"尚(掌)佫(路)"當是《周禮》"典路"的異名。《周禮·春官·典路》説:

> 掌王及后之五路,辨其名物與其用説。若有大祭祀,則出路,贊駕説。大喪、大賓客亦如之。凡會同、軍旅、弔于四方,以路從。

印文"掌路"的職掌,當與之相同。

最後,對"尚佫璽"的國別略説幾句。印文"佫"字的寫法,具有明顯的國別性。"佫"字所從"各"旁的"乚"字形筆畫外側,加有一斜畫。這種寫法是齊系文字書寫的特點,如上揭齊國的陳喜壺"客"和陶文"敆"二字,所以有學者把"尚佫璽"的國別定爲齊國。其説可從。

《揖芬集》頁 329—331

【尚浴】官印 0009

○**田静、史黨社**(1997)　　"南宫、北宫",《史記·高祖本紀》正義引《輿地志》云:"秦時已有南、北宫。"羅福頤《秦漢南北朝官印徵存》0009 有秦官印"南宫尚浴";吳幼潛《封泥彙編》14·5 有秦封泥"北宫宦□";這批新發現的秦封泥有"南宫郎丞"及大量"北宫"類封泥,證明《輿地志》的記載是完全正確的。

《人文雜志》1997-6,頁 75

【尚虚】

○**周曉陸、陳曉捷**(2002)　　御弄尚虚。右下角一字稍殘,仍可辨爲"虚"。由《集》一.五.15,16"弄陰御印、弄陽御印(又讀御弄陰印、御弄陽印)",可考慮本泥仍爲陰陽家之遺,"虚"爲陰陽家用語,《史記·龜策列傳》:"日辰不全,故有孤虚。"裴駰集解:"甲乙謂之日,子丑謂之辰。《六甲孤虚法》:甲子旬中無戌亥,戌亥即爲孤,辰巳即爲虚……"《雲夢睡虎地秦簡·日書乙種》四五一記:"虚日,不可以臧蓋,臧蓋,他人必發之。毋可有爲也。用得,必復出。"又疑殘字爲"虡",《説文》:"虡,鐘鼓之柎也。鐻,虡或从金,豦聲。虡,篆文虡省。"秦始皇銷兵鑄虡故事在鄠邑,今陝西户縣。

《秦文化論叢》9,頁 268—269

【尚帷】

○**周曉陸、陳曉捷**(2002)　　[東]苑[尚]帷。此泥上部有殘,仔細辨認,當爲從左上起交叉讀"東苑尚帷",參見《參》一.四.21"東苑丞印",《續》9"東苑丞印、東苑",《續》3"尚帷中御"(按此枚亦可讀"中御尚帷")。由此可見,秦東苑也有"尚帷"之設。

《秦文化論叢》9,頁 267

【尚畢】陶彙 3·673
○**何琳儀**(1998)　齊陶"尚畢",地名。

《戰國古文字典》頁 679

【尚歲】
○**李家浩**(2002)　戰國三晉官印中,也有這種用法的"尚":

　　左庫尚歲。　　《中國文字》新 24 期 86 頁

　　其文例與三晉官印"右庫視事"相同,"尚歲"顯然是職官名,當讀爲"掌歲",大概是"職歲"的異名。"職歲"見於戰國官印和《周禮·天官》。據《周禮·天官》,"職歲"職掌財物支出。"左庫掌歲"當是掌管左庫財物支出的官吏所用的印。

《揖芬集》頁 330

【尚劍】
○**周曉陸、陳曉捷**(2002)　尚劍府印。上半有殘,但不影響釋讀。從尚劍、尚佩、尚浴、尚帷、尚臥等封泥看,秦實不只"六尚",某尚可能也有稱謂區別。《史記·秦始皇本紀》記秦王政九年,"四月,上宿雍。己酉,王冠,帶劍"。據《集解》徐廣言,政二十二歲;據《正義》言,政二十一歲。又秦簡公六年,"初令吏帶劍"。見《史記·六國年表》。又秦王政時,"群臣侍殿上者不得持尺兵,諸郎中執兵皆陳殿下,非有詔不得上"。由是可見秦對劍具管理之重。

《秦文化論叢》9,頁 265

豙 豩

豩 望山 2·49　　豩 陶彙 5·252

○**中大楚簡整理小組**(1977)　(编按:望山 2·49)豙,當即遂,假借爲襚。《說文》:"襚,衣死人也。从衣,遂聲。春秋傳曰:楚使公親襚。"馬宗霍曰:"楚使公親襚者,左氏襄公二十九年傳文,今《左傳》楚下有人字,釋文云:'襚音遂,《說文》云衣死人衣。'又文公九年經:'秦人來歸僖公成風之襚。'彼釋文引

《説文》同,則今本《説文》注衣死人也,人下奪衣字。蓋襚本贈喪衣服之名,衣死人衣者,上衣字讀去聲,猶言死人所衣之衣耳。與《士喪禮》之襲同義。引申之,以衣服贈喪亦得謂之襚,則與祝義同。昭公九年傳:'且致閭田與襚。'杜預彼注云:'襚,送死衣。'此襚之本義也。"(《説文解字引春秋傳考》)準此,上文赤下一字疑亦亥字,赤襚與紫襚相對。

《戰國楚簡研究》3,頁 42—43

○何琳儀(1998)　(編按:陶彙 5·252)秦陶亥,疑讀遂。《周禮·地官·遂人》:"遂人掌邦之野,以土地之圖經田野,造縣鄙形體之法。"

《戰國古文字典》頁 1225

詹　䇂　訔　詹

信陽 2·29　　璽彙 5455　　璽彙 5456　　璽彙 5457

上博一·緇衣 9

○李家浩(1998)　戰國文字往往把"口"旁寫作"山"字形。現把字例揭示於下,並對其釋讀略加以説明:

B 《考古》1989 年 4 期 378 頁圖 2·2·3　　C 《古璽文編》50·5282

D 《古陶文彙編》3·41　　E 《古璽文編》470·3515

F 《古璽文編》581·5456　　G 《古璽文編》470·5437

H 燕王石磬銘文拓片　　J 《古璽文編》464·1237

K 《古陶文彙編》4·23　　M 《古陶文字徵》171 頁

N 《古璽文編》233·5308　　P 《古璽文編》466·5556

Q 《古璽文編》425·3809

(中略)F 從"八"從"言",即"詹"字的省寫,傳賃龍節、鄂君啟節等"檐"字的"詹"旁作從"八"從"言"可證。

《著名中年語言學家自選集·李家浩卷》頁 150—151,2002;
原載《中國文字》新 24

○徐在國(1999)　《古璽彙編》四八七·五三八三著録如下一方陽文璽:

原書缺釋。《古璽文編》作爲不識字收在附録中(見該書 549 頁)。

今按:此璽似應釋爲"善人"。"䇂"字似應分析爲從"羊"省從

"言",即"善"字。古璽文字中"善"字或作:▢(《古璽文編》57 頁)、▢(《古璽彙編》四八四・五三五四)、▢(《古璽彙編》四八七・五三八七)等形,所從"羊"並作"▢"(最下一橫與"言"共用),與"▢"所從"▢"同。"▢"下部所從的"▢"似"言"字之變體。《殷周金文集成》一八・一一一四七二詔事矛之"詔"字或作"▢",所從"言"作"▢",與"▢"字所從"▢"形體相同。如此,"▢"字應釋爲"善"。

此璽右部"▢"字似應視爲"人"字反寫。人或作▢,與古璽"倚"字作▢,又作▢(《古璽文編》209 頁),包山楚簡"優"字作▢,又作▢(《楚系簡帛文字編》663 頁)相類。

如上所述,此璽似應釋爲"善人"。《論語・述而》:"善人,吾不得而見之矣。得見有恆者斯可矣。"邢昺疏:"善人,即君子也。""善人"當與《古璽彙編》中的"聖人"(四五一一)、"君子"(四五一二)等成語璽性質相類。

假如我們所釋不誤的話,《古璽彙編》將此璽放在單字璽中是不對的。按照本書體例應該把它歸到吉語璽中。

釋出了"善"字,古璽文中下列未釋之字也就可以解決了。

(1)▢《古璽文編》五八一・五四五七　　▢同上五四五六

　　▢同上五四五五　　　　　　　　▢《珍秦齋古印展》一八二

上引諸形中後三形所從的"▢"與上釋"善"字所從"▢"形近,應釋爲"言"。"▢"下部所從當是"言"之變體。"檐"字王命傳賃節作▢,鄂君啟車節作▢、▢(《金文編》396 頁),包山楚簡"鄲"字作"▢"(《包山楚簡》一八六),"䛊"字作▢(同上一七四)。如此上引諸字應釋爲"詹"。四字均屬單字璽。

《中國古文字研究》1,頁 148—149

○李守奎、曲冰、孫偉龍(2007)　(編按:上博一・緇衣9)"言"旁訛與"畐"同。

《上海博物館藏戰國楚竹書(一—五)文字編》頁 40

△按　《説文》:"詹,多言也。從言從八從产。"徐鉉注:"产,高也;八,分也;多,故可分也。"段玉裁注:"此當作产聲……與檐同字同音。詹,产聲。"戰國文字多作▢。從产者僅上博《緇衣》簡 9 一見,"言"旁並訛作"畐"旁;其對應郭店《緇衣》簡 16 作"䛰",仍是從▢。

【詹事】新收 1808 秦廿九年太后漆匜

○黃盛璋(1990)　詹事見《漢書・百官公卿表》:"秦官,掌皇后、太子家,有丞……長信詹事,掌皇大后宮,景帝中六年更名長信少府。"《漢官儀》也説:

“詹事,秦官也。詹,有也,給也,秩二千石。”詹即“瞻”之初文,詹事猶言給事,漢代詹事掌皇后太子家,掌皇太后則名長信詹事,長信爲太后宮名。漢長安城曾出土“長信詹事”封泥,爲景帝中六年前未改稱時所用,但長信詹事亦爲漢所改名,秦則名太后詹事,此盒可爲物證。居延漢簡有“長信少府丞王涉”,據此盒則秦時已有丞,而漢承之。右工師當爲太后詹事屬官,設有左、右兩職,主造太后宮中器物,此亦爲秦制。

《中國文物報》1990-2-15

△按　黄盛璋謂“詹”即“瞻”之初文當是,“瞻事”猶言視事。

詹

包山 174

○何琳儀(1998)　詹,从詹,丮聲。

包山簡詹,地名。

《戰國古文字典》頁 1164

○李零(1999)　應釋“詹”。

《出土文獻研究》5,頁 150

△按　據新出楚簡可知,右旁實爲卜,此字从詹从卜,暫從何琳儀从詹之説,繫於“詹”字之後。

介 介

介 詛楚文　　介 信陽 2・13　　介 上博六・鄭壽 5　　介 介鐘磬

介 上博四・昭王 6　　介 上博七・吴命 4

○郭若愚(1994)　(編按:信陽 2・13“一紅介之留衣”)介假爲紒。《類篇》:“結作紒。”《儀禮・士冠禮》:“將冠者采衣紒。”注:“紒結髮,古文紒爲結。”

《戰國楚簡文字編》頁 82

○劉信芳(1997)　(編按:信陽 2・13)“介”讀如“衸”,音與“袺”通,有如“帣”之異體作“鬢”。《詩・周南・芣苢》“采采芣苢,薄言袺之”,毛傳:“袺,執衽也。”《釋文》:“袺音結。”所謂“執衽”即將衣衽結於帶上,“留衣”之衽較長,下至膝,將衽之兩角挽起而結於衣前成兜狀,用以盛物。“留衣”字面義爲留物之衣。《釋名・釋衣服》：“留幕，冀州所名大襦，下至膝者也。留，牢也。幕，絡也。言牢絡在衣表也。”

《中國文字》新 23，頁 100

○**何琳儀**（1998）　信陽簡介，讀袶。《玉篇》：“袶，衣裾也。”

　　石鼓介，讀駘。《說文》：“駘，系馬尾也。从馬，介聲。”《廣韻》：“駘，駘馬，馬尾結也。”詛楚文介，讀价。《說文》：“价，善也。从人，介聲。”

　　介鐘磬“介鐘”，讀“夾鐘”。樂律名。《呂覽・仲春》：“律中夾鐘。”

《戰國古文字典》頁 902

○**禤健聰**（2008）　（編按：上博四・昭王6）“介趣”一詞，整理者謂：“‘介’，獨，孤獨。《左傳・昭公十四年》：‘養老疾，收介特。’‘趣’，通‘趨’。介趨，獨自駕御。”陳劍先生認爲“‘趣’讀爲‘騶’，指主管養馬並管駕車之人”。又說“由於‘介’字意不明，此‘騶’字也可能本是作動詞‘駕車’義用的”。按，“介”即“甲”，在簡文中指給戎車之馬披上馬甲。《左傳・成公二年》：“齊侯曰：‘余姑翦滅此而朝食。’不介馬而馳之。”杜注：“介，甲也。”考古發現戰國墓葬有馬冑馬甲的遺物，可見給戰車的馬匹套上防護裝備是戰國時代的事實。本簡上文說到“龔之脽馭王，將取車”，這裏說給戰馬套上馬甲，正合情理。“趣”當從陳劍先生後一讀法，義爲“駕車”。“介”與“趣”，即出行前給戰馬套上馬甲和行進時爲王駕車，是作爲御者的當然工作。“介趣”屬爲動用法，“介趣君王”即爲君王介趣。簡文中大尹說的“介趣君王”，是代指龔之脽作爲君王御者的身份。

《簡帛研究二〇〇五》頁 53

△**按**　石鼓文《田車》“四介既簡”，詛楚文“禮俾介老”，上博七《吳命》簡4“一介吏”，介字諸用法均見於傳世文獻。

价

上博二・容成14

○**李零**（2002）　价　從雙介，疑讀“謁”（“謁”是影母月部字，“介”是見母月部字，讀音相近），是拜見之義。

《上海博物館藏戰國楚竹書》（二）頁 261

○**何琳儀**（2003）　△而坐之（《容成氏》14）

　　△,原篆从二“介”,會畫分之意。《説文》:“介,畫也。”這類特殊的“同體會意字”,尚有“易”(中山王方壺)、“各”(信陽簡 1·01)等,都是戰國時期新創的會意字,非常值得注意。簡文“△而坐之”,仍讀“介而坐之”,猶言“分而坐之”。接讀下文“子堯南面,舜北面”,前後貫通,文意符洽。

《學術界》2003-1,頁 91

○**陳偉**(2003)　“介”有止息義。《詩·小雅·甫田》“攸介攸止”,鄭玄箋:“介,舍也。”這裏可能是説舜自己停下農活,也可能是説舜讓堯停留下來(前云堯“三從舜於畎畝之中”,前兩次舜大概未曾理會)。“之”用作代詞,指代堯。《路史》卷二一記堯與舜的交談云:“南面而與之言,席龍(壟)垤而蔭翳桑,蔭不移而堯志得。”説二人席地而談。對竹書的這一理解與之類似。

《第四屆國際中國古文字學研討會論文集》頁 296

○**趙建偉**(2007)　此字似可讀爲“席”(“介”是見母月部字,“席”是邪母鐸部字,聲、韻相近),謂拔草鋪地爲席(猶《左傳》之“班荆”)。“席而坐之”,猶《戰國策·趙策四》所謂“昔者堯見舜於草茅之中,席隴畝而蔭庇桑”。

《楚地簡帛思想研究》3,頁 188

○**郭永秉**(2008)　聯繫古人在野外扯草爲席的習慣,以《戰國策》記堯舜“席壟畝”爲根據,《容成氏》的“莢价而坐之”當與“班荆相與食”、“滅葭而席”、“搴草而坐之”、“昧菜坐之”相近,應該是説舜停下手中的農活,以草爲席讓堯坐在上面。

　　從這個思路出發,我認爲“舜於是乎始免蓻开㮪莢价而坐之”可以斷讀爲“舜於是乎始免蓻(笠),开(肩?)㮪(耨)莢(芟)价(芥)而坐之”。“莢”,葉部精母;“芟”,談部審母二等。從“芟”得聲的“翜、㚒、唊”都是審母二等,與“芟”字相同,談葉二部陽入對轉,因此“莢、芟”二字在音理上可以相通。竹書的“莢”有可能就應讀爲“芟”;至少可以説,“莢”字表示的應是和“芟”音義皆近的一個詞。“价”字,何琳儀先生認爲仍當讀爲“介”。我們認爲可以讀爲古書中當草講的“芥”或當“蔓草”講的“葛”(都是月部見母字)。拙文初稿在武漢大學簡帛研究網上發表後,網名爲“尹遞”的一位先生在簡帛網論壇發表文章指出,古書中有“接草”的説法。《説苑·善説》:

　　　　蘧伯玉使至楚,逢公子晳濮水之上,子晳接草而待曰:“敢問上客將何之?”

孫詒讓《札迻》認爲:

　　　　“接草”義不可通,疑“接”當作“捽”,形近而誤。“捽草”,見《漢書·貢禹傳》。《説文·手部》云:“搣,批也。”“批,捽也。”《晏子春秋·諫下篇》云:"晏子後至,滅葰而席。""捽草",猶云"滅葰"矣。("滅"即"搣"同聲假借字。)

　　研究者多信從其說。我同意尹遯先生的看法:"'接草'與《容成氏》中的'萋价'對比,似可認爲,'接'與'萋'當是同一詞的不同書寫形式。"孫詒讓認爲"接"是"捽"的誤字,根據並不充足。《説苑》的"接"字疑也應當從竹書的文例讀爲"芰"(至少是和"芰"音義接近的一個詞)。值得注意的是,《説苑》此則記載公子晳出走的故事正是在楚國發生的,很有可能就是楚國的作品,所以它的用字習慣和《容成氏》接近是非常合理的。

　　　　　《古文字與古文獻論集》頁 95—97,2011;原載《語言研究集刊》5
△按　簡文云:"舜於是乎始免執,开耨萋价而坐之。"郭永秉以傳世文獻對照,釋讀可從。

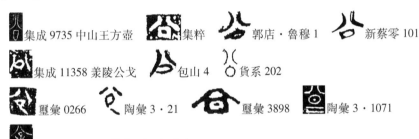

○丁佛言(1924)　公　　。

　　　　　　　　　　　　　　　　　　　《説文古籀補補》卷 2,頁 1

○强運開(1935)　(編按:石鼓文)《説文》:"公,平分也。从八、厶,八猶背也。韓非曰:背厶爲公。"運開按,自環爲厶,即私也,此从口,仍自環之意,非从口也。盂鼎作公,毛公鼎作公,皆與鼓文同。貿鼎作公,黿公華鐘作公,穌公敢作公,則異文也。

　　　　　　　　　　　　　　　　　　　《石鼓釋文》壬鼓,頁 11

○吳振武(1983)　0266 不□鉌・公石不□鉌。

　　　　　　　　　　　　　　　　《古文字學論集》(初編)頁 490

○**李學勤**（1983）　《洛陽故城古墓考》二三三 a 鼎銘爲：

公左私官，重冢（稱）三孚七豕。

上文提到過的臨潼戲河庫周鼎，蓋上刻有"公朱（廚）左官"，著録中類似記"公朱（廚）左右官"的銅器還有不少，大都爲鼎。《三代吉金文存》一二、一五方壺有兩次刻銘：

徝宮左官，十九，再四孚廿五豕。左酒，卅。

類似器物也還有好幾件。銘文中"公"字，和文獻所見"公車、公士、公牛"的"公"相同，《周禮·牛人》注："猶官也。"

《新出青銅器研究》頁 243，1990；原載《歐華學報》1983-1

○**蔡全法**（1986）　"公"字陶器，過去出土頗多，60 年代在"鄭韓故城"西城宮殿遺址附近已有出土。70 年代登封縣告城鎮的"陽城"遺址也發現有公字陶量，還有鈐印公字的豆、碗、盆、瓦諸陶器，這些均屬韓國遺物。齊器中亦有公豆、公區、公缶等，可與韓器文字互證。有同志認爲"公"與"宮"通。李學勤同志指出："'宮'字過去多釋爲'公'，或以爲'公'字假借爲'宮'都是不對的。這一類器物，原屬於宮廷的食官。"凡公字遺物，爲官府用器是比較恰當的。

《中原文物》1986-1，頁 79

○**杜宇、孫敬明**（1992）　（3）戈"王章歲公迶之告（造）戈"（齊銘之"戈"多从"金"，與鄰國有別）（《捃古録金文》2.14.1）（中略）

（3）戈，名義上的監造者爲齊襄王法章。"公迶"乃是指中央的兵器鑄造場所。齊國官營製陶手工業的產品，有的加蓋帶"王"或"公"的戳印，藉以表明其產品的性質（孫敬明《從陶文看戰國時期齊都近郊之製陶手工業》，中國古文字研究會第七屆年會論文，中華書局待刊）。由此可見，在齊國之冶鑄兵器與摶埴陶器的組織及管理制度，亦有相似處。

《管子學刊》1992-2，頁 88—89

○**曹錦炎**（1992）　公、侯、伯、子、男，是兩周時期的五等爵制，幣文中也有反映：

公 202—206；　侯 207—213；　白（即伯）214。

"伯"作"白"，見於銅器銘文。還未發現"子、男"（銅器銘文或作"任"）面文。

《中國錢幣》1992-2，頁 59

○**王占奎**（1993）　1991 年 11 月，筆者在美國偶爾讀到周策縱先生所著《古巫醫與"六詩"考》一書，就中以"雙臂持甕説"爲據以説"頌詩"。當時只覺得此説迂曲未達。撫鬚思之良久，當摸到我的"八字鬚"上時，遂悟得此字非它，乃八字鬚與口之合體也！回國後告諸好友，鼓勵我"不錯"。漸生門外談字之念。草擬之中，讀到趙世超先生所著《周代國野制度研究》，中云"唐蘭先生就曾認爲，公字本象人首之形"。但奇怪的是，唐説未收入《金文詁林》。後求問於趙世超先生，説他早時讀到某人文章中有所提及，今出處已難以查找。這一巧合堅定了我的猜想，又自信縱然觀點相近或相同（未讀到唐文），考證過程及所列證據總有相異之處，也牽涉到相關的容、頌二字，遂有如下之考證。

　　從字形上看，公字之"八字鬚和口"相和，不須多論。《説文》"髭，口上須也"是一佳證。又：上文已揭明□或◯與ㅂ是口字的異作。則公乃髭與口的合體明矣。這便解釋了爲什麼八與口的固定不移的上下位置關係。

　　從字義上看，如上所揭，公在甲骨文、金文及先秦典籍中大量地用作人的稱謂。應當著重指出的是，用於指稱男性而且是成年男性，如周公、召公、畢公、商之先公等等。鬚鬏（包括髭）是男子面部區別於女子的唯一顯著特徵，而且也是用線條化的、符號化的古文字表達男性面部特徵唯一可行之路。我們現在將雄性人稱作男人而不稱公人大概妨礙了對此字初義的探求。現今將雄性人稱作男人，取義於男人的社會分工。甲骨文、金文中，男字作𤰔，是耒耜加力於土地的象形，並不是男子體質人類學特徵的反映。其實，公與母（古文字中母字突出乳房）才是表現人之雌雄的一個"對子"——體質人類學對子，而男與婦（古文字婦字如掃帚，藉以表現女人的職業分工）是另一個"對子"——社會人類學對子。這與英語中的現象有些相似之處。在英語中，male與female泛指一切雄性與雌性，man與woman指成年男子與女子，而husband與wife指丈夫與妻子。有趣的是，husband的衍生詞husbandry指男子的職業如耕作、打獵、外出做工等，這與男字所示用力於田地不是很相像嗎？在商周時代，人們對動物之雌雄不稱作公母而是稱作牡牝。這在甲骨文、金文中不乏其例，在先秦典籍中也屢見不鮮，茲不備舉。動物之雌雄稱作公母是晚後的事情。人既稱作男女，反倒把公母這兩個標示人之雌雄特徵的符號讓給動物了。

　　我們不知道中國原始時代人們對鬚鬏的具體認識如何。不過，寶雞北首嶺出土的一件人面陶塑卻充分地表現了圍嘴的鬚鬏。這清楚地表現出他是一個男子，一個"公人"。如果僅僅把該陶塑的口與髭和公字初作對比一下，大概其中的關係便不言自明了。（中略）

　　雖然現在難以知曉我國新石器時代晚期的任何一個父系氏族（或父系大

家族,本文只借助這些述語表示一個集團)首領或酋長是否都留髭蓄鬚,但由商周上溯到夏代的集團首領均是男性則可以肯定。並且,大多數首領都以公稱之(如商人之先公、周人之先公及諸侯稱公是)。當然,首領稱謂中還有起源於軍事首領的王。公,不但是成年男子的指代,而且也是父系大家族乃至部落、部落聯盟首領的稱謂。這就是爲什麽把公又叫君(《爾雅·釋詁》"公,君也")的深遠的歷史根源。比較一下另一個首領稱謂——后,真有異曲同工之妙。后,初作毓,甲骨文、金文中爲一婦人生子之狀,由母系氏族社會中婦女當權的歷史環境中滋乳出首領的含義,以至於男性首領也可稱作后(如《詩·下武》"三后在天",指太王、王季、文王。見朱熹《詩集傳》)。

有髭鬚的公之爲首領,從一些民族學調查中可以找到很好的材料以爲佐證。如鄂温克人的家族長是那些老年男子。在討論重要事務的公共會議中,"男人中髭鬚越長越有權威"。鄂倫春人的"木昆達"(氏族長)也是男性年齡較大者。我們還可舉出南方一些少數民族的例子以進一步説明古代酋長——"公"的影響。在雲南瑞麗縣西北部阿昌族居住的户、臘撒各村寨中,基層組織首領叫"作借",但寨中稱作"烏蒙作"的寨老仍受到人們的極大尊敬,並協助首領的工作。在雲南墨江縣的一座叫做茨竹林的瑤寨,直到60年代還保留着所謂目老制度。三個選自中年人的德高望重的目老享有很大的權力,凡村寨事務非經他們同意不可。

在漢族歷史上,父老作主的情況直到漢代依然存在。出土於河南偃師的《侍廷里僤約束石券》便以實實在在的證據説明了當時父老對村社(僤)内公共生活的影響,特別是他們對所謂"容事"(詳下)的領導地位。也許現今關中俗語所謂"嘴上没毛辦事不牢"也反映了老年人的影響力及鬍子對於一個男性經世處事能力的標示作用。今古相比,遥遥相及。

公字的一個衍生意是公平、公道,自然與公作爲集團首領直接相連。即使在父系氏族社會中,選舉的男性首領也是能幹、勇敢、正直、善良、經驗豐富、能説會道且辦事公道的人。例如前舉鄂温克人的男性酋長是。有趣的是,鄂温克人的"烏力楞"家族公社的族長叫"新瑪瑪楞",受到人們的尊敬與信仰。而"新瑪瑪楞"的意思,直譯就是"公道人、正確者"。試對比公道、公平、公德、公理等辭,不也看到首領即集團大衆行爲規範、道德倫理的代表者的内在含義嗎?"公道"一詞就其本義來説,更接近於父系氏族社會中男性酋長即是"道"、即是"理"的代表者這一含義。同時,公的標準也是大衆所要奉行的標準,公之道也便成爲大衆之道即公共之道了。公道一辭雖然晚出(如

《漢書·蕭望之傳》:"如是,則庶事理、公道立、奸邪塞、私權廢矣。"這裏指公共之道),然而公道一辭的構成形式仍然與所謂"王道、伯道"(即霸道)(《史記·商君列傳》:"吾語公以王道而未入也,吾説公以霸道,其意欲用之也。")同理,只不過由於各詞産生的具體歷史背景不同,所指内涵不同罷了(王道指仁義之道,伯道指春秋時强盛諸侯的武力、威勢之道)。馬克思主義曾認爲,任何時候占統治地位的意識形態都是統治階級的意識形態,似在王道、伯道、公道及若德(即古代巫師之德,愚另有考)等辭中得到了鮮明而恰當的體現。

《考古與文物》1993-3,頁 87—89

○**尤仁德**(1996)　公,職官名。《史記·楚世家》:"惠王二年,子西召故平王太子之建之子勝於吳,以爲巢大夫,號曰白公。"服虔曰:"白,邑名,楚大夫皆稱公。"《戰國策·楚策一》又有葉公、宛公等人。戈銘丘陲公,必是以丘地命名的邑大夫。古代以陲名官者,如《史記·秦本紀》:"周宣王乃召(秦)莊公……爲西陲大夫。"注引《括地志》:"(西陲)秦州上邽縣西南九十里。"

《考古與文物》1996-4,頁 37

○**王輝**(1997)　(編按:集成 11367 六年漢中守戈)内正面單刻一"公"字,也頗值得注意。"公"見於西安市公安局 1994 年收繳的春秋早期公字戈及昭王時宣太后所作器太后車書,又太公廟秦武公鐘銘"公及王姬曰……",又秦公簋"十又二公……"。

此戈爲昭王時器,其時秦君已稱王,故此"公"不會如春秋秦器指秦君。

《説文》:"公,平分也。从八从厶。八,猶背也。韓非曰:'背厶爲公。'"公與私相對,有時也指公家或官府。《詩·召南·羔羊》:"退食自公,委蛇委蛇。"毛傳:"公,公門也。"睡虎地秦墓竹簡《秦律十八種·廄苑律》:"將牧公馬牛……","今課縣、都官公服牛各一課……","公馬牛"即官府之馬牛。又《倉律》"妾未使而衣食公……隸臣妾而從事公……","衣食公"即由官府供給衣食,"從事公"即爲官府服役。我們注意到,此"公"字爲戳印,相同之例還見於《秦代陶文》拓片 1446、1495,以及《古璽彙編》5085—5093;我們還注意到太后車書的"公"也比較粗壯,可能是戳印而成。可見有"公"字印或在器物上戳印"公"字,是戰國後期的一種風尚。此種"公"或表示器物屬官府,如睡虎地秦簡《效律》"公器不久刻者,官嗇夫貲一盾"之"公",或者僅是吉語。但單詞孤字,我們今天已難得其詳了。

《陝西歷史博物館館刊》4,頁 23;《秦文字集證》頁 39 與此略同

○**吳鎮烽**（1998）　（編按：集成10813）公字戈（中略）作器者自稱“公”，應該是春秋早期秦國的一位國君。《爾雅·釋詁》：“公，君也。”顧炎武《日知錄》卷二十“平王以後，諸侯通稱爲公”，寶雞太公廟出土的秦公鐘、鎛和傳世的秦公鐘、簋，都是秦國國君自稱“公”的最好證明。另外，秦昭襄王時的車專上也有單鑄一個“公”字的現象。戈銘單鑄“公”字，就是標明戈爲秦公鑄造。

《容庚先生百年誕辰紀念文集》頁564

○**何琳儀**（1998）　戰國文字承襲商周文字。或作𠇮，趁隙加點。齊系文字𠇮、燕系文字𠇮，均呈地域特點。或加＝、一爲飾。（中略）

　　齊璽公，姓氏。姬姓。《左傳》魯昭公衍、公爲之後，以爵爲氏。見《通志·氏族略·以爵爲氏》。

《戰國古文字典》頁408

○**李朝遠**（2002）　《説文·八部》：“公，平分也。从八从厶。”金文中的公字，其實是从八从口者爲多，如𠇮，亦有从八从日的，如𠇮。《説文·日部》有𣃲，即籀文昌，徐鍇《繫傳》：“从口義與从日同。”金文中的日，有時就徑作口，如剌卣、日癸簋等；格伯作晉姬簋的“晉”作𣃲，下从口，稍不同於下从日的晉。

《古文字研究》23，頁94

○**楊澤生**（2006）　＊326頁（編按：指《古陶文字徵》頁碼）引3·1071𠇮，李家浩先生釋作“公”，下部的“＝”是繁化筆畫。同欄引1072、1074、1075諸字同釋。

《論衡》4，頁111

△按　戰國文字“公”下半或作方形，或作橢圓形，或作三角形，或又於其中增飾筆，形態多變。戰國陶文及秦兵（《集成》11367）上“公”字，當指公家之義，李學勤、王輝等所説是。尤仁德（1996）所指“丘陲公”實爲羕陵公戈（《集成》11358）之“羕陵公”。

【公士】睡虎地·秦律134

○**睡簡整理小組**（1990）　（編按：辭云“公士以下居贖刑罪、死罪者”）公士，秦二十等爵中最低的一級。《漢舊儀》：“公士，一爵，賜一級爲公士，謂爲國君列士也。”

《睡虎地秦墓竹簡》頁51

【公上】璽彙3679

○**何琳儀**（1998）　古璽“公上”，複姓。衛後有公上氏。見《潛夫論》。

《戰國古文字典》頁409

【公子】

○**林素清**（1990）　（編按：《古璽文編》）附錄三三下𠇮2212非一單字，應釋成“公子耳”三字。

《金祥恆教授逝世周年紀念論文集》頁 111

○**何琳儀**（1998） 晉璽“公子”，諸侯之子。《詩·周南·麟之趾》：“麟之趾，振振公子。”《論衡·感類》：“諸侯之子稱公子，諸侯之孫稱公孫。”

《戰國古文字典》頁 409

【**公王**】九店 56·42

○**李家浩**（2000） （編按：辭云“利以見公王與貴人”）古書中屢見“王公”之語。例如：《莊子·人閒世》“若唯無詔，王公必將乘人而鬪其捷”；《荀子·修身》“志意修則驕富貴，道義重則輕王公”。疑簡文“公王”即“王公”之倒文。楚人稱縣令爲公（參看《七國考訂補》77、78 頁）。簡文把“王公”寫作“公王”，大概是爲了避免有人把“王公”之“公”誤認爲縣公的緣故。簡文“公王”指國君。

《九店楚簡》頁 101

【**公戶**】

○**施謝捷**（2000） 《中國璽印類編》354 頁“惑”欄有下揭一私璽：

原釋文作“□惑”。

按此璽右側原缺釋之字，實際上是“公戶”二字。璽文“公”所從“厶”旁改作“巳”字形的這種寫法，亦見於下列諸璽：

《陳簠齋手拓古印集》，公石不夏鈇　　　　《古璽彙編》3554，公乘胥

同上 3676，公荶壽　　　　　　同上 5643，公信

這是齊系文字所特有的寫法。在山東臨淄出土的陶文戳印“東蔓圜里公孫䚯”（《古陶文彙編》3·296、3·297）、“〔丘〕齊辛里公孫綴”（同上 3·623），以及諸城臧家莊出土的“公孫淖子”編鐘、編鎛銘文裏，“公孫”的“公”字也這樣寫，均可比較。

再說“戶”字，它在上揭璽文中的這種寫法雖屬僅見，不過根據下列諸“從戶”字的構形變化也不難確認：

《金文編》767 頁，魯士浮父㾦“浮”　　同上 926 頁，宋公差戈“所”

《古璽彙編》0650“開”所從　　　　　　同上 0168“門”

可見“戶”作 形顯然是源自 這一類寫法。

“公戶”是古姓氏，《漢書·儒林傳》有禮官大夫公戶滿意，顏師古注曰：

“姓公户,名滿意也。”邵思《姓解》卷三:“公户,《漢書》太中大夫公户滿意,諭
燕王旦令服罪者。一作扈。”所引實出《史記》。鄧名世《古今姓氏書辯正(編
按:“正”當作“證”》卷二:“公户,《前漢·儒林傳》魯徐生善爲禮樂,其弟子公户滿
意爲禮官大夫。”諸書均未言“公户”氏之源出。“公户”,亦寫成“公扈”,《廣
韻》上平聲東韻“公”字下有“公扈”氏,所舉之人爲“公扈滿意”。王應麟《姓
氏急就篇》將“公户、公扈”並舉:“公户氏,《漢儒林傳》公户蒲意。公扈氏,
《古今人表》公扈子、《列子》魯公扈。”(蒲,滿之形誤。)公扈子,見於《公羊
傳·昭公三十一年》:“公扈子者,邾婁之父兄也。”何休注:“公扈,氏也。”亦
見於《説苑·建本》。今釋出齊系私璽“公户惑”,知“公扈”本亦當作“公户”。
《通志·氏族略三》“以地爲氏(所居附)”類有“夷門、陽門”等姓氏,“户、門”
意近,頗疑“公户”氏亦屬“以地爲氏”。

《中國古璽印學國際研討會論文集》頁 31—33

【公石】璽彙 0266

○**吳振武**（1998）　本篇前面曾提到齊系璽印中有“公石”氏,原璽如下(陰文):

按璽文五字,當釋爲“公石不夏璽”(“石”字丁佛言釋,見《補補》
9·6上)。《通志·氏族略三》“以字爲氏”類下謂:“公石氏,姬姓,
(魯)悼公子堅字公石之後也。”《璽彙》將此璽編入“官璽”類,殊誤。

《出土文獻研究》3,頁 77

【公北】新蔡零 266

△**按**　辭云“司折、公北、司命、司禍”,與“司折、司命”等並列,“公北”當是神
靈名。

【公田】官印 0013

○**羅福頤等**（1987）　右公田印　雲夢秦簡《田律》:“入頃芻、稾,以其受田之
數。”由受田,知秦有公田。右公田當是管理公田之官。

《秦漢南北朝官印徵存》頁 3

○**王人聰**（1990）　此印有田字格,印文右起自上至下順讀,字體秦篆。公田,
是國家直接掌握的土地,《漢書·食貨志》“令命家田三輔公田”,韋昭曰:“命
謂爵命者,命家謂受爵命一爵爲公士以上,得田公田,優之也。”據雲夢秦簡知
秦時有公田,《田律》:“百姓居田舍者毋敢酤酉(酒)。田嗇夫、部佐謹禁禦
之,有不從令者有罪。”田嗇夫即是管理公田的官吏。此印當係秦縣管公田官
吏所用之官印。

《古璽印與古文字論集》頁 59—60,2000;原載《秦漢魏晉南北朝官印研究》

○**王輝**(1990)　睡虎地秦簡《田律》："入頃芻稾,以其受田之數。"《官印徵存》云："由受田,知秦有公田。右公田當是管理公田之官。"

《文博》1990-5,頁 244

【公耳】故宮 434
○**羅福頤**(1982)　公耳異。

《故宮博物院藏古璽印選・目録》頁 11

△**按**　"公耳"當是複姓。

【公朱】
○**朱德熙、裘錫圭**(1972)　《美帝國主義劫掠的我國殷周銅器集録》R434 鼎蓋銘及《文物》1965 年 7 期 54 頁鼎蓋銘都有"公朱"字樣,也應讀爲公廚。

《朱德熙古文字論集》頁 52,1995;原載《考古學報》1972-1

○**黃盛璋**(1981)　朱德熙、裘錫圭《戰國文字研究六種》曾經提出"公朱"應讀爲"公廚",但"公"字無解,而"朱"讀爲"廚"亦僅據古音相近爲説,尚無其他佐證。按新鄭韓都故城宮城遺址之北探溝 T3,出土有牛、羊、雞等大量殘骨,其地必爲一廚房遺址,而出土殘陶文字有"公胅吏、左胅、胅",我當時即指出,此字爲廚,在旁的馬世之同志即以上述發掘出土器物情況見告,證明我的推斷有據。"胅"字見於三晉銅器《右胅鼎》與《貴胅鼎》,又有《上樂床鼎》與《上員床鼎》,郭沫若同志早已指出:"床疑廚之異文。"朱、裘兩同志更據此進一步認爲"朱"亦讀"廚",韓都故城出土"胅"字陶文,大抵皆爲廚房遺址,則"胅"必爲"廚"字異文,"公胅"亦即鼎銘之"公朱",韓都故城陶文中亦有"朱"字,可能亦爲廚房遺址之用器殘存。"胅、床"皆从"朱"聲,三者皆爲"廚"字簡寫。

　　"公"爲"宮"字之假,"公朱"即"宮廚",宮廚有左、右廚,所以有左胅、右胅,即左、右廚,廚既有左、右,所以有公朱有左官、右官,左官、右官爲官制,而公朱爲宮中執事機構,如此有關公朱鼎的銘文就完全解決和落實。

　　關於公爲"宮"字問題,須連同東周銅器中徸宮一同考察,而這個問題也是過去從所未知的。

《中原文物》1981-4,頁 44—45

○**李學勤**(1983)　銘文中"公"字,和文獻所見"公車、公士、公牛"的"公"相同,《周禮・牛人》注:"猶官也。"

《新出青銅器研究》頁 243,1990;原載《歐華學報》1983-1

○**湯餘惠**(1993)　公朱,即公廚,王室御廚;一説公朱,讀爲宮廚,意謂宮內之廚,亦可通。公廚是本器置用的場所。

《戰國銘文選》頁 12

△按 "公"當指公家之義,參上"公"條。黃盛璋所謂徲宫之宫作🔲,與戰國文字習見的"豫"字左半所从相同,恐非宫或公字,參單育辰《談晉系用爲"舍"之字》(《簡帛》4 輯,上海古籍出版社 2009 年)。

【公臼】湖南 85

○何琳儀(1998) 秦璽"公臼",讀"公仇",複姓。後漢零陵太守公仇稱,出自晉穆公太子仇之後,爲公仇氏。見《姓苑》。

《戰國古文字典》頁 409

【公車司馬】睡虎地·雜抄 26

○睡簡整理小組(1990) 公車司馬,朝廷的一種衛隊,《漢書·百官表》屬衛尉,注:"《漢官儀》云公車司馬掌殿司馬門,夜徼宫中,天下上事及闕下凡所徵召皆總領之,令秩六百石。"

《睡虎地秦墓竹簡》頁 86

【公豆】

△按 參【公區】條。

【公事】上博五·姑成 5

○李朝遠(2005) (編按:辭云"吾毋有它,正公事,雖死,焉逃之?")"公事",《詩·大雅·瞻卬》"婦無公事",朱熹《集傳》:"公事,朝廷之事。"

《上海博物館藏戰國楚竹書》(五)頁 244—245

【公卒】里耶秦簡

○湖南省文物考古研究所、湘西土家族苗族自治州文物處(2003) 公卒,江陵張家山漢簡之《二年律令》:二十級爵之末爲公士,公士後是公卒、士五。

《中國歷史文物》2003-1,頁 19

【公官】睡虎地·答問 159

○睡簡整理小組(1990) (編按:辭云"舍公官,廬火燔其舍,雖有公器,勿責")公館,官府的館舍,《禮記·曾子問》注:"若今縣官舍也。"

《睡虎地秦墓竹簡》頁 130

【公城】

○蔡全法(1986) "公城"字陶盆:

一件,泥質灰陶,戰國時器。1984 年 7 月,東城 T4H5 出土。"公城"陰文,豎向鈐印於盆沿上,兩者上下排列。城字下有少量缺損。無印框。"🔲"

可兩釋:一是从广从公,隸釋爲厷,即公之異體,二,"宀"亦可爲"宀",从宀从谷,隸釋爲容。釋公較恰當,因韓國文字習用广,如倉作"庿"、會作"㑹"等。"城"字,屬羌鐘銘,戰國印均作"垟"與此同。"公城"疑爲地名。此文出於"鄭韓故城"東城偏南一側的五宅莊村内。該村位於雙洎河(古洧水)東岸。現河岸地下還保存有東周時期的城牆基礎,爲南北向,至雙洎河南岸折向東,再經白廟范村南。這座小城北面牆基至今尚没找到,舊稱倉城。公城陶文出土地恰在該城内,距西部城牆約百餘米。這座小城很有可能就是陶文之公城。

《中原文物》1986-1,頁 80

【公軎】璽彙 3554

○**林素清**(1990) （編按:《古璽文編》）附録二三**軎**,从大从車,象人在車上形,與人在木上,同取登、升之意,故仍可釋成乘字。璽文"**軎**",可讀爲公乘胥,公乘,複姓。

《金祥恆教授逝世周年紀念論文集》頁 110

○**吴振武**(1998) 三晉私璽中有"公乘"氏,這是古文字研究者所熟知的。《璽彙》"複姓私璽"類所録 4068、4069 兩璽即其例。齊系私璽中亦有"公乘"氏,則舊所不知。

《璽彙》"姓名私璽"類 3554 號璽璽文如次(陰文):

此璽原著録於高慶齡《齊魯古印捃》(1981 年)。丁佛言《補補》釋爲"公軥胥"(2·1 下),《璽彙》釋爲"公□胥"。

按璽文第一個字舊釋"公"並不錯。在齊系文字中,"公"字所从的"厶"旁往往由圈形變作"已"字形。如陶文中所見的"公孫"氏之"公"(《季木藏陶》39·10、11)和璽印中所見的"公石"氏之"公"(《璽彙》0266)皆如此作(丁佛言釋,《補補》2·1 下)。這也是齊系文字的一個特徵。不過就此璽"公"字而言,舊釋都是有點問題的。從《璽彙》對所收 0266、3676、5643 諸璽中同樣寫法的"公"字均闕釋的情況來看,《璽彙》釋此字爲"公"顯然是未看清筆畫所致。這一點也可以從《璽文》所收"公"下一字上看得很清楚(附録,411 頁第 3 欄,頂部多出"公"字的部分筆畫)。所以《璽彙》釋此字爲"公"實在是歪打正著(0266"公"字《璽文》列於附録,566 頁第 6 欄)。丁氏雖然是最早釋出這種"公"字的一位學者,但他在《補補》(2·1 下)"公"字條下卻仍將此字下部誤摹成圈形。可見他對此字筆畫的理解跟《璽彙》是相同的。

璽文第二個字《補補》看成从"車"从"犬"肯定是不對的(丁氏的這個釋

法顯然跟他對此璽“公”字筆畫的理解有關係)。從偏旁上分析,此字應該是一個從“車”從“大”的字。不過根據它在璽文中的用法來看,不大可能是《説文》訓爲“車輨”的“軗”字,而應該是車乘之“乘”的後起專用字。試看下揭“乘”和從“車”之“乘”的演變關係:

1　　　　　2　　　　3　　　　4

1:西周金文(1985 年版《金文編》387 頁);2:燕私璽(《璽彙》3945、0742);3:齊陶文(《古匋文香録》5·5 上);4:齊私璽(《璽彙》3554)

　　這裏須要作三點説明。第一,“乘”字在甲骨文中本就是從“大”的,而且“大”下都不加腳形(看《甲骨文編》257—258 頁),加腳形是後起的寫法。所以,齊陶文“乘”字所從的“大”旁不加腳形是合於古寫的(同樣寫法的“乘”字也見於戰國齊金文中)。第二,戰國人寫“乘”字,往往將下面的“木”形部分省去,如三晉私璽中所見的“乘馬”氏之“乘”(《璽彙》4008、4009)和本篇開頭提到過的“公乘”氏之“乘”皆如此作。所以,當“乘”字用作偏旁的時候,下面的“木”形部分也自然可以省略不寫。第三,在齊系文字中,“大”字上面象人手臂形的部分往往拉平成橫畫。這也是齊系文字的一個明顯特點。所以,齊璽從“車”之“乘”所從的“大”旁首筆作平畫是不奇怪的。

　　從“車”的“乘”字見於《集韻》。《集韻》平聲蒸韻:“鞌,車一乘也。或作輬。”(《古文四聲韻》下平聲二十五蒸引《崔希裕纂古》“乘”字亦有從“車”者,寫法跟《集韻》前一體相同。)《集韻》所收的這兩個從“車”之“乘”,應該就是璽文中所見的從“車”之“乘”。

　　璽文“公乘”(原從“車”)二字正處在姓氏字的位置上,無疑就是古書和漢印中習見的“公乘”氏(漢印看《漢徵》5·17 下、《漢徵補》5·6 上)。《通志·氏族略四》“以爵爲氏”類下謂:“公乘氏,古爵也,久居是爵者,子孫氏焉。”按關於爵名“公乘”,衞宏《漢舊儀》謂:“賜爵八級爲公乘,與國君同車。”《漢書·百官公卿表上》顏注:“言其得乘公家之車也。”(中略)

　　追記:本篇寫成後見到臺灣學者林素清先生所撰《〈古璽文編〉補正》一文(刊《金祥恆教授逝世周年紀念論文集》,1990 年 7 月)。林先生在文中已釋出《璽彙》3554 上的“公乘”二字(110 頁),與筆者不謀而合。不過在“乘”字的摹寫上,林文仍誤從《璽文》。又,林文對從“車”之“乘”的理解是:“象人在車上形,與人在木上,同取登、升之意。”這個意見似跟從“車”之“乘”在古文字中的用法不合。

《出土文獻研究》3,頁 76—77

【公乘】

○**陳初生**(1981)　(編按:璽彙 4068、4069) = 公乘　(中山王墓守丘刻石,亦見於古璽)。

《中山大學研究生學刊》1981-2,頁 112

○**羅福頤等**(1981)　(編按:璽彙 4068、4069)公乘。

《古璽彙編》頁 374

○**林素清**(1990)　公乘合文作。《彙編》4068、4069"公乘高""公乘畫"。

《金祥恆教授逝世周年紀念論文集》頁 108

○**何琳儀**(1998)　公乘鼎"公乘",爵名。《史記・扁鵲倉公列傳》"更受師同郡元里公乘陽慶",正義:"《百官表》云,公乘,第八爵也。"

《戰國古文字典》頁 409

【公𦉥】陶彙 3・748,等

△**按**　"𦉥"字從缶,父聲,齊量名,傳世文獻作"釜"。《左・昭三年》"豆區釜鍾",注:"四區爲釜。釜,六斗四升。"參卷三"䈺"字條。"公𦉥"即"公釜",公製量器。

【公芻】

○**黃盛璋**(1989)　"公芻半石"《三代》一八・三三・一

　　《貞續》下二四:"列國器,銘陽識,近在都市。"則曾出售於北京,後不知流入何處,至今不明下落,據《金文分域篇》:民國二十一年出土於山西介休縣,介休戰國屬趙,從出土地望推斷,當爲趙權。按秦漢農業稅除繳納糧穀外,還須繳納芻藁,雲夢秦律有"入頃芻藁,以其受田之數,無墾不墾,頃入芻三石,藁二石"。江陵鳳凰山八號漢墓所出三號牘所記芻藁賬有"田芻三斗七升","田藁二石二斗四升半",與糧穀稱量同皆用石、斗、升,芻(草)藁(禾桿)有一部分當皆斬莝以爲飼料上繳。此公芻權自爲稱量交公之芻藁,是農業稅繳納芻藁三晉已有,秦制或來自三晉。

《古文字研究》17,頁 28

【公席】陶彙 9・18

○**何琳儀**(1998)　秦陶"公席",讀"公石",複姓。

《戰國古文字典》頁 409

【公孫】

○**何琳儀**（1998）　　陳遐鐘“公孫”，見《儀禮·喪服傳》“公子之子稱公孫”。
（中略）齊陶“公孫”，複姓。軒轅氏初姓公孫，後改姬姓。見《路史》。

《戰國古文字典》頁 408

【公孫淖子】近出 4—9 莒公孫淖子鐘、鎛

○**山東諸城博物館**（1987）　　鐘、鎛銘中均表明爲“公孫朝子”造器。公孫朝
子，史書無載。諸侯之子稱公子，諸侯之孫稱公孫。《史記·田齊敬仲世家》
（編按：《史記》作“田敬仲完世家”）記有“公孫會、公孫閛”，皆爲田氏，故此銘中之公孫
朝子，或也是田姓貴族。鐘、鎛等爲公孫朝子生前所用禮樂器，死後隨葬，因
而，此墓應爲公孫朝子的墓葬。

《文物》1987-12，頁 53、56

【公孫紻】天星觀簡

○**舒之梅、羅運環**（1987）　　公孫紻其名見於《吕氏春秋·無義》和《史記·商
君列傳》及馬王堆帛書《戰國縱橫家書》等，公孫是其姓，紻是其名，因出生於
衛，又叫衛紻，後入秦封於商，又叫商紻，後世每以商紻稱之。此簡説“秦客公
孫紻問王與蔵郢”，説明他作爲秦國使者出使楚國是在受封之前。

《湖北省考古學會論文選集》1，頁 145

○**李家浩**（1990）　　天星觀一號墓的年代可以從下引簡文推定：

秦客公孫紻聞（問）王於蔵郢之歲，十月丙戌之日，鹽丁以長保爲邸陽
君番勑貞……《考古學報》1982 年 1 期 108 頁圖三二·2

　　大意是説秦國的使者公孫紻聘問楚王於蔵郢這一年的十月丙戌日，貞人鹽
丁用“長保”爲邸陽君進行占卜。從有關簡文看，邸陽君大概就在這一年的下半
年或第二年病死了。秦孝公時的商紻叫公孫紻。“公孫”是氏，“紻”是名；因爲
他出生於衛國，所以又稱爲衛紻。“紻、紻”二字皆从“央”聲，簡文的“公孫紻”
應即公孫紻。公孫紻是在秦孝公元年（公元前 361）由魏來到秦的，秦孝公六年
任命他爲左庶長，實行變法。由於公孫紻變法侵犯了一些貴族的利益，在秦孝
公去世、惠文王即位時（公元前 337），遭到了以公子虔等人爲首的誣陷而被殺
害。因此，“秦客公孫紻問王於蔵郢之歲”只能是在公元前 361—前 337 年中的
某一年。那麼曾國滅亡的年代最晚也不能晚於公元前 336 年。

《文史》33，頁 16

【公區】

○**魏成敏、朱玉德**（1996）　　齊量中有 2 件自銘爲“公豆、公區”的陶量，器形、

銘文特徵比較相似,雖非一組,但其年代應相近,並均傳出土於臨淄。在"公豆、公區"印文左側還各有一方形戳印,"公區"的較清晰,爲"蒦圖匋里人悲",臨淄陶文中有與之全同者。這二器之自銘"公"應與"王粝、王卒粝"之"王"含義相同,表明是最高統治者頒布的標準量。姜齊始稱侯後稱公;陳氏代齊後仍先稱侯後稱公,直到戰國中期田午才始稱威王。故"公豆、公區"陶量應早於"王粝、王豆、王區"陶量。姜、陳皆稱"公",僅據銘文難以確認"公豆、公區"歸屬。但"公豆"容量大於"右里、鄭里"銅量(陳氏豆量);"公區"容量也大於"市"陶量,二者似不屬姜齊舊量。

《考古》1996-4,頁27

○**何琳儀**(1998)　齊陶"公豆、公釜"之公,官所。《周禮·地官·牛人》"掌養國之公牛",注:"公,猶官也。"

《戰國古文字典》頁409

【公族】

○**陳平**(1986)　(編按:集成 11353、11547)公族。《左傳·成公十六年》傳"六月,晉楚遇於鄢陵。苗賁皇言於晉侯曰:楚之良,在其軍王族而已!步毅御晉屬公,欒鍼爲右。欒、范以其族夾公行"。秦子戈、矛銘中的公族,恐非指一般公族成員,當係指與《左傳》所載晉國的公行、楚的中軍族一樣,是以"國子之倅、公族之良"組成的一國的三軍中堅。

其公室顯貴執戈戟前驅而辟姦,其地位或當後世之執金吾相類。

《考古與文物》1986-2,頁66

○**王輝**(1986)　陳平同志對公族的解釋是對的,但還可稍作補充。

所謂公族,其本義指公之同族。《詩·周南·麟之趾》:"麟之角,振振公族。"毛傳:"公族,公同祖也。"《禮記·文王世子》:"公族其有死罪。"注:"公族,諸侯同姓也。"《左傳·文公七年》:"公族,公室之枝葉也。"番生簋:"王令■嗣公族卿事大史寮。"師卣簋:"公族冕釐入右師卣立中庭。"因爲在氏族社會裏,軍隊也以氏族爲單位,所以後來公族又引申爲軍旅之稱。丁山在《甲骨文所見氏族及其制度》一書中說:"族制的來源,不僅是自家族演來,還是氏族社會軍旅組織的遺迹。"殷墟甲骨文中多處提到"王族","王族"丁氏說是"(殷)王朝的基本武力"。《國語·楚語上》及《左傳·成公十六年》也提到楚中軍的"王族"。"公族"當與"王族"同義。

《考古與文物》1986-6,頁81

○**王輝**(1997)　值得注意的是,故宮戈銘"中辟"與《三代》戈、矛銘"公族"相對應。“公族”本是公之同族，《禮記·文王世子》：“公族其有死罪。”盧注：
“公族，諸侯同族也。”劉雨、張亞初《西周金文官制研究》曾指出：“西周金文
中的公族，是既指公之族又指管理公族的人而言的。公之族是與周王血緣關
係親近的同姓貴族，所以管理貴族之人往往地位十分尊崇顯赫。”該書舉番生
簋之番生爲例，番生既管理公族，同時又總管卿事僚和太史僚，顯然是總管百
官的顯貴。毛公鼎之毛公管理公族之外，還管理司徒、司馬、司空這三有司以
及小子、師氏、虎臣等侍從副官，地位與番生不相上下。春秋早期，情況仍大
體如是，特別是像秦這樣保守的國家更應如此。到了春秋中晚期，公族始由
一般大夫擔任。《左傳·宣公三年》：“初，驪姬之亂，詛無畜群公子，自是晉無
公族。及成公即位，乃宦卿之適子而爲之田，以爲公族。”杜預注：“宦，仕也，
爲置田邑以爲公族大夫。”“公族”既與“中辟”對應，看來意義應相近，指握有
大權的同姓高官。我原先推測秦子戈、矛的作器者最大可能爲前出子，其在
位六年閒實際執秦國柄者爲大庶長弗忌、威壘、三父等，他們擅權廢立，應該
既是“公族”，又是“中辟”。再説秦子作造之兵器不供國君使用，卻歸“公族”
或“中辟”使用，“公族、中辟”淩駕國君之上，恐怕也只有弗忌等三人可以約略
當之。由此也可見拙説“秦子”爲出子較有道理。

《陝西歷史博物館館刊》4，頁 18

○**何琳儀**（1998）　（編按：璽彙 3412）晉璽“公族”，複姓。晉成公自周歸，始官卿
之嫡子以爲公族，故趙盾以括爲公族大夫。韓厥子無忌謂之公族穆子，其後
遂以官爲氏。見《古今姓氏書辯證》。

《戰國古文字典》頁 409

【公虘】集成 11663 虘公劍

○**李零**（1989）　《貞松》一二·一九著録一件錯金鳥書的“𠧢公劍”，正背各一
行七字，摹本因書頁容納不下，每行後三字折寫，其實原器是作七字直下（現
在遼寧省博物館陳列）。容庚《鳥書考》三九收之，釋爲：

　　　𠧢公自□吉□金，其以乍爲用元劍。

　　此銘“吉□金、其以、用元劍”，讀起來很別扭。劉雨同志曾對筆者説，他
很懷疑原銘每行第一、二字互倒，第五、六字互倒，我很贊同他的看法。

　　受劉雨同志啓發，我們對容文未能釋出的字做了補釋：

　　（1）銘文第一字作𠧢，《金文編》收入附録，《金文詁林附録》1779 頁李孝
定按語説：“此字下半與‘乘’字上半略近，不知何字。”

　　今按應釋爲“乘”；

（中略）經過訂正，上述銘文應改釋爲：

公乘白罧（擇）梪（厥）吉金，以其乍（作）爲元用劍。

“公乘”，本指公家之乘，後用爲爵稱並轉變爲氏名。戰國銅器有公乘鼎（《三代》二·一六·六），中山王陵刻石有“公乘得”，戰國璽印中也有“公乘”氏。“白”是私名。其他與一般劍銘格式基本相同。

《古文字研究》17，頁 283

△按　李零釋讀次序調整有理，然所謂“乘”字作🏶，實爲“虞”字，下半類似的寫法參見雁節、鷹節（《集成》12104、12105）。參卷五“虞”字條。

【公叡】

○施謝捷（2000）　《古璽彙編》5674 著録下揭一私璽：

原釋文作“公□縹”，第二字缺釋。

按此璽從風格看，當屬楚系。楚簡文字裏的“虞（叡）”字一般作“虞”，或省去中閒橫畫作“虞”，也可省去“目”形中閒的一横作“虞、虞”（參看滕壬生《楚系簡帛文字編》246—247 頁等）。璽文第二字鈐本不甚清楚，但可復原爲🏶或🏶形，應該沒有問題，顯然就是楚文字中習見的“虞”字。偏旁“又”右側的“𠂇”符當是飾畫，這種情形也僅見於楚文字，如：

🏶《楚系青銅器研究》473 頁，盒𣌭鼎“專”　　🏶同上，“隻（獲）”

🏶《古璽彙編》2188，“事”　　　　🏶《西泠印社古銅印選》2 頁，“尋（得）”

🏶同上，“叟”

可資比較。“又”或“從又”在三晉系文字中一般作🏶、🏶等形，在燕系文字中一般作🏶、🏶等形，與楚系文字不同，也值得注意。

然則上揭璽文可釋爲“公虞縹”。古璽裏“縹”字數見，均作人名，因此“公虞”當是複姓。

“虞”本從“且”得聲，例可通假。楚王孫誥編鐘及王孫遺者鐘銘均有“中翰（或作钛）虞牆”語，文例與《詩》“終……且……”同，楚簡帛文裏的“虞”則幾乎全讀作“且”，是其徵。齊系器簷平鐘銘有“仲平善髮虞考”語，“虞”讀作“祖”，二字均從“且”聲，固可通。甲骨文及西周金文“祖考”字更徑借用“且”。傳世古籍中“且、沮、祖、鉏”等同聲符字往往通用，如《韓非子·内儲説下》“黎且”，《史記·孔子世家》作“黎鉏”，馬總《意林》引作“黎沮”；《大戴禮記·帝繫》：“季連産付祖氏。”《史記·楚世家》作“季連生附沮”，可證。（參看高亨《古字通假會典》900—903 頁。）因此複姓“公虞”氏可讀作“公祖”或“公鉏”。林寶《元和姓纂》卷一：“公祖，見《纂要》。魯郡。仲尼弟子公祖句茲。”《通志·氏族略三》“以字爲氏”類：“公祖氏，仲尼弟子公祖句茲，魯人。見《纂要》。”陳士元《姓觿》卷一：“公祖，《姓源》云，成周支裔。孔子弟子有公祖句茲。”臧勵龢《姓氏考略》：“公祖，魯有孔子弟子公祖句茲，見《通志·氏族略》。一云，當爲亞圉子公祖叔類之後。《路史》吳後有公祖氏。”公祖叔類，始見於《史記·周本紀》：“亞圉卒，子公祖叔類立。公祖叔類卒，子古公亶父立。”司馬貞《索隱》引皇甫謐云：“公祖，一名組紺、諸盩，字叔類，號曰太公。”據此可知“公祖”氏當源自亞圉子公祖叔類，公祖句茲是其後裔，分布在魯、吳等地，屬“以字（或名）爲氏”。《姓觿》卷一：“公鉏，魯季孫彌字公鉏，後因氏，《左傳》公鉏極是也。”又：“公沮，《姓纂》云：《左傳》季武子庶子公沮之後。”二者實爲一事，見《左傳·襄公二十三年》，作“公鉏”，《廣韻》上平聲東韻“公”下引《左傳》爲説，作“公沮”。“公祖”氏亦屬“以字爲氏”。不知此璽“公虘”相當於“公祖”或“公鉏（沮）”，目前似很難抉斷。如考慮此“公鉏繯”屬楚系璽，姓書稱魯、吳有“公鉏”氏，則“公虘”讀作“公祖”的可能性較大。

《中國古璽印學國際研討會論文集》頁 42—46

【公豪】上博五·姑成 6

○李朝遠（2005）　（編按：辭云“三郤中立，以正上下之謂，强於公豪”）“公家”即公室，諸侯國。

《上海博物館藏戰國楚竹書》（五）頁 245

【公璽】睡虎地·答問 146

○睡簡整理小組（1990）　（編按：辭云“亡久書、符券、公璽、衡嬴”）公璽，官印，《獨斷》：“璽者印也，印者信也，古者尊卑共之⋯⋯秦以來天子獨以印稱璽，又獨以玉，群臣莫敢用也。”此處一般官印稱璽，是秦統一以前的制度。

《睡虎地秦墓竹簡》頁 127

睡虎地·效律 19　　十鐘　　珍秦 148
信陽 1·5　　郭店·成之 7　　璽彙 5221
璽彙 5222“必正”合文　　璽彙 5223“必正”合文

○裘錫圭（1980）　古代戈、戟、矛等武器的柄稱柲。“柲”字從“木”“必”聲。

金文無"柲"字，"必"字作 等形。《説文·八部》："(必)，分極也。從八、弋，弋亦聲。"金文、小篆"戈"字作 等形，如果去掉象戈頭的一横，剩下來的象戈柲的部分，正與金文"必"字所從的 同形。郭沫若在《金文叢考·釋弋》篇裏指出，金文的"必"字應該讀爲戈柲之"柲"，並認爲"必"字所從的 就是"柲"的象形初文。他説："必即柲也，弋象柲形，八聲。然形聲之字後於象形，則弋又古必字，必其後起者矣。"(228頁)這是很精闢的見解。但是《説文》認爲"必"字所從的 就是"弋"字，是有問題的。這一點郭氏卻没有覺察。

《説文》説"必"字從"弋"聲。"弋""必"二字古韻不同部，聲母又遠隔，無從相諧。《説文》"弋"字篆文作 ，與金文"必"字所從的 比較接近。但是金文"弋"字作 等形，秦漢金石篆文"弋"字作 等形，金文和秦漢金石篆文中用作偏旁的"弋"字作 等形，都跟"必"字所從的 有相當明顯的區别(關於甲骨文"弋"字詳附録《釋弋》)。可見"弋"和"柲"的象形初文 是兩個字，《説文》"弋"字篆形以及"必"字從"弋"的説法是有問題的。西周金文"弋"字多用作虛詞，郭沫若讀爲"必"，其實應該讀爲從"弋"聲的"式"。我們在《史牆盤銘解釋》中已經談過這個問題，這裏就不重複了。(中略)

六國格言印有" 正"印，第1字似當釋"必"，所從的 也很像"弋"字。

《古文字論集》頁17、19—20，1992；原載《古文字研究》3

○**湯餘惠**(1983)　簡文云：

　　……君子之道 若五浴之溥。三……

此簡係殘簡，首尾都有缺文，溥、三兩字左方亦略有殘損。簡文第五字舊未能識，按此字字迹清晰，且對全面理解此簡内容有一定作用，所以我們便從此字的考釋入手。

六國箴言印有刻寫以下文字的：

《古璽彙編》5222　　　　同前5221　　　　同前5223

《古璽文編》均誤認爲是一個不識的字編入附録，其實乃是" 正"兩個字。第一個字裘錫圭同志釋爲"必"，我們認爲是正確的。準此則簡文" "亦當釋"必"。此篆所從之"弋"與上舉六國"必正"印寫法略同，只是《説文》以爲從"八"的部分和"弋"旁的斜畫同一趨向，稍有區别。戰國楚文字風格與它國迥異，有此小别是不足爲怪的。因此，簡文的這句話應釋爲："君子之道必若五浴之溥。"

《古文字論集》1，頁66

○**何琳儀**（1998）　必，金文作✕（寰盤）。从戈省，八聲。柲之初文。《廣雅·釋器》：“柲，柄也。”（弋象戈柄之形）或作✕（史密簋密作✕）。从二✕，爲必之繁文。戰國文字承襲金文。柲形或由✕演變爲✕、✕，或訛變爲✕、✕，楚系文字或作✕、✕。《説文》：“✕，分極也。从八、弋，弋亦聲。”必與弋聲韻遠隔，疑今本《説文》“弋亦聲”，應是“八亦聲”之誤。

　　d 信陽簡必，必定。《字彙》：“必，定辭。”

　　e 秦器必，見 d。秦璽“交仁必可”之必，乃。見《經詞衍釋》。秦璽必，姓氏。見《萬姓統譜》。

　　　　　　　　　　　　　　　　《戰國古文字典》頁 1101—1102

【必正】

○**裘錫圭**（1980）　六國格言印有“✕正”印，第 1 字似當釋“必”，所從的✕也很像“弋”字。

　　　　　　　　　　《古文字論集》頁 20,1992；原載《古文字研究》3

○**吳振武**（1983）　5221 ✕·必正　5222—5224 同此釋。

　　　　　　　　　　　　　　　　《古文字學論集》（初編）頁 524

　　（四）下列古璽應改歸“吉語璽”類：（中略）

　　　　5221　5222　5223　5224

　　　　　　　　　　　　　　《古文字學論集》（初編）頁 529—530

余 ✕　✕ ✕

✕石鼓文·吾水　　✕集成 2782 哀成叔鼎　　✕集成 2811 王子午鼎　　✕集成 9735 中山王方壺

✕近二 1296 越王州句劍　　✕上博六·天甲 8

✕貨系 1213　　✕集成 11035 陳余戈　　✕璽彙 1290

✕集成 10008 欒書缶　　✕郭店·成之 33　　✕新蔡甲三 316

✕陶彙 3·994　　✕陶彙 4·18　　✕集成 144 越王者旨於賜鐘

✕上博三·中弓 5　　✕上博三·彭祖 6　　✕上博五·姑成 9

✕上博六·天乙 8

✕璽彙 3118“余唯”合文　　✕貨系 2482“余亡”合文

：璽彙0110"余子"合文　：璽彙0907"余子"合文　：璽彙5345"余子"合文

○丁佛言（1924）　余　（字形）　（字形）　（字形）　（字形）　（字形）。

《説文古籀補補》卷2，頁2

○强運開（1935）　(編按：石鼓文)《説文》："余，語之舒也，从八，舍省聲。"《釋詁》云："余，我也，身也。"運開按，邿鐘作（字形），與鼓文近似，盂鼎、毛公鼎又省作（字形），居後彝舍篆作（字形）（字形）。丁佛言云："古舍字从余。許氏於余下曰从八从舍省聲，説殊倒置。若余果从舍省而舍上本作余，是从八爲廢辭，而余舍爲一字，無能定其所从矣。"竊謂丁説是也。余字本有蛇音，舍字實从余省，古文不省作（字形），是舍字亦實从余得聲也。古有余無余，余之轉音爲禪遮切，音蛇，姓也。楊慎曰："今人姓有此而妄寫作佘，此不通曉《説文》而自作聰明者，余字从舍省，舍與蛇近，則禪遮之切爲正音矣。五代宋初人自稱曰沙家即余家之近聲，可證。而賒字从余亦可知也。又按斜字亦从余得聲，漢蜀地褒斜或作褒余，古書余一人、余小子，蓋皆讀禪遮切，自後世余讀餘音，乃或假沙字爲之，俗更製咱字以爲自己之儔，於此可識古今字遞變之由來已。"

《石鼓釋文》壬鼓，頁13

○馬國權（1964）　(編按：欒書缶)余，自稱代詞，此單字斷句，與《左傳》成二年"余，而所嫁婦人之父也"同。

《藝林叢録》4，頁247

○饒宗頤（1965）　(編按：楚帛書)四月余

繒書作"余"與今本《爾雅》同。其内圍有"余□女"三字。《詩·小雅·小明》："昔我往矣，日月方除。"鄭箋："四月爲除。"

《大陸雜志》30-1，頁3

○嚴一萍（1968）　(編按：楚帛書)余　商氏釋介。説："介字之首右畫有帛摺紋，在視覺上極易誤爲筆畫而認作'余'字。"按商氏誤，以整個字形而論，決非"介"字。以繒書此十二段文字第一字之與《爾雅》有相當關連言，釋余當不誤。《爾雅·釋天》：四月爲"余"。郝氏義疏曰："余者，釋文餘、舒二音。孫作舒。《詩·小明》正義引李巡曰：四月萬物皆生枝葉，故曰余。余，舒也。孫炎曰：物之枝葉敷舒，是李、孫義同。孫本作舒爲異。日月其除，鄭箋四月爲除，是鄭讀除爲余。"

《中國文字》26，頁21—22

○**李裕民**（1982）　（編按：欒書缶）余畜孫，李平心以余畜爲人名，指欒書之祖欒枝。按余畜與枝，音既不同，義也無關，此臆測之辭，不可信。余是欒書的自稱。

《古文字研究》7，頁 28

○**吳振武**（1983）　1651 左𦥯子·左余（餘）子。

《古文字學論集》（初編）頁 500

○**饒宗頤**（1985）　（編按：楚帛書）《爾雅》：“四月爲余。”敦煌本《唐月令》（4024 頁+4042 頁）亦作余，與帛書同。孫炎本作舒。《詩·小雅·小明》：“昔我往矣，日月方除。”鄭箋：“四月爲除。”《正義》云：“釋天文，今《爾雅》‘除’作‘余’。”李巡曰：“四月萬物皆生枝布葉，故曰余；余，舒也。”孫炎曰：“物之枝葉敷舒。”然則鄭引《爾雅》，當同李巡等，除、余字雖異，音實同也。釋文：“除，直慮反，如字。若依《爾雅》，則宜餘、舒二音。”

《楚帛書》頁 108

○**林素清**（1990）　（編按：璽彙3637）附錄五七𣄿字，疑爲余字。按，中山王䜣鼎余字作𣄿，去𠙵旁即與璽文同。

　　　（編按：璽彙1651）附錄六七下𦥯亦余字，中閒加點飾而已，璽文爲“左余子”。

《金祥恆教授逝世周年紀念論文集》頁 112、113

○**高明、葛英會**（1991）　（編按：陶彙4·18）古璽文余字多作𣄿，與此相近。

《古陶文字徵》頁 20

○**饒宗頤**（1993）　（編按：楚帛書）四月之余月，余訓舒，萬物發舒之月，特別標出“取女”者，謂是月娶女大吉。臧月則反是，娶女凶。

　　曰余，不可以作大事。

　　“作大事”語屢見於秦簡。例如：

　　　秦簡：“悤結之日，利以結言，不可以作大事，利以學書。”（909）
結言即《離騷》“解佩纕以結言”。

　　嬴陽之日，利以見人、祭、作大事、取妻吉。（910）

　　嫁娶之吉凶，以歲星配時月爲占。（簡 1092）

　　秦簡日書大抵以最初之四月、八月、十二月之歲星位於東方起算，視其移動，觀其向背（反鄉），以占吉凶。帛書以四月余爲取女之吉月，想必以歲爲占，有同然也。（工藤元男文《木簡研究》十號，1988 年 2 月）

《楚地出土文獻三種研究》頁 336—337

○**李學勤**（1994）　（編按：越王州句劍）“余”字頂上曲筆，用作裝飾。（中略）

“余邗”是地名,即《漢書·地理志》豫章郡的餘汗。志文説:“餘汗,餘水在北,至鄡陽入湖漢。莽曰治干。”清代王先謙《漢書補注》指出:“‘汗、干’字通,《嚴助傳》作餘干。”《清一統書》説其故城在今江西餘干縣東北。現在餘干已改寫作余干了。“余邗、餘汗、餘干”等等,都是相通的字。

這個地名不是西漢時才有的。《淮南子·人間》記秦始皇使屠睢發卒,爲五軍,其中“一軍結餘干之水”,即駐在餘干一帶,可見秦代便已有餘干了。

漢代這個縣轄境很大,楊守敬《水經注疏》卷三十九對此有所論述,認爲:“今餘干縣東、安仁、貴溪、弋陽、興安、鉛山、上饒、廣豐等縣,皆漢餘汗縣地。”這包括了鄱陽湖東面與浙江毗連的一大塊地區。

楊守敬還引《通典》,説明餘汗縣是“越王句踐之西界,所謂于越也。于越出《越絶書》,越之餘也”。看《太平寰宇記》,餘干縣西南有於越渡,可知今餘干縣以東都是越地。這柄越王州句劍上出現“余邗”,證實那裏確係越國之地。

“余邗工利”就是餘干地方的工匠,名字叫利。這柄州句劍乃是他的傑作。

《四海尋珍》頁 154—155,1998;原載《中國文物世界》112

○**劉信芳**(1994)　(編按:楚帛書)帛書四月的標識文字一般釋爲“余取女”,其神祇圖爲雙身蛇。李學勤先生描繪云:

> 蛇首青色,口吐歧舌,首側有伸出的四角。雙身,一赤一棕,互相扭結。

帛書、《爾雅》之“余”應讀如“蛇”。“余”古音在魚部,後世音變分爲二讀,一讀如今“予”音;一讀“佘”(實爲余字。因出現異語,故前人改字形以別之。古文字中,尤其姓氏字,多如此。如刀之變爲刁、沈之別於沉等等)。《元和姓纂》五麻:“今洪州有佘氏。”按姓氏讀音往往保持古讀,从余之“賒、畬”諸字皆讀如佘。《廣韻》將“賒、畬、蛇”同歸入麻韻,知“余、蛇”二字古代讀音相近,此乃魚部與歌部古多相轉之例,猶“蒲盧”即“蒲蠃”、“南無”即“南摩”。帛書該月神祇圖正作二蛇交尾狀,尤知“余”應讀如蛇。其標識文字“余取女”,按其字面義,似乎可理解爲“蛇娶妻”。

惟釋“余”爲蛇,問題並不到此爲止。按照帛書丙篇的文例,該月神祇圖應象徵某一具有物候特徵的動物。而古代諸物候文獻於夏曆四月或相近月份並無關於蛇的物候記載,這就使得我們必須更深入一步思考這一問題。

《夏小正》：四月，"鳴蜮"，古代經學大師們或稱"蜮"爲蛤蟆，或釋"蜮爲短狐"，恐均不確。《山海經·大荒南經》："有蜮山者，有蜮民之國，桑姓，食黍，射蜮是食。有人方扞弓射黃蛇，名曰蜮人。"射蛇而名爲"蜮人"，可知"蜮"即蛇類。

於夏曆四月可以發出聲響（鳴），且又與蛇相類者，應屬"蜥蜴"。按現代動物分類學，蜥蜴亞目與蛇亞目近緣。（中略）

蜥蜴在古代文獻中異名至多，可參《方言》《爾雅》等，然猶未能盡。以下擇其與帛書內容有關者，庶有助於這一問題的探討。

《方言》卷八：蜥易，"南楚謂之蛇醫"。"蛇醫、蜥易"爲一音之轉，這可以作爲帛書"余"之神祇圖繪作蛇形的解釋。《山海經·北山經》："有蛇，一首兩身，名曰肥遺，見則其國大旱。"又："肥水出焉，而南流注於牀水，其中多肥遺之蛇。"又，《西山經》："太華之山……有蛇焉，名曰肥𧔥，六足四翼，見則天下大旱。"按肥遺既屬蛇類，並且有生翼生足者，則必屬蜥蜴無疑。《廣雅·釋詁》三："遺，余也。"《史記·陳涉世家》："不如少遺兵。"索隱："遺謂留余也。"遺、余音通，而帛書蛇神圖的標識文字正作"余"，肥遺"一首兩身"，可視爲帛書一首雙身蛇神的圖解。

綜合以上論述，帛書四月的標識文字"余"應讀如"蛇"，其神祇圖具有蜥蜴的特徵，即《山海經》之肥遺，故嚴格地説該圖應是蜥蜴圖。由於古代楚人讀"蜥蜴"爲"蛇醫"，視蜮爲蛇類，且二者外形相近，可知帛書文字與圖之閒並無矛盾。蜥蜴於夏初開始發出響聲，爲古代物候觀察的對象，《夏小正》記四月"鳴蜮"，而《山海經》稱射"黃蛇"之人爲"蜮人"，知蜮即近蛇類之蜥蜴。帛書四月的標識文字與神祇圖可以同《夏小正》相參照。地異語隔，古今音殊，"蛇、蜥蜴"稱名的變異極大，致使《爾雅》四月月名"余"成爲千古之謎。若非藉帛書該月之蛇圖，是不可能解開這個死結的。

《中華文史論叢》53，頁 84—86

○**李家浩**（1998）　（編按：越王州句劍）"唯余土卷邗"的意思是説：只有我的疆土擴張到邗。

《北京大學學報》1998-2，頁 222

○**王志平**（1998）　（編按：楚帛書）四月　余

四月日躔於畢，於十二次當實沈，於十二辰爲建巳之月。《甘氏星經》云："月一星，在昴之南、畢之北。月精在昴、畢，日精在氐、房，自司其行度。"《開元占經》卷一一《月占一》"月名體一"引《春秋演孔圖》曰："蟾蜍，月精也。"又引張衡《靈憲》云:"月者,陰精之宗積而成,象兔、蛤焉。陰之類,數偶也。羿請不死之藥於西王母,姮娥竊之以奔月,遂托身於月,是謂蟾蜍。"方以智《通雅》卷一二《天文》云:"月一星,在昴之南、畢之北。月者,陰宗之精也。爲兔四足,爲蟾蜍三足。兔在月中,而蟾蜍之精爲星,以司太陽之行度。"所言極是。此蟾蜍之精爲畢宿之一星,亦名爲月(恆星),與兔精之月(衛星)同名而異構。所以我們認爲四月之"余"殆得名於畢宿之月星,亦即"蟾蜍之精"。"余"通"蜍",恰與天象相合。

附帶説一下,我們認爲"蟾蜍"的本義當爲"瞻徐",與《楚辭·離騷》"前望舒使先驅兮,後飛廉使奔屬"之"望舒"同意。《離騷》王逸注:"望舒,月御也。"方以智《通雅》卷一一《天文》云:"言月至望而舒也。""蟾蟾"亦作"蟾蠩、詹諸、蟾蠩、瞻諸"。以"瞻諸"最爲近似。我們認爲此"諸"即《詩經·邶風·日月》"日居月諸"(亦見《邶風·柏舟》)之"諸"。此"居、諸"舊皆認爲是虛詞,不確。《開元占經》卷六四《分野略例》"順逆略例五"云:"以度至而不去爲居。""諸"亦當作如是解。"諸"可讀爲"徐"或"舒"。"瞻徐"或"望舒"是指月亮視運動的不均勻性,月亮運動有疾有遲,古人已經有所認識。《楚帛書》云:"月則緾絀。"饒宗頤先生讀爲"贏縮",其是。《開元占經》卷一一一《月占一》"月行盈縮三"所言甚詳。又《楚帛書》屢言"亯匿",商承祚先生讀爲"側匿、仄匿、縮朒",《尚書大傳》云:"晦而月見西方,謂之朓,朓則侯王其荼;朔而月見東方,謂之側匿,側匿則侯王其肅。"《漢書》卷二七下之下《五行志第七下之下》引京房《易傳》曰:"晦而月見西方謂之朓,朔而月見東方謂之仄慝,仄慝則侯王其肅,朓則侯王其舒。""劉向以爲朓者,疾也,君舒緩則臣驕慢,故日行遲而月行疾也;仄慝者不進之意,君肅急則臣恐懼,故日行疾而月行遲,不敢迫近君也。""劉歆以爲舒者侯王展意顓事,臣下促急,故月行疾也。肅者王侯縮朒不任事,臣下弛縱,故月行遲也。"

古人認爲"側匿"則月行遲,"朓"則月行疾,《楚帛書》中已有此種認識。所以我們讀"瞻諸、望舒"爲月行舒遲之意,不是没有根據的。"瞻諸"訛爲蛤蟆類之"蟾蜍",很可能是"俗詞源學"(popular etymology)的影響。不過,從現代天文學角度來看,所謂"側匿、朓"都只是曆朔有誤的結果。

《華學》3,頁 184—185

○**何琳儀**(1998) 燕璽、燕陶余,姓氏。秦由余之後,世居歙州,爲新安大族,望出下邳、吳興。見《通志·氏族略·以名爲氏》。

《戰國古文字典》頁 533

○**李立芳**（2000）　　在 M1 墓中出土的銅壺 2 件，其中"余憩"壺編號爲 M1：5。（中略）頸部豎刻銘二字：余 𢇛（余憩）。

余字，何琳儀老師的《戰國古文字典》533—534 頁中云："姓氏。秦由余之後，世居歙州，爲新安大族，望出下邳、吳興。見《通志·氏族略·以名爲氏》。"又，收例："余訓壺：余，姓氏。"陳初生先生的《金文常用字典》87 頁謂："余在甲骨文及兩周金文中作𠆤，列國始有从八作余者。"

按，戰國文字中余字作：

余 三年𨟻余令戈　　余《璽彙》1286　　余 包山 145　　余《古陶字彙》5.375

余憩壺銘中的余字寫法與《古陶字彙》5.375 相似。當隸爲余。

《古文字研究》22，頁 106

○**李守奎、曲冰、孫偉龍**（2007）　　"余"下所加"丿、丶、口"皆飾符。楚文字中"余、舍"尚未分化。

《上海博物館藏戰國楚竹書（一——五）文字編》頁 45

△**按**　　"余"在戰國文字中除用爲姓氏、地名及假作他詞外，主要表示三類基本意義：第一人稱代詞"余"、剩餘之"餘"、舍予之"舍"。若諸種異寫見於同一篇，通常有所分工，"余"表第一人稱（上博二《容成氏》簡 10、上博五《弟子問》簡 5），其他寫法用爲其他意義（上博二《容成氏》簡 29、上博五《弟子問》簡 13），顯示其正在分化過程中。館舍之"舍"戰國文字作"豫"，以其音近，"豫"亦可表示舍予之"舍"（如上博三《中弓》簡 10、上博三《周易》簡 24 等）。今本《周易》"豫"卦，上博三《周易》則寫作"余"（下加丿）。从口之形另參"舍"字條。

【**余亡**】貨系 2482

○**何琳儀**（1990）　　最近出版《中國歷代貨幣大系》第一册收録的幾品日本銀行所藏三孔布，是十分罕見的珍品。其中 2482 號，似乎未見於著録。布幣面文二字，《貨系》定"口余"，又於 1112 頁云："疑釋亡余。"

一般説來，三孔布面文和背文均自右向左讀，故此品宜顛倒《貨系》的讀法，改讀"余亡"。

"亡"與"亡郊"三孔布之𠃊相互比較，僅一筆之差。這一短橫屬贅筆，在戰國文字中屢見不鮮。戰國銅器和璽印文字均有這類"亡"字，例如：

𠃊 中山王圓壺　　　　　𠃊 璽彙 12·9

總之，從字形分析，幣文左字釋"亡"，應無疑義。幣文讀序自右向左，讀"余亡"。

　　"余亡",即"余無"。文獻和古文字資料中"亡"讀"無"的例證甚多,茲不備舉。至於"亡邻"三孔布讀"無終",更是貨幣文字"亡"讀"無"的佳證。古音"無"屬明紐魚部,"亡"屬明紐陽部。二字聲母爲雙聲,韻母爲陰陽對轉。

　　"余無",見《後漢書·西羌傳》注引古本《竹書紀年》:"太丁四年,周人伐余無之戎,克之。"或作"余吾",見《漢書·地理志》上黨郡。又作"徐吾",見王先謙《漢書補注》:"吳卓信曰:《通典》作徐吾。"陳夢家云:

　　　　王季所伐的余無之戎,徐文靖《竹書統箋》以爲是余吾與無皋二戎。他說"《左傳》閔二年晉申生伐東山皋落氏,《上黨記》東山在壺關縣城東南,今名無皋(按,此引《郡國志》上黨郡壺關注文)。成元年劉康公敗績於徐吾氏,《上黨記》純留縣有余吾城,在縣西北四十里"。但《春秋地名考略》(一三·二一)則以爲皋落在桓曲西北六十里。若余無與余吾或徐吾有關,則王季所伐的余無之戎仍在隗姓的潞境,仍是鬼方的一支。

　　按,"余"與"徐"、"無"與"吾",均屬音近假借。余吾,在今山西屯留北,戰國屬趙。

　　"南行唐"三孔布之"徬"字右下有"＝"號,乃"合文符號"。"余亡"三孔布之"余"字右下也有"＝"號,則可能表示合音。《國語·鄭語》:"北有衞、燕、狄、鮮虞、潞、洛、泉、徐、蒲。"注:"潞、洛、泉、徐、蒲,皆赤狄隗姓也。"上文"余無之戎"也屬隗姓。所以"余無"即"徐",參見《中國歷史地圖集》第一冊 17—18①4"徐"(余無戎)。"余亡"布的"合音符號"相當罕見,頗值得注意。

　　　　《古幣叢考》(增訂本)頁 145—146,2002;原載《中國錢幣》1990-3

【余子】

○**羅福頤**(1981)　嗇夫:厥〻嗇夫、邙余子嗇夫、余子嗇夫、公嗇夫。《後漢書》韋彪傳注:嗇夫官名也。《儀禮》嗇夫承命,注:嗇夫蓋司空之屬也。《左傳》宣公二年晉成公即位,又宦其余子,亦爲餘子。晉於是有公族、餘子、公行。杜注:皆官名也。按餘子璽文作余子。

　　　　　　　　　　　　　　　　　　　　《古文字研究》5,頁 253

○**吳振武**(1983)　0594 王〻·王余(餘)子。

　　0907 肖〻·肖(趙)余(餘)子。

　　5345 狂·余(餘)子。

　　　　　　　　　　　　　《古文字學論集》(初編)頁 493、495、524

○**王人聰**(1983)　　釋🔲

　　璽文此字《文編》作爲不識之字收入附錄。在《彙編》中,此字分別見於編號 0594、0907、1627、1725 各璽。以上各璽的璽文在🔲之前,分別是王、肖、鄭、事各字,這些字在璽文中都是姓氏,可知🔲爲人名。此字右下端有合文符號,亦知是兩個字的合寫。從其字形結構分析,應是余子二字的合文。余字初文原作🔲,以後增加飾筆寫作🔲、🔲。古璽文字中兩字合文時,或將上一字的部分偏旁省去,與下一字合寫,如公孫作🔲,司馬作🔲,淳于作🔲。據此,可以推知此字是將余字的下半部結構省去,與子字合寫。《璽彙》編號 1651 還收有另一方名爲余子的古璽,余子二字不合文,璽文爲三字,從右至左橫列,文作左🔲子,第二字《彙編》闕釋,其實也是余字。此字在豎筆上下兩旁各加一點,作爲飾筆,古文字中亦有此例,如金文🔲(虢仲悆鼎),陶文作🔲,即是其證。

《古文字學論集》(初編)頁 480—481

○**曹錦炎**(1985)　　戰國印文裏有一個合文寫作:

　　(1)肖🔲彙 0907　　(2)王🔲彙 0594

　　(3)鄭🔲彙 1627　　(4)事🔲彙 1725

　　《古璽文編》將其作爲不釋之字入於附錄。上篇説過,戰國璽印文字中的合文,常常省去其中一個字的某一部分,因此這個合文當釋爲"余子"。余字,璽文作🔲或🔲,此省爲🔲、🔲。古印文中另有不省的合文"余子"(原注:《彙》1651 爲私印:"左🔲子",🔲子亦疑爲余子。又同窗吳振武同志也釋🔲爲余子合文,不謀而合,並來函指出《彙》5345 的🔲亦爲余子合文,甚確),如:

　　(5)左邑余子嗇夫(彙 0109、0110)

　　及不作合文的"余子":

　　(6)余子嗇夫(彙 0111)

　　余子,當即典籍中的"餘子"。《左傳》宣公二年:"及成公即位,乃宦卿之適子,而爲之田,以爲公族。又宦其餘子,亦爲餘子,其庶子爲公行。晉於是有公族、餘子、公行。"杜注:"皆官名。"孔疏:"正義曰,下庶子爲妾子,知餘子則是適子之母弟也。言亦爲餘子,則知餘子之官亦治之政。"《吕覽·報更篇》:"張儀,魏氏之餘子也。"《周禮·地官·小司徒》"致餘子",鄭注:"鄭司農云,餘子謂羨也。餘子,卿大夫之子,當守王宫者也。"知餘子既謂支子亦爲官名。上引印文(1)—(4)的"余子"爲人名,(5)(6)則是官名,可與典籍相印證。

《考古與文物》1985-4,頁 82—83

○**吳振武**(1989)　餘子

此四璽重新著録於《古璽彙編》(○五九四、○九○七、一六二七、一七二五)。璽中字《古璽文編》列於附録(478頁第四欄)。

今按，應釋爲"余子"二字合文，右下方"＝"是合文符號。古璽"余"字作或(《古璽文編》20頁)，即、之省。在戰國文字中，上下重疊式合文中的上字往往省作。如古璽"司馬"合文或作(《古璽彙編》三七八二)，"司工"合文或作(同上二二二七，參本文《司工》篇)，"羣(淳)于"合文或作(同上四○二四、三一九四、三一九五)。故"余子"合文可作。此四璽中的"余子"都是人名。古璽中又有"左余()子()"(同上一六五一，璽文自右向左橫列)，可見古人有以"余子"爲名的。"余子"即典籍中習見的"餘子"，原是一種身份名稱。古璽中有兩方"左邑余(餘)子嗇夫"璽和一方"余(餘)子嗇夫"璽(同上○一○九—○一一一，前者"余子"二字合文作、)，可參看。古璽常見人名"馬重(童)"(同上一一四四、二二三一、二二四七、二九四三)、"冢子"(同上三一○二、三五四三，從李家浩同志釋)等原來也都是一種身份名稱，與此同例。又《古璽彙編》五三四五號璽作""，字《古璽文編》列於附録(477頁第二欄)。其實這個字也有可能是"余(餘)子"二字合文，右下方"＝"是合文符號。

《古文字研究》17，頁277—278

○**林素清**(1990)　(編按:《古璽文編》)附録五六爲"余子"合文，＝爲合文符。(中略)附録五六下，皆"余子"合文，詳前文(63)。

《金祥恆教授逝世周年紀念論文集》頁112

○**何琳儀**(1996)　(編按:集成11286不降戈)"余子"，又見《璽彙》0109—0111之"余子嗇夫"，典籍作"餘子"。其本義爲"適子"(《左·宣二》注)，後演變爲一種身份。《周禮·地官·小司徒》："凡國之大事致民，大故致餘子。"注："大事謂戎事也，大故謂災寇也……餘子，卿大夫之子當守於王宮者也。"戰國時期，做爲庶出"余子"，既無財産，又無封爵，上引三晉官璽"余子嗇夫"連稱，可見其地位不高。"嗇夫"冠以"余子"，徒具"卿大夫"出身而已。燕兵"余子"督造兵器，其身份也可想而知。"拜余子"猶言"拜長官"，相同的稱謂參見《璽彙》"王余子"0594、"趙余子"0907等。

《考古與文物》1996-6，頁69—70;《文史》2000-1，頁35與此略同

【余子嗇夫】

○**裘錫圭**（1981）　三晉古印中還有"余子嗇夫"官印：

左邑余子嗇夫（《尊古齋古璽集林》一集 2・5,《衡齋藏印》1・37 有同文之印）

余子嗇夫（《簠齋古印集》42 下）

《商君書・墾令》："均出余子之使令,以世使之。"余子嗇夫應是主管役使余子的嗇夫。前人多以爲三晉印文中的左邑是地名,即秦漢河東郡的左邑,戰國時屬魏。

《雲夢秦簡研究》頁 244

【余水】貨系 1213

○**何琳儀**（1991）　"余水"（1213）,讀"塗水",見《左傳・昭公二十八年》："知徐吾爲塗水大夫。"《地理志》隷太原郡"榆次"下"塗水鄉",在今山西榆次西南。

《古幣叢考》（增訂本）頁 119,2002；原載《陝西金融・錢幣專輯》16

○**黃錫全**（1993）　余水　塗水,山西榆次西南。

《先秦貨幣研究》頁 353,2001；

原載《第二屆國際中國古文字學研討會論文集》

○**梁曉景**（1995）　面文"涂"。背無文。涂,古水名,戰國屬趙。《左傳・昭公二十八年》："知徐吾爲涂水大夫。"杜注："涂水,太原榆次縣。"在今山西榆次西南。

《中國錢幣大辭典・先秦編》頁 260

【㠱朕】上博三・彭祖 3

○**李零**（2003）　"朕𡐹",從文義看,應是耇老之名（疑"耇老"是以老壽稱,非本名）。

《上海博物館藏戰國楚竹書》（三）頁 305

○**陳偉武**（2004）　古漢語有指代詞同義連文之例,如"朕吾、朕余、余朕"等,兩周金文如"敢叚邵（昭）告朕吾考"（沈子它簋）、"朕余名之"（少虡劍）、"余朕皇辟"（臣諫簋）、"女以卹余朕身"（叔夷鐘）。《彭祖》簡 1"狗（耇）老"自稱"句（耇）是（氏）"。簡文中,耇老本名僅爲單字"𡐹",或稱"余朕𡐹","余"與"朕"爲第一人稱代詞同義連文,與人名"𡐹"構成同位關係。《逸周書・商誓解》："肆予小子發,弗敢忘天命。""予小子發"爲周武王姬發自稱,也是同位結構。簡 8 狗（耇）老謂"朕𡐹不敏（原從母從力）","朕"亦代詞,只是單用而已。簡 1 狗（耇）老自稱"朕身","朕身"金文屢見,義與叔夷鐘"余朕身"、《論語・學而》“吾日三省吾身”之“吾身”同。

《華學》7,頁176

○**黄人二**(2005)　簡三“狗老曰:眊眊余朕孳,未則于天,敢昏(問)爲人”,“眊眊”,整理者云“是昏憒之義”,可從。“朕孳”,整理者云:“從文義看,應是耆老之名(疑“耆老”是以老壽稱,非本名)。”按,疑“狗”是此老之初名,“老”表示其爲年老之人,“朕孳”是此老本名,從“狗”字或甚至假爲“耆”字之字義看,主要似不在强調此老“老壽”,倒似《莊子》書中名字奇特之彎腰駝背的老者。此老意極謙沖,從其名之字義可知,“朕孳”,即“遜子”,意謙遜之子,“朕、遜”互假,例見《緇衣》《昔者君老》;“孳(茲)、子”互假,例見《尚書・金縢》與其諸引本閒之異文。然其本名爲“朕孳”,自然狀況下,不必再假讀。(**中略**)

　　第一,關於“狗老”的姓氏與名字問題。簡八云“狗老三拜稽首曰:朕孳不敏,既得聞道,恐弗能守”,“朕孳不敏”,已於前文指出多處古籍出典,爲弟子對老師教誨完畢後,弟子自言己名並説自己不聰明但勉力學習之謙稱,態度上當然是極爲卑微,象徵“狗老”相對於“彭祖”之地位,乃以其“帝王”之至尊,而居於“弟子、臣”之遜讓低下位置也,《荀子・賦》云“弟子不敏”,辭例亦同,《論語・顏淵》:“顏淵問仁。子曰:‘克己復禮爲仁,一日克己復禮,天下歸仁焉。爲仁由己,而由人乎哉?’(**中略**)顏淵曰:‘回雖不敏,請事斯語矣。’”又同篇:“仲弓問仁。子曰:‘出門如見大賓,使民如承大祭。己所不欲,勿施于人。在邦無怨,在家無怨。’仲弓曰:‘雍雖不敏,請事斯語矣。’”而本册《仲弓》第九簡云:“仲弓曰:‘雍也不敏。’”皆以己名置於“不敏”之前,然後恭敬地説“請事斯語矣”,故“朕孳”二字,整理者視爲“狗老”之名,問題不大,不必多所懷疑,其中“朕孳”二字雖可假讀爲他字,亦不必真欲假讀爲他字,然其暗示有假讀他字之意義,則可加以進一步略爲探討耳。簡三“狗老曰:眊眊余朕孳,未則於天,敢問爲人”之“余朕孳”,“余”當訓爲“我”,地位相當於“予沖子”之“予”、“予惟小子”之“予”,若無此種先秦語法,則亦可視簡文之“余”字爲誤摹,但不輕易爲之,蓋真況不可知也。但“狗老”之名,不會是“余朕孳”連言;或是以“余朕”爲名,而“孳”字另作他解者。

《上海博物館藏戰國楚竹書(三)研究》頁162—163、169—170

【余無】陶彙4・18

○**楊澤生**(1996)　“徐”從“余”聲,徐和余可以相通,故“余無”可讀爲“徐無”。(**中略**)

　　跟“無終”一樣,戰國文字資料裏也有兩個“余無”。一個是前録燕國陶文(2)的“余無”,另一個是三孔布面文的“余亡”。三孔布的“余亡”,何琳儀先生根據古本《竹書紀年》周人伐“余無之戎”的記載,將其讀爲“余無”,這是很對的。

　　關於余無之戎,徐文靖《竹書統箋》以爲是指余吾和無皋二戎。錢穆先生也有類似的意見。《漢書·地理志》上黨郡屬縣有徐吾。“無、吾”音近,何琳儀先生認爲“余無之戎”的“余無”即“余吾”。何氏這一意見實際上否定了余無之戎指余吾、無皋二戎的説法。他們的意見雖然有所不同,但都肯定余無之戎與余吾有關。余吾在今山西屯留縣北,戰國時屬趙。三孔布的地名,其地理位置主要分布在趙國境内。因此三孔布的“余無”即使不在余吾亦當在其附近。(2)是燕國陶文,其地名“余無”與三孔布的“余無”,並非一地。《漢書·地理志》載漢右北平郡屬縣有徐無,其地理位置在今河北省遵化西,戰國時屬燕。燕國陶文的“余(徐)無”當即此地。

　　據上所説,戰國時期也存在不同地域的兩個“余無”。錢穆先生説,“古史地名皆由民族遷徙”。從前面有關無終族遷移路線的討論來看,錢氏這一意見是有道理的。那麽這兩個“余無”之地是否與余無之戎的遷移有關呢? 答案應該是肯定的。《漢書·武帝紀》元狩二年“馬生余吾水中”,應劭注曰:“在朔方北也。”蒙文通認爲此是王季時候燕京、余吾之戎所居之地。蒙氏又據《漢書·地理志》右北平郡有徐無縣,推測“燕京余無之戎,殷之末季蓋在雍州。自周之崛興,燕京之戎遂至并州之北,而余無之戎,乃遠至朔方,又有遠至幽州之域者也”。從戰國時期有兩個“余無”之地的情況來看,蒙氏關於余無之戎遷移問題的推測是有其合理成分的。但其實際情況是否如此,有待進一步研究。

　　　　　　　　　　　　　　　　《中國文字》新21,頁187、193—194

○董珊(1996)　1 余𣍘鄁(都)鍴(瑞)(古陶文彙編4·18)

　　　　2 𣍘审市王勹(符)(同上4·20)

　　(中略)1 與 2 的“余無”和“無审”都是燕國地名,分別讀作“徐無”和“無終”,都是《漢書·地理志》右北郡(編按:當作“右北平郡”)屬縣,戰國時代都位於燕國腹地。(中略)

　　以徐(余、塗)無(吾、亡)爲名的地點有四處分布;今地分別近於:

　　(1)山西屯留:《後漢書·西羌傳》注引古本《竹書紀年》“太丁四年,周人伐余無之戎,克之”。《漢書·地理志》上黨郡有余吾縣鄰於屯留。徐文靖《竹書統箋》“《上黨記》純留縣有余吾城,在縣西北四十里”。何琳儀先生指出

"余亡"三孔布鑄地在此,戰國屬趙。

(2)河南洛陽:《左・成元》記東周劉康公"敗績于徐吾氏",合杜注、孔疏,知"徐吾氏"既是一個茅戎的部族,又是其所聚居的地名。此地離東周洛陽必不遠。《左・昭元》"鄭徐吾犯",《廣韻》"吾"字注謂以采邑爲氏;與此或是一地。

(3)河北遵化:即前揭陶文所見右北平郡屬縣。《東魏土地記》:右北平城東北百一十里有徐無城。《大清一統志》:故城在今遵化州西(引自王先謙《漢志補注》)。

(4)水名,蒙古共和國烏蘭巴托附近:《山海經・北山經》"北鮮之山多馬,鮮水出焉,西北流注於涂吾之水"。《漢書・武帝紀》"元狩二年,馬生余吾水中",應劭曰"在朔方北也"。或省"水"徑稱"余吾"(《漢書》公孫敖傳、揚雄傳等)。此水必位於西漢王朝的北國境外,清以來的注家如王先謙、郝懿行或誤注此水近於上黨之余吾。

透過通假字的薄薄的面紗,從語言邏輯上說我們必須把以上四個"徐無"作同一性質的認定:都是茅戎的一種——徐無之戎的部落曾經活動過的地域。"茅戎"值得注意。文獻中或作"貿戎"(《公羊》《穀梁》)、"髦"(《毛詩・角弓》)、"髳"(《牧誓》)。依鄙見,後二字是在"髟"字上加注了"毛、矛"爲音符所造成的字,從字意功能上說,早期的"髦、髳"就可以等同於"髟"字。林澐先生曾著文釋牆盤"逖虡髟"和太保罍、盉"使羌、狸、虘于御髟"兩句中的"髟"字,並謂商末周初時的"髟人"在北燕境內有分布。我完全贊同林先生的意見,並進而懷疑:髟人即是茅戎,茅戎中的徐無之戎在燕域內也有分布,正是以西北方的周人殷末以來的興起、克商、封燕這一歷史事件爲其背景的。

蒙文通先生《周秦少數民族研究》主張戎人東出南徙,大體不錯。戎人本在西北,單以晚商以來的徐無之戎的地域來看,上舉(2)(3)正是(1)向南、向東遷徙的結果。其原因大概都是受了以姬姓周人爲首的方國聯盟的迫進。

《于省吾教授百年誕辰紀念文集》頁 208、210

【余爲】

○**施謝捷**(1999) 《古璽彙編》一三六〇著録如下一私璽:
原釋文作"孟□身"。

按:應釋爲"爲、余"二字合文,右下隅之"="是合文符號。(中略)

包山楚簡記載酈尿之月辛巳之日被訟人中有一人"黃爲余"(《包山》簡八五),以爲余作人名(原釋文誤"余"爲"宗",《楚系》83 頁不誤),則上揭璽印人名合文可從左往右讀作"爲余",古璽中作合文的"睪(釋)之"(《璽彙》一〇六五、一九三九、二六七六)。"左車"(同上二一四九)、"句瀆(瀆)"(同上〇三五三)、"疋(胥)于"(同上三二六〇)、"者余(諸餘)"(同上三二三八)等形式同此,可爲其徵;又包山楚簡中另有人名曰"余爲"(《包山》簡一七四、一五三),則上揭璽印人名合文又可從右往左讀爲"余爲",古璽中作合文的"女曷(毋害)"(《璽彙》一五三六)、"右車"(同上四〇八八)、"句瀆(瀆)"(同上三四三〇)、"者余(諸餘)"(同上三三一一)、"疋(胥)于"(同上三二六一)等形式亦同此,可資比較。吳縣市文管會藏有一盉,銘曰:"楚叔之孫途爲之盉。"(《中國文物報》1996 年 11 月 3 日張志新文),以"途爲"爲名,恐與"余爲"是同詞異寫。因"余爲"或"爲余"作爲人名的取意未詳,故二説並存以俟再考。

《中國古文字研究》1,頁 129—130

番 番 釆

集成 11261 番仲戈　 包山 41　 包山 98　 上博六·競公 9　 上博六·用曰 18

璽彙 1655　 璽彙 1658　 十鐘　 璽彙 1656　 陶彙 3·749

上博一·緇衣 15

○黄盛璋(1982)　(編按:番仲戈)古代有一個子姓諸侯的番國,春秋晚期已淪爲楚的附庸。《左傳》定六年"四月己丑吳太子終累敗楚舟師,獲番子臣,小惟子,及大夫七人",杜注:"二子楚舟師之帥。"前兩人在大夫之上,子當表小國之君,臣爲番子之名,小惟子可能爲小惟子(編按:原文如此),爲惟夷中小國君而附於楚者,《史記·楚世家》也記載這次戰役,主要都是根據《左傳》,但多了"十二年吳復伐楚,取番",下文"楚恐去郢,北徒(編按:"徙"字之誤)都郢(編按:"鄀"字之誤)",又完全采用《左傳》。"取番"雖未見他書記載,司馬遷或另有所本,番必爲番子臣之國,舊皆以爲在鄱陽,如《史記正義》引《括地志》云:"饒州鄱陽縣春秋時爲楚東境,秦爲番縣,屬九江郡,今爲鄱陽縣也。"按此次吳楚之爭皆在淮河流域,"子期又以陵師敗於繁揚",杜注:"陵師陸軍。"繁揚即繁陽,《左傳》襄四年"楚師爲陳敗故,猶在繁陽",杜注:"繁陽楚地在汝鯛陽縣南。"在今新秦北,楚舟師應利用淮水或其支流,決不可能遠到今江西鄱陽湖附近

與鄱陽縣,最近河南固始縣發現一春秋時代墓葬的陪葬坑,出土有編鎛八、編鐘九,銘文中器主名字多被磨去,編鐘有兩件原名磨去後,補刻"鄱子成周",還有兩件也有"鄱子成周",但係原刻而非補刻,屬於本人自作之鐘,此墓葬之主人大約是潘子成周,墓葬附近有期思鎮,即漢、魏六朝期思縣所在,故城尚有殘存,原爲楚邑,見《左傳》文十年"期思公復遂爲右司馬"杜注,而潘也在此,漢期思縣宰段君所立楚相孫叔敖碑:"楚相孫君諱饒,字叔敖,本是縣(期思)人也,六國時期思屬楚……遂封潘鄉,潘即固始也。"(《隸釋》卷三)此碑至《水經注》時仍在,見《淮水注》,按《荀子·非相》與《呂覽·贊能》都説孫叔敖期思之鄙人,而《淮南子·人閒訓》《史記·滑稽傳》《列子·説符》也都説孫叔敖死後封其子寢邱,"建武二年司空李通又慕叔敖受邑,故光武以嘉之,更名固始"(《水經·汝水注》),此碑大抵有據,封於潘鄉以及潘即固始,雖僅見此碑,但潘子成周鐘出土於此,此地即潘所在,已有地下物證,再從楚陸軍敗於繁陽,去固始及期思皆近,也可作爲旁證。潘益後爲楚所滅,其子孫入楚仍爲貴族、達官,最近江陵發掘一座大墓,規模宏偉,其出土竹簡遺策有"爲邸陽君潘勳貞"(見《光明日報》《文物與考古》,"貞"誤釋爲"卣",非也),墓主即潘勳,此人應即潘國之後,仍爲楚之封君,邸陽爲楚邑,文獻未見記載,蓋入秦後廢。《水經注·汝水》:汝水"又東逕邸鄉城北,又東逕固始縣故城北,《地理志》,縣固寢也,寢丘在南,故籍丘名縣矣……孫叔敖以土浸薄,故而爲封,故能綿嗣,城北猶有叔敖碑。"固始即孫叔敖所封之寢邱,亦即潘國所在,則固始附近之邸鄉城應即楚之邸陽,後廢爲鄉,而仍有故城,故稱爲邸鄉城,原爲潘國故地,楚封潘國子孫潘勳於此,是合乎情理的。固始春秋原爲沈,戰國秦漢爲寢丘,而期思則原爲周蔣國所在,"潘即固始"想來是縣境而言,潘鄉必爲固始的一個鄉,至漢猶在,這一點也説明番的具體位置並不在固始,而在其附近。如上所述邸鄉城即邸陽,則潘的國都當即在邸陽,爲楚滅潘滅所改之邑。這樣的解釋,各方面都能講通。

此戈的形制在春秋、戰國之閒,銘文的格式則比一般所見之戰國之戈銘爲早,再從番仲稱謂銘例,番國以未滅於楚,尚屬有國時所作,地區在今固始附近,它代表這時期河南南部的風格。

《江漢考古》1982-1,頁42—43

○**劉彬徽**(1986) (編按:番仲戈)番仲和伯皇均爲人名,番,以地名爲氏稱,仲表行輩,省去了名和字。黃盛璋先生定爲春秋戰國之交番國之戈。從此戈形制與銘辭格式看,其年代約與鄤之寶戈相同,應屬戰國早期。古右番國,但至遲春秋晚期已被楚滅之。《史記·楚世家》記楚昭王十二年（前504年）"吳復伐楚,取番"。《左傳》也有同樣的記載。證明其時番已成爲楚地。因此,此戈銘番仲之番,已非國名,而應爲地名。以地名爲男子氏稱,此例常見。楚滅某國後,某國之公族子孫也仍然可成爲楚國屬下的貴族,此番仲也可作如此觀。

《古文字研究》13,頁260

○**劉彬徽**（1989）　（編按:番仲戈）番即潘,原爲小國名,後被楚滅。此爲楚人之在番邑者,或許即番邑之主管官吏。番子成周占有的這套鐘也可歸屬楚系編鐘。

　　　（中略）番仲和伯皇均爲人名;番即潘,以地名（原爲國名）爲氏稱,仲表行輩,省去了名和字。伯皇或可能爲番仲之兄弟輩。或以爲這是春秋戰國之交的潘國兵器。從此戈形制並所在墓的年代看,應定爲戰國早期。其時潘國早已被楚滅,此番仲或爲楚人之在番邑者,或爲原番國公族,國亡後入仕於楚者。總之,非番國器,而爲楚器。

《楚系青銅器研究》頁335、337—338

○**高明、葛英會**（1991）　（編按:陶彙3·749）番君䖒番字與此同。

《古陶文字徵》頁159

○**劉信芳**（1995）　《包山楚簡》番氏有近二十人,且多居官位,是一顯赫族姓。其中有"邸陽君",見98、167、175、186簡。江陵天星觀一號楚墓的墓主爲邸陽君"番勅",下葬年代在公元前340年前後。則《包山楚簡》所記"邸陽君"應是番勅之後。

　　　番氏即史書之潘氏。《左傳》所記潘氏之人甚衆。文公元年記有太師潘崇,"掌環列之尹",是地位極高之官。潘氏之所由得氏尚不清楚,不過可以肯定是楚國公族。《通志·氏族略三》:"潘氏,芈姓,楚之公族,以字爲姓。潘崇之先,未詳其始。"

《江漢論壇》1995-1,頁60

○**陳佩芬**（2001）　（編按:上博一·緇衣15）𥬠　"蹯"之古字。《正字通》:"𥬠,古蹯字。"簡文从𡉚从釆,郭店簡作"翻"。今本作"播"。

《上海博物館藏戰國楚竹書》（一）頁191

○**徐在國、黃德寬**（2002）　（編按:上博一·緇衣15）"𥬠"字簡文作"𥬠",當分析爲从"𡉚""釆"聲,乃"番"字古文。《説文》"番"字古文作"𥸨",當源於"𥬠"形。簡文假"番"爲"播"。

《古籍整理研究學刊》2002-2,頁3

○**馮勝君**（2007）　其形體似乎可以有兩種理解：一種可能是从釆从月，"月"旁借用"釆"旁的部分筆畫，如下圖所示：

如果是這樣的話，上博簡本的就應該是郭店簡本字之省，从月釆聲，讀爲"播"。

還有一種可能就是整理者提出的應隸定爲"烈"，引《正字通》謂："烈，古踏字。"戰國燕文字中還有一個可能與"烈"有關的字，从馬，寫作：

璽彙 3410　　　　（）集成 10583

這個字何琳儀先生分析爲从馬烈聲，釋爲"驕"。《正字通・馬部》："驕，生養藩也。"按照這種理解，可隸定爲"烈"，讀爲"播"。《楚辭・九歌・湘夫人》"烈芳椒兮成堂"，"烈"一本作"播"。

《郭店簡與上博簡對比研究》頁 153—154

○**李守奎、曲冰、孫偉龍**（2007）　（編按：上博一・緇衣 15）　借筆字。郭店簡作"翻"，今本作"播"。

《上海博物館藏戰國楚竹書（一—五）文字編》頁 45

△**按**　《説文》："番，獸足謂之番。从釆，田象其掌。蹞，番或从足从煩。，古文番。"上博一《緇衣》之""，與《説文》古文作形近，古文所从之"米"當即"釆"之訛。此字對應郭店簡之字作"翻"。"番"在楚簡中亦多讀爲"播"，如上博六《競公瘧》簡 9"番（播）盈藏篤"。

【**番芋**】信陽 2・22

○**中大楚簡整理小組**（1977）　番芋疑爲盤盂之借，以磻爲磐之例推之，則番可通般、盤。芋讀作盂，盤盂爲盛食用具，故此稱"盤盂之□"。

《戰國楚簡研究》2，頁 33

○**朱德熙、裘錫圭、李家浩**（1995）　信陽二二二號簡有"番芋之□"，"番芋"與"反芋"當是同語的異寫。

《望山楚簡》頁 119

○**劉信芳**（1997）　按"反芋"作爲聯綿詞，文獻作"盤紆"，《高唐賦》："水澹澹而盤紆兮。"李善注："紆，回也。"繙、反、盤古音相通，如"磻"又作"磐"，《漢書・賈誼傳》"船"訓"反"等。

簡文"繙芋"應是絞結狀的絲織物，用作馬頭上的飾物。

《中國文字》新 22，頁 186

【番陽】

○**何琳儀**（1998）　番陽脂漆盒"番陽"，地名。見《漢書·地理志》豫章郡。在今江西鄱縣東北。

《戰國古文字典》頁 1061

宋 宋　審 審

近出 1022 畬審盂　　上博一·詩論 21　睡虎地·效律 50　十鐘

上博六·孔子 12　澂秋 41

○**張守中**（1994）　（編按：睡虎地·效律 50"計用律不審而贏、不備，以效贏、不備之律貲之"）《説文》審篆文宋从番，簡文从畬。

《睡虎地秦簡文字編》頁 12

○**李守奎、曲冰、孫偉龍**（2007）　"宋"之篆文作"審"，"審"當是"審"之訛。"審"从宀从米从甘，是"糂"之初文。

《上海博物館藏戰國楚竹書（一—五）文字編》頁 45

△按　戰國文字"采、米"形近，前者中閒一筆彎曲，然璽文"番"字亦有見中筆成豎者（參上"番"字條），但上列諸"審"字皆一致从米，故李守奎等説不無道理。

【審雺】上博一·詩論 21

○**馬承源**（2001）　審雺　今本《詩·小雅·南有嘉魚之什》篇名作《湛露》。"湛、審"爲同部聲轉字。雺，《説文》云："雨零也。从雨，各聲。"於"露"則云："潤澤也，从雨，路聲。"按此二字義稍有區別，其音爲雙聲對轉。

《上海博物館藏戰國楚竹書》（一）頁 150

悉 悉

詛楚文　睡虎地·爲吏 4 壹　璽彙 2290

○**何琳儀**（1998）　楚璽悉，姓氏。悉諸爲炎帝師。見《漢書·古今人表》。
　詛楚文悉，見《文選·張衡〈東京賦〉》》"悉率百禽"，注："悉，盡也。"

《戰國古文字典》頁 1100

○**陳劍**（2008）　《説文》分析"悉"爲从"采"，其字形結構還不清楚。而在目前所見秦漢文字資料中,"悉"字大多是寫作上從"米"的"悉"形的,見於睡虎地秦簡《爲吏之道》簡4、馬王堆帛書(參看陳松長2001,頁41)、漢代碑刻、銅鏡銘文(漢語大字典字形組1985,頁74)等。又張家山M247漢簡《奏讞書》簡210、222的"悉"字亦皆作"悉"。

有意思的是,在漢初文字資料中,"悉"形同時又可用爲"迷"字。馬王堆漢墓帛書《老子》乙本第194行下"[人]之悉也,其日固久矣"(甲本殘去),今本《老子》第五十八章作"人之迷,其日固久","悉"爲"迷"之異文。馬王堆帛書《刑德》甲、乙本講到以月暈占候軍事,均有如下一段(釋文用寬式):"正月暈,兵備載而遂行。兩暈及三暈,兵遂行。三暈壹悉,五暈再悉,六暈三悉。其法出入,三歲乃已。""悉"字多被研究者釋爲"悉"(參看陳松長2001,頁41),原文實難講通。"壹/再/三悉"的主語是"兵",承前省。"悉"跟"遂行"相對,顯然也當是用爲"迷"的,即迷路、失道,行軍不遂。"迷"字以"辵"爲意符,是從"迷路"的角度造的。中山王鼎和《上博(六)·用曰》簡17"迷惑"之"迷"作"覨",可以看作從"看、觀察"的角度爲"迷"造的(猶如《上博(五)·弟子問》簡16迷惑之"惑"字之作"覨")。"悉"字則以"心"爲意符,應該也是爲"迷惑"之"迷"所造的本字,跟"悉"之作"悉"當爲同形字關係。

在後世字典韻書中,"悉"形往往被收爲"悉"字異體,同時又另有一個"怵"字。《玉篇·心部》"怵"訓爲"安",或作"伕";《集韻》上聲紙韻"母婢切"弭小韻以"怵"爲訓"撫"之"敉"和"伕"的或體;而《集韻》平聲齊韻"緜批切"迷小韻、《類篇·心部》則皆訓"怵"爲"心惑也",或體作"憷"。可見"迷惑"之"迷"從"心"作,後代字典韻書尚有保存。

從上述情況我們可以推想,在戰國文字中,可能已有"迷"字異體"悉"的存在。《古璽彙編》2290所收一方楚璽有"悉"字,一般釋爲"悉"。其實它係"迷"字異體的可能,是難以完全排除的。那麼,在當時人筆下,"悉"形既可以表示"悉",又可以表示"迷",就很容易發生誤解了。簡文"迷言之"之"迷"字,當本是作"悉"表示"悉"的,但在傳抄中被誤認爲表示"迷"的"悉"字,其字也隨之被改爲更通行的"迷"字了。

《出土文獻與古文字研究》2,頁178—179

△按　《說文》:"悉,詳盡也。從心從采。恖,古文悉。"詛楚文"今又悉興其衆"、睡簡《爲吏之道》4"審悉毋私",皆用本義。上列後二形所從之采形近於米。

釋 𢓇 𢿨

 璽彙 1863　　　　璽彙 1873　　　郭店·窮達 6　　　郭店·窮達 7

○何琳儀（1998）　　晉璽“𢿨之”，習見人名。

　　　　　　　　　　　　　　　　　　　　《戰國古文字典》頁 557

○荊門市博物館（1998）　（編按：郭店·窮達 6、7）𢿨（釋）。

　　　　　　　　　　　　　　　　　　　　《郭店楚墓竹簡》頁 145

○湯餘惠等（2001）　（編按：郭店·窮達 6、7）𢿨　同擇。

　　　　　　　　　　　　　　　　　　　　《戰國文字編》頁 184

△按　《説文》：“釋，解也。从采，采取其分別物也；从睪聲。”璽文“𢿨”，《古璽彙編》釋作“𢓇”（《戰國文字編》同），於字形並無不妥。然作爲人名，“𢓇之”無義可説，戰國文字米、采二旁形近易混（可參上“悉”字條陳劍説），故璽文此字可從何琳儀釋爲“釋”。郭店《窮達以時》簡文云“𢿨版筑而佐天子”，又“𢿨械柙而爲諸侯相”，字从又，睪聲（睪旁爲戰國文字常見之省變寫法），或爲解開、放下義之專字，𢿨，卷三又部“𢿨”字條重見。

翻

　　郭店·緇衣 29

○荊門市博物館（1998）　翻，从“番”聲，讀作“播”。本句今本作“播刑之迪”。《尚書·康誥》作“布刑之迪”。《禮記·緇衣》鄭玄注：“不，衍字耳。”

　　　　　　　　　　　　　　　　　　　　《郭店楚墓竹簡》頁 135

○張光裕等（1999）　𧪝（簡 6.32）

　　　𧪝（簡 7.1；7.7；7.8；7.13；7.22；7.24；7.25；7.26）

　　　𧗞（簡 7.20；7.21）

　　　𧪝（簡 3.29）

諸字皆同爲“播”字異構，《緇衣》簡 3.29 云：“呂刑云：‘翻（播）型（刑）之迪。’”“翻”今本《緇衣》即作“播”。《五行》簡 6.32 云：“审心悦𧪝（播）𡏕於兄弟。”帛書本作“中心説（悦）遷于兄弟”。裘氏於《五行》注四十按語中嘗疑簡文“𡏕”或爲“遷”字，然細審“𡏕”字上半所從與其他“與”字相當，然“𡏕”

乃“與”字異構(參本書 0868—0873 字頭),故今隸作“礜”而讀爲“與”,其他簡文“與”字或有讀爲“舉”者。然無論“播與於兄弟”“播舉於兄弟”,或“播遷於兄弟”,與帛書本引作“遷於兄弟”比對,於文義並無太大差別。《唐虞之道》簡 7.1 云:“堯舜之王,利天下而弗利也,徝(播)而不傳,聖之盛也。”又簡 7.20 云:“徝(播)也者,上直(德)受(授)臤(賢)之謂也。”讀“徝”、“徝”爲“播”固亦文從字順也。

《郭店楚簡研究》第一卷《文字編》頁 4—5

○**廖名春**(2000)　　“翻”从月番聲,疑爲“翻”字之異體,在此爲“播”之借字。

《郭店楚簡國際學術研討會論文集》頁 115

○**王輝**(2000)　　郭店楚簡有以下諸字:

　　　A 翻　　　　B 董　　　C 徝　　　D 徝

其用例如下:

　　1.《緇衣》:“《呂型(刑)》員(云):A 型(刑)之迪。”

　　2.《五行》:“中心兌(悅),B 遷於兄弟。”

　　3.《唐虞之道》:“堯舜之道,C 而不徲(傳)……C 而不徲,聖之盛也。”

　　4.《唐虞之道》:“C 之朝(廟),世亡忕(隱)德。孝,悬(仁)之免(冕)也;C,義之至也。”

　　5.《唐虞之道》:“C 而不連(傳),義互(恆)□□釘(治)也。”

　　6.《唐虞之道》:“□之正者,能以天下 C 歇(矣)。”

　　7.《唐虞之道》:“故堯之 C 虖(乎)舜也。”

　　8.《唐虞之道》:“D 也者,上惪(德)受(授)臤(賢)之胃(謂)也。”

　　9.《唐虞之道》:“不 D 而能蠍(化)民者,自生民未之有也。”

　　A 字影本隸作翻,讀爲播,是。今本《呂刑》:“今爾何監?非時伯夷播刑之迪。”孔氏傳:“言當視是伯夷布刑之道而法之。”

　　B 字影本隸作董,注云:“帛書本(輝按指馬王堆漢墓帛書《老子》甲本卷後古佚書《五行》)作‘中心説(悅)焉,遷于兄弟’。”裘錫圭先生爲影本所加按語則云:“簡本與帛書本‘焉’字相當之字,其形與本書《唐虞之道》篇中屢見的意爲‘禪讓’之字(輝按即 C 字)的右旁相似。疑彼字當讀爲禪,此字當讀爲‘旃’。‘旃’从‘丹’聲,‘禪’从‘單’聲,‘丹、單’同音。‘中心悅旃’,意即‘中心悅之焉’。”

　　影本將 A、B 二字加以區別,似乎没有必要。金文番君鬲番字作畬。《古璽彙編》1657“番又”私璽番作畬,並與 B 字上部、A 字左旁同。《説文》:“播,種也。一曰布也。从手,番聲。敔,古文播。"《堯典》:"帝(舜)曰:棄,黎民阻飢,汝后稷,播時(是)百穀。"播之本義爲播種,作爲形聲字,其形旁可作手,可作攴,也可以作土,因爲播種多與土地有關,故 B 也應爲播字異體。

裘先生以 B 字與"兑"字連讀爲"悦旆"。不過也可以看作 B 前省略了虚詞"焉",而將 B 與"遷"連讀爲"播遷",這似乎也文從字順。播有遷徙義。《尚書·大誥》:"予惟以爾庶邦,于伐殷逋播臣。"《後漢書·獻帝紀》贊:"獻生不辰,身播國屯。"李賢注:"播,遷也。"《列子·湯問》:"岱輿、員嶠二山,流于北極,沈于大海,仙聖之播遷者巨億計。"

張光裕主編《郭店楚簡研究·第一卷·文字編·緒言》以爲 A、B、C、D"諸字同爲'播'字異構",可謂獨具慧眼。以下稍加申論。

C 字从彳,䵺聲,而䵺實即䵺字之異。古文字土旁、壬旁形近,每多混用。如毁字《説文》小篆从土,鄂君啟車節作毇,从壬。亜字小篆作亜,从土,而亜戈亜字作亜,从壬。城字本从土,成聲,而《古璽彙編》0150"東武城"作城,从壬。呈字从口,壬聲,《古璽彙編》4522 作呈,从土,4523 作呈,从壬。从彳之字多與步行、趨走義有關,徸字从彳,强調的正是播遷之義。3—7 例説的是君位播遷之事。播遷與傳授是近義詞,但同君位承接連起來,前者强調的是原始社會部落聯盟首領經過選舉而進行的變遷,而後者强調的是父子相繼,是夏代以後父系家族私有制發展的産物,二者的不同是很明顯的。"堯舜之道,播而不傳""播,義之至也",可見簡文作者對播的推崇。君位播遷是"公天下",君位傳授是"家天下",二者是不同時代的産物。

D 字从辵,古文字彳、辵義近通用,例甚多。如征字从彳,兒伯盨又从辵作延;從字甲骨文或作从(《京津》1372)。所以遙仍是播字。

禪之本義爲祭地,《大戴禮記·保傅》:"封泰山而禪梁父。"引申之,帝王傳位亦曰禪。《孟子·萬章上》:"唐虞禪。"《史記·惠景閒侯者年表》:"至孝惠時,唯獨長沙全,禪五世,以無嗣絶。"禪後世雖然强調傳位給異姓,但其最初意義只是傳布。播在郭店簡中讀如本字,解爲播遷,文從字順,似不必要再讀爲禪。再説,古文獻也未見播、禪通用之例。

《中國文字》新 26,頁 157—159

△按 字从番,王輝摹本漏左上點畫,對應上博一《緇衣》作"畓"(《説文》"番"字古文),今本《禮記·緇衣》作"播",與郭店《五行》之"䵺"同當讀爲"播"。王説《唐虞之道》二形並不从番(少左上點畫),字形分析尚待研究。

𤕟

 珍秦 57　　 珍秦 67

○**何琳儀**(1998)　𤕟,从番,半爲疊加音符。番之繁文。

秦璽𤕟,人名。

《戰國古文字典》頁 1062

△**按**　字从半从番,字義不詳。

半 半 㪋 𣂤

璽彙 1270　　璽彙 1276　　睡虎地·秦律 179　　貨系 4067

集成 4315 秦公簋　　睡虎地·答問 88

侯馬 1:1　　集成 2610 廿七年大梁司寇鼎　　陶彙 6·173　　貨系 2205

貨系 987　　集成 2773 信安君鼎

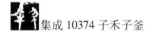

集成 10374 子禾子釜

○**郭沫若**(1935)　㪋亦即料。

《兩周金文辭大系圖録考釋》頁 222,1957

○**馬承源**(1972)　(編按:廿七年大梁司寇鼎)其中㪋是半斗的專用字,《兩周金文辭大系圖録考釋》釋文 222 頁已有論述。這個字在布幣文字中普遍釋爲"半"字,按《漢書·陳勝項籍列傳》"今歲饑民貧,率食半菽",孟康注:"半,五升器名也。"這個"半"字就是"㪋"字。這一半斗的專用字與从八从半的半字不同,但音讀相同,故能釋作半字。

《文物》1972-6,頁 18

○**朱德熙、裘錫圭**(1980)　㪋字當釋爲料。《説文·斗部》:"料,量物分半也。从斗、半,半亦聲。"子禾子釜又有从升从半的𣂤字。銘文説:"左關釜節于廩釜,關鈉節于廩𣂤。"郭沫若先生以爲𣂤是半升之專字。據實測,子禾子釜容 20460 毫升,左關鈉容 2070 毫升,正好相差十倍。如果𣂤指半升,則一釜僅容五升。這不但與《左傳·昭公三年》所説"齊舊四量,豆、區、釜、鍾,四升爲豆,各自其四,以登於釜,釜十則鍾;陳氏三量,皆登一焉,鍾乃大矣"的進位大相懸殊,而且一升之值大到 4000 毫升,也是不可能的事。由此可知,斝字絕非半升之謂,料字也不是半斗的專字。我們認爲,斝和料是一個字的兩種寫法。許慎把這個字解釋爲"量物分半"是很對的。斗和升都是量器,所以"量物分半"的料字既可以用斗作意符,也可以用升作意符。

戰國時代的斝一般用作半字。(中略)上引諸器多數可以肯定爲三晉器。大概由於斞是三晉或三晉某些地區當時最常用的容量單位,所以斞的分數半斞、三分斞、四分斞得以分別簡稱爲半、三分、四分。這和秦漢時代最常用的容量單位是斗,所以可把半斗、三分之一斗、四分之一斗簡稱爲半、參、四的情況是平行的。不過在戰國晚期我們已經看到了用斝指半斗的例子。上引(11)(12)二器(編按:指《集成》2232 右卜胅鼎)銘文的"三斝"似應解釋爲三個半斗。如果這種解釋不誤,則這種斝乃是半斗的專用量名,其事必當發生在以斗爲最常用的容量單位的背景下,此與稱半斞爲半的習慣當有時代或地域上的不同。

《朱德熙古文字論集》頁 116—117,1995;原載《文史》8

○羅昊(1981)　(編按:信安君鼎)斝即料,是半斗的專用字。馬承源與郭老均有論述。《說文解字》斗部:"料,量物分半也,从斗从半,半亦聲。"料在古文獻中亦寫作"半"字,《漢書・陳勝項籍列傳》"今歲饑民貧,率食半菽",孟康注:"半,五升器名也。"

《考古與文物》1981-2,頁 20

○丘光明(1981)　《說文》斗部有"料"字:"料,量物分半也,从斗从半,半亦聲。"故"料"或"斝"不是半斗或半升的專用字,只是一定量的一半。"斝"字在戰國銘文中常見,寫法的變化很多,有斝、斝、斝、斝、斝等。如:

公芻斝石(銅權)(《貞松堂集古遺文續編》卷下,頁 24)

禺四兩斝(小銀人)(《洛陽金村古墓聚英》第 18 圖)

安邑斝釿(貨幣)

鄭東□斝畓(銅鼎)(《陶齋吉金錄》卷 5,頁 6)

以上幾例皆可說明"斝、斝"均爲數詞"半"字,既可以冠在容量單位前面,又可以冠在重量單位前面,而不是半斗或半升的單位量名。

《文物》1981-10,頁 64

○裘錫圭(1982)　(編按:信安君鼎)羅文認爲"斝"是半斗的專用字,因此得出魏、衛等國的斗比秦斗大 3.55 倍的結論。其實在六國銅器銘文中,"斝"字一般都應讀爲"半",當半斗講的極少見。魏器所記容量多以斞爲單位,所謂

"斗"多指半齋。此鼎當亦同。一齋之量約在 7000 至 7200 毫升之閒,此鼎實測容量爲 3567.75 毫升,正合半齋之數。

《考古與文物》1982-2,頁 54

○**睡簡整理小組**(1990)　(編按:睡虎地·秦律 55)半,量制單位,《史記·項羽本紀》集解引徐廣云:"五升器也。"

《睡虎地秦墓竹簡》頁 33

○**張守中**(1994)　(編按:睡虎地簡)通畔 頃半　法六四。

《睡虎地秦簡文字編》頁 12

○**何琳儀**(1998)　半,從牛從八,會分割牛體之意。八亦聲。半、八均屬幫系,半爲八之準聲首。半,判之初文。(中略)

　　晉璽半,姓氏。見《姓苑》。

　　秦器半,二分之一。

　　古璽半,姓氏。見《姓苑》。

《戰國古文字典》頁 1055

　　斗,從斗,八聲。疑料字省文。見料字。

　　晉器料,讀半。侯馬盟書料,或作閪,讀判。典籍亦作布、披。《左·宣十二》:"敢布腹心。"《史記·淮陰侯傳》:"臣願披腹心。"斗、閪、判、布、披,皆一音之轉。

《戰國古文字典》頁 1057

△**按**　《説文》:"半,物中分也。從八從牛,牛爲物大,可以分也。"晉系以"斗"爲"半","斗"字從八從斗,斗爲量器,構形原理與從牛相類。學界一般認爲"斗"即《説文》斗部訓爲"量物分半"之"料"字省寫,另見卷十四斗部"料"字。

【半兩】中國錢幣大辭典·秦漢編 14、17、30、31,等
【半睘】貨系 4067、4068

○**鄭家相**(1958)　文曰半睘,並列,亦有右旋讀者,按睘即圜之古文,或釋員,蓋員即圓之古文,圓即圜,圜與圓通,員與睘通,釋員釋睘一也。圓形圓孔之幣,曰圜金;半睘者,圜金之半也。近年同紀重圜金,在陝省出土,亦爲秦國本地所鑄行之貨幣,無疑。紀重圜金一值此半睘二,蓋二者相輔以行使,亦二等制也。圜金至紀重與半睘,已開半兩之先矣。

《中國古代貨幣發展史》頁 189

○**蔡運章**(1995)　面文"半睘",或正讀,或順時針旋讀。"睘"乃圜字省體,

爲半個貨幣單位的圜錢之義。

《中國錢幣大辭典·先秦編》頁 610

牛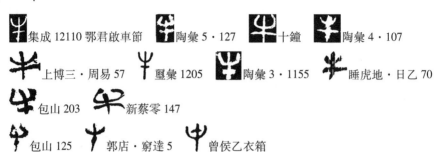

○**何琳儀**（1998）　 b 燕璽牛,姓氏。出自子姓,宋微子後,司寇牛父之子孫,以王父字爲氏。見《通志·氏族略·以字爲氏》。

　　c 晉璽牛,姓氏。見 b。

　　d 天星觀簡牛,姓氏。見 b。廿八宿漆書"袁牛",讀"牽牛",廿八宿之一。見《呂覽》。

《戰國古文字典》頁 40

【牛長】睡虎地·秦律 13

○**睡簡整理小組**（1990）　 據簡文應爲飼牛人員中的負責者。

《睡虎地秦墓竹簡》頁 23

【牛羲】秦駰玉版

○**曾憲通、楊澤生、蕭毅**（2001）　 "牛羲",即牛犧,文獻作"犧牛",指祭祀用的純色牛。《禮記·曲禮下》:"天子以犧牛,諸侯以肥牛。"

《考古與文物》2001-1,頁 52

○**王輝**（2001）　 "牛犧",牛牲。

《考古學報》2001-2,頁 151

牡 牡 駐

○**裘錫圭、李家浩**（1989）　 (編按:曾侯乙 197)"駐"字亦見於戰國中山胤嗣舒盗

壺(《中山王響器文字編》62 頁),从"馬"从"土",即牡馬之"牡"的專字。《古文四聲韻》厚韻"牡"字下引《古老子》作𩡅,即"駐"的訛變。

《曾侯乙墓》頁 529

△按　與"駐"字對應,牝馬之專字或作"馳",詳下"牝"字條。

【牡棘】睡虎地·日甲 28 背

○睡簡整理小組(1990)　牡棘,疑即牡荊,見《政和本草》卷十二。《左傳》昭公四年:"桃弧棘矢,以除其災。"

《睡虎地秦墓竹簡》頁 216

○劉樂賢(1994)　鄭剛以爲牡棘是兩種植物名。以上二説(編按:指鄭剛及睡簡整理小組之説)皆可商。簡文"以桃爲弓,牡棘爲矢"與整理小組所引《左傳》"桃弧棘矢"是一回事。桃弓即桃弧,牡棘矢即棘矢。將牡棘視爲牡荊不妥,荊、棘雖然相近,但畢竟是兩種東西。將牡荊訓爲二物也缺少根據。《周禮·蟈氏》"焚牡菊"鄭注:"牡菊,菊不華者。"賈疏:"此則《月令·季秋》云'菊有黃華',是牝菊也。"顯然,古人稱開花之菊爲牝菊,不開花的菊爲牡菊。《四民月令·五月》:"先後日至各五日,可種禾及牡麻。"其本注云:"牡麻有花無實,好肌理,一名爲枲。"《本草綱目·大麻》釋名:"雄者名麻枲、牡麻。"牡麻是指雄性大麻。可見,《日書》的牡棘也應指不開花結果實之棘,即雄性之棘。棘做的矢本來就是避邪的器物(上引《左傳》的"棘矢"、《日書》下文的"棘椎"皆可爲證),雄性代表陽性,用牡棘做的矢驅鬼之效應當更强。

《睡虎地秦簡日書研究》頁 234

特 𤙔

石鼓文·吾車(殘字)　　𤙔戰國文字編,頁 59

○張政烺(1934)　(編按:石鼓文)舊皆釋"時"、釋"時",曲爲解説。細察碣文當是"特"字,與下文"吾毆其犉"文義正同。《説文》:"特,特牛也。"《廣雅》:"特,雄也。"《周禮·校人》:"凡馬特居四之一。"則是非牛亦可稱"特"也。

《張政烺文史論集》頁 9,2004;原載《史學論叢》1

○何琳儀(1998)　石鼓文特,雄獸。參《説文》。或三歲之獸。《詩·魏風·伐檀》:"胡瞻爾庭,有懸特兮。"傳:"獸三歲曰特。"

《戰國古文字典》頁 45

△按　《説文》:"特,朴特,牛父也。从牛,寺聲。"

牝 牝 駓

睡虎地·雜抄 31　　　郭店·老甲 34

曾侯乙 160

○**裘錫圭、李家浩**(1989)　(編按:曾侯乙 160)"駓"字亦見於甲骨文(《甲骨文編》35 頁,原文稍殘),从"馬"从"匕",即牝馬之"牝"的專字。

《曾侯乙墓》頁 527

○**何琳儀**(1998)　駓,从馬,匕聲。疑牝之異文。《説文》:"牝,畜母也。从牛,匕聲。"

隨縣簡駓,讀牝,母馬。

《戰國古文字典》頁 1286

○**湯餘惠等**(2001)　駓　同牝。

《戰國文字編》頁 657

△按　《説文》:"牝,畜母也。从牛,匕聲。《易》曰:畜牝牛吉。"郭店《老子》甲簡 34"牝"所从牛旁上增一横,稍有訛誤,與曾侯乙衣箱"牛"字作半者類似。

犢 犢 牽 牢

十鐘　　　珍秦 93

九店 56·44　　璽彙 0860　　璽彙 3264　　璽彙 1703　　璽彙 0380

包山 222"牽牛"合文　　璽彙 2131"牢邑"合文

○**吳振武**(1983)　0379　王牢·王牿(犢)。

0380 同此改。

《古文字學論集》(初編)頁 492

1703 梁牽·梁牿(犢)。

3264 牽牢·牿(犢)牽(犇)。

《古文字學論集》(初編)頁 500、514

○**曹錦炎**（1983）　戰國印文裏有一個寫作🐂、🐂等形的字：

(1) 長縣🐂　彙 0860

(2) □🐂　彙 3461

(3) 🐂𤚩（？）　彙 3264

(4) 梁🐂　彙 1703

羅福頤先生主編的《古璽文編》均入於附錄。按這個字可以分析成上下兩部分：上部从屮（𤲃），下部从牛。从牛之字，牛旁往往都作爲形符，所以，把這個字看成是从牛、屮聲的字，是可以的。

金文中有"賣"及从賣的"償"字：

🔤賣 🔤賣 舀鼎　　　🔤償 君夫簋

舀鼎的賣字，舊釋爲賣買之賣，劉心源始改釋爲賣，他說："賣舊釋賣，非。賣从出買作🔤，賣从貝𡨄作🔤……此从𤲃，即賣，篆法賣不得从目也。"此說甚確，從古文字看，賣字中从目，賣字中从网，兩字區別甚顯，而楷書兩字無別，所以从賣之字今都从賣作，遂使賣、賣相溷。

《說文》："償，見也，从人，賣聲。""賣，衙也，从貝𡨄聲。𡨄，古文睦，讀若育。"根據許慎的分析，賣是一個从貝、𡨄聲的形聲字。我們如將金文中的賣及償所从的𡨄與上引古印諸字的聲符作比較，不難發現兩者是十分相似的，特別是君夫簋的償字所从，更是如此。再者，傳世的漢印中，有不少从賣之字，除了常見作🔤形外，還有作下列形的：

🔤償 徵 2.3　　🔤償 徵 2.3　　🔤寶 徵 7.18　　🔤寶 徵 7.18

所从賣字的聲符𡨄，除了目字豎寫外，與古印🐂字的上半是完全相同的。

根據上面的分析，上引古印的🐂字，沒有問題是一個从牛𡨄聲的字，隸定作𤚩。

在先秦古文字裏，有許多形聲字，它們的聲旁往往與小篆有繁簡的不同，如時字，古印做旹（文 7.1），小篆作時；墾字，古印作坄（文 13·7），小篆作墾；蠢字，《說文》古字作蝍，小篆作蠢。所以，我們認爲，古印的𤚩字，應該就是後世犢字的初文。

需要特別指出的是，古印中有好幾個从𤚩的字，但卻沒有从賣之字。從形聲字的角度來分析，𤚩與賣都是以"𡨄"作爲聲符的，這兩個字在用作聲旁時，理所當然是可以通假的。應該看到，在先秦古文字中，形聲字的聲旁往往還沒有固定，一個字可以有多種寫法。因此，當𤚩字在作爲聲符時替代賣字，

是完全可能的。明確了這一點,見於古印中的幾個從韋之字,便可以辨認出來了。（中略）

最後,附帶談一下古印中的罕字。

《彙》著録下列兩方古印:

　　（1）［印］彙 3430　　　　　　（2）［印］彙 0353

《彙》釋（1）爲"□旗",（2）爲"罕₌五句都□"。按"句罕"二字爲合文,下有合文符號甚明,所以,應改釋如下:

　　（1）句罕旗　　　　（2）句罕五都□

"句罕"之"罕",頗疑爲韋之省體。如此推測不誤,則"句韋"當讀爲"句瀆"。句瀆,古地名,《左傳》桓公十二年:"公欲平宋、鄭。秋,公及宋公盟于句瀆之丘。"杜注:"句瀆之丘即穀丘也。"其地在今山東菏澤北,春秋時屬魯。

《史學集刊》1983-3,頁 87—88、90

○朱德熙（1983）　　戰國文字裏有一個從牛的字,或獨立,或作偏旁,摘舉數例如次:

　　（1）［字］録遺五七四　［字］簠五一下　（2）［字］簠四八上

　　（3）［字］尊二·三　（4）［字］徵附九上　［字］同上　（5）［字］尊一·三

這個字上端作［符］,就是《説文·目部》睦字的古文［字］。賣字從此得聲。古文字裏,［字］、直、眚三字相似而不同。比較:

　　［字］昌鼎　　　　［字］君夫簠　　　　［字］秦公簠　　　　［字］王孫鐘

　　［字］小子省卣　　［字］禹攸比鼎

（a）［字］字上端豎筆斜曳,跟直字眚字之作直筆者不同;（b）直字横畫平出,跟［字］和眚之作曲筆者不同。

上引（1）—（5）諸字目字上豎筆左折,跟昌鼎賣字、君夫簠價字相同。由此可知這個字從牛從［字］,就是犢字。小篆犢字從牛賣聲,璽印文字的"犢"字,可以看作從牛畜聲,也可以看成從牛賣省聲。

《尊》二·五著録一私名印,文曰"長屚犢"。

［印］　　屚當讀爲擎,擎與牽音同字通。《春秋·定公十四年》"公會齊侯衛侯于牽",《公羊》牽作堅,《釋文》"本又作擎,音牽"。《左傳·宣公十

二年》"鄭公肉袒牽羊",《史記·鄭世家》作"鄭襄公肉袒擎羊以迎"。璽文"長麐犢"當讀爲"張牽犢"。從這個名字的含義也可以看出釋犢爲犢是正確的。

我們既然知道(1)是犢字,那麽(2)應釋爲瀆,(3)應釋爲續。(4)從邑從賣、(5)從月從賣,並今字所無。

鄤、瀆、續在璽印裏都用爲姓氏字。鄤當即賣姓之賣。瀆和續也是古姓,均見於漢印(瀆漢印作瀆)。

犢字有時省去目字上邊的 ,例如:

簠四六下　　簠十二下

"句犢"疑當讀爲句瀆。《左傳·桓公十二年》"囚王豹于句瀆之丘",杜注"即穀丘"。

《朱德熙古文字論集》頁 152—153,1995;原載《古文字研究》8

○吳振武(1989)　(編按:璽彙 0353、3430)今按,曹錦炎同志曾在《釋韋——兼釋續、瀆、賣、鄤》(《史學集刊》1983 年 3 期)一文中將 字釋爲"句犢"二字合文,並指出古璽中的"句犢"即《左傳·桓公十二年》所記"句瀆之丘"之句瀆,其說甚是。曹文同時又疑 ("句犢"合文)字中的犢字即犢之省體,其說亦可信。這裏我們再作一些補充。一、字在原璽中用作地名,字在原璽中用作姓氏,儘管兩者在字形和用法上略有差異,但風格是一致的,皆爲典型的三晉文字。曹文根據舊說謂句瀆"在今山東菏澤北,春秋時屬魯"不確。《左傳·桓公十二年》出"句瀆之丘"的那段文字原文如下:"公欲平宋、鄭。秋,公及宋公盟于句瀆之丘。宋成未可知也,故又會于虛;冬,又會于龜。宋公辭平,故與鄭伯盟于武父,遂帥師而伐宋,戰焉,宋無信也。"從《左傳》所述之事和此二璽風格看,舊說句瀆之丘爲宋邑是正確的。其地在今河南省商丘縣東南四十里,戰國時當屬韓或魏。二、《汗簡》引《王存乂切韻》"獨"字作 ,從"犬""犢"聲。"獨、犢"古同屬定紐屋部,故"獨"字可用"犢"聲代"蜀"聲。"句犢"合文中的犢字和古璽中常見的 (《古璽文編》22 頁罕)字正和 字所從之犢同。"句犢(犢)"在原璽中用作姓氏,仍應讀作"句瀆",當是以邑爲氏。犢字在古璽中多用作人名,漢印中名"犢"者亦習見(看《漢印文字徵》二·三)。可見釋犢(犢)爲"犢"在形、音、義三方面皆能落實。三、《古璽彙編》重新著錄一方文曰"司馬"的三晉璽(二一三一)。璽中 字《古璽文編》隸定爲"鄤"(158 頁,"="號失落)。從原璽看,此字右下方原有合文符號"="。以古璽"左邑"合文作 或 (《古璽彙編》○一○九、○一一○、○一一三,戰國魏地)例之,此𤘀字應釋爲"犢邑"二字合文。"犢邑"亦即句瀆之丘。《左傳·桓公十二年》中的"句瀆之丘"《春秋》作"穀丘"。"句瀆"或"句犢"即"穀"之緩讀。"犢、穀"同屬屋部,音亦相近。"犢邑司馬"爲三晉官璽是毫無疑問的,《古璽彙編》將其列入姓名私璽類誤。

《古文字研究》17,頁 272

○**何琳儀**(1998)　秦璽犢,人名。

《戰國古文字典》頁 401

　　𤚩,從牛,畜(或省作目)聲。犢之省文。
　　晉璽𤚩,讀犢,姓氏。犢牧,齊人。見《尚友録》。

《戰國古文字典》頁 401

○**李家浩**(2002)　(編按:九店 56·44"以諩犢某於武夷之所")"犢"原文作從"牛"從《説文》古文"睦"聲。此字常見於戰國璽印文字,朱德熙先生説是"犢"字,所以釋文徑把這個字釋寫作"犢"。

《著名中年語言學家自選集·李家浩卷》頁 324

△**按**　"犢"之作"𤚩",當係六國古文的用字。《説文》謂"犢",瀆省聲;瀆,賣聲;賣,畜聲,故諸字基本聲符一也。"犢"宜分析爲從牛,賣聲,"𤚩"則可徑析爲從牛,畜聲。

【𤚩牛】包山 222

○**劉信芳**(2003)　"牰"讀爲"特",《禮記·郊特牲》"首也者,直也",鄭玄《注》:"訓所以升首祭也,直或爲牰也。"《禮記·檀弓下》"行並植於晉國",鄭玄《注》:"植或爲特。"

《包山楚簡解詁》頁 236

△**按**　包山 222 之字,《戰國文字編》釋"犢"(59 頁),似可從。楚簡另有"犥牛",讀爲"特牛"。

【𤚩邑】璽彙 2131

○**吳振武**(1983)　2131 鄲司馬·鄞(犢)司馬。

《古文字學論集》(初編)頁 504

○**吳振武**(1989)　"犢邑"亦即句瀆之丘。《左傳·桓公十二年》中的"句瀆之丘"《春秋》作"穀丘"。"句瀆"或"句犢"即"穀"之緩讀。"犢、穀"同屬屋部,音亦相近。"犢邑司馬"爲三晉官璽是毫無疑問的,《古璽彙編》將其列入姓名私璽類誤。

《古文字研究》17,頁 272

牭 牭

輯存 210

△按 《説文》：“牭，四歳牛。从牛从四，四亦聲。𤙎，籀文牭从貳。”

犉 犉

新蔡零 333

△按 《説文》：“犉，黄牛黑脣也。从牛，臺聲。《詩》曰：九十其犉。”新蔡零
333 用爲祭祀犧牲。

犨 犨 隼

璽彙 0929　璽彙 2891　璽彙 3065　璽彙 3264

○羅福頤等（1981）　（編按：璽彙 0929 等）犨。

（編按：璽彙 3264）羋。

《古璽文編》頁 21、22

○吳振武（1983）　1483 畋羋・畋隼（犨）。

3264 羋・牸（牸）隼（犨）。

《古文字學論集》（初編）頁 498、514

○林素清（1990）　（編按：《古璽文編》）二·三下，皆隸定爲羋。然古文字材料
未見尹字寫作形之例。吳振武以爲此字爲从隹从𡳆之隼，是犨之借字。因戰
國文字常見隹作形，故吳説可從。

《金祥恆教授逝世周年紀念論文集》頁 100—101

○何琳儀（1998）　牸，从牛，隹聲。《玉篇》：“牸，牛名。”

晉璽牸，人名。

《戰國古文字典》頁 1206

△按　戰國文字同符偏旁單、複常無別，“隼”可視爲“犨”之省體。《説文》：
“犨，牛息聲。从牛，雔聲。一曰：牛名。”璽文作人名。

牟 𤘕 𦌶

集成 10384 高奴禾石權　珍秦 101　故宮 470

○**羅福頤等**（1982）　（編按：故宮 470）牟。

《故宮博物院藏古璽印選》頁 84

○**王輝**（1990）　𦌶字見《篇海類編》：“胡故切，音護，叟也。”其實𦌶即牟字。《漢印文字徵》卷二牛部收有“牟右尉印、東牟丞印”，牟字即作𤘕，又牟寬印牟字作𤘕。

《秦銅器銘文編年集釋》頁 48

△**按**　《説文》：“牟，牛鳴也。从牛，象其聲气从口出。”字以牛上增筆指示聲氣之出，指事字。高奴禾石權及璽文均用作人名。

牲 牷

睡虎地·秦律 151　新蔡零 207　集成 11367 六年漢中守戈

上博三·周易 42

○**睡簡整理小組**（1990）　（編按：睡虎地·秦律 151“同牲”）同生，即同産，《墨子·號令》：“諸有罪自死罪以上皆逮父母、妻子、同産。”此處指親姐妹。

《睡虎地秦墓竹簡》頁 54

○**張守中**（1994）　（編按：睡虎地簡）牲　秦一五一　通生　百姓有母及同牲爲隸妾。

《睡虎地秦簡文字編》頁 12

○**濮茅左**（2003）　（編按：上博三·周易 42）“大牲”，牛。《説文》：“牛，大牲也。”

《上海博物館藏戰國楚竹書》（三）頁 194

△**按**　《説文》：“牲，牛完全也。从牛，生聲。”詛楚文“犧牲”、新蔡簡“義牲”皆即“犧牲”，六年漢中守戈用作人名。

牷 牷

睡虎地·日甲 91 背壹

○**睡簡整理小組**（1990）　生子不全，亦見《法律答問》。

《睡虎地秦墓竹簡》頁 222

○**張守中**(1994)　牷　日甲九一背　通全　生子不牷。

《睡虎地秦簡文字編》頁 12

△**按**　《説文》：“牷，牛純色也。从牛，全聲。”

牽 牽

牽牽 睡虎地 · 日甲 55 正壹

牽 睡虎地 · 日甲 3 背壹 “牽牛” 合文

【牽牛】睡虎地 · 日甲 49

○**睡簡整理小組**(1990)　牽牛，二十八宿之一。《開元占經 · 北方七宿占》引《石氏星經》曰：“牽牛六星。”

《睡虎地秦墓竹簡》頁 188

△**按**　《説文》：“牽，引前也。从牛，象引牛之縻也，玄聲。”玄聲或爲變形聲化所致。

牢 牢　罜 𡧙 寶

牢 睡虎地 · 封診 63　　牢 曾侯乙 146　　牢 包山 99　　牢 包山 157

牢 新蔡零 40　　𡧙 璽彙 2386

罜 新蔡甲三 209　　罜 新蔡甲三 243　　罜 新蔡甲三 261　　罜 新蔡零 13

罜 新蔡乙四 128　　寶 新蔡甲三 304

○**何琳儀**(1998)　小篆因秦簡而誤增一筆，許慎遂以爲从冬省。

《戰國古文字典》頁 224

△**按**　《説文》：“牢，閑養牛馬圈也。从牛，冬省，取其四周帀也。”古文字本象欄中圈養牛，《説文》析形有誤，何琳儀説是。睡簡《封診式》之“牢”，指牢獄。新蔡簡“大牢”，即傳世文獻之“太牢”，爲祭祀犧牲。“牢”新蔡簡又多作“罜”，从牛，留聲。“留、牢”古同音，《淮南子 · 本經訓》“牢籠天地”，高誘注：“牢讀屋霤之霤，楚人謂牢爲霤。”

【牢牷】曾侯乙 146

○**裘錫圭、李家浩**(1989)　《周禮 · 地官 · 充人》：“掌繫祭祀之牲牷，祀五帝

則繫於牢,芻之三月。享先王亦如之……"《漢書‧百官公卿表》漢武帝太武
(編按:"太武"當作"太初")元年,"左内史更名左馮翊,屬官有廩犧令、丞、尉",顏師
古注:"廩主藏穀,犧主養牲,皆所以供祭祀也。"簡文"牢令"的職掌可能與
《周禮》的"充人"、《漢書》的"廩犧令"相當。

《曾侯乙墓》頁 525

犂 犂

睡虎地‧秦律 168

○張守中(1994)　　通黎　萬石一積而比犂之爲户。

《睡虎地秦簡文字編》頁 13

△按　《説文》:"犂,耕也。从牛,黎聲。"文獻一般省作"犁"。

牴 牴

睡虎地‧日甲 58 正壹

○張守中(1994)　　通氐　二月奎牴房大凶　日甲五一。

《睡虎地秦簡文字編》頁 13

△按　《説文》:"牴,觸也。从牛,氐聲。"睡簡用爲二十八宿之"氐"。

牼 牼

集成 150 鼄公牼鐘

△按　《説文》:"牼,牛厀下骨也。从牛,巠聲。《春秋傳》曰:宋司馬牼字
牛。"鐘銘用爲人名。

犀 犀

集成 10374 子禾子釜　　曾侯乙 123　　璽彙 2736　　睡虎地‧爲吏 17 叁

璽彙 3927　　吉大 4

○吳振武(1983)　　3927 公孫□牛(牵)鉌‧公孫犀鉌。

《古文字學論集》(初編)頁 519

○**何琳儀**(1998) 燕璽犀,讀尾,姓氏。微子後有尾氏。見《潛夫論·志氏姓》。

晉璽“庶犀”,地名。

《戰國古文字典》頁 1231

△**按** 《説文》:“犀,南徼外牛,一角在鼻,一角在頂,似豕。从牛,尾聲。”曾侯乙簡 123 之字《戰國文字編》所收字形作𤞤(61 頁),下半牛旁表示牛角的弧筆右半誤删,左半與中豎合爲一體,遂失其形;《戰國古文字典》摹作𤞤(1230 頁),近是。

【犀角】睡虎地·爲吏 17 叁

△**按** 簡文云“犀角象齒”。

物 牣

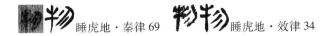
睡虎地·秦律 69　　睡虎地·效律 34

△**按** 《説文》:“物,萬物也。牛爲大物,天地之數,起於牽牛,故从牛,勿聲。”六國文字多借“勿”爲“物”。

犧 犧 犧 牂

包山 248　　新蔡甲三 99

上博五·鮑叔 3　　璽彙 3744

○**何琳儀**(1998) 犧,从牛,義聲。疑犧之省文。(中略)

包山簡犧,讀犧。《書·微子》“犧牷牲用”,傳:“色純曰犧。”

《戰國古文字典》頁 857

△**按** 《説文》:“犧,宗廟之牲也。从牛,義聲。賈侍中説:此非古字。”戰國文字多从義聲,或省从我聲。詛楚文、秦駰玉版以“義”爲“犧”,新蔡簡又或以“義”爲“犧”(簡零 207)。所謂犧“非古字”,並非無據。“犧、牂”或即“犧”之古寫。

【牂生】上博五·鮑叔 3

△**按** 簡文云“牂生珪璧”,“牂生”即“犧牲”。

【牂牲】璽彙 3744

○**何琳儀**(1998) 㭣,从木,我聲。疑犧之省文。《説文》:“㭣,榦也。从木,義聲。”

　　楚璽杚,讀儀。(《爾雅·釋詁》:“儀,榦也。”)舜後有儀氏,故禹臣有儀狄。見《潛夫論》。

《戰國古文字典》頁 858

△按　字實上从我下从牛,故可隷定爲“牷”,何琳儀摹釋有誤。璽文其下一字作,應是“牲”,“牷牲”即“犧牲”。

【犧馬】

○劉信芳(2003)　(編按:包山 248)“犧”讀爲“犧”,犧馬謂純色馬。《山海經·西山經》:“羭山神也,祠之用燭,齋百日以百犧。”郭璞《注》:“牲純色者爲犧。”

《包山楚簡解詁》頁 249

牞

秦文字集證 218·240　　　秦文字集證 218·241

○岳起(1998)　15.咸郂里牞。1 墓、1 器、1 處。“牞”也是第一次發現。

　　16.咸完里牝。1 墓、1 器、1 處。該戳印同以往發現大部分四字戳印讀法不同,應自上而下,從左到右。“牝”爲第一次發現。

《文博》1998-1,頁 43

○王輝(1998)　15、16 兩條“郂里”即 17 例字“完”里,古地名加邑與不加邑旁本無區別,無須舉例。工名皆爲“牞”,只是 15、17 兩例“元”字筆畫不太清楚而已。岳起將 15 例釋爲“杬”,但該字左旁是“牛”而非“木”,至爲明顯;17例釋爲“牝”,亦非是。“牞”不見於後世字書。

《陝西歷史博物館館刊》5,頁 2

△按　字从牛,元聲,後一形元旁省最上一橫。陶文用爲人名。

牪

上博四·曹沫 37　　上博四·曹沫 38

○李零(2004)　牪　疑同“犇”,即“奔”字。

《上海博物館藏戰國楚竹書》(四)頁 267

○王蘭(2006)　《玉篇·牛部》又有“牪”字,訓“牛也”,音“宂”。疑此處

“牪”即“牟”字異構。戰國文字構件位置多變,上下結構寫爲左右結構常有之,(中略)所以不排除“牟”有寫作“牪”的可能。簡文“牟”應非用其本義,我認爲當假作“訏”。(中略)《説文・言部》:“訏,迫也。”段玉裁注:“今俗謂逼迫人有所爲曰訏。”逼迫難以服人,易引起反抗激發内訌,假借爲此義較符合語境。

《古文字研究》26,頁367

○ **陳斯鵬**(2007)　　簡37下和簡38從文辭上看應該銜接甚緊,中閒似不容再插一簡,但連接之後,“牪爾正𢽾不牪而或興或康以會”十三個字頗不易解。(中略)今按,“牪”字見於《玉篇・牛部》,訓爲“牛件也”,又見於《字彙・牛部》,訓作“牛伴也”,《玉篇》音“牛眷切”。疑簡文“牪”字讀作“眷”。整句話重新斷讀作:“牪(眷)爾正𢽾(功),不牪(眷)而或(國)! 興,或(國)康以會。”“𢽾”讀“功”楚簡常見,如郭店簡《太一生水》12:“𢽾(功)成而身不傷。”《窮達以時》9:“子胥前多𢽾(功),後戮死。”“眷”者,顧也,戀也。“而國”猶言“爾國”,《尚書・洪範》:“其害于而家,凶于而國。”“眷爾正功,不眷而國”謂須一心顧念功業,英勇征戰,不應懷戀舊國鄉土。“興”指興師,“康”訓安寧。“會”古有“成”義,《周禮・天官・醫師》“凡會膳食之宜”,鄭玄注:“會,成也。”又《穀梁傳・莊公十四年》云:“會,事之成也。”“興,國康以會”意謂興師殺敵則可保國家無虞,既是對“眷爾正功,不眷而國”的解釋,亦寓鼓舞之意。接言“帥不可思(使)牪(眷),牪(眷)則不行”,是曹蔑進一步強調“不使眷”對於率軍出戰的關鍵意義。以此回答莊公關於“一出言三軍皆勸,一出言三軍皆往”之問,不亦宜乎!《孫臏兵法・將失》:“八曰師懷,可敗也。”張震澤先生云:“懷謂懷念鄉土。”將士眷念鄉土,鬥志必弱,此兵家之忌,曹蔑正深明此理。

《簡帛文獻與文學考論》頁101

△ **按**　　蘇建洲(《〈上博(四)・曹沫之陳〉三則補議》,簡帛網2005年3月10日)疑“牪”屬同符合體字,是“牛”字繁體,假讀爲“愚”。孟蓬生(《牪疑》,《簡帛》3輯17—20頁,上海古籍出版社2008年)從蘇建洲析字,循“牛”音通讀爲“疑”。

　　《曹沫之陳》簡文云:“有戒言曰:牪爾正𢽾不牪而或駽或康以會。故帥不可思牪,牪則不行。”後緊接論“戰有顯道”:“人之兵不砥礪,我兵必砥礪。人之甲不堅,我甲必堅。人使士,我使大夫,人使大夫,我使將軍。人使將軍,我君身進。”諸釋或以後世字書之字音爲據,或拆字讀邊,再輾轉通假,且還要對上下文多字進行破讀,始能將十三字之“戒言”勉強讀通,然仍無法照應後文,故皆可疑。

　　值得留意的是,信陽簡2・13、2・19、2・24有一字作**牪**,過去曾有“艸、牪、友”等不同釋讀,而以釋“友”爲目前大多數學者所接受。此字與“牪”字形近,不能排除是“牪”的可能。信陽2·19文例爲“一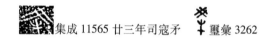贏膚”,仰天湖25有“贏膚一塪”,史樹青(《長沙仰天湖出土楚簡研究》32頁)讀“塪”爲“偶”,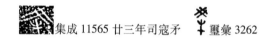爲二牛相拼,或亦有雙、對之意,何琳儀(《戰國古文字典》1017頁,同書338頁“膚”字下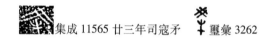之釋文又仍作“友”)即釋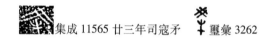爲“牪”,並據《字彙》“牛伴也”之訓,解釋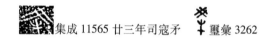爲“一對(牪之引申義)”。《曹沫之陳》之“牪”字,是否亦從二牛並立會意? 存以備參。

牧

集成11565 廿三年司寇矛　　𦫵聖彙3262

○**何琳儀**(1992)　“爻”,甲骨文作“爻、爻”等形(《甲骨》三·三三),西周金文作“爻、爻”等形(《金文》三·二三一)。“爻”的上下兩個部件,戰國文字或交叉作“※”形:

教 𤕌鄦侯毁　𤕘宜安戈　　敫 𤕙中山王鼎　𤕁者汈鐘

確認了戰國文字偏旁“※”,下列銅器、璽印、竹簡文字皆可貫通。(中略)

(三)“𦫵”(《璽彙》三二六二),應隸定爲“牧”。《説文》:“犖,駁牛也。從牛,勞省聲。”段玉裁云:“馬色不純曰駁。駁、犖同部疊韻。”《廣雅》:“駁牢,牛雜色。”按,“牧”應是“犖”的異文,音義均同。馬色不純曰駁,牛色不純曰牧(犖)。所謂“三十維物”也。

《古文字研究》19,頁486

○**何琳儀**(1998)　晉器牧,姓氏。疑與《後漢書·盧芳傳》“駁馬少伯”之複姓“駁馬”有關。

《戰國古文字典》頁287

○**中國社會科學院考古研究所**(2007)　(編按:廿三年司寇矛)𦫵(犖)。

《殷周金文集成》(修訂增補本)頁6330

△**按**　以釋“牧”較優。

牱

𤘰璽彙3911

○**何琳儀**(1998)　牱,從牛,可聲。《篇海》:“牱,郡名。”

古璽轲,人名。

《戰國古文字典》頁 854

牭

羋 璽彙 0717   羋 璽彙 3270

○何琳儀(1998)　牭,从牛,亘聲。

晉璽牭,讀恆,姓氏。

《戰國古文字典》頁 136

△按　璽彙 0717"牭"用爲人名。

牠

拾 天星觀

△按　字當从牛,同聲,滕壬生《楚系簡帛文字編》(增訂本)(湖北教育出版社 2008 年)説明辭例爲:禱白朝戠牛牠(96 頁),當是牛類犧牲。

牟

羋 璽彙 0888   羋 璽彙 1959   羋 璽彙 3315

○何琳儀(1998)　牪,从牛,自聲。疑羚之異文,特指雄牛。見羚字。

晉璽牪,人名。

《戰國古文字典》頁 1273

△按　字當从牛,自聲,璽文用爲人名。

牷

牷 璽彙 1019

△按　字當从牛,衣聲,璽文用爲人名。

𦍌

信陽 2·8 新蔡乙四 143 侯馬 17:1 璽彙 2759 璽彙 2896

璽彙 2566“𦍌鼻”合文

○**羅福頤等**(1981) (**編按**:璽彙)𦍌　大作大仲毁𦍌字與此同。

《古璽文編》頁 22

○**郭若愚**(1994) (**編按**:信陽 2·8)𦍌爲騂之本字。《説文新附》:“騂,馬赤色也。从馬,觲省聲。”亦作騂。《玉篇》:“馬赤黄。”《禮記·郊特牲》:“牲用騂,尚赤也。”綿、帛重文。《説文》:“帛,繒也,从巾白聲。”徐灝箋:“帛者,縑素之通名。”純,《爾雅·釋器》:“緣謂之純。”注:“衣緣飾也。”《儀禮·士冠禮》:“服纁裳純衣。”注:“純衣,緣衣也。”此謂一枚藻席,有赤色縑帛的緣飾。

《戰國楚簡文字編》頁 74

○**賈連敏**(2003) (**編按**:新蔡甲一 7)𦍌(騂)。

《新蔡葛陵楚墓》頁 187

△**按**　學者多以“𦍌”爲“騂”字古寫,《説文》作“騂”:“馬赤色也。从馬,觲省聲。”

【𦍌牡】新蔡甲一 7

△**按**　辭云“祈福於𥙂一𦍌牡、一熊牡”,“𦍌牡”當讀爲“騂牡”。

【𦍌鼻】璽彙 2566

○**裘錫圭**(1980) 《續齊魯古印攈》2·27“瑒鼻”印。《補補》釋作“臯”,以爲字“从鼻从𦍌,𦍌同辛”(14·7 下)。今按“臯”字所从之“辛”爲意符而非音符,“辛、𦍌”不同義,在此不能通用,《補補》説非是。《古徵》分之爲“㿝、𦍌”二字(附録 44 下),疑亦非。此字可能是“𦍌(騂)鼻”二字合文。以“騂鼻”爲名,與以“黑臀”(《左傳·宣公二年》)、“青臂”(漢印常見)等爲名相類。

《古文字論集》頁 97,1992;原載《語言學論叢》6

【𦍌犧】侯馬

○**山西省文物工作委員會**(1976) (**編按**:侯馬盟書)𦍌犧——𦍌,即騂字,俗作騂,音星(xīng)。犧,即犧字的省體。騂犧,即祭祀時所用的紅色的牛。《禮記·郊特牲》:“牲用騂,尚赤也。”《詩·閟宫》:“享以騂犧。”注:“騂赤犧,純

也……其牲用赤牛純色。”

《侯馬盟書》頁 45

【羍犠】新蔡乙四 143

△按　辭云“爲之求四羍犠”，“羍犠”當讀爲“騂犠”。

牵

石鼓文·吾車(殘字)

○張政烺（1934）　沈梧《石鼓文定本》：“‘牵牵角弓’，‘牵’古文‘騂’。《説文》作‘觲’，‘用角低仰便也。《詩》曰：觲觲角弓。’按：今《詩》作‘騂騂角弓’，《傳》云：‘騂騂，弓調和兒。’”烺按：《傳》原作“騂騂，調利也”，沈引誤。

《張政烺文史論集》頁 7，2004；原載《史學論叢》1

牲

牲天星觀

○何琳儀（1998）　牲，從牛，甬聲。

天星觀簡牲，疑讀犝。《説文》鐘或作鋪，是其佐證。《説文新附》：“犝，無角牛也。從牛，童聲。”

《戰國古文字典》頁 424

△按　據滕壬生《楚系簡帛文字編》增訂本（湖北教育出版社 2008 年）所列辭例“賽禱白朝戠牲”（97 頁），牲當是牛類犠牲。

犇　犠

犇天星觀　犇新蔡零 229　犇新蔡乙四 14

犇新蔡乙三 40　犇新蔡乙四 48

○何琳儀（1998）　犇，從牛，青聲。

天星觀簡犇，疑讀牲。《吕覽·介立》“東方有士焉曰爰旌目”，《劉子新論·妄瑕》引旌作精。《韓子·説林》下“雨十日夜星”，《説苑·指武》星作晴。是其佐證。《周禮·天官·庖人》“掌共六畜”，注：“六畜，六牲也。始養之曰畜,將用之曰牲。"《左·僖卅一》"牛卜日曰牲",注:"既得吉日,則牛改名曰牲也。"

《戰國古文字典》頁 822

△按　據滕壬生《楚系簡帛文字編》增訂本(湖北教育出版社 2008 年)所列天星觀簡辭例爲"賽禱大水一精"(97 頁),與新蔡簡文例相同,精當是牛類犧牲。異體作"犅"。

犇

包山 6

○**何琳儀**(1998)　犇,從三牛,會衆牛奔跑之意。《説文》未收,奔之異文。《集韻》:"奔,古作犇。"

　　包山簡犇,讀奔,姓氏。神農娶奔水女,後有奔氏。見《世本》。

《戰國古文字典》頁 1361

△按　魏宜輝(《楚系簡帛文字形體訛變分析》22—23 頁,南京大學 2003 年博士論文)認爲楚簡之"犇"是由"奔"所從之所謂"卉"訛變而來。蕭毅(《楚簡文字研究》91 頁,武漢大學出版社 2010 年)亦認爲"楚簡文字的'犇',就是'止'錯位作'中'形進一步繁化的結果"。史傑鵬(《談談楚簡中的"犇"字及相關之字》,《古文字研究》30 輯 328 頁,中華書局 2014 年)則認爲後世字書之"犇"爲秦漢以後"奔"字隸寫訛變,與楚簡之"犇"無涉,並疑後者"或許應當視爲'牛'字的繁構"。簡文"犇"本從三牛無可疑,然用爲姓氏,其音義暫無可考。

愢

十鐘

△按　字從牛,右半上四下心,未詳其讀。

牾

𤙫璽彙 0540　　　𤙫璽彙 0779

○**何琳儀**(1998)　牾,從牛,矩聲。

晉璽𤞛,人名。

《戰國古文字典》頁 1368

△按 字從牛、耳、欠,簡文用爲人名。《古璽文編》頁 288 收第二形"耳"旁字形有誤。

犇

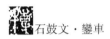石鼓文·鑾車

○張政烺(1934) 從牛,專聲。專音有大訓,本義應爲大牛。

《張政烺文史論集》頁 21,2004;原載《史學論叢》1

○徐寶貴(2008) 搏原作𤟥形。(中略)石鼓文此字之所從很可能寫作𤿙形,即手字。睡虎地秦簡手旁多作𤿙形,可證。若如此,則此字是從手專聲的"搏"字。"搏"通"博"。(中略)石鼓文"廝□宣搏"讀爲"廝□寬博",描寫廝地廣大。

《石鼓文整理研究》頁 838—839

犡

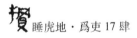睡虎地·爲吏 17 肆

○睡簡整理小組(1990) (編按:辭云"犡而牧之")犡,讀爲密,《詩·昊天有成命》傳:"寧也。"

《睡虎地秦墓竹簡》頁 172

犦

包山 202 包山 205

○劉彬徽、彭浩、胡雅麗、劉祖信(1991) (編按:包山 200)戠牛,戠似讀作特,《國語·楚語》"諸侯舉以特牛",韋昭注:"特,一也。"

(編按:包山 202)犦,它處寫作"戠牛"合文。

《包山楚簡》頁 53、54

○何琳儀(1998) 包山簡犦,或作戠,均讀臟。

《戰國古文字典》頁 54

○**劉信芳**（2003）　（編按：包山200）戠牛：簡 222 作“犆牛”，並讀爲“特牛”。戠、犆、特古音同在職部，古多通用。《尚書·禹貢》：“厥土赤埴墳。”陸德明《釋文》：“埴，鄭作戠，徐、鄭、王皆讀曰熾。”《詩·邶風·柏舟》：“實爲我特。”《韓詩》“特”作“直”。凡祭祀用一牲，或牛或豕，稱作“特”，《禮記·郊特牲》鄭玄《注》：“郊者，祭天之名，用一牛，故曰特牲。”《國語·楚語下》：“大夫舉以特牲，祀以少牢。”韋昭《注》：“特牲，豕也。”

《包山楚簡解詁》頁 214

△**按**　同是祭禱“昭王”，其用牲包山 200、203 作“戠牛”，包山 205 作“犠”，“犠”似可視爲“戠牛”合文。然祭禱蔡公子家等人之用牲，包山 202 作“犠豬”，包山 204 作“戠豬”，故知包山 205 之“犠”，應爲“犠牛”合文。“犠”爲“戠”增牛旁之專字，可從整理者讀爲“特”。

犕

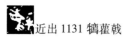 近出 1131 犕蘿戟

○**于中航**（1994）　銘文第 1 字从牛从𢍼。𢍼應即《説文》中的廌字。《説文》：“廌，解廌獸也，似牛，一角。古者決訟，令觸不直者。象形，从豸省。”段注：“《神異經》曰：東北荒中有獸，見人鬥則觸不直，聞人論則咋不正，名曰獬豸。”《漢書·司馬相如傳》注引張揖曰：“解廌似鹿而一角。”王充《論衡》則以爲是一角羊。西周克鼎銘中有𧰧，師酉簋銘中有𧰧，其右旁與後者字形接近。犕字殆廌字原文。第 2 字疑爲蘿字別體。周御尊蘿字作𦥯。效卣作𦥯。《説文》：“蘿爵也。从萑，吅聲。《詩》曰：‘蘿鳴于垤。’”段注：“蘿今字作鸛，鸛雀乃大鳥。”《爾雅·釋草》：“蘿，芄蘭。”

器銘中的犕蘿，當爲作器者之名。其人其事有待進一步考證。

《文物》1994-4，頁 52

犅

 天星觀　　包山 237　　包山 243

○**劉彬徽、彭浩、胡雅麗、劉祖信**（1991）　犅，《儀禮·少牢禮》：“雍人倫膚

九",注:"脅革肉。"牆似指羊的脅革肉。

《包山楚簡》頁 58

（編按:包山 243）膚,借作牆。

《包山楚簡》頁 58

○**陳煒湛**（1998）　按上引𤘀𤘀下部從牛甚明,釋膚於形未安,疑係膚牛二字合文。膚牛,當與直牛、戠牛同例,爲牛之一種。即便不以合文目之,亦當釋爲牘,與牆分別是牛、羊之"脅革肉"也。

《容庚先生百年誕辰紀念文集》頁 577

○**何琳儀**（1998）　牘,從牛,膚聲。或牛與肉旁借用筆畫。

楚簡牘,黑牛。《書·文侯之命》"盧弓一",傳:"盧,黑也。"或釋"膚（盧）牛"合文。

《戰國古文字典》頁 451

○**劉信芳**（2003）　牆:下文及簡 243 作"牘"。《易·噬嗑》:"噬膚滅鼻。"《釋文》引馬融《注》:"柔脆肥美曰膚。"《儀禮·少牢饋食禮》:"雍人倫膚九。"鄭玄注:"膚,脅革肉。"字或從羊,或從牛,應是所用牲肉有特指。

《包山楚簡解詁》頁 245

△**按**　由天星觀"牘"字可知,包山二形亦當是"牘",唯牛、膚二旁合寫而膚旁有所省形而已。包山 243"舉禱秋一牘",與包山 237"舉禱犬一牆"同例,故"牘、牆"當爲一字異體。陳偉（《包山楚簡初探》176 頁,武漢大學出版社 1996年）讀"牆"爲"羺",謂即已閹公羊。參卷四羊部"牆"字條。

犛　犛

考古與文物 1996-6,頁 13　　考古與文物 1997-1,頁 48

○**周偉洲**（1997）　犛丞之印　按犛與嫠皆"牦"之異體字,此處音作邰。《漢書·地理志》右扶風縣,本注"周后稷所封"。地在今陝西武功西。《元和郡縣圖志》卷二京兆武功縣記:"漢舊縣,古有邰國,堯封后稷之地。周平王東遷,以賜秦襄公。孝公作四十一縣,嫠、美陽、武功,各其一也。"則嫠爲秦孝公時所置縣,秦併六國前後,爲内史所屬;丞爲縣令佐官。

《西北大學學報》1997-1,頁 34

△**按**　《説文》:"犛,西南夷長髦牛也。從牛,𠩺聲。"

【𡊄市】

○**王輝**(2001)　𡊄市(《秦印輯》2,《十鐘》2·58下)

1993年,本所配合西寶高速公路建設,對眉縣白家村秦遺址作了發掘,得"𡊄亭"陶文8片。"𡊄"又見於咸陽塔兒坡出土十九年大良造鞅殳鐏。

"𡊄"即《漢書·地理志》右扶風斄縣。秦漢斄縣轄今之楊淩區(原稱楊陵區,屬武功縣)、武功鎮,亦轄扶風縣之絳帳鎮及眉縣北部地方。

《四川大學考古專業創建四十周年暨馮漢驥教授
百年誕辰紀年文集》頁303、304

【𡊄亭】

△**按**　參【𡊄市】條。

【𡊄鄭】近出1249 十九年大良造鞅鐏

○**王輝**(1996)　"𡊄鄭"依一般刻銘通例,應是殳鐏的製造地。𡊄文獻作斄,二字通用。《莊子·逍遥遊》:"今夫斄牛,其大若垂天之雲。"宋吳淑《事類賦》獸部三引"斄"作"𡊄"。《漢書·地理志》右扶風有"斄"縣,班固自注:"周后稷所封。"顔師古曰:"讀與邰同,音昀。"斄即周之邰地。《詩·大雅·生民》:"即有邰家室。"秦爲斄縣,《史記·曹相國世家》:"(曹參)從還定三秦,初攻下辯、故道、雍、斄。"《正義》引《括地志》云:"故斄城一名武功縣,西南二十二里古邰國也。"武功舊縣址在今武功鎮(今縣城1961年遷至隴海鐵路線上的普集鎮),其南二十里即今楊陵鎮附近,秦斄縣治應在此。秦漢斄縣轄今楊陵區(原屬武功縣,今屬咸陽市)、武功鎮,亦轄扶風縣之絳帳鎮及眉縣北部地區。這一地區近年出土陶器上多有戳印文字"𡊄亭",見於陳直先生《關中秦漢陶録·陶器類》;有明確出土地點者爲扶風縣姜塬村,該村還出有漢"𡊄林共鼎",或以爲漢斄縣城在此。

鄭亦秦縣,《漢書·地理志》京兆尹有"鄭"縣,王先謙《漢書補注》云:"秦武公時縣鄭,見《秦紀》。魏武侯攻秦至此,見《魏世家》。商鞅發邑兵擊鄭,見《商君傳》。"故址在今陝西華縣城北。

秦都雍城亦有地名鄭。《史記·秦本紀》云:"德公元年,初居雍城大鄭宮。"又兔卣:"隹六月初吉,王在奠。"亦有學者認爲此"奠"即古本《竹書紀年》"懿王元年,天再旦於鄭"之"鄭",地在雍。

不過殳銘"𡊄鄭"從字體看,是一手所刻,所以不大可能是兩個縣名;再説一件殳鐏,也没有必要在兩個縣製造,苟如此,則此"鄭"就不大可能是東鄭(華縣),也不可能是西鄭(雍地之鄭)。我推測,殳銘"鄭"極可能是𡊄縣所屬的一個鄉或里名。《史記·秦本紀》"(孝公)十二年,作爲咸陽,築冀闕,秦徙都之,并諸小鄉聚,集爲大縣,縣一令,三十一縣"("三"字諸本皆作"四",日人瀧川資言《史記會注考證》從日本高山寺舊藏東洋文庫藏天養[1144、1145年]抄本《秦本紀》改作"三")。又《史記·商君列傳》:"集小都鄉邑聚爲縣,置令丞,凡三十一縣。"前人或以爲,麓爲秦孝公所置三十一縣之一。如唐李吉甫《元和郡縣圖志》卷二《關内道二》京兆武功縣條下云:"古有邰國,堯封后稷之地。周平王東遷,以賜秦襄公。孝公作四十一縣,麓、美陽、武功,各其一也。"若李吉甫所説不誤,麓乃秦孝公十二年商鞅集小都鄉聚之縣,則下綴一個原先的鄉里名,是可能的。同墓出土秦陶文有"咸彩里辰、咸郇里墬、咸平沃黈、咸郇小有",後二例之"咸平沃"爲"咸陽平沃里"之省,"咸郇"爲"咸郇里"之省,皆陶器製造縣與里連用之例。麓縣鄉里有無名鄭者,今已無從考見。距武功鎮一華里有地名鄭家坡,其地近年發掘大型先周遺址,爲考古界所熟知。"鞥鄭"之"鄭"與鄭家坡之"鄭"有無關係,亦不可知。所以殳銘"鄭"字的解釋,只能暫付闕如,有待日後考定。(中略)

　　傳世另有一件商鞅殳鐏,著録於于省吾先生《雙劍誃古器物圖録》上卷四十九。(中略)從銘文格式看,二者亦接近。如都稱"之造殳",監製者都是"大良造庶長鞅",製造縣"麓、雍"後都加鄉里名等。

《考古與文物》1996-5,頁25—26

麓 麓

辇十鐘

○**何琳儀**(1998)　麓,从犛,來爲疊加音符。《説文》:"麓,疆(編按:當作"彊")曲毛可以箸起衣。从犛省,來聲。𠫢,古文麓省。"

　　秦璽麓,人名。

《戰國古文字典》頁2

告 告

睡虎地·秦律139　　包山15　　包山159　　上博六·平王2　　集成9734 舒盗壺

上博六·孔子7　　集成9735 中山王方壺　　上博二·昔者2　　上博五·姑成9

上博五·弟子 15　　　新蔡甲三 136　　　陶彙 3·949

○**中大楚簡整理小組**（1977）　　（編按：望山 1·170）告，《廣韻》：“報也。告上曰告，發下曰誥。”

《戰國楚簡研究》3，頁 37

○**張政烺**（1979）　　（編按：舒盍壺）告必有辭，《尚書·金縢》“周公立焉，植璧秉珪，乃告大王、王季、文王”，孔氏傳：“告，謂祝辭。”下文“史乃册祝曰：惟爾元孫某……”至“我乃屏璧與珪”凡一百二十九字，即周公致告的祝辭。這篇壺銘自下句起，至末凡一百九十六字，是盍告中山王𩾋的祝辭。半個多世紀以前，山東省榮成、文登一帶，封建家庭出殯，葬之前夕必有夜奠，叫作“辭靈”，例有祝文，通用式是四言八句，“明晨祖載，言歸北邙……”和《司馬氏書儀》裏的“祖奠”“虞祭”等祝文相似。如果是知識分子或有知識分子可供役使者則常作一篇“辭靈告文”，用四字句或散文體綜述死者生平大事，歌頌一番，借以普告家族，誇耀鄉里。這個壺銘的内容和這種“辭靈告文”極爲相似。

《古文字研究》1，頁 234

○**高明、葛英會**（1991）　　（編按：陶彙 3·949）此從牛省，頌簋簜字，秦子戈𬤇字，所從告均與此同。

《古陶文字徵》頁 45

○**何琳儀**（1998）　　告，甲骨文作𠱠（粹四），從口，牛聲。告，見紐；牛，疑紐。見、疑均屬牙音，告爲牛之準聲首。金文作𠱠（盂鼎）、𠱠（五祀衛鼎）。戰國文字承襲金文。或略有變異作𠱠、𠱠、𠱠、𠱠、𠱠、𠱠，或加飾筆作𠱠、𠱠、𠱠。《説文》：“告，牛觸人角箸横木所以告人也。從口從牛。《易》曰，僮牛之告。”

　　a 陳子皮戈告，讀造。《爾雅·釋言》：“造，爲也。”

　　c 中山王器告，見《廣雅·釋詁》一：“告，語也。”

　　d 楚金告，讀造。見 a。包山簡告，見 c。包山簡告，訟。

　　e 詛楚文告，見 c。

《戰國古文字典》頁 170

○**大西克也**（2006）　　上博楚簡《曹沫之陣》中表“曹沫”之“曹”的字凡九見，諸如：

　　𢿛₁、𢿛₂背、𢿛₅、𢿛₇、𢿛₁₂、𢿛₁₃、𢿛₂₀、𢿛₂₂、𢿛₆₄

所從聲符“告”字的寫法都有一個共同特點，即上部中閒的豎筆頂部向左

下斜折。《曹沫之陣》中還有表"告"義的"告"字,共二見,寫成下面字形:

⿸23、⿸32

"告"字上部中閒的豎筆頂部没有斜折,與"曹沫"之"曹"字所從聲符寫法不同。這個區别不是偶然的。郭店楚簡《窮達以時》表"造父"之"造"的字也寫得和"曹沫"之"曹"字所從聲符一樣形狀。

⿸郭店《窮達以時》11:窮四海,致千里,遇造故也。

裘錫圭先生爲此所作的按語説:"'告'當讀爲'造',其下蓋脱'父'字。楚簡'告'字中的上端皆直,此'告'字上端則向左斜折,與楚簡'告、借'等字所從之'告'相同,故此字無疑當讀爲'造'。有學者指出'造'字所從之'告'與祝告之'告'本非一字,是有道理的。""曹、造"二字古音都屬幽部從母,可以通假。《曹沫之陣》"曹"字的寫法印證了裘先生的看法。但是,上博楚簡《容成氏》的一個"告"字寫法和造父的"告"字一樣,這是一個反例。

⿸上博《容成氏》52:武王於是乎素冠弁,以告閔于天,曰

《説文》辵部云:"造,就也。從辵,告聲。""告"字古讀幽部見母,雖然韻部相同,但聲母距離很遠。因此有音韻學家給"造"字構擬 *sg- 之類的複聲母來解釋"造"從"告"聲。裘先生指出楚文字"告、造"有别,可能會影響到楚文字的音韻問題,也影響到某些從"告"之字的釋讀,值得進一步探討。本文打算在裘先生説法的基礎上對兩種"告"字及其通假範圍進行考察。兩種"告"字的寫法不同在上部中閒的豎筆,以下直的稱"告 A",斜折的稱"告 B"。

就文意比較没有疑問的例子來説,在戰國中晚期楚系文字中,"告 A"代表幽部見系聲母字,不表齒音字,例外極少。以下的例子都是"告 A"表示"告訴、告發"義的詞,這種用例不勝枚舉,兹略舉幾例,如:

⿸、⿸上博《昔者君老》2:以告寺人,寺人入,告于君。

⿸上博《柬大王泊旱》9:王以告相徙與中余。

⿸郭店《緇衣》47:不我告猷。

⿸包山 15:敢告視日。

⿸包山 278:摇廚尹之人鹽强告祠多命以嬰䭫。

⿸新蔡甲三 21:昭告大川有汾,曰:

⿸磚瓦廠 370.1:僕不敢不告。

"告 A"作聲符或通假字,也讀作見系字。望山二號墓楚簡有一個叫"錯面"的車馬器,"錯"字從金告聲,"告"作"告 A"形:

[圖]望山二 12：紫鑾、紃受（綏）、鋯面、角廡（鑣）。

[圖]望山二 13：紫鑾、紃受（綏）、鋯面、角廡（鑣）。

“鋯面”，包山楚簡作“晧面”（牘 1）和“凵面”（271）。

[圖]包山牘 1：四馬晧面，繙芊結項、告紂。

[圖]包山 271+276：四馬之凵面、白骭（鑣）、紫拜。

李家浩先生認爲“鋯、晧、凵”諸字應當讀爲新舊的“舊”。李先生指出“凵”與“臼”形義皆近，在古文字有混用的情況，“告”屬見母覺部，“臼”屬群母幽部，見、群二母都是牙音，幽、覺二部陰入對轉。上舉包山竹牘 1 有“告紂”，李先生認爲當讀“舊”。此字亦作“告 A”。

郭店楚簡《窮達以時》簡 6 原釋爲“棄”的字，陳偉武先生改釋爲“夰（梏）”，如果此説不誤，可算“告 A”表幽覺部見系音的一個例子。此字所從“告”字雖缺一橫筆，但亦與“告 A”形接近。“梏”古讀覺部見母。

[圖]郭店《窮達以時》6：管夷吾拘繇（囚）夰（梏）縛。

就我所知，楚系資料中“告 A”讀作“造”，表精系聲母的例子有二：

[圖]楚伺罤戈，《考古與文物》1996 年第 4 期第 37 頁：罵罭歲，厸陲公伺罤之所告（造）。

[圖]相公子矰戈，《集成》17-11285：卲（？）叕歲，相公子矰之告（造）。

“楚伺罤戈”發表於尤仁德先生《楚伺罤戈考釋》一文中。所載拓本非常模糊，無法辨認字形。上引“告”字是從尤氏摹本轉引。但審其摹本，頗疑此器即《江漢考古》1983 年第 2 期圖版捌上公布的“伺戈”（亦即“兼陵公戈”，見《集成》11358），二器字數及其布置均一致，只是摹本的個別字形稍異。釋文中“厸陲公”當爲“兼陵公”之誤釋。兼陵公戈係武漢市文物商店所收集，尤文亦云“它（即楚伺罤戈）是湖北省武漢市文物商店在廢品部門揀選所得”。兼陵公戈的“告”從“告 B”作“鄁”，此器從“告 A”大概也出於誤抄。

相公子矰戈的“告”字見何琳儀先生《戰國古文字典》和李守奎先生《楚文字編》，都視爲楚系文字。關於相公子矰戈的國屬，李家浩先生認爲是楚器，指出“相”在今安徽宿縣東北，原爲宋邑，公元前 286 年齊湣王與魏、楚滅宋，三分其地，相邑爲楚所有。陳偉武先生對其國屬打個問號，沒有確定。此戈各家看作楚器，其主要理由應該是“歲”字寫成“﹍”，似有典型的楚文字特點，同時合乎以事紀年的楚國銘文格式。此銘又見畢沅《山左金石志》卷二，云“吳江陸直之繩得於濟南”，則未能否定於山東出土的可能。齊器用“告 A”

來表"造",比較常見,如高密戈作""(《集成》17−11023),陳卯造戈作""(《集成》17−11034)。此器只有摹本,摹寫容易產生訛誤,我對此例暫采保留態度。此外,時代較早的曾侯乙墓竹簡中有"告 A、告 B"相混的情況,留到下面再談。

　　總之,"告 A"可以説是告訴、告發的專字,其假借範圍是幽部見系聲母字。

《簡帛》1,頁 81—85

△按　"造"字所從本作"吿",與此"告"並非一字,大西克也、陳劍等有詳細討論,詳見辵部"造"字條。

【告歸】睡虎地・秦律 46

○**睡簡整理小組**(1990)　《後漢書・樊準傳》注:"謂休假歸也。"

《睡虎地秦墓竹簡》頁 31

斈

上博五・競建 10

△按　字從告從爻。讀法待考。

口　㘴

上博二・從乙 1　新蔡零 115、22　郭店・語一 51　郭店・性自 7
璽彙 0118　睡虎地・秦律 188　先秦編 59

○**鄭家相**(1942)　右布文曰口,在左,在右。按口即陰口,見襄九年,杜注鄭地名,在今河南新鄭縣西南。

《泉幣》11,頁 31

○**蔡運章**(1995)　面文"口",或釋爲甘。

《中國錢幣大辭典・先秦編》頁 59

○**何琳儀**(1998)　(編按:璽彙 0118)燕璽"徒口",地名。

《戰國古文字典》頁 340

【口實】上博三・周易 24

○**濮茅左**(2003)　"自求口實",觀其自養,飲食不當易患。"實",或作"食"。

《象》曰:"'《頤》,貞吉',養正則吉也。'觀頤',觀其所養也。'自求口實',觀其自養也。天地養萬物,聖人養賢,以及萬民;《頤》之時義大矣哉!"

《上海博物館藏戰國楚竹書》(三)頁 169

吻 吻

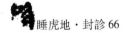睡虎地·封診 66

△按　《説文》:"吻,口邊也。从口,勿聲。脗,吻或从肉从昏。"簡文云"舌出脣吻",用如本義。

嗌 嗌 䲩

包山 83　　　郭店·唐虞 19　　　郭店·尊德 21

上博六·競公 8　　　郭店·老乙 3　　　上博三·彭祖 7

貨系 472　　　璽彙 1551　　　侯馬 85:7　　　上博四·内豊 8

○丁福保(1938)　右古文益字,益爲嗌省,地屬北海郡。【錢略】

《古錢大辭典》頁 1263,1982

○羅福頤等(1981)　(編按:璽彙 1551)嗌　與《説文》古文同。

《古璽文編》頁 23

○黄錫全(1993)

469—473		益	嗌(隘)	古璽同形。山西曲沃西南有隘口,靈丘東南有隘門	周	空

《先秦貨幣研究》頁 351,2001;
原載《第二屆國際中國古文字學研討會論文集》

○何琳儀(1993)　(編按:包山 83)衰易公 83

　　△原篆作，與三體石經"嗌"作形吻合。"嗌易"即"益陽",隸屬《漢書·地理志》長沙國。在今湖南益陽市東。

《江漢考古》1993-4,頁 57

○陳偉武(1995)　《文字徵》第 148 頁"無"字下:"《古陶》27。"今按,此當釋嗌。《匋文編》6.46 引薄心畬《古陶拓本》14，與嗌字諸體並次,殆即目爲嗌,讀作賹。《古璽彙編》1551 作![字形],與《古陶拓本》14、27 號略異。天星觀楚簡作![字形],與陶文嗌較近。

○**蔡運章**(1995)　面文"益",或釋爲嗌。背無文。1948 年以來河南孟津、臨汝、洛陽等地有出土。

○**何琳儀**(1998)　冄,從口從冉,會口下鬍鬚垂至咽喉之意。《説文》:"嗌,咽也。從口,益聲。![字形],籀文嗌。上象口,下象頸脈理也。"益,三體石經《皋陶謨》作![字形]。冄爲嗌之初文,讀若益,在偏旁中可隸定益。

侯馬盟書冄,讀益,姓氏。嬴姓伯益之後,見《元和姓纂》。

天星觀簡"冄死",讀"縊死"。《左·宣十四》:"孔達縊而死。"《漢書·五行志》:"莫囂縊死。"簡文謂縊死之鬼。包山簡"冄昜",讀"益陽",地名。見《漢書·地理志》長沙國。在今湖南益陽東。

○**李家浩**(2000)　(編按:九店 56·39"嗌淒禹之火")"嗌"字原文作![字形],即《説文》籀文"嗌"。"淒"字所從"妻"旁,原文作古文"妻",參看上考釋[四二]。"壘"字見於齊叔弓鎛:"虩虩成唐(湯),又(有)敢(嚴)才(在)帝所,專(溥)受天命,剗伐顓(夏)后,敗乎(厥)靈師,伊少(小)臣佳(唯)楠(輔),咸有九州,處壘之堵(土)。""壘"字從"土"從"禹"聲,鎛銘用爲夏禹之"禹"。疑簡文"壘"跟鎛銘一樣,也用爲夏禹之"禹"。據《史記·夏本紀》等記載,帝舜命禹治水,命益佐之。"嗌"從"益"聲。那麼簡文"嗌"應該讀爲"益"。《孟子·滕文公上》:"當堯之時,天下猶未平,洪水橫流,氾濫於天下,草木暢茂,禽獸繁殖,五穀不登,禽獸偪(逼)人,獸蹄鳥迹之道交於中國。堯獨憂之,舉舜敷治焉。舜使益掌火,益烈山澤而焚之,禽獸逃匿。禹疏九河,瀹濟漯而注諸海,決汝漢,排淮泗而注之江,然後中國可得而食也。"簡文"帝以命益淒禹之火"似與此歷史傳説有關。"淒"疑讀爲"齎"。《廣雅·釋詁》:"齎,送也。"簡文此句的意思似是説:卯日,帝舜命益送給禹之火,以焚燒森林。雲夢秦簡《日書》裏,常見以傳説中的歷史事件發生之日及其內容,來占那日的宜忌。就拿秦簡《日書》甲種二號簡簡背壹所記跟禹有關的文字爲例:"癸丑、戊午、己未,禹以取(娶)梌(塗)山之女日也,不棄,必以子死。"本簡"凡五卯,……帝以命益齎禹之火……"當與此同類。

○馬承源（2001）　（編按:上博一·詩論9）蒜　古文"益"。

《上海博物館藏戰國楚竹書》（一）頁 138

○劉信芳（2003）　（編按:包山 83）簡文字形與《説文》"嗌"之古文合。《漢書·百官公卿表》："嗌作朕虞。"應劭《注》："嗌,伯益也。"師古《注》："嗌,古益字也。"益陽,地名,《漢志》長沙國有"益陽縣",應劭《注》："在益水之陽。"《水經注·資水》："茱萸江又東逕益陽縣北,又謂之資水。應劭曰:縣在益水之陽。今無益水,亦或資水之殊目矣。"熊會貞《參疏》："在今益陽縣東八十里。"

《包山楚簡解詁》頁 81

△按　《説文》："嗌,咽也。从口,益聲。蒜,籀文嗌。上象口,下象頸脈理也。""蒜"早期寫法並不从"口",如 （曶鼎,《集成》2838）,楚簡也有類似寫法,如 （包山簡 83）、 （郭店《唐虞之道》簡 19）等,或是以圓圈標注頸脈咽喉之處。戰國文字以"蒜"爲"益",如上博六《競公瘧》簡 8"詛爲無傷,祝亦無蒜"。

【蒜陽】包山 83

○何琳儀（1998）　見"嗌"字條。

○劉信芳（2003）　見"嗌"字條。

△按　即"益陽"。

啾 㸓 炅和

璽彙 1902

○吳振武（1983）　1902 鄐鄐·鄐（邢）啾。

《古文字學論集》（初編）頁 502

△按　此字可析爲田、火、禾、口四旁,戰國文字"秋"多作"㸓",日旁多有訛作田旁之例;古璽"和"字或作禾、口共用筆畫之例。吳振武釋"啾"可從。

嗛 㗨

秦印

△按　《説文》："嗛,口有所銜也。从口,兼聲。"

含 含

集成 2840 中山王鼎　　集成 9735 中山王方壺　　郭店·性自 52　　郭店·語一 38

信陽 1·65　　上博二·子羔 8　　上博四·柬大 20　　上博五·季庚 14

燕下都 215·11

○張政烺（1979）　（編按：中山王鼎）含，三體石經《尚書·無逸》含字古文與此相似，此銘三見皆讀爲今。

《古文字研究》1，頁 225

○趙誠（1979）　（編按：中山王鼎）含乃今字之繁形，此字鼎銘三見：一、今余方壯；二、今吾老貫；三、至于今。從上下文意看，釋今無疑。又鼎銘"嗚呼，念之哉"之念作 ，从含从心即从今从心，可證。

《古文字研究》1，頁 255

○孫稚雛（1979）　（編按：中山王鼎）銘文還把今字寫作含，如"寡人含余方壯""含吾老期親率三軍之衆""克并之至于含"。這些"含"字，如果按照含的意義去理解，都不可通，而讀作"今"則文義皆順。當然含從今聲，假借爲"今"，也可以説得過去，但甲骨文、金文中"今"字頗多，卻不見"含"字，直到《説文》才有含，訓爲"嗛也，从口今聲"。可見含是一個後起的字。

《古文字研究》1，頁 283

○于豪亮（1979）　（編按：中山王鼎）含從今聲，故可讀爲今。

《考古學報》1979-2，頁 173

○徐中舒、伍仕謙（1979）　（編按：中山王鼎）含、 ，皆從口，即今、余。三體石經《尚書·多士》："余其曰。"余之古文作" "，正與此同。今作含，亦與余作舍相類。

《中國史研究》1979-4，頁 90

○商承祚（1982）　（編按：中山王鼎）今字增口作含，亦見第四十五行，余字作舍從曰，曰與口同，即舍。兩字任意增口，擾亂了字義。如不從文意是無法確定其爲"今、余"的。由此可窺戰國文字之混亂。秦始皇統一中國，"書同文字"勢在必行。

《古文字研究》7，頁 53

○劉雨（1986）　（編按：信陽簡）"含"

1-032：……乃教一，含卿大夫……

1-065：含爲……

“含”字或釋“均”，恐不確，當釋爲“今”，河北平山新出土中山王鼎有“今余方壯、至于今”等語。其“今”字皆作“含”；“余”字下亦从“口”作“舍”。上揭鼎銘“今”字作“含”，與簡文“今”字所从相似。在有些字下加“口”，可能是這一時期文字繁化的一種時尚。

《信陽楚墓》頁 132—133

○**何琳儀**（1998）　中山王鼎含，讀今。

楚簡含，讀今。

《戰國古文字典》頁 1389

○**李守奎**（2003）　楚之吟、含皆讀爲今，當是今之異體。

《楚文字編》頁 320

○**李守奎、曲冰、孫偉龍**（2007）　（編按：上博五·季庚 14）亦可隸作“吟”，簡文中爲人名用字，讀法不明。其餘之“含”或“吟”，皆爲“今”字異體。

《上海博物館藏戰國楚竹書（一—五）文字編》頁 47

△**按**　《説文》：“含，嗛也。从口，今聲。”戰國文字“含”爲“今”字增口旁之異體。參見卷五“今”字。

味 咮 香

咮 睡虎地·日甲 33 背叁　　香 郭店·老丙 5　　香 上博二·容成 21　　香 上博六·孔子 26

○**陳偉武**（2003）　上博藏簡《容成氏》21：“飤（食）不童（重）味。”

此句末字整理者李零先生原釋“昧”而讀爲“味”。今按，《文子·上仁》：“國有飢者，食不重味。”讀爲“味”無足疑，只是細審彩版簡影，所謂“昧”字作香，當是从甘，未聲，實爲口味之專用字，其構字方式同於楚簡“蜜”之專字作“蜜”，作“審”；包山簡 255 字用本義，慈利簡、上博簡《孔子詩論》28、郭店簡《六德》25、《容成氏》簡 46 均假爲“密”。

《第四屆國際中國古文字學研討會論文集》頁 204

○**李守奎、曲冰、孫偉龍**（2007）　（編按：上博二·容成 21）香。

《上海博物館藏戰國楚竹書（一—五）文字編》頁 47

△**按**　《説文》：“味，滋味也。从口，未聲。”楚簡或从甘作者，也可能是於口旁

增飾筆所致,此種現象楚簡習見。

喘

璽彙 0444

○何琳儀(1998) 《説文》:"喘,疾息也。从口,耑聲。"

晉璽喘,人名。

《戰國古文字典》頁 1027

喟

璽彙 1844

○吳振武(1983) 1844 事・事(史)喟。

《古文字學論集》(初編)頁 501

△按 《説文》:"喟,大息也。从口,胃聲。嘳,喟或从貴。"璽文用爲人名。

唫 唫

上博二・容成 2

○李守奎、曲冰、孫偉龍(2007) 讀爲"瘖",疑爲"瘖"之異體。

《上海博物館藏戰國楚竹書(一—五)文字編》頁 47

【唫聾】上博二・容成 2

○李零(2002) 唫聾 即"喑聾",聾啞人。"喑"字典籍亦作"瘖"。《禮記・王制》:"瘖聾、跛躃、斷者、侏儒、百工,各以其器食之。"《晉語四》所謂"聾聵司火"與此類似,"嚚瘖不可使言"也是講"瘖"。

《上海博物館藏戰國楚竹書》(二)頁 251

△按 《説文》:"唫,口急也。从口,金聲。"簡文中讀爲"瘖"。

名 名

睡虎地・爲吏 44 肆   故宮 421   陶彙 3・89   上博三・互先 7

信陽1·17　　圖郭店·語一2　　郭店·語一96　　郭店·老甲18　　上博四·柬大3

包山32　　集成245籠公華鐘　　郭店·成之13

○**中大楚簡整理小組**（1977）　（編按：信陽 1·17“以成其名者”）名，指聲譽。《中庸》：“故大德，必得其位，必得其禄，必得其名，必得其壽。”鄭注：“名，令聞也。”《國語·周語下》：“勤百姓，以爲己名。”注：“名，功也。”此簡疑與第二十九、三十、三十一簡有聯繫，言教育之目的在於令子弟成名致富。

《戰國楚簡研究》2，頁 9—10

○**劉雨**（1986）　（編按：信陽 1·17）明。

《信陽楚墓》頁 125

○**何琳儀**（1998）　少虡劍名，命名。《楚辭·離騷》：“名余曰正則兮。”

（編按：信陽 1·17）信陽簡名，名聲。《論語·里仁》：“君子去仁，惡乎成名。”包山簡“名族”，名門。《史記·項羽本紀》：“我倚名族，亡秦必矣。”包山簡名，命名。

（編按：璽彙 3577、4900）古璽名，讀命。《書·金縢》“名之曰鴟鴞”，《史記·魯周公世家》名作命。《書·吕刑》“乃命三后”，《墨子·尚賢》中命作名。是其佐證。

《戰國古文字典》頁 833—834

△**按**　《説文》：“名，自命也。从口从夕。夕者，冥也；冥不相見，故以口自名。”戰國文字又多見从月者，“月、夕”形同源，義相關。

【名山】上博四·柬大 3

△**按**　辭云“無有名山名溪”。

【名事里】睡虎地·封診 6

○**睡簡整理小組**（1990）　事，《説文》：“職也。”名事里，姓名、身份、籍貫。居延漢簡二三九·四六有“鞫繫，書到，定名縣爵里”。

《睡虎地秦墓竹簡》頁 148

【名事邑里】睡虎地·秦律 25

○**睡簡整理小組**（1990）　名事邑里，秦簡《封診式》作名事里，意爲姓名、身份、籍貫，與《漢書·宣帝紀》“名縣爵里”意近。

《睡虎地秦墓竹簡》頁 26

【名計】里耶秦簡

○**湖南省文物考古研究所、湘西土家族苗族自治州文物處**（2003）　名計，名，睡虎地秦簡《封診式》有“名事里”，《倉律》“名事邑里”，意爲身份、籍貫。《漢書・宣帝紀》“名縣爵里”與此意近。

《中國歷史文物》2003-1，頁 15

【名族】包山 32

○**何琳儀**（1998）　包山簡“名族”，名門。《史記・項羽本紀》：“我倚名族，亡秦必矣。”

《戰國古文字典》頁 833

【名溪】上博四・柬大 3

△**按**　辭云“無有名山名溪”。

吾 吾 䫺

吾 包山 248　　吾 睡虎地・日甲 33 背叁　　集成 10936 吾宜戈　　璽彙 4010
吾 上博六・孔子 5　　陶彙 3・251

○**郭沫若**（1972）　值得注意的是，《石鼓》詩中開始使用吾字，而寫作“敔”，是御字的異體。由於有些字的結構繁複，故唐人疑爲“籀文”，而以爲是周宣王時代的東西。又由於使用了幾個吾字，這個字在金文中的開始使用在春秋中葉，以“虘”或“敫”字代替，故近時又有人把《石鼓》的年代看得更晚。我的看法是：“吾”字是民間口語，其用甚古。《爾雅・釋詁下》“卬、吾、台、予、朕、身、甫、余、言，我也”。卬字除《國風・匏有苦葉》中曾使用外，不見其他典籍。《國風》是民間詩歌，卬字自然是民間口語，其實即後來的俺字。俺字在文言中是從來不使用的。吾字被列在第二位，雖然在金文中和文言中出現得較遲，但不能説它的本身不古，秦襄公崛起西戎，在《石鼓文》中首先使用吾字。這只是表明秦的統治者首先采用了民間口語而已。

《考古學報》1972-1，頁 8

○**王輝**（1990）　（編按:四年相邦樛斿戈）吾字根據文例，當是器物置用之地。吾或即衙。《秦始皇本紀》附《秦記》云憲公、出子均葬衙。《國語・楚語》范無宇云：“秦有徵、衙。”韋注：“徵、衙，桓公之子景公之弟公子鍼封邑。”衙故地在今白水縣東北。

《秦銅器銘文編年集釋》頁 43

○**高明、葛英會**（1991）　（編按:陶彙 3・251）毛公鼎吾字作吾，石鼓文作衙，皆从雙五,與此近似。

○**湯餘惠**(1993)　（編按：四年相邦樛斿戈）吾,此戈置用之地,即春秋秦之彭衙邑,《漢書·地理志》左馮翊之衙縣(今陝西白水縣東北四十里)。

○**何琳儀**(1998)　吾戈吾,讀郚,地名。《春秋·文七年》:"遂城郚。"在今山東泗水東南。又《春秋·莊元年》:"齊遷紀郱、鄑、郚。"在今山東安丘西南。

○**徐寶貴**(2004)　春秋以後,代詞"吾"出現了很多同音假借字,而且具有明顯的時代和區域性特點。例如:

春秋時期:

秦國用"邁",如:石鼓文用了十四個。齊國用"虘",如:齊侯鎛:"保虘兄弟""保虘子姓(姓)"。徐國用"歔",如:沇兒鐘:"歔以匽以喜。"

春秋戰國之際:燕國用"虘",如:壮氏壺:"虘以爲弄壺""虘以匽歔"。晉國用"虘、魚、吳",如《侯馬盟書·宗盟類》1·1:"虘君其明亟視之。"《宗盟類》156·3:"魚君亓盟祗視之。"《宗盟類》1·57:"吳君其明亟視之。"

戰國時期:

越國用"虞",如:越王鐘:"以樂虞家。"曾國用"虖"(此字當是"虎"字由增加飾畫後的訛變形體。"虎"字的虍頭之下部本象人形,增加飾畫之後則與"壬"字混同了),如:曾姬無卹壺:"虖安絲漾陵蒿閒之無駜"。楚國亦用"虖"字,如:信陽楚簡:"虖聞周公",《郭店楚墓竹簡·老子乙》7:"虖所以又(有)大患者,爲虖又(有)身。"中山國用"虘",如:中山王大鼎:"虘先祖趄王。"

秦國,戰國中期用"唔",如:詛楚文:"唔不敢曰可。"戰國晚期用"吾",如《睡虎地秦墓竹簡·日書甲》159 背—160 背:"吾歲不敢忘。"

從以上實例看,第一人稱代詞"吾",春秋、戰國時期中原地區的國家使用"歔、虘、魚、吳、虞、虖"等字代之。西方的秦國,春秋時期使用"邁",戰國中期簡化作"唔",戰國晚期簡化作"吾"。此"吾"字後代一直在使用。誠如張先生所説:"人之自稱本以發音之詞言之,實有音無義。皆出假借,無所謂本字本義也。"所以,馬王堆漢墓帛書《老子》甲種本:"無有入於無閒,五是以知無爲之有益也。"竟以"五"字爲之。可以説,第一人稱代詞在古文字資料中所使用的假借字是最多的,而且有着明顯的時代與地域性的特點。

△按　《説文》:“吾,我自稱也。从口,五聲。”第一人稱代詞“吾”,出土戰國文獻或作“㿝、珸、虐、慮”等,徐寶貴已作詳列,有關諸字,分別見卷二辵部、彳部,卷八壬部,卷五虍部。“吾”字楚簡唯上博六《孔子見季桓子》簡 5 一見,讀爲“語”。《陶彙》3·251 之字爲人名,未知是否“吾”字異構,暫繫於此。

【吾丘】璽彙 4010

○何琳儀(1998)　楚璽“吾丘”,複姓。中山有吾丘姓。見《説苑》。

《戰國古文字典》頁 506

○魏宜輝、申憲(1999)　古有吾丘氏。《通志·氏族略》“吾邱氏”條云:“其音魚,即虞邱氏也。”並以虞丘爲晉邑。《廣韻》丘字注謂虞丘爲複姓。《左傳·襄公十六年》:“虞丘書爲乘馬御。”《漢書》中有吾丘壽王(卷六四上)、吾丘遵(卷九七下)。

　　“吾丘”在古璽文字中亦有直接寫作本字,而未借用“虞丘”的例子,見《彙》4010:吾丘卿。“丘”字的寫法亦不同於《彙》3433、3056 的“丼”。這種差異可能是由於分屬於不同的文字區域而形成的,《彙》3433、3056 從字體上看應屬三晉系統,而《彙》4010 則似爲齊璽。

《東南文化》1999-3,頁 98—99

△按　吾丘古璽又作“虞丘”(如《璽彙》3433),詳卷八壬部【虞丘】條。

哲　哲　斵

集成 261 王孫遺者鐘

○吳大澂(1884)　哲　　王孫鐘。

《説文古籀補》卷 2,頁 2

○高田忠周(1925)　此　即　之省變,以爲悊字顯然矣。況他器銘,有悊聖元武語,亦與此合,可證。《説文》:“　,敬也,从心,折聲。”《爾雅·釋言》:“悊,謹也。”以悊爲之,如此,即是非銘意也。口部:“哲,知也。”《書·皋陶謨》:“知人則哲。”《詩·下武》:“世有哲王。”此義與銘意合,即借悊爲哲也。《説文》哲下重文有　,云或體从心,蓋據許書分別,如此而已。然沉思細考,實非是。悊與哲元同字,而並皆誓字異文,凡古文言心兩部通用,誖悖同字可證。又言部字,古文多从口,謀作　、謀作碁可證。而聖哲字,作哲爲正,哲、哲古音通用也。然則,《爾雅》誓悊以爲同義,可證古字古義也。

《古籀篇》43,頁 10

△按　《説文》:"哲,知也。从口,折聲。悊,哲或从心。嚞,古文哲从三吉。"王孫遺者鐘之字从心,與《説文》或體相合。左上部分偏旁,蓋由🝙(克鼎)類寫法訛變。

君 君

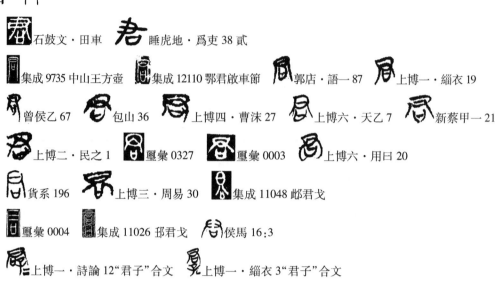

○**強運開**(1935)　(編按:石鼓文)《説文》:"君,尊也,从尹、口,口以發號。𠂤古文象君坐形。"按,天君鼎作𠂤,夜君鼎作𠂤,白者君盤作𠂤,邾公鐘作𠂤,君天敲作𠂤,皆古文君字。《説文》作𠂤,疑傳寫有誤處。他如毛公鼎作𠂤,史頌敲、虢彝君錫鼎等作𠂤,與鼓文同。

《石鼓釋文》甲鼓,頁5

○**丁福保**(1938)　(編按:貨幣文)君　疑群字之省文。【錢匯】

《左氏春秋》隱三年,君氏卒,《公羊》《穀梁》《左氏傳》昭公二十三年、《路史》並作尹氏卒,又昭二十年傳棠君尚,《釋文》君本作尹,此君字蓋即尹,周地,見尹般之封,今汾州,鄭樵説,故尹地及周爲尹氏采。【善齋吉金録】

《古錢大辭典》頁1259,1982

○**鄭家相**(1941)　(編按:貨幣文)右布文曰君,在左在右。按君即群省,參見群字布。或釋尹增筆,即尹氏,周地,然以貝文證之,當屬群字省文。按紀祝語空首布,形制與紀數紀干支布同,所紀文字亦多見於刀化,可證刀布爲同時並行於異地之貨幣,亦春秋時之風尚使然也。

《泉幣》8,頁28

○**鄭家相**（1958）　(編按：貨幣文)君爲群省，取群萃州處之義。

《中國古代貨幣發展史》頁 175

○**中大楚簡整理小組**（1977）　(編按：信陽 1・12)☑天君天下

君，在此作爲動詞，意同主宰、統治。

《戰國楚簡研究》2，頁 5

○**羅福頤**（1981）　君：郊昜君鈢、遅坪君俱室鈢。《左傳・昭公廿年》記載楚有棠君尚。

君：富昌韓君。《史記》商君列傳，秦封鞅於商十五邑，號爲商君。

《古文字研究》5，頁 247、251

○**馬非百**（1982）　(編按：集成 12109 杜虎符)秦代稱"君"者只有惠文君一人。《史記・秦本紀》："孝公卒，子惠文君立。"此下跟着又稱"惠文君元年"。《張儀傳》則稱："魏因入上郡少梁謝秦惠王，惠王乃以張儀爲相……儀相秦四歲，立惠王爲王。"據《六國表》及《秦本紀》，魏納上郡及張儀相秦，在秦惠王十年。從此往下數四年，即惠王十四年（前 324 年）。是年，惠王更爲元年。在此前一年，即惠文王十三年（前 325 年），韓魏皆稱王（《秦本紀》）。不久，燕亦稱王（《燕世家》及《六國表》）。則惠王之更元，也一定是稱王的結果。在更元稱王之前，凡十三年則皆稱君。據此，則杜符之鑄造年代，必在此十三年間，實甚明顯。

《文物》1982–11，頁 85

○**蔡運章**（1985）　(編按：集成 2782 哀成叔鼎)君既安叀："君"，《説文・口部》謂"尊也"。《儀禮・喪服》："君，至尊也。"鄭氏注："天子諸侯及卿大夫有地者皆曰君。"故此"君"當是指"嘉所事之君，即下文之康公"講的。

《中原文物》1985–4，頁 57

○**王輝**（1990）　(編按：集成 12109 杜虎符)關於"右在君"的"君"，陳直以爲："杜在秦舊地，君指始皇弟長安君成蟜而言。證之《史記・秦始皇本紀》八年云'長安君成蟜將軍擊趙，反，死屯留，軍吏皆斬死，遷其氏於臨洮'云云。秦都咸陽，杜則屬於長安地區以內，此符當爲始皇八年以前之物，與新郪虎符時代略相當。"封君作爲將軍，雖然可以握有虎符，然而封君所持者一般説只應是虎符的左半，而不是右半。如新郪虎符"右在王，左在新郪"，同爲秦器，其制度不當有異。杜虎符發現於杜地，即居杜之將領所持有者，君與此將軍相對而言，其不指長安君成蟜甚明。

《秦銅器銘文編年集釋》頁 38

○**何琳儀**（1998）　侯馬盟書“君嘑盟”之君，或作群。

《戰國古文字典》頁 1339

○**黄錫全**（1999）　（編按：貨系 4163、4164）將此字釋爲君，没有疑問，關鍵是“君”用於銅貝的含義是什麽。君之字義本來很多，但用於銅貝，似多不相符，唯過去稱所愛之物爲君，似覺貼切。如稱酒、稱竹爲君。《陳師道詩》：“風味如麴君。”《晉書·王徽之傳》：“嘯詠指竹曰，何可一日無此君乎？”銅貝乃楚國貨幣，爲大衆喜愛之物，戲稱之爲“君”，亦無不可。至於周之平肩弧足空首布上有“君”字，其義則有别。

《先秦貨幣研究》頁 227，2001；原載《錢幣研究》1999–1

○**王輝**（2001）　吕君（《秦印輯》19，《中州》41 頁）

　　君字六國古文作“閆、𩱰”（《古璽文編》2·5），與此不同。

《四川大學考古專業創建四十周年暨馮漢驥教授
百年誕辰紀年文集》頁 303、306

△**按**　侯馬盟書“君”字或作𩱰者，與《説文》古文正同。

【君子】

○**吳振武**（1983）　3219 計𩱰·計君子。

《古文字學論集》（初編）頁 513

○**黄盛璋**（1983）　“武平君子□”，君子可以讀爲職官之名，三晉與秦皆有君子之官職，前者見二年群（君）子戈（《三代》20、28、1），後者見雲夢秦律、徭律、敦表律、戍律，縣有此官，屬司空，但也可以讀爲武平君之子。現尚不能取決。

《内蒙古師大學報》1983–3，頁 53

○**王輝**（1986）　（編按：璽彙 3219）第二字“𩱰”當爲“君子”合文。“君”字戰國文字每省口作𩱰，如“群”字，侯馬盟書作“𩱰”（88.1）、戰國印“群粟客璽”之“群”作“𩱰”（《古璽彙編》0160）；“郡”字《古璽彙編》2176 作“𩱰”、《古匋文㐮録》64 作“𩱰”，“郡、群”二字聲旁“君”均如此，即其證。

　　合文而不用合文符號者古文字習見，如金文“彤弓”（𥎦侯鼎）、“工師”（新鄭九年矛），古璽“上官”（《古璽彙編》3968、3969）、“乘車”（上書 0742、3945）、“五鹿”（上書 0458、1764），盟書“至于”（185.9）均不用合文符號。

　　“君子”謂有才德之人。《論語·子路》：“故君子名之必可言也，言之必可行也。”《荀子·勸學》：“故君子結于一也。”均其證。君子可爲私名，春秋銅器有智君子鑑二器，銘云：“智君子之弄鑑。”陳夢家先生説：“我們以爲此智氏之器，君子是作器者私名。”又謂：“原東北人民大學藏有一鼎，銘‘君子之弄鼎’”，

"驗其花紋形制,確是三晉之器。""君子"亦可爲吉語,如《古璽彙編》4512"君子"、4731—4734"士君子"、4841—4842"君子之右"、4843"君子有志"。

《人文雜志》1986-2,頁 105

○**吳振武**(1989)　(編按:璽彙 3219)君子

此璽重新著録於《古璽彙編》(三二一九)。璽中字《古璽文編》列於附録(478 頁第二欄)。

今按,應釋爲"君子"二字合文。在這裏,"君"字所从之"口"是借用了"子"()字的上半部分。雖然它們原非同形,但因形近,故亦不妨借用。古文字中與此類似的借筆合文是較常見的,參本文《中陽》篇。此璽中的"君子"是人名。戰國銅器中有"智君子"鑑(《商周金文録遺》五一九、五二○),可見古人有以"君子"爲名的。

《古文字研究》17,頁 276

○**睡簡整理小組**(1990)　(編按:睡虎地·秦律 161"官嗇夫即不存,令君子毋害者若令史守官,毋令官佐、史守")君子,《左傳》襄公十三年注:"在位者。"這裏疑指有爵的人。

《睡虎地秦墓竹簡》頁 56

○**林素清**(1990)　(編按:《古璽文編》)附録五六下,當爲"君子"二字合文,君字()、子字()共用口形,省成。3219 璽文讀爲"信君子"。

《金祥恆教授逝世周年紀念論文集》頁 112

○**李東琬**(1997)　(編按:璽彙 4512)君子與士不同,君子必須是道德高尚,"博聞強識而讓,敦善行而不怠,謂之君子"。孔子還説君子有九思:"視思明,聽思聰,色思温,貌思恭,言思忠,事思敬,疑思問,忿思難,見得思義。"由此看來,只有才德和修養很高的人方能稱爲君子。

《北方文物》1997-2,頁 32

○**陳松長**(1997)　(編按:九店 56·45)第 45 簡"㑅(作)邑之遇(寓),盍(蓋)西南之遇(寓),□尻(居)之幽悁不出"。

按,"尻(居)"字前所闕之字尚留存了上半部很清晰的筆畫和下半部一些殘存的筆畫,似作""形,與第 41 簡中的"昆(冠)"字形體基本相近,故似可補爲"昆(冠)"字,置於文中,"冠居之幽悁不出",猶言端居之幽悁不出,亦文從字順。因此,此句應補爲:"昆(冠)尻(居)之幽悁不出。"

《第三屆國際中國古文字學研討會論文集》頁 548

○**徐在國**(1997)　《江陵九店東周墓》M56·45 號簡中有如下一(編按:似漏"句、例"字樣)

　　　　景尻（居）之幽悁不出

首字原書未釋。

　　今按："景"應是君子的合文。右下方的"＝"是合文符號，其中"子"字上部的"口"兼充"君"的下部。這屬於借筆合文。在古文字中類似的現象是很常見的。例如：

　　　　上下：卡《江陵九店東周墓》M56·26　　　　中陽：易《古璽彙編》505·5562

　　　　君子：尉《古璽彙編》302·3219　　　　公孫：雀《包山楚簡》簡145

　　上述四例均屬借筆合文。如此，"景"應釋爲君子。

《江漢考古》1997-2，頁 81—82

○**何琳儀**（1998）　君子之弄鼎"君子"，人君。《詩·秦風·車鄰》："未見君子，寺人之令。"箋："欲見國君者，必先令寺人。"《論語·顏淵》："君子之德風，小人之德草，草上之風必偃。"皇疏："君子，人君也。小人，民下也。"

　　（編按：璽彙 4512 等）楚璽"君子"，有才德者。《詩·周南·關雎》："窈窕淑女，君子好逑。"（中略）（編按：包山4）包山簡"君子"，見《白虎通·號篇》："《論語》云，君子哉若人，此謂弟子。弟子者，民也。"

《戰國古文字典》頁 1339—1340

○**李家浩**（2000）　（編按：九店 56·45）"孚＝"原文作旻，右下側兩點表示此字是"君子"合文的符號，"子"字之頭兼充"君"字之"口"。這種寫法的"君子"合文還見於戰國璽印文字：尉（《古璽彙編》三〇二·三二一九），唯右下側無合文符號而已（參看王輝《古璽釋文二則》，《人文雜志》1986 年 2 期 105 頁）。《禮記·鄉飲酒義》鄭玄注："君子，謂卿、大夫、士也。"

《九店楚簡》頁 111—112

【君子之又】璽彙 4841、4842

○**羅福頤等**（1981）　君子之右。

《古璽彙編》頁 439

○**王人聰**（1997）　君子又志，編號 4841—4842

　　《彙編》釋璽文爲"君子之右"，不確。璽文又字應讀爲有，詳前。末一字爲志字之省。編號 4843 一璽正作"君子又（有）志"，志字不省。又編號 4513—4516 各璽之璽文作"又（有）志"，志字亦不省，均可爲證。"又志"即"君子又志"之省略説法。

《古璽印與古文字論集》頁 40，2000；原載《故宫博物院院刊》1997-4

△**按**　當從羅福頤讀"君子之右"。

【君子又志】璽彙 4843

△按　讀“君子有志”。

【君王】

○**何琳儀**（1998）　（編按：包山 4）包山簡“君王”，見《詩·小雅·斯干》“朱芾斯皇，室家君王”。

《戰國古文字典》頁 1340

△按　新蔡簡乙四 110、117 云“公子見君王，尚怡懌”，上博四《柬大王泊旱》簡 22 云“君王之病，將從今日以已”，皆爲對楚國國君之尊稱。

【君夫人】

○**何琳儀**（1998）　君夫人鼎“君夫人”，見《論語·季氏》“邦君之妻，君稱之曰夫人，夫人自稱曰小童，邦人稱之曰君夫人”。

《戰國古文字典》頁 1339—1340

【君有百离】珍秦·秦 360

○**王輝**（2002）　《秦印篇》360：“君有百离。”此亦秦成語印。离讀爲利。《荀子·非十二子》：“綦谿利跂。”楊倞注：“利與離同。”《莊子·盜跖》：“皆離名輕死。”宋陳景元《莊子闕誤》引張君房本離作利。百利，各種利益。《管子·乘馬》：“市者，貨之準也。是故百貨賤則百利不得，百利不得則百事治，百事治則百用節矣。”《珍秦齋古印展》187：“萬金。”《四川船棺葬發掘報告》61 頁圖 60：19：“富貴。”秦人，特別是貴族追求富貴、多金等各種利益，“君有百利”正是這種欲望的反映。

《陝西歷史博物館館刊》9，頁 36

【君臣】中山王方壺

○**何琳儀**（1998）　中山王方壺“君臣”，見《禮記·曲禮》上“君臣上下，父子兄弟”。

《戰國古文字典》頁 1339

【君迪】上博一·緇衣 20

○**陳佩芬**（2001）　君迪　“迪”從辵，申聲。《說文》所無，字見於石鼓文，即“陳”之古文。“君迪”即《君陳》，《尚書》篇名。

《上海博物館藏戰國楚竹書》（一）頁 195

【君壽】璽彙 4663—4669

○**何琳儀**（1998）　楚璽“君壽”，吉語。《宋書·天文志》：“君壽民富。”

《戰國古文字典》頁 1340

△按　璽文爲吉語,又見上博四《采風曲目》簡 1,爲樂曲名稱。

【君呇】上博一·緇衣 6

○陳佩芬(2001)　君呇　即《君牙》,《尚書》篇名。《曾侯乙墓竹簡》第一六五簡,"牙"字寫作"呇","牙"通"雅"。《禮記·緇衣》"君雅曰",鄭玄注:"雅,《書序》作牙,假借字也。"《呂氏春秋·本味》"伯牙鼓琴",高誘注:"牙或作雅。"

《上海博物館藏戰國楚竹書》(一)頁 180

【君絏】上博一·緇衣 10

○陳佩芬(2001)　君絏　《尚書》篇名。絏,从糸从止从申。《説文》所無。《禮記·緇衣》"君陳曰",陸德明釋文:"陳,本亦作古阤字。"《説文》"阤,古文陳",段玉裁注:"古文从申不从木。"郭店簡作"迪",今本作"陳"。

《上海博物館藏戰國楚竹書》(一)頁 185

命　命　喻

集成 37 秦王鐘　　集成 2840 中山王鼎　　集成 9719 令狐君嗣子壺　　集成 10371 陳純釜

集成 12110 鄂君啟車節　　陶彙 5·384　　璽彙 0261　　集成 10374 子禾子釜

上博一·詩論 7　　上博四·內豊 10　　上博四·柬大 11　　包山 157　　璽彙 4282

睡虎地·秦律 183　　近出 1179 十一年佫苓戈　　集成 11317 三年修余令韓謙戈

上博六·用曰 15　　包山 2　　包山 278 反　　上博一·詩論 7　　上博二·從乙 1

包山 159　　郭店·緇衣 22　　新蔡甲一 15　　上博三·周易 5　　上博二·民之 8

郭店·語一 2

○唐蘭(1941)　(編按:集成 12094—12096 王命虎節等)云"王命進貣一楮飤之"者,命下重文,江秋史讀爲卩,不可通。余謂仍是命字。此銘當讀"王命"爲句,此命爲名詞,次云"命進貣一楮飤之",此命蓋動詞也。

《唐蘭先生金文論集》頁 54,1995;原載《國學季刊》6-4

○李學勤(1959)　令是督造者,在題銘中有時寫作"命、倫"或"喻"。戰國璽印如:

陽潮命璽簠齋手拓古印集 18,13　　　　起泉命璽樂只室古璽印存 1,2

臧曵命璽周秦古璽精華 231　　　　　　女羑命璽同上 330

敚㝼命璽 璽印集英 9,5

　　都是令的官印。令的設置是推行郡縣制的結果,所以這些記令的器物一般是較晚的。

《文物》1959-8,頁 60

○**石志廉**(1961)　銘文中之命命,並非重文,乃合文符號,如古器物和古鉢印上的"司馬、大夫"之類的合文,古代命令爲一字,可以互相假用,但命命聯讀起來,在語法上也不夠通順,不若讀爲命令較妥,全部銘文可釋爲"王命,令傳,賃一楛,飤之"。蓋王命令傳舍,對所有乘輀車出行的人給以飲食之意。

《文物》1961-1,頁 72

○**饒宗頤**(1985)　(編按:楚帛書"乃命山川四海")命讀爲名。《書・呂刑》:"禹平水土,主名山川。"《爾雅》:"從釋地已下至九河,皆禹所名也。"《史記・大宛傳》同。《周官・校人》:"凡將事于四海山川。"山川與四海聯言,同此。

《楚帛書》頁 17

○**黃錫全、劉森淼**(1992)　(編按:秦王鐘)"命"即命令。這裏的"命"是秦王求師之命。當時諸侯國之閒因某事相互援助稱"命"者典籍習見。如"宋人使來告命""君命寡人同恤社稷之難""寡君聞命矣"等等。結合下面文義,"秦王卑命",應理解爲"受秦王卑求師之命"。如同《左傳・宣公二年》"鄭公子歸生受命于楚伐宋"、《史記・宋世家》"鄭命楚伐宋"等。

《江漢考古》1992-1,頁 75—76

○**何琳儀**(1998)　(編按:集成 11900)零銅牌命,讀鈴。(中略)

　　(編按:楚帛書"乃命山川四海")帛書乙四命,讀名。《書・金縢》"名之曰鴟鴞",《史記・魯周公世家》名作命。《左・桓二》"命之曰仇",《漢書・五行志》命作名。是其佐證。名,命名。《楚辭・離騷》:"名余曰正則兮。"

《戰國古文字典》頁 1146—1147

△**按**　"命"爲"令"之分化字,然六國古文"命、令"猶混用,楚系用"命",不用"令"。與此相對,官令之令,楚系又作"敀",晉系多作"侖、端"。

【命尹】

○**裘錫圭、李家浩**(1989)　(編按:曾侯乙 63)"令尹",亦見於 202 號簡。楚國有"令尹"之官,見《左傳》《史記・楚世家》等。徐國也有"令尹"之官,見徐令尹者旨愳爐盤(江西省歷史博物館等《江西靖安出土春秋徐國銅器》,《文物》1980 年 8 期 14 頁圖二)。

《曾侯乙墓》頁 518

○**何琳儀**（1998）　　隨縣簡“命尹”，讀“令尹”，楚官名。見《左·哀十六》“令尹司馬，非勝而誰”。《史記·楚世家》“考烈王以左徒爲令尹”，注：“應劭曰，令尹，楚相也。”

《戰國古文字典》頁 1147

○**劉信芳**（2003）　（編按：包山 115）讀爲“令尹”。令尹乃楚國執政重臣，屢見於《左傳》《史記·楚世家》。曾簡 63、202 亦作“命尹”，王子午鼎銘文有“命尹子庚”，即《左傳》襄公十二年“令尹子庚”。徐令尹旨䂰爐盤作“敓尹”（《江西靖安出土春秋徐國銅器》，《文物》1980 年 8 期）。

《包山楚簡解詁》頁 106

○**濮茅左**（2004）　（編按：上博四·柬大 22）命尹子林䎎於大宰　“命尹”，即“令尹”，春秋戰國時期楚國高位官職。

《上海博物館藏戰國楚竹書》（四）頁 214

【命瓜】令狐君嗣子壺

○**羅福頤等**（1981）　　璽文令狐作命狐，令狐君壺令亦作命。

《古璽文編》頁 228

○**湯餘惠**（1993）　　命瓜，即令狐，地名。《左傳·文公七年》：“晉敗秦師於令狐。”令狐又名猗（yī）氏，因魯人猗頓養畜致富於此而得名。令狐在春秋時已經是魏支子的封邑，《左傳·宣公十五年》有令狐顆，即魏顆，其子魏頡爲令狐文子，見於《左傳·成公十八年》。其地在今山西猗氏縣西南，距魏都安邑不遠，唐蘭認爲令狐屬魏不屬韓，其説可信。

《戰國銘文選》頁 1

【命狐】璽彙 3987

○**羅福頤等**（1981）　　璽文令狐作命狐，令狐君壺令亦作命。

《古璽文編》頁 228

○**何琳儀**（1998）　　晉璽“命狐”，讀“令狐”，複姓。出自姬姓，周文王子畢公高孫畢萬，爲晉大夫，生芒季，芒季生武子魏犫，犫生顆，並獲秦將杜回功，別封令狐，因以爲氏，世居太原。見《唐書·宰相世系表》。

《戰國古文字典》頁 1146

【命書】睡虎地·秦律 183

○**睡簡整理小組**（1990）　　命書，即制書，秦始皇統一後改“命爲制”，見《史記·秦始皇本紀》，集解引蔡邕云：“制書，帝者制度之命也。”

《睡虎地秦墓竹簡》頁 61

【命魚】璽彙 3725

○**何琳儀**（1998）　齊璽“命魚”，讀“靈姑”，複姓。《書・吕刑》“苗民弗用靈”，《禮記・緇衣》引靈作命。《史記・龜策列傳》“下有伏靈”，《淮南子・説山》靈作苓。是其佐證。越王余善後有靈姑氏。見《姓氏考略》。

《戰國古文字典》頁 1146

奇

 近二. 877 郾王職壺　　　璽彙 0481

○**何琳儀**（1998）　𠲿，從命，吅（鄰）爲疊加音符。疑命之繁文。
　　晉璽𠲿，人名。

《戰國古文字典》頁 1148

△**按**　何琳儀説是。字既從“鄰”之古文，非從吅，故以隸定作“奇”更準確。從郾王職壺辭例看，“奇”應是“命”纍增聲符之繁構（詳下【奇日】），故繫於“命”字之後。

【奇日】郾王職壺

○**周亞**（2000）　𠲿，即命字。戰國璽印中有一方“王命”私璽，命字也篆作𠲿。何琳儀先生認爲，這屬於戰國文字形體變化中的會意標音，即“在會意字的基礎上增加一個音符，所增音符與會意字音同或音近”。命和吅古音同屬真部。命日，當指所選之日。《左傳・宣公十一年》：“令尹蒍艾獵城沂，使封人慮事，以授司徒。量功命日……”杜預注：“命作日數。”吕祖謙《春秋左氏傳説》解釋道：“量功是量用功之多寡，命日是度其日子多少。”故命有計算、籌劃之意。此銘中“命日壬午”，即指在擇定的壬午這一天。

《上海博物館集刊》8，頁 148

○**董珊、陳劍**（2002）　“命”字原從“厸（相鄰的‘鄰’字古文）”聲，周文據《戰國古文字典》（第 1148 頁）指出《古璽彙編》0408 號（**編按**：當是 0481 號）私璽“王命”的命字和此處的命字構形相同，很對。此璽《戰國古文字典》分域屬燕，按語卻又稱爲“晉璽”，必有一誤。今按：細察“王命”璽命字所從的“卩”旁，和此銘命字所從的“卩”旁，都是燕文字特有的寫法，此璽實當爲燕璽。

　　周文認爲“命日”是一個詞，是説選擇壬午日進攻，這個理解也許是對的。但引用《左傳》宣公十一年“令尹蒍艾獵城沂，使封人慮事，以授司徒。量功命日……事三旬而成,不愆于素”杜注“命作日數”爲書證,卻不合適。結合《左傳》上下文來看,“命日”是“規定時日期限”的意思。在睡虎地秦簡的《司空律》中,有“令日”一詞:“有罪以貲贖及有責(債)於公,以其令日問之,其弗能入及賞(償),以令日居之,日居八錢,公食者,日居六錢。”這個“令日”是指“所規定的時日期限”,都跟壺銘裏的“命日”文義無關。我們覺得“命日任午”目前還不容易有一個確解。在多種可能的解釋中,比較平實的一種,是同樣以“任(壬)午”爲干支,但讀“命日”爲“令日”。“令”字古注常訓爲“善”。先秦古書中有“令辰”的説法,見於《儀禮・士冠禮》(“吉月令辰”)和《國語・楚語下》,《士冠禮》還説“令月吉日”,因此“命(令)日”也許就是吉日、善日的意思。這種意義的“令日”在漢代文獻中就比較多見了,例如《漢書・韋玄成傳》“即以令日遷太上、孝惠廟、孝文太后、孝昭太后寢”,顏師古注:“令,善也。謂吉日也。”不過,考慮到干支字用假借字的情況比較少見,“命日任午”也還可能有别的讀法。例如以“命”和“任”對文,全句是講選擇進攻的吉日而以午日當之。但是這種講法和周文的講法一樣,目前還缺乏文獻根據。雖然如此,這一句是説進攻的日期,大概是没錯的。

《北京大學中國古文獻研究中心集刊》3,頁 39—40

○**黃錫全**(2002)　　命字上部所從的厸,是封口的,與“踐”字所從不同。此字見於《古璽彙編》0481 號,何琳儀《戰國古文字典》1148 頁認爲“厸(鄰)爲疊加音符。疑命之繁文”。厸即古“鄰”字,見於戰國陶文、古《老子》、古《尚書》,及戰國文字“吝”字所從。中山王鼎“吝邦”讀“鄰邦”。郭店楚簡《老子》甲本第 9 簡“奴(若)悡(畏)四叟”之叟,今存通行本作鄰。“文”爲“鄰”疊加之音符。壺銘的“器”字所從的“命”當與“文”同,均爲疊加音符,在此讀爲“遴”,義爲“謹選”,即相比較而選之。可見,伐齊選擇某日是經過精心策劃的,絕非輕舉妄動。

《古文字研究》24,頁 251

△**按**　　“命、令”一字分化,“爺”爲“命”之繁構,“爺日”讀爲“令日”可從。

咨 訡

集成 11260 陳侯因咨戈

○**何琳儀**(1998)　　陳侯因咨戈咨,讀齊。《易・旅》“得其資斧”,釋文資作齊。《禮記・祭統》“以供齊盛”,注:“齊或爲粢。”是其佐證。“因齊”,齊威

王。見《史記·田敬仲完世家》。

《戰國古文字典》頁 1255

△按　"因咨"戰國文字中又作"因脊"（陳侯因脊敦,《集成》4649）,均即傳世文獻之齊威王因齊。

召

睡虎地·封診 92　　　　睡虎地·日甲 24 背壹　　集粹

陶彙 3·5

○**睡簡整理小組**（1990）　（編按:睡虎地·日甲 25"鬼恆召人曰"）詔,告訴。

《睡虎地秦墓竹簡》頁 217

○**張守中**（1994）　（編按:睡虎地簡）通招　召䍃　日甲一三九背。

　　　通詔　鬼恆召人曰　日甲二五背。

《睡虎地秦簡文字編》頁 14

○**徐在國**（2002）　齊陶文中有如下一字:

　　　E 悠陶彙 3·5

《陶彙》缺釋。《陶徵》放入附錄（310 頁）,《陶字》從之（665 頁）。吳大澂釋"留",疑"瘤"之省文。陳介祺釋爲"笅"。高田忠周釋"偝",認爲是"背"之異文。唐蘭釋"䶛"。

　　按:諸釋可疑。筆者 1996 年在吉林大學讀博士期閒,曾將考釋的幾個戰國文字向吳振武師請教,其中將此字釋爲"召",吳師認爲釋"召"可信。金文中"召"字或作:

　　　郘卣三　　召伯毛鬲　　禹鼎

　　E 即上引金文"召"字之省體。E 所從"悠"與郘卣三"召"字所從悠同,所從"ク"即刀,是聲符。禹鼎"召"字亦從"刀"聲。

　　如此,E 從"悠","刀"聲,應釋爲"召"。《說文》:"召,呼也。從口,刀聲。"《陶彙》3·5 爲"陳向立事歲召之王釜"。

《古文字研究》23,頁 110

【召亭】

○**王人聰**（1990）　召亭之印　鼻鈕　邊長 2.2×2.3 釐米,厚 0.8 釐米,通高 1.5釐米　故宮博物院藏（中略）

　　以上亭印,其字體與秦始皇陵東側上焦村出土秦陶器戳記"焦亭"、秦咸陽故城遺址出土陶器戳記"杜亭"、湖北雲夢睡虎地秦墓出土漆器烙印"亭""咸亭上"等風格相同,亦可訂爲秦印。亭,是秦漢時期縣以下的基層組織,《漢書·百官公卿表》:"縣令、長,皆秦官,掌治其縣……大率十里一亭,亭有長。十亭一鄉……縣大率方百里,其民稠則減,稀則曠,鄉、亭亦如之,皆秦制也。"關於亭與鄉是否如《百官表》所説存有統屬關係,近來學者多有討論,此不贅及。都亭是設在縣城内的亭,《後漢書·皇后紀》"(王斌)封都亭侯,食邑百户",注:"凡言都亭者,並城内亭也。"秦簡亦記有都亭,《效律》:"其他冗吏、令史掾計者及都倉、庫、田、亭嗇夫坐其離官屬於鄉者,如令、丞。"此處的亭嗇夫即是都亭嗇夫。"脩故、召"當亦係秦縣名,其地無考。秦代遺址和墓葬出土的陶器、漆器上往往有打上"亭"字的戳印,即表示這些產品是經過亭的檢驗,可在市場出售。

　　　　　《古璽印與古文字論集》頁 61,2000;原載《秦漢魏晉南北朝官印研究》

問 問 誾 窗

睡虎地·答問 122　　閅 璽彙 0558　　問 璽彙 3187　　窗 陶彙 3·679

上博四·柬大 22　　上博二·民之 3

○**睡簡整理小組**(1990)　(編按:睡虎地·答問 203"諸侯客節來使入秦,當以玉問王之謂殹")
問,贈送,《禮記·曲禮上》注:"猶遺也。"

　　(編按:睡虎地·日乙 239"壬申生,有問邦")《日書》甲種作"壬申生子,聞"。此處問當讀爲聞。《禮記·檀弓上》:"問喪于夫子乎?"注:"問或作聞。"

　　　　　　　　　　　　　　　　　　　　　《睡虎地秦墓竹簡》頁 142、254

○**張守中**(1994)　(編按:睡虎地簡)通聞　有問邦　日乙二三九。

　　　　　　　　　　　　　　　　　　　　　《睡虎地秦簡文字編》頁 14

○**何琳儀**(1998)　戰國文字問,人名。

　　　　　　　　　　　　　　　　　　　　　《戰國古文字典》頁 1366

○**李守奎**(2003)　楚文字中聞、問同字。

　　　　　　　　　　　　　　　　　　　　　《楚文字編》頁 67

△**按**　《説文》:"問,訊也。從口,門聲。"問訊之"問"見於秦系文字,陶璽文字之"問"皆作人名。六國古文"聞、問"同字,尚未分化,作"誾"或"窗"等,詳

見卷十二耳部。

唯　唯

唯　睡虎地·秦律 171　　上博四·東大 12　　上博五·三德 8　　新蔡零 207

集粹　　近二 1296 越王州句劍

郭店·老甲 18　　郭店·成之 5　　郭店·尊德 28　　上博二·昔者 4

上博五·姑成 5　　上博二·魯邦 1　　上博六·孔子 12　　璽彙 0863　　陶彙 3·525

○ **羅福頤等**(1981)　　(編按:璽彙 3118)雝。

《古璽文編》頁 85

○ **吳振武**(1983)　　3118 籓余雝·林□余隹。

《古文字學論集》(初編)頁 512

○ **張守中**(1994)　　(編按:睡虎地簡)通雖　它日唯有不吉之名　日乙一三七。

《睡虎地秦簡文字編》頁 14

○ **李學勤**(1994)　　(編按:近二 1296 越王州句劍)正面各字,結構均與以往著録的越王州句劍相同。反面“唯”字,左從“口”,右作鳥形。“唯”訓爲獨,“唯用劍”猶云專用之劍。

《四海尋珍》頁 154,1998;原載《中國文物世界》112

○ **曹錦炎**(1997)　　“唯”字從口從隹,“隹”字甲骨文、金文本依鳥形,所以劍銘即以鳥形代之。

《第三屆國際中國古文字學研討會論文集》頁 391

○ **何琳儀**(1998)　　隨縣簡唯,讀維。

《戰國古文字典》頁 1205

○ **董琨**(2002)　　(編按:郭店·老甲 18)甲 18:“道亙亡名,僕(樸)爲唯妻(微),天地弗敢臣。”《校讀》云:“唯,帛甲、乙本同,皆借作‘雖’,今本皆作‘雖’。”

按:“唯”在上古即可作連詞,用同“雖”,不必認爲假借也。文獻中多見,如《墨子·尚同》:“唯毋欲與我同,將不可得也。”《荀子·性惡》:“然則唯禹不知仁義法正,不能仁義法正也。”《史記·汲黯列傳》:“弘、湯深心疾黯,唯天子亦不悦也。”此點已經《詞詮》指出。

《古文字研究》24,頁 385

○**李守奎**（2003）　楚文字中的唯或售多讀雖，爲一字異寫。與《説文》新附售字同形，但非同字。

　　　　　　　　　　　　　　　　　　　　　　　　　　　　《楚文字編》頁 68

○**李守奎、曲冰、孫偉龍**（2007）　 “唯”與“售”在簡文中或讀“雖”，或讀“唯”，多用爲虛詞。與《説文》新附之“售”字音義無涉。

　　　　　　　　　　　《上海博物館藏戰國楚竹書（一——五）文字編》頁 55

△**按**　 “唯”西周金文或作“隹”，戰國文字又多寫作“售”，或讀爲“唯”（語氣詞），或讀爲“雖”（連詞）。從虫的“雖”字，僅見於秦系文字，亦借爲連詞。

和 喇

○**何琳儀**（1998）　晉璽和，姓氏。羲和，堯時掌天文之官，和仲、和叔因以爲氏。見《元和姓纂》。

　　　　　　　　　　　　　　　　　　　　　　　　　《戰國古文字典》頁 839

○**李家浩**（2003）　此墓南室出土二件馬甲、冑和二件人甲、冑，其中一件馬甲上還有用漆書寫的“赢”字。前面説過，簡文和牘文所記的正車是同一乘。那麽，這二件馬甲、冑和二件人甲、冑，當是（1）（2）（編按：指包山 269—271 及包山牘）所記的“一和赢甲、首冑”和“二貞鞝甲，皆首冑”。“赢甲、鞝甲”是甲名，“和、貞”是“赢甲、鞝甲”的量詞。根據出土實物，“和”是集體量詞，義同對、雙，“貞”是個體量詞。

　　古代有當對、雙講的集體量詞“合”。

　　《淮南子·道應》説：

　　　大貝百朋，玄豹、黄羆、青犴、白虎文皮千合。

　　《史記·貨殖列傳》“糵麴鹽豉千荅”司馬貞《索隱》：

　　　案《尚書大傳》云“文皮千合”，則數兩謂之“合”也。

　　在古書裏，“和、合”二字往往互訓。《漢書·王莽傳中》“玄煒和平”，顏師古注引晉灼曰:"和,合也。"《呂氏春秋·有始》"夫物合而成",高誘注:"合,和也。"《周書·謚法》:"和,會也。"《呂氏春秋·精論》"齊桓公合諸侯",高誘注:"合,會也。"(1)(2)的"和"與上引"文皮千合"之"合"用法相同,當指"贏甲、首胄"各兩件。

《古籍整理研究學刊》2003-5,頁 3

○**馬承源**(2004) (編按:上博四·采風3) 峇和 "峇和"之"和",應與聲名有關。在《曾侯乙編鐘》三·四背面右鼓有一個單音詞階名"䉥",《曾侯乙墓》第三章③樂律關係中論單音詞聲名"䉥"是"表示着宮音上方的純四度音"。簡文之"和"因前綴字有聲名"徵",故而不大可能是五聲之外的單音詞聲名,比較之下應該是與音律有關之字,但《曾侯乙編鐘》銘文中記載楚國的八個律名中沒有"䉥"這個名稱。《曾侯乙編鐘》記載的楚國加前綴或後綴詞而構成的變聲名之中,綴詞區分爲八種不同情況,與之很不相同。由於不能確認所錄的分類標目的名稱是否爲楚制或從別國引入,或引入的樂目都已轉換成楚國通用樂調的稱謂,這些問題都缺乏相關的文物來加以驗證。

《上海博物館藏戰國楚竹書》(四)頁 168

△**按** 《璽彙》1043 等"和"字禾、口二旁共用筆畫。

【和同】舒蚤壺

○**于豪亮**(1979) 和同義爲合作、協調。《禮記·月令》:"天地和同。"《國語·周語二》:"夫戰,盡敵爲上,守䟽同順義爲上。"

《考古學報》1979-2,頁 182

○**湯餘惠**(1993) 和同,配合嫻熟。

《戰國銘文選》頁 41

○**何琳儀**(1998) 中山王圓壺"和同",和洽同心。《禮記·月令》:"孟春天地和同,而萬物萌動。"

《戰國古文字典》頁 839

△**按** 戰國玉璜銘有"上變下動,相合禾同"(見《于省吾教授百年誕辰紀念文集》159 頁),"禾同"與此"和同"同義。

【和₌倉₌】集成 198 者減鐘

○**鄭剛**(1996) 者減鐘:"䜌䜌剉剉,和和𥻗𥻗。"䜌,讀惠,訓仁訓愛;剉讀諝,安也,《詩經·湛露》"厭厭夜飲"傳:"安也。"韓詩作愔愔,《左傳·昭公十二年》:"祈招之愔愔。"和和,形容樂聲,𥻗𥻗,聲音和貌,倉字楚帛書丙篇作𩮰,鄭東倉銅器作𩮰,當是此字變體,戰國文字常以兩橫點取代形體。《荀子·富國》

"管磬瑲瑲"注:"聲和貌"字又作"將將",見《詩經·執競》。

《中山大學學報》1996-3,頁 113

【和善】璽彙 4494

○**何琳儀**(1998)　古璽"和善",温和親善。《禮記·玉藻》"燕居告温温",疏:"色尚和善,教人使人之時,唯須温温,不欲嚴慄。"

《戰國古文字典》頁 839

哉　裁

楚帛書　 上博六·用曰 7　 新蔡零 9、甲三 23、57

上博四·柬大 13

○**陳邦懷**(1981)　(編按:楚帛書)帝曰:繇,□之哉!毋弗或敬。(甲篇,九—十行)

　　按:"繇"下闕文,當是"敬"字。《尚書·吕刑》:"王曰:嗚呼,敬之哉!"《汲冢周書·和寤解》、《五權解》:"王曰:嗚呼,敬之哉!"語意及句法並與帛書同。

《古文字研究》5,頁 238

○**何琳儀**(1998)　帛書哉,者汈鐘哉,語尾歎詞。

《戰國古文字典》頁 101

△**按**　《説文》:"哉,言之閒也。从口,𢦏聲。"戰國文字常借"才"表"哉"。上博四《柬大王泊旱》簡 13 之字左下从二横,當是替代口旁之省筆,或讀爲"災",或讀爲"戴",未能論定。

聑　聑

郭店·魯穆 2　 上博四·曹沫 16　 上博四·曹沫 33

○**李零**(2004)　(編按:上博四·曹沫 16"上下和且聑")聑　原作"",西周銅器《班簋》有"東國痟戎",齊器《國差𦉜》有"無瘞無痟",其"痟"字皆从此。特别是後者,連筆勢都是一樣的。簡文此字乃"厭"字所从,"厭"字是影母談部字,古音與"輯"字相近("輯"是從母緝部字),從文義看,似應讀爲古書常見的"和輯"之"輯",《爾雅·釋詁上》:"輯,和也。"此字與小篆"聑"相似。在先秦古文字材料中,我們還没有發現過"聑"字,此字也可能就是古"聑"字。

《上海博物館藏戰國楚竹書》(四)頁 253

○禤健聰（2006）　《説文》：“兄，長也。从儿从口。”又：“祝，祭主贊詞者。从示从人、口。一曰：从兑省。《易》曰：兑爲口爲巫。”又：“聑，聶語也，从口从耳，《詩》曰：聑聑幡幡。”又：“揖，攘也。从手，聑聲。一曰：手著胸曰揖。”

楚簡有从“聑”之字作𠂤（郭店《魯穆公問子思》簡 2）、𠂤（郭店《緇衣》簡 34）。與此形近的字形，又見於上博《曹沫之陳》，分別作：

　　　𠂤 簡 16：上下和且～　　　　𠂤 簡 48：不和則不～

李零先生隸定爲“冒”，又疑爲“聑”。徐在國先生認爲此即“聑”字，爲“揖”之初文，並推斷甲骨文、金文中舊釋爲“祝”和“兄（䚦）”的𠂤、𠂤、𠂤等字均爲“聑”。陳斯鵬學兄則釋上揭《曹沫之陳》諸字爲“兄”讀爲“恭”，以爲甲金的舊讀不可改，並指郭店簡的“聑”字其下所从乃“耳”之訛，《説文》“从口从耳”的説解本不誤。

相關的字形還見於新蔡簡，字作𠂤（乙四 145），共 3 處文例，分別是：

　　（1）～其太牢。（乙四 128）　　　　（2）～禱乘良馬。（乙四 139）

　　（3）～其戠牛之禱。（乙四 145）

上列諸字無論是全釋爲“聑”或全釋爲“兄”都有問題。甲骨文、金文的例子若改釋爲“聑”，無法做出令人滿意的解釋；《曹沫之陳》的二字若釋“兄”讀“恭”，也遠遜於釋“聑”讀“輯”。郭店簡不同篇次的“聑”字均作同一形體，則訛寫之説，便難成立。

關於“兄、祝”二字。姚孝遂先生曾指出：

　　論者多以爲卜辭“兄、祝”同字，這完全是一種誤解。𠂤下部从𠂤，𠂤下部从𠂤，形體是有別的，其用法也截然不同……

　　西周金文“兄”字猶作𠂤，《禽鼎》“祝”字猶作𠂤从𠂤，《長由盃》則作𠂤，从𠂤，偏旁已混，只是以从“示”與否作爲區別形式。

又説：

　　實則凡卜辭祝字之省示者作𠂤或𠂤，象人跪形，亦有象人立形作𠂤者，突出手掌形以區別於“兄”字，金文則以𠂤爲兄，已混。

姚先生的分析是可信的，主要有三點：一是“兄、祝”並不同字，二是“祝”字所从有二體，三是西周金文開始“兄、祝”二字有混。這是釐清“兄、祝、聑”三字關係的關鍵。

我們認爲三字既有區別，又不能截然分開。其關係如下：

（1）“祝”字所从有二體，或作跪形若𠂤，或象以手著胸若𠂤，跪拜也是祝，揖手也是祝，不同的取義角度表達同一個詞。

（2）"祝"與"兄"本來字形區別明顯。西周金文以後才出現偏旁訛混的情況，"兄"有作🔣、🔣者。

（3）"祝"字或作🔣，即"昌"，換言之，"祝"的其中一體乃从"昌"。

總之，"祝"字本來有二體作🔣或🔣，西周金文以後與"兄"出現偏旁訛混的情況，又"祝"分化出"揖"（🔣），故"祝"增"示"旁爲區別標志；但"祝、揖"既同源，則仍有混用，如新蔡簡的🔣。因此，甲骨文之🔣仍應釋爲"祝"。金文之🔣、🔣等字，乃形混於"祝"而來，仍應釋爲"兄"。上揭上博、郭店楚簡諸字，則應隸定爲"昌"，釋爲"揖"；上揭新蔡簡的🔣，也應隸定爲"昌"，但在簡文中讀"祝"，上博《内禮》簡8"行祝於五祀"，《儀禮・既夕禮》有"乃行禱於五祀"，祝、禱義近，故簡文"祝"與"禱"搭配。

《說文》釋"祝"，不言从"兄"，而謂"从人、口"或"从兑省"，可見不以"兄、祝"爲一字。又《說文》釋"昌"爲"从口从耳"，乃據訛變之形立說，"昌"實即"揖"之初文，訓"手著胸曰揖"是。

《許慎文化研究》頁 315—316

○**陳斯鵬**（2007）　（編按：上博四・曹沫16）兄，原作🔣，與金文習見的🔣極相近似，彼字一般釋"兄"而讀作"貺"，據此疑簡文此字亦可釋爲"兄"。此字在簡33作🔣，下部訛變爲"見"，又簡48有益"艸"旁作🔣者，則可隸釋爲"芃"。三者在簡文中都記録同一個詞，竊以爲可讀爲"恭"，爲恭順之義。

《李釋》以🔣爲"昌"，謂是"厭"字所从，讀爲"輯"，訓"和"。同時又説此字也可能就是古"昌"字。徐在國先生則詳論簡文🔣與金文🔣爲人作揖之形，當釋"昌"，爲"揖"之初文。今按，讀"輯"在文義上固然是很好的，但此釋至少有如下幾個困難：第一，《李釋》和徐先生也都是認爲🔣和🔣爲一字，如果它們是"昌"，那麼金文"𩝝"字🔣、🔣二體互作的現象將難以解釋。第二，楚簡中明確从"昌"的字，如郭店《魯穆公問子思》2的🔣，和《緇衣》34的🔣，所从"昌"與🔣尚有相當的差別；而且與其説此二"昌"象人作揖形，遠不如《說文》之分析爲"从口从耳"可信，楚簡"耳"或作🔣（郭店《唐虞之道》26）、🔣（《語叢四》2），"昌"下所从與之幾無別，不過借用"口"形底横而已。第三，金文🔣釋"兄"讀"貺"作賞賜義，甚合文例，且"貺"正是先秦常用的表賞賜義的詞，若釋"昌"則尚未有令人滿意的解釋。有此三難，在沒有其它證據之前，🔣恐仍以釋"兄"較爲合理。

《簡帛文獻與文學考論》頁 105

○**沈培**（2007）　我們再來看上博簡《曹沫之陳》中的一個難字。此字出現在下面的簡文當中：

(35)上下和且🔣,纆紀於大國,大國親之。 （簡 16）

(36)使人：不親則不敦,不和則不🔣,不義則不服。 （簡 33）

(37)不釆則不恆,不和則不🔣。 （簡 48）

其中第三例上面从艸,下面所从的偏旁跟例(35)的🔣字是相同的。（中略）應當説陳斯鵬先生的觀察是敏鋭的,對於釋"聑"一説在字形上不合理之處的分析也較爲可信。確實,他所説的在楚簡中看到的兩個从"聑"的字,其"口"旁下面的偏旁,與其説跟"🔣"形下面的人形相似,不如説跟"耳"旁更接近。因此,目前得到確認的从"聑"之字的寫法,跟甲金文中的"🔣"存在一定的距離。但是,陳説也有可疑之處。如果按照金文"🔣"的用法,把它看作"兄"字並讀爲"恭",以此來説解簡文,意思固然並無不通;但是,《曹沫之陳》簡 8"恭儉"的"恭"作🔣,乃以"共"爲"恭"。這對他的説法是不利的。

另外,陳文没有提及上文所述新蔡簡的"祝"字跟《曹沫之陳》此字的關係,或許是認爲它們之間根本没有關係而未提。如果真是這樣的話,這是不應該的。就時代來説,新蔡簡與上博簡是很接近的。把上博簡的"🔣"等字跟西周時代的"🔣"字進行比較,這固然很好,但畢竟它們時代的差距比較遠。我們爲什麼要放着時代很接近的資料而不管呢？這樣做,很可能就喪失了一個正確釋讀此字的機會。

最近,禤健聰先生比較全面地分析了古文字中"兄、祝、聑"三字的關係。他不同意徐在國先生把甲金文的"🔣"釋爲"聑",認爲"甲骨文、金文的例子若改釋爲'聑',無法做出令人滿意的解釋";也不同意陳斯鵬先生讀爲"恭"的説法,認爲"《曹沫之陳》的二字若釋'兄'讀'恭',也遠遜於釋'聑'讀'輯'"。同時,他注意到了新蔡簡的"🔣"跟甲金文中的"🔣"以及《曹沫之陳》的"🔣"在字形上的一致性。

可以説,禤先生這些看法都是有道理的。他説簡文此字讀爲"輯"在意思上比較合適,大概也代表了一般人的看法。可以説,正是因爲這個原因,不少人都信從釋"聑"之説。但是,禤文一方面堅持《曹沫之陳》的"🔣"應釋爲"聑"讀爲"輯",另一方面也認爲新蔡簡的"🔣"應釋爲"祝"。由此追溯到甲骨文裏的"🔣",他認爲此字既是"聑"（揖）字又是"祝"字。他同意姚孝遂先生的意見,認爲甲骨文裏"祝"字可有🔣、🔣兩種寫法,還對"祝"和"揖"都可以寫成"🔣"進行了解釋：

　　“祝”字所从有二體，或作跪形若 ，或象以手著胸若 ，跪拜也是祝，揖手也是祝，不同的取義角度表達同一個詞。

　　禤文的這些看法則存在一些問題。我們前面已經論證，在殷墟甲骨文和西周金文裏，“祝”字是沒有寫成“ ”形的。禤文從姚孝遂先生説認爲甲骨文裏有以“ ”爲“祝”的例子，其實是不存在的。此其一。其次，説“ ”爲“揖”，乃“象以手著胸”。這是采用了《説文》對“揖”的解釋：（中略）

　　由此可見，“揖”必拱手，所謂“手著胸”是先作拱手形而後收回到胸前，跟拱手而向外推的另一種“揖”不過是運動的方向不同而已。“ ”的字形既無拱手形，也難以説是“著胸”形。徐在國先生説“ ”字形象人拱手行禮形，與字形不合。如果把“ ”看成“著胸”形，那麼像前面所説的“老、考、長”等字作 、 、 （編按：最後一形有誤，當是排版誤植）等形就無法得到合理的解釋了。因此，“ ”不可能是“揖”字的象形初文。

　　我們認爲，《曹沫之陳》這三個字其實就是“祝”字和从“祝”之字。其中例（35）的“ ”和例（37）艸頭下面的偏旁，跟新蔡簡的“ ”一樣，都是從甲骨文的“ ”變來的，即原來的跽跪形變成了立人形，其覆手形也因爲筆勢的原因而儘量向裏收捲。至於例（36）的“ ”（編按：字形有誤，當是排版誤植）字，字形有所訛變，變得跟戰國簡中的“見”字基本上是一樣的。這個訛變的字形可以看作是甲骨文跽跪形的 直接訛變而來，也可以看作是從“ ”這樣的立人形“祝”字訛變而來的。

　　上面我們已經論證，新蔡簡的“ ”是“祝”字。《曹沫之陳》裏的“祝”用的顯然不是“祝告”義。結合語音和古書相關材料，我們認爲《曹沫之陳》這三個字都應當讀爲“篤”。

　　“祝”是章母覺部字，“篤”是端母覺部字，二者讀音很近。《論語·先進》：“孔子曰：‘論篤是與，君子者乎？色莊者乎？’”其中的“篤”字，定州竹簡本作“祝”。這是“祝”通“篤”的一個直接證據。

　　下面主要從用法上來看簡文讀爲“篤”是否合適。

　　例（35）簡文説“和且篤”，反映“和”與“篤”關係密切。這在古書中也有反映。“和篤”一詞就常見於古書。我們利用《文淵閣四庫全書》電子版進行檢索，就看到不少這樣的例子，如“晉周暢性仁惠和篤”（《廣博物志》）、“其人好慈和篤”（《真誥》）、“如琴瑟之和篤”（《南陽集》）、“爲和篤慈愛之孝”（《釋文紀》）等等。更可注意的是，“篤”和“和”有時同時出現在表示人與人之間的關係的話裏：

（38）父子篤，兄弟睦，夫婦和，家之肥也。（《禮記・禮運》）

（39）禮義以爲紀，以正君臣，以篤父子，以睦兄弟，以和夫婦。（同上）

古書中這種表示人與人之間親密關係的"篤"字用法是很常見的，除了表示親人之間的關係外，常用於表達朋友之間的關係，例如：

（40）君子篤于親，則民興於仁。（《論語・泰伯》）

（41）朋友不篤，非孝也。（《呂氏春秋・孝行》）

（42）不任於上則輕議，不篤於友則好誹。（《晏子春秋・内篇問下》）

（43）苟事親未孝，交友未篤，是所未得，惡能善之矣？（《呂氏春秋・務本》）

（44）俸禄所供，被及親戚，是骨肉益親也；雖有公事，而兼以弔死問疾，是朋友益篤也。（《孔子家語・子路初見》）

例（35）的"上下和且篤"，猶如説"上下和"且"上下篤"，"上下篤"的説法跟"父子篤、朋友篤"的説法是一致的。這種"篤"字，古書常訓爲"厚"。（中略）

有時候，如果沒有必要強調"篤"與"親"的區別，"篤"就可以用"親"來替代。上引（39）"以正君臣，以篤父子"，在《禮記・聘義》裏有意思相近的説法，作"以正君臣，以親父子"。例（44）在《説苑・政理》裏有相似的表達，對應於"朋友益篤"的話作"朋友益親"。因此，簡文"不和則不篤"也可以簡單理解成"不和則不親"，"和、親"關係之密切，這是大家都知道的。（中略）

《曹沫之陳》簡18—19講到"不和於邦，不可以出舍。不和於舍，不可以出陣。不和於陣，不可以戰"，陳劍先生最早指出這跟《吳子》裏的一段話相近：

（50）吳子曰：昔之圖家國者，必先教百姓而親萬民。有四不和：不和於國，不可以出軍；不和於軍，不可以出陣；不和於陣，不可以進戰；不和於戰，不可以決勝。（《吳子・圖國》）

可以注意的是，《吳子》這段話的"四不和"前面説"必先教百姓而親萬民"，顯然是爲了預防"四不和"的爲政手段。從這裏也可以看出"親萬民"與"和"的關係。這跟簡文所説的"不和則不篤"所反映的"親"與"和"的關係是相類的。

還有一個古書注解值得注意：

（51）《國語・周語》"言惠必及和"韋昭注："惠，愛也。和，睦也。言致和睦，乃爲親愛也。"

韋昭注所述"言致和睦，乃爲親愛"，不正是"不和則不篤"的正面的意義嗎？

上面所引例（36）簡文，説的是君上在用人的時候要注意的情況。所謂"不親則不敦"，應當理解成"上（或君）不親於下（或民）則下（或民）不敦於上

（或君）”，“不和則不篤”和“不義則不服”可依此類推。（中略）

通過以上論證，我們認爲上博簡《曹沫之陳》的三個字都當讀爲“篤”。如此看來，戰國簡的“𠬝、𠬝”等字，雖然看起來跟西周金文中的“𠬝”同形，但是卻不能按照西周金文的用法來釋讀它們，應該把它們看作是從殷墟甲骨文中的“𠬝”形變來的，即由跽跪的人形變成了直立的人形。戰國時代的“祝”字還存在不存在“𠬝”這種字形，我們將在今後新發表的材料中多加注意。

《簡帛》2，頁 19—28

△按　《説文》：“聑，聶語也。从口从耳。《詩》曰：聑聑幡幡。”“从口从耳”之“聑”古文字未見。郭店《魯穆公問子思》簡 2 云“𦣞而退之”，𦣞讀爲“揖”，字不从耳；郭店《緇衣》簡 34 對應今本《禮記·緇衣》“緝”之字作𦣝，亦不从耳。新見清華三《周公之琴舞》簡 11“聑”作𦣝，字非从耳更明顯。上博四《曹沫之陳》二字與之形體甚近，讀爲“輯”文義亦可通，故似亦是“聑”字，至於其構形與甲金文相關字形之關係，尚俟後考。

𦣝入

𦣝 郭店·緇衣 34

○裴錫圭（1998）　（編按：郭店·緇衣 34）“於”下一字似非从“人”，《説文》有“𦣝”字，疑即由此字訛變而成。

《郭店楚墓竹簡》頁 135

○陳偉武（1999）　（編按：郭店·緇衣 34）審視簡影，此字筆迹較清楚，當是从聑从入的雙聲符字，聑、入古音近。《古陶文彙編》六·五四“陝市”之“陝”作𨽪，六·五五“夾（陝）亭”之“夾”作𡙡，“夾”字右側从“十”，後世作“入”。故《説文》訛𦣝爲𦣝，依然是雙聲符字，許慎析爲从十聑聲，以十爲義符，不確。

《中國古文字研究》1，頁 330

△按　陳説可從。

嘑 嘑

𠻝 侯馬 98：4　　𠻝 侯馬 98：17

○何琳儀（1998）　《説文》：“嘑，唬也。从口，虖聲。”

侯馬盟書"嘽盟",讀"詛盟",或"譇盟"。

《戰國古文字典》頁456

△按　盟書"群嘽盟者",更常寫作"群虖盟者",侯馬盟書整理者(山西省文物工作委員會《侯馬盟書》35頁,山西古籍出版社2006年)謂:"虖,即呼。《說文》:'虖,哮虖也。'明,即盟字。群呼明,即嘯聚私盟的意思。""嘽、虖"當讀作"呼"。

台

集成2782哀成叔鼎　集成4646陳侯午敦　集成10583鄙侯載器　上博六·用曰14

集成2574鄟孝子鼎　睡虎地·日甲112正貳　集成144越王者旨於賜鐘

溫縣WT1K14:572

集成2479楚王酓前鼎　集成12113鄂君啟舟節　新蔡乙四126　新蔡零308

○阮元(1804)　古銘以多作台者。二字義通。《爾雅·釋詁》訓台爲我,又訓爲予。《廣雅·釋詁》云:以,予也。

《積古齋鐘鼎彝器款識》卷3,頁19

○胡光煒(1934)　(編按:楚王酓前鼎等朱家集銅器)共之作,下從心,蓋怡之或體字。以怡爲,先秦舊讀無上去也。(齊陣革氏鐘。用享以孝于皇祖文孝。則以爲《釋詁》"台,我也"之台。)

《胡小石論文集三編》頁183,1995;原載《國風》5-8、9

○強運開(1935)　王孫鐘用匽台喜叚乍以。齊侯鎛是台余爲大攻。古文台以爲一字。吳寀齋說是也。

《說文古籀三補》卷2,頁3

○陳夢家(1937)　台即以字,金文台字去口即以字,台者以之孳乳字也。東周金文始增口爲台。

《金文論文選》1,頁365—366,1968;原載《燕京學報》21

○李學勤(1983)　(編按:集成11665工虘王劍"□乂江之台,北南西行")"乂",訓爲治、理。"台",讀爲"渙"。"其乂江之渙",意思是平定長江兩岸,反映出吳王的雄心,與淮南吳太子劍自稱在軍行之先,處江之北,身份不同,口吻也不相同。

《新出青銅器研究》頁253,1990;原載《文物》1983-12

○何琳儀(1993)　(編按:工虘王劍)"台",讀"渙",均從"吕"聲。《說文》:"渙,水涯也。”“江之涘”與《詩經》下列句式相同：

在河之涘。(《王風·葛藟》)

在水之涘。(《秦風·蒹葭》)

在渭之涘。(《大雅·大明》)

《第二屆國際中國古文字學研討會論文集》頁 251

○張守中(1994)　(編按：睡虎地簡)通始　毋以楚九月己未台被新衣　日甲二六。

《睡虎地秦簡文字編》頁 14

○何琳儀(1998)　台，春秋金文作𠯑(余義鐘)。从吕，口爲分化部件。商周文字以吕爲以，晚周文字始以台爲以。戰國文字承襲春秋金文。或作𠯑，口訛作 廿。或作𠯑，吕分兩筆向左外曳出。參吕字。《説文》：“台，説也。从口，吕聲。”戰國文字台，除人名外均讀以。

《戰國古文字典》頁 57

○馮勝君(1999)　(編按：酈侯載器)台，第一人稱代詞。《爾雅·釋詁》：“台，我也，予也。”

《中國古文字研究》1，頁 185

○李守奎(2003)　楚文字台皆讀爲以，當是吕字之異寫。

《楚文字編》頁 69

△按　《説文》：“台，説也。从口，吕聲。”戰國文字“台”皆爲“吕(以)”字異體。“以”早期古文字多寫作“吕”，“台”爲“吕”之增繁，習見於六國古文，楚系又或將口旁橫筆穿頭(鄂君啟節等)，其變化與“也”字所从類似。

【台孫】集成 171 之利鐘

○曾憲通(1983)　𩵋𩵋薛氏釋作玄孫，可從。但薛氏未説明何以釋𩵋爲玄。疑𩵋即冕字，下體𠃊爲裝飾，與越王鳩(句)淺(踐)劍之𩵋字下體作𠃊者相同，並非字之筆畫。上體𠃊即冠冕之象形。免字《説文》失收，免殷之𠘨，史免匜之𠘨，希白師據三體石經古文作𠘨，篆文作𠘨定爲免字。並云：“《説文》奪去，段氏補入兔部非是。”强運開以爲“字从乚从人，蓋象人冠冕之形，即古文冕字也”。郭沫若謂“免乃冕之初文，象人著冕之形”。高鴻縉亦認爲“免原象人戴冕形。後免借用爲脱免字，久而不返，乃又加冃(帽之初文)爲意符作冕”。鐘銘之𠃊殆即冕之象形文。冕、玄古韻同部，而冕屬明紐，玄屬匣紐，上古明、匣二紐每可相通，故冕可讀爲玄，是則冕孫亦可讀爲玄孫。

《古文字學論集》(初編)頁 376—377

○曹錦炎(1996)　台孫皆永寶　“台”讀爲“嗣”，《書·舜典》：“舜讓於德弗嗣。”

《後漢書・班固傳》李注引《漢書・王莽傳》"嗣"作"台",可證。嗣孫,後嗣子孫。

《于省吾教授百年誕辰紀念文集》頁 91

咸 咸 咸

咸 集粹　咸 陶彙 5・127　咸 陶彙 5・156　咸 睡虎地・秦律 28　咸 郭店・緇衣 5

咸 璽彙 5492　咸 璽彙 0182

咸 上博一・緇衣 1　咸 上博一・緇衣 3

○**李守奎、曲冰、孫偉龍**(2007)　(編按:上博簡) 咸。

《上海博物館藏戰國楚竹書(一——五)文字編》頁 56

【咸里】

○**劉慶柱、李毓芳**(1983)　秦都咸陽第一、三號宮殿建築遺址出土的反映民營製陶業產品的陶文戳記均爲四字陶文。可分爲以"咸陽、咸邑、咸原、咸里"和"咸"字開頭五類。(中略)

　　以"咸里"開頭的四字陶文計有:"咸里芮喜、咸里卜戎、咸里高嘉、咸里禾玉"等。這是四字陶文中數量和種類最多的一類。我們所以將上述陶文"咸里"連文橫讀,因爲"咸里"之稱在秦漢時期曾作爲專用地名而使用,長安北鄉出土的有"元平元年咸里周子才"陶文的陶豆和陶蓋,"元平元年"爲漢昭帝年號,"咸里"爲地名,"周子才"爲人名。這件陶器的陶文說明,"咸里"之稱一直延至西漢中期。甚至東漢人還把"秦里"與咸陽並稱。因此,唐代學者才把"漢京、秦里"並列。

《古文字論集》1,頁 77

○**岳起**(1998)　"咸郎里某""咸郯里某"等陶文,過去一律讀作"咸里某某",以後發現了 6 字陶文,大家才慢慢接受了"咸郎里某""咸郯里某"的讀法,但也同時形成了這樣的概念,即"咸字不應該和里字聯讀,咸是咸亭的省文"。這次新發現的三枚"咸里"類陶文說明,這種概念並不完全正確。當然"咸里"類陶文的發現只能說明"咸里"是確實存在的,有些陶文咸、里是可以,也應該聯讀,當初的讀法不見得全錯,"咸"字也不見得全是"咸亭"的省文。其實,陳直先生在《關中秦漢陶錄》中就收有一枚"元平元年咸里周子才"的陶器印文,漢承秦制,這也應是秦代"咸里"存在的證據之一。以上論述並不否定"咸郎里某”“咸郖里某”陶文讀法的正確性,實際情況應該是兩者並行不悖。

《文博》1998-1,頁 46—47

【咸邑】

○**袁仲一**(1987)　“咸邑如頃”;“咸邑”當是咸陽邑的省文,如頃爲人名。此爲咸陽邑市府製陶作坊的標記。

《秦代陶文》頁 56

○**劉慶柱、李毓芳**(1983)　秦都咸陽第一、三號宫殿建築遺址出土的反映民營製陶業産品的陶文戳記均爲四字陶文。可分爲以“咸陽、咸邑、咸原、咸里”和“咸”字開頭五類。**(中略)**

　　以“咸邑”開頭的四字陶文計有:“咸邑如戌、咸邑如頃”。《左傳》莊公二十八年載:“凡邑,有宗廟先君之主曰都,無曰邑。”《史記·秦本紀》載:“秦昭襄王五十四年,王郊見上帝於雍。”可見秦遷都咸陽一個多世紀後,“雍”還有其宗廟,這即當時“先王廟或在西雍,或在咸陽”的情況。故秦都咸陽又有“咸邑”之稱。此猶櫟陽又稱櫟邑,《史記·貨殖列傳》載:“櫟邑北卻戎翟,東通三晉。”“咸邑”之後連文“如頃、如戌”應爲作器者姓名。

《古文字論集》1,頁 77

【咸亭】

○**李學勤**(1980)　以“咸”字開首的秦陶文,以四字的爲多,多年來有關論著都主張從右向左横讀。實際上同類陶文還有六字的,以四字、六字相應的對讀,可知都應當改爲直讀:

　　　　(一)“咸亭郖里粲器”(《文物》1964 年第 7 期,咸陽遺址出土)

　　　　　　“咸郖里駔”(同上)

　　　　(二)“咸亭完里丹器”(《關中秦漢陶録》卷一)

　　　　　　“咸郖里夫”(同上)

　　　　(三)“咸亭陽安駢器”(《文物》1964 年第 7 期,咸陽遺址出土)

　　　　　　“咸陽安欽”(《夢庵藏陶》20 頁)

　　很清楚,四字陶文是把六字的“咸亭”省去亭字,又省去最後器字的一種簡化形式。

　　“咸亭”也見於雲夢睡虎地秦墓所出漆器,是“咸陽市亭”的簡稱,和下面的里不同系統。“郖里駔、陽安駢”等是製作陶器工匠的籍貫和名字。里名一字的寫某里,兩字的省去里字。陶工的居里以郖里爲最常見,其餘有蒲里、高里、平里、彡里、闉里、直里、完里、市陽、巨陽、少陽、燧陽、成陽、平陽、陽安、新安、如邑、少原、臣西、當柳、沙壽等等，不勝枚舉，估計都是咸陽的里名。

這一類陶文均以璽印印成，所使用的印已發現以下四鈕：

（一）“咸□園相”（《十鐘山房印舉》2，4）

（二）“咸廊里竭”（《善齋璽印録》上 4，8）

（三）“咸廊里驕”（《關中秦漢陶録》卷一）

（四）“咸廊里□”（《考古》1974 年第 1 期，咸陽灘毛村出土）

後兩鈕有記録是陶印。

陶文爲什麽要冠以“咸亭”？這是因爲印有這種印文的陶器都是在市場上出售的商品。從近年發現的實物分析，有些是用器，如繭形壺；有些是建築部件，如帶瓦當的筒瓦；還有的是專供殉葬用的明器。市亭是管理市場的官方機構，它一方面稽察市場的秩序，同時向商賈收取市税，上交朝廷。如《漢官儀》所云：“山澤、漁鹽、市税，少府以給私用也。”商品製造時標出某地市亭，表明它是在該市場合法出售的，已經市亭批准。

《文物》1980-9，頁 30

○**陳直**（1981）　咸亭完里丹器陶鼎　文六字，余所見有三陶鼎，一爲西北大學文物陳列室所藏，又二器舊存夏僑生手中，又一殘片爲余舊藏，各器皆同範，文在鼎内底。丹爲作器人名。

咸亭當柳恚器陶壺蓋　文六字，長安北鄉出土，劉軍山舊藏，咸亭爲亭名，當柳爲里名，與咸亭完里文例相同，因限於六字，故省去里字。恚爲作器人名。漢代亭里並稱者，只見於上述二陶器，足證縣鄉亭里，本係一貫系統，近人有倡爲漢代鄉里爲互連組織，亭另爲一組織者，其説不攻自破。陶器文字，有關於漢代制度如此。

《摹廬叢著七種》頁 397

○**王學理**（1986）　秦都咸陽發現的亭里印記，多係陽文印章捺壓而成，故呈凹下的白文，且有陶質印戳的出土。陽文印記少見。陶章最多六字，以四字爲常。也有兩字和一字的。前者模印，後者有模有刻。過去因爲對冠“亭、里”印記的讀法有誤，致使里名隱没，解義也嫌勉强。如“咸亭廊（屈）里絭器”六字章，文兩行，行三字，本用豎讀法（圖示如），義作“咸陽市亭（市府領導機關）管轄下廊里（里名）絭（工匠名）所作之‘器’（器具）”。而對同是“廊里”的四字章用橫讀法（圖示如）就把“咸廊里□”讀成“咸里廊□”。於是，在“廊里”之外又生化出一個“咸里”來。若再上推前舉六字章就變成了“咸里亭絭廊器”，這不僅不合習慣，其義也難通曉。很巧，在“咸亭郊（完）里丹器”六字章之外，又有“咸完里夫”印記（陝西省博物館藏）作證，隨後總算又有“咸完里□”四字章的發現，這些都爲解讀咸陽陶文的順序提供了實物依據。

　　就目前的資料知，秦都咸陽的陶文凡是兩行章者，都屬於豎讀，是先由右側自上而下的接讀。僅個別的四字章是先自左側由上而下的接讀，如“咸完里□”。兩字章多取上下排列，如“左禹、左登、平市”，橫向排列的讀法，有右起的（如“左李”），也有左起的（如“左如”）。單以常見的四字章爲例而論，絕無右起橫讀（圖示如□）或旋讀的（圖示如□），秦始皇陵區的陶文如此，湖北雲夢第 14 號秦墓陶甕“安陸市亭”印記、漆器上針刻文字也無不如此。

　　於此，我們可以得出秦都咸陽亭里陶文的書例是“咸亭—□里—工名—器”。六字章有時省略“里”字（如“咸亭當柳恚器”）；四字章多省“亭、器”二字（如“咸東里傲”），有時省“里”字（如“咸市陽于”）；工名多以一字爲常見，揣其意大概是因爲有了工匠所在亭里的限定，即可起到“物勒工名，以考其誠”的作用。

《古文字研究》14，頁 209—210

【咸原】

○**陳直**（1981）　咸原少嬰殘陶片文四字，1954 年 4 月，咸陽東渭城出土，存陝西省歷史博物館。印文在裏面，外表爲繩紋。咸原爲咸陽原，至今仍稱爲頭道、二道、三道原。少嬰當爲小罌之假借，原器爲罌矣。

《摹廬叢著七種》頁 397

○**孫德潤、毛富玉**（1981）　秦都咸陽出土的陶文，有六字、四字、二字和一字四種。其中以印文爲主，刻文極少。陰文居多，陽文較少。一般爲正書，也有反書的。字體以小篆爲主。陶文多印在板瓦的內面，筒瓦的外面，日用陶器的肩部、腹部，亦有印於器內壁的。

　　研究陶文的內容，首先要對陶文有正確的讀法，才能得出正確的理解。陶文中六字、二字、一字者，讀法並無異議。而四字者，自右向左橫讀，似應進一步研究。

　　秦都咸陽出土的六字陶文戳記，爲數不少。六字分左右兩行排列，其讀法應是自右向左豎讀，已發現的計有：“咸亭陽安駢器、咸亭沙壽□器、咸亭屈里□器、咸亭右里道器、咸亭當柳恚器、咸亭涇里償器、咸亭涇里忿器、咸亭東里□器、咸亭完里丹器”。從上述九種六個字的陶文戳記可以看出，“某亭”當是亭名,"某里"當是里居名稱,"某器"則是作器者的名字。

　　四字陶文戳記讀法,過去一般皆自右向左橫讀。近年來,秦代陶文戳記陸續增多,尤其是六字陶文戳記的增多,爲我們如何正確釋讀四字陶文戳記提供了有力的證據。從已有的資料可知,四字陶文戳記可有兩種讀法。一爲自右向左豎讀,一爲自右向左橫讀。例如,1975 年在咸陽長興村清理一水井(75XYCH井)時,曾於井底出土一殘陶罐,腹外壁印有陰文四字,如自右向左橫讀,即讀成"咸里完口",但根據咸陽以往所出以及 1975 年黃家溝秦墓所出陶盆及陶鼎上的"咸亭完里丹器"陶文作佐證的話,則應豎讀爲"咸完里口"。這樣,陶文内容也較易解釋,即可釋讀爲"咸亭"某里某人所作之器。同理,以已發現的"咸亭屈里口器"("屈"與"郎"通)陶文爲據,應將過去錯讀的"咸里郎角、咸里郎新、咸里郎財"等等改讀爲"咸郎里角、咸郎里新、咸郎里財"等等。其餘依此類推。"咸郎小有、咸郎小穎"只是將"里"字省略而已。因此,秦都咸陽第三號宮殿建築遺址所出四字陶文(部分陶文已發表於《考古與文物》1980 年 2 期)和歷年所採集的有些四個字陶文,應釋讀爲"咸芮里喜、咸卜里院、咸卜里戎、咸沙口壯、咸平泆黃、咸蒲里奇、咸廣里高"等等。

　　"咸陽成申、咸原小嬰、咸邑如頃"等陶文戳記,發現於秦都咸陽第一號宮殿建築遺址内。"咸陽市于、咸陽燹更、咸陽巨冐、咸陽亭久"等,亦發現於秦咸陽遺址内。此類陶文,應自右向左橫讀,因其稱謂十分明確,無庸置疑。至於"咸原、咸邑"應如何正確解釋,還可進一步研究。

《考古與文物》1981-1,頁 101、103—104

○**劉慶柱、李毓芳**(1983)　　秦都咸陽第一、三號宮殿建築遺址出土的反映民營製陶業產品的陶文戳記均爲四字陶文。可分爲以"咸陽、咸邑、咸原、咸里"和"咸"字開頭五類。（中略）

　　以"咸原"開頭的四字陶文計有:"咸原少⿱⿰𠂤⿰(?)、咸原小嬰"。秦都咸陽遺址主要分布在今咸陽市窯店公社北邊的二道原上,即《史記·秦始皇本紀》所載之"北阪"。"北阪"就是咸陽原。《雍大記》:"咸陽原在渭水北,九嵕山南。"咸陽稱咸陽原猶後趙咸陽改置石安縣亦稱石安原,此謂因地名而稱原。"咸原"當爲咸陽原省文。與"咸原"連文的"少⿰"(?)和"小嬰"當爲作器者名。

《古文字論集》1,頁 77

○**袁仲一**(1987)　　"咸原小嬰、咸原少申":《重修咸陽縣志》記載,秦都咸陽遺址所在地,"秦名咸陽原,又謂池陽原,亦名北阪。漢名長平阪,又名石安原"。可見"咸原"是"咸陽原"的省文。它不像是民閒私營製陶作坊的印記。

私營作坊的印文都有具體的里居名,不可能以咸原這樣大的地域概念作爲作坊的標記。它仍應是市府製陶作坊的印記。"咸原小嬰"和"咸原少申"的小嬰、少申,都是人名。有人把小嬰作爲器物名,不確。因爲此印記見於咸陽遺址出土的板瓦上,而不是在甕上。以小某爲人名的陶文曾發現多件,如咸郦小有、咸郦小穎、小遫等。可作爲小嬰亦爲人名的佐證。

《秦代陶文》頁 56

【咸陽】

○**袁仲一**(1987)　"咸陽平□、咸陽巨鬲";平□和巨鬲均爲人名。有人把巨鬲釋爲器物名,這與秦代製陶作坊題銘的一般規律不符。秦市、亭作坊的印記都是在市、亭之後署人名。"咸陽"是咸陽市或咸陽城的省稱。這兩種印文亦是咸陽市亭的標記。

《秦代陶文》頁 56

○**劉占成**(1987)　屬於人名前冠以地名的陶文,據目前發表資料,僅見於一號坑,二、三號坑無。其體例形式均爲人名前冠"咸陽"或咸陽的省稱"咸"字。內容有"咸陽危""咸陽秸""咸詡""咸行""咸野""咸孌""咸敬""咸處"等。

此類陶文的特點是:(1)人名前只冠地名,不見官署名。(2)陶文一般都爲刻記,不爲印戳。(3)陶文刻記部位多在兵俑臂部或腋部,少數在甲片上。

咸陽爲地名,在今咸陽市東北二十里,公元前 350 年秦孝公自櫟陽遷都於此。秦始皇統一六國後,大營宮殿,並遷天下豪富十二萬户到此,都城規模更加擴大。近年來考古工作者在秦都咸陽遺址相繼發現一、三號宮殿建築遺址,確定了秦都咸陽故城的地望。兵俑身上"咸陽",即指當時的秦都咸陽,是可以肯定的。

危、秸、詡、行、野、孌、敬、處等爲人名,這些人名前只有咸陽地名,而不見其它地名的情況,看來也是有一定原因的,依筆者所見,他們應是從京都咸陽抽調來的製陶技術工匠。因爲雕塑、製作體型高大、數量巨多的兵俑、陶馬,技術性要求很高,一般勞役人員又難以勝任,所以從原來就在咸陽從事製陶業的陶工中,抽調相當一部分人來製作兵馬俑,也是可能的。這些來自都城的匠師技工,在自己的產品上,刻記咸陽地名和各自人名,是完全可以理解的。再若從秦都咸陽遺址也多出帶有"咸"字的磚瓦陶文分析,似有"咸陽"或省稱"咸"的陶文,是咸陽都城中製陶業工人題記的特點。

《中國考古學研究論集》頁 391—392

○**張德光**(1988)　鼎銘咸陽應爲秦都。《漢書·地理志》右扶風渭城條下注:"故咸陽,高帝元年更名新城,七年罷,屬長安。武帝元鼎三年更名渭城。"據此,秦咸陽在西漢初年已經更名新城,咸陽之名到漢初已經不存在了,故鼎銘咸陽可能就是秦都咸陽。鼎銘咸陽下爲臨平。《史記・傅靳蒯成列傳》云:秦二世三年,“信武侯靳歙,以中渭從,起宛朐。攻濟陽。破李由軍。擊秦軍亳南、開封東北,斬騎千人將一人,首五十七級,捕獲七十三人,(沛公)賜爵封號臨平君⋯⋯”。這説明秦時已有臨平之地,否則沛公是不會封靳歙爲臨平君的。爲此將鼎看成是秦二世三年(公元前207年)爲靳歙所用之物是比較可能的。又據《史記・高祖紀》云:高祖七年,“二月高祖自平城過趙、洛陽,至長安。長樂宮成,丞相以下徙治長安”。注引《索隱》按:“《漢儀注》高祖六年更名咸陽曰長安。《三輔舊事》扶風渭城,本咸陽地,高祖爲新城,七年屬長安也。”《漢儀注》所謂高祖六年更名咸陽曰長安,此文記載不僅與《漢書・地理志》注咸陽更名的時間不符,就是與《三輔舊事》記載也不一樣。《三輔舊事》記:咸陽爲高祖新城,七年屬長安,這不僅與《漢書・地理志》記載基本相符,與《史記・高祖紀》七年二月徙治長安也是一致的。所以我們懷疑《漢儀注》有誤,未敢依從。既然漢初咸陽已經更名新城,那麼漢時鉅鹿郡設置臨平縣與臨平鼎亦無關係,因而我們視鼎爲秦末之物是完全有可能的。

《考古》1988–7,頁619

○**睡簡整理小組**(1990)　　(編按:睡虎地・秦律26)咸陽:秦都,今陝西咸陽東北。

《睡虎地秦墓竹簡》頁26

○**劉慶柱、李毓芳**(1983)　　秦都咸陽第一、三號宮殿建築遺址出土的反映民營製陶業產品的陶文戳記均爲四字陶文。可分爲以“咸陽、咸邑、咸原、咸里”和“咸”字開頭五類。(中略)

　　以“咸陽”開頭的四字陶文有“咸陽粁泧”(?)。咸陽爲地名多見於《史記》以及戰國時代著作,在戰國秦和秦代出土文物中亦多有關於“咸陽”之名的記載。加之前述戳印陶文的出土物適在秦都咸陽故址,因此我們認爲“咸陽”二字當連讀,作地名解,其後連文二字爲人名。

《古文字論集》1,頁77

○**周偉洲**(1997)　　1.咸陽此爲秦之都城,爲秦内史所屬縣。《漢書・地理志》右扶風下本注:“故秦内史。”下屬縣有“渭城”本注:“故咸陽,高帝元年更名新城,七年罷,屬長安。武帝元鼎三年更名渭城。有蘭池宮。”由於咸陽是秦京師所在地,故此雖屬縣級,但地位非一般縣可比。

　　2.咸陽丞印　　此爲秦内史所屬咸陽縣令之佐官——丞之印。按戰國秦、三晉之縣長官曰“令”,《漢書・百官表》云:“縣令、長,皆秦官,掌治其縣。萬户以上爲令,秩千石至六百石。減萬户爲長,秩五百石至三百石。皆有丞、尉,秩四百石至二百石,是爲長吏。”《後漢書》志第二八《百官》亦云:“縣萬户以上爲令,不滿爲長。侯國爲相,皆秦制也。丞各一人。尉大縣二人,小縣一人。本注曰:丞署文書,典知倉獄。尉主盗賊。凡有賊發,主各不立,則推索行尋,案察奸宄,以起端緒。”西漢京師長安縣設左、右丞(《漢書·百官表》);東漢京師洛陽丞三人(《後漢書·百官志》注引《漢官》)。秦京師咸陽設丞幾人不明。

3.咸陽亭印　《漢書·百官表》云:“大率十里一亭,亭有長。十亭一鄉,鄉有三老:有秩、嗇夫、遊徼。”“縣大率方百里,其民稠則減,稀則曠,鄉、亭亦如之,皆秦制也。”關於漢承秦的縣制,縣以下的行政單位,國内學者大多以爲縣以下是鄉,鄉以下爲里;亭僅作爲縣之屬吏,其職掌如《後漢書·百官志》所云:“亭有亭長,以禁盗賊。”衛宏《漢舊儀》亦云:“設十里一亭,亭長、亭侯;五里一郵,郵閒相去里半,司奸盗。亭長持三尺板以劾賊,索繩以收執盗。”劉邦就曾任秦泗水亭長(《史記·高祖紀》),仇覽爲蒲亭長、王忳爲大度亭長、李充曾署縣都亭長等(見《後漢書》七九《仇覽傳》;同書卷八一《王忳傳》《李充傳》)。亭長屬吏,除上述亭侯外,還有兩卒:“其一爲亭父,掌開閉掃除;一爲求盗,掌捉捕盗賊。”

封泥“咸陽亭印”,當指秦京師咸陽縣屬之亭,漢代又稱京師縣亭爲“都亭”。又咸陽近來出土陶器上之陶文有“咸亭、焦亭、櫟亭、杜亭”等,此皆爲咸陽或杜縣所屬之亭。

當然,秦漢之“亭”還有亭舍之亭,即指公共建築而言,又稱“郵亭”,爲交通驛站之用;也有市肆之亭,或稱“市亭”,指市場或交易中心等。

《西北大學學報》1997-1,頁 32—33

○**王望生**(2000)　“咸陽工崖”。咸陽,秦都邑名。前 350 年秦孝公自櫟陽遷都於此。後置縣。秦始皇統一六國後,遷天下豪富十二萬户於此,並大造宮殿,都城規模更爲擴大。在今陝西咸陽市東北二十里。“崖”爲陶工名。

《考古與文物》2000-1,頁 11

【咸陽市】

○**劉慶柱、李毓芳**(1983)　《史記·秦始皇本紀》載:“秦獻公七年,初行爲市。”《史記·秦本紀》載:“獻公二年,城櫟陽。”秦漢櫟陽故城遺址出土的有“櫟市”陶文戳記拱形花磚、陶罐和秦始皇陵附近、渭南縣等地出土的有“櫟市”陶文戳記的陶器,均應爲“櫟陽市”(省文爲“櫟市”)產品。孝公遷都咸陽後,“市”得到進一步發展,據文獻記載,當時咸陽的市並非一處,有咸陽市、直市、奴婢之市、鹽市、鐵市、地市等。但在秦都咸陽遺址出土的陶文戳記中僅見"咸陽市于"一例。"咸陽市"爲市名，"于"爲人名。

戰國秦和秦代"咸陽市"不僅是工商業集中之處，還是都城的重要露布或行刑之地。

《古文字論集》1，頁76

【咸陽成】

○袁仲一（1987） 關於咸陽成申、咸陽成石、咸陽成洛、咸陽成□等印文中的申、石、洛爲人名。"咸陽成"的"成"，與"城"通，即"咸陽城"。隨着商業和手工業的發展，市井貿易日益繁榮。到戰國時已是"千丈之城，萬家之邑相望"（《戰國策》）。封建政府爲加強對貿易活動的控制和牟取市稅的收入，不但在名都大邑設市，而且在一般縣邑的小城也設市。城是都邑、市井的所在地。城和市二者緊密相連，密切相關，所以後來把城市連稱。而"咸陽城"和"咸陽市"兩種印文的含義是相同的，都是市府經營的製陶作坊的印記。

《秦代陶文》頁56

△按 《説文》："咸，皆也，悉也。从口从戌。戌，悉也。"上博一《緇衣》"咸"字所从戌旁省去中閒横筆。秦陶之"咸"，皆指咸陽。

呈 呈

郭店・老甲10　　侯馬3:19　　侯馬1:97　　璽彙4519　　璽彙4523

○何琳儀（1998） 戰國文字下从土旁，或聲化从壬旁。《説文》："呈，平也。从口，壬聲。"

《戰國古文字典》頁803

【呈志】璽彙4517—4524

○何琳儀（1998） 吉語璽"呈志"，讀"逞志"。《左・襄廿九》："求逞志而棄信。"

《戰國古文字典》頁803

△按 成語璽"呈志"，或可讀爲"逞志"，稱願之謂也。九店楚簡《日書》有"涅其志"（簡56・26），對應睡簡作"盈志"，九店簡56・47又作"溫志"。參卷十一水部【涅志】條引劉樂賢、李家浩諸説。楚文字"涅"即盈滿之盈的專字，然則璽文"呈志"又或可依楚簡讀爲"盈志"，謂滿足意志。郭店《老子》甲簡10"保此道者不欲尚呈"，今本《老子》作"保此道者不欲盈"，此"呈"亦讀爲"盈"。

右

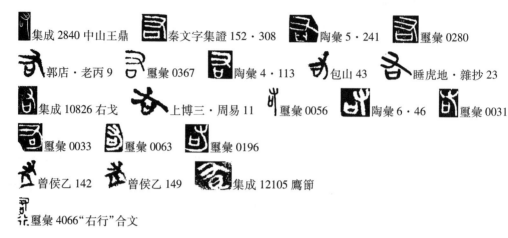

《集成 2840 中山王鼎　秦文字集證 152·308　陶彙 5·241　璽彙 0280
郭店·老丙 9　璽彙 0367　陶彙 4·113　包山 43　睡虎地·雜抄 23
集成 10826 右戈　上博三·周易 11　璽彙 0056　陶彙 6·46　璽彙 0031
璽彙 0033　璽彙 0063　璽彙 0196
曾侯乙 142　曾侯乙 149　集成 12105 鷹節
璽彙 4066“右行”合文》

○夏名采(1983)　（編按：集成 11127 陳胎戈）援部有篆書銘文：“陳胎之右户戈。”右即車右，户爲人名，此戈爲陳胎的車右名户之人所用兵器。

《文物資料叢刊》7，頁 79

○裘錫圭、李家浩(1989)　（編按：曾侯乙 1）簡文“右”不從“口”而從“工”。“工”旁作**Δ**形（簡文“左、攻”等字所從“工”旁與此相同），中閒的豎畫改用勾廓法寫出。戰國印文“王”旁或寫作**王**（《古璽文編》5 頁“瓆”字所從），與此相類。

《曾侯乙墓》頁 501

○黃錫全(1993)　（編按：貨系）

3576		右廿百	右十七百	背文	燕	刀
3605		右子	右巳	背文	燕	刀
3611		右□	右丑	背文	燕	刀
3612—3613		右丑	右甲	背文。河北出象牙干支甲作**廿**，曾簡、楚簡作**廿王**	燕	刀
3618—3620		右工	右左	背文	燕	刀
3633—3636		右□	右内	背文	燕	刀
3668—3669		右邑	右百百	即二百。背文。3763—3765 同	燕	刀
3740—3741		右金	右百	背文	燕	刀
3745—3759		右□	右内	背文	燕	刀
3753—3757		右□工	右内左	背文	燕	刀

《先秦貨幣研究》頁 357，2001；原載《第二屆國際中國古文字學研討會論文集》

○**李家浩**(1998)　(編按:膺節)第七字原文作从"曰"从"又"。此字還見於戰國璽印文字,與蔡侯紳盤"祐受無已"之"祐"所从的"右"旁寫法相同,故將其釋爲"右"。

　　《著名中年語言學家自選集・李家浩卷》頁90,2002;原載《海上論叢》2

○**何琳儀**(2000)　1986年出土於莒縣閻莊鎮周馬官莊。(中略)銘文僅一字:右

　　該銘與《三代》20.1.2相同,但非一器。齊系兵器銘文往往在地名後綴以"左、右",如"城陽左"(《周金》6.46)、"昌城右"(《小校》10.26.1)。其"左、右"乃"左戈、右戈"之省稱。"平阿左戈"(《小校》10.31.1)或作"平阿左"(《小校》10.25.1),是其確證。

　　　　　　　　　　　　　　　　　　　　　　《文史》2000-1,頁34

○**濮茅左**(2003)　(編按:上博三・周易11)上九:自天右之,吉亡不利　"右",《説文・口部》:"右,助也。"《爾雅・釋詁》:"右,導也。"《正韻》:"與祐、佑通。"《詩・周頌・我將》:"維天其右之。"聖人明天道、察民,獲天人之助,故吉無不利。《象》曰:"《大有》上吉,自天祐也。"

　　　　　　　　　　　　　　《上海博物館藏戰國楚竹書》(三)頁152

【右工帀】

○**王輝**(1997)　長沙出土的昭王二十九年漆匜銘有"右工師",遼寧出土的元年丞相斯戈銘有"櫟陽左工去疾","左工"即"左工師"之省,説明秦中央和地方有時設左、右兩種工師。又秦時蜀郡設東、西工師,情形相似。此戈銘"左工師",可見漢中郡也有左、右工師。

　　　　　　　　　　　　　　　　《陝西歷史博物館館刊》4,頁23

○**李朝遠**(1999)　"右"爲"右庫"之省。頓丘令戈:"卅四年頓丘命(令)蠻,左工帀(師)誓……"左工師即左庫工師;邵令戈:"廿三年命(令)垠,右工帀(師)……""右工師"即右庫工師。左庫、右庫是三晉兵器及其他器具的冶作造器之所,可能也是儲藏之所。(中略)

　　戈的國別另有可討論之處。從目前的資料看,韓國兵器的銘文款式凡涉及庫名時均爲全名,"鄭右庫""鄭武庫""鄭生庫";或稱"左庫工師""武庫工師""生庫工師";或前不綴庫名僅稱"工師"。尚不見單稱"左""右"者。銘文的基本款式與韓國兵器最爲接近者爲魏國兵器,惟魏兵中以"左""右"爲"左庫""右庫"之省的行款卻異於韓、趙兵器,前所引的頓丘令戈、邵令戈均爲魏兵。汝陰戈銘文的格式與此相似,恐亦屬魏兵。汝陰戈銘的"冶"字作𰁼,據

學者研究,此字形爲三晉特有寫法,以韓國最爲流行,魏國亦使用。

《中國文字研究》1,頁 165—170

△按　王輝説是,"右"不必視爲"右庫"之省。

【右公田】

△按　見本卷八部【公田】條。

【右匀】貨系 2015—2017

○**黃錫全**(1993)

2015—2017	彡于	于□	右匀	52—57 少曲市左之左作 毛 毛, 右旬疑指山西新絳縣郇

《先秦貨幣研究》頁 355,2001;

原載《第二屆國際中國古文字學研討會論文集》

【右尹】曾侯乙 144

○**裘錫圭**(1979)　在簡文所記的贈馬者中間,也可以看到很多楚國類型的官名,例如:(中略)

右尹——見於《左傳》成十六年、襄十五年。

《古文字論集》頁 407,1992;原載《文物》1979-7

○**羅運環**(1991)　曾侯乙墓竹簡記載曾侯乙死後贈馬者有"左尹、右尹"。此二職有可能爲楚國中央王朝的職官,也有可能屬曾侯乙的屬官,不可定論。

《楚文化研究論集》2,頁 273

○**裘錫圭、李家浩**(1989)　楚國有"右尹"之官,見《左傳》成公十六年、襄公十五年等。

《曾侯乙墓》頁 525

【右卯】集成 10944 右卯戈

○**徐在國**(2005)　總之,上列兵器銘文中的"卯(茆)戈"與"散戈、誅戈、戓戈"等義同,並訓爲擊殺之器。"右卯"應爲"右庫卯戈"的省稱。

《古漢語研究》2005-1,頁 65

【右仟尹】

○**何琳儀**(1993)　"仟尹"可讀"芊尹"。《史記·楚世家》:"芊尹申無宇之子申亥曰,吾父再犯王命。"正義:"芊尹,種芋之尹也。"

《江漢考古》1993-4,頁 56

○**劉信芳**(2003)　(編按:包山 41)職官名。簡 71 有"仟門人"、191 有"仟公"。

按"仔門人"猶"吁門人",亦即守門人。《禮記·檀弓上》:"曾子聞之,瞿然曰:吁。"《釋文》:"吹氣聲也。"吁一本作"呼"。睡虎地秦簡《秦律十八種》簡7"河禁所"即"呵禁所",意即守衛禁苑的處所。呵、呼、吁一音之轉,由此可證"仔門人"即"守門人","右仔尹、仔公"等是守衛城門、關門或禁苑之門的長官。"仔尹"《左傳》作"芋尹",昭公七年:"楚子之爲令尹也,爲王旌以田,芋尹無宇斷之曰:一國兩君,其誰堪之。"此芋尹明顯是山林禁苑之守衛官。又春秋時陳國有"芋尹蓋"(《左傳》哀公十五年),是稱門禁官爲"芋尹",非獨爲楚國所有也。

《包山楚簡解詁》頁 53—54

【右司空】官印 0018、0019

○**羅福頤等**(1987) 《漢書·百官公卿表》:少府屬有左右司空。獄官也。

《秦漢南北朝官印徵存》頁 4

○**袁仲一**(1987) 右司空類陶文的出土地點和左司空陶文相同,基本上都是秦始皇陵和秦都咸陽遺址出土,其他地區十分罕見。此類陶文目前共發現七十三件,三十一種。根據字的排列組合情況可分爲如下五式:

一式爲人名前冠有"右司空"三字,如右司空係、右司空嬰、右司空尚、右司空眛、右司空率、右司空詨等。係、嬰、尚、眛、率、詨等都是陶工名。右司空爲少府的屬官。(中略)

二式爲"右司"二字,是右司空的省文。

三式爲人名前冠一"右"字,如右窨、右尚、右角、右弱、右禾、右潔等。右是右司空的省稱,右下的字都是陶工名。(中略)

四式爲"右工師","工師"二字爲合文。

五式爲僅有一字的印文,如右、禾、角、齊等。右是右司空的省文,禾、角和齊與右禾、右角、右齊同見於板瓦上,可知它們都是屬於右司空管轄的製陶作坊的陶工名。

上述五式中,一式比較完整,其餘各式都是一式的簡化。值得注意的是四式的"右工師"三字。此印文雖未標明製造磚瓦的具體陶工名,但卻明確地指出了主造磚瓦的工匠是右司空的工師。由此可以推知左、右司空燒造的磚瓦都是由工師負責燒造的。上面提到的屬於左、右司空類的一些陶工名,如係、高、尚、嬰、角、禾、齊、率、胡、嘉……等人的身份都應是工師。

屬於左、右司空類的陶文,在已發現的秦代陶文中占的比例最大,而且在秦都咸陽遺址、阿房宮遺址、林光宮遺址,以及秦始皇陵園範圍內都有發

現,這説明左、右司空是秦代燒造磚瓦的一個重要機構。漢代燒造磚瓦的
主要機構是都司空,其次是左、右司空。這是秦漢中央官署製陶業的不
同處。

　　秦始皇陵發現的屬於左、右司空類的陶文,多數簡稱爲左司、右司,而簡
稱爲左、右者在陶文中占的比例很小。而秦都咸陽宫殿遺址發現的陶文則相
反,多數是把左、右司空省稱爲左、右,而罕見簡稱爲左司、右司者。這恐非偶
然的現象,可能是左、右司空爲陵園燒造的磚瓦,與爲宫殿建築燒造的磚瓦,
爲使二者便於區别,以免混淆,因而打上了不同的印記。

　　　　　　　　　　　　　　　　　　　　　　《秦代陶文》頁 40—41

△按　見卷九司部【司空】條。

【右司馬】曾侯乙 150

○裘錫圭(1979)　左司馬、右司馬——見於《左傳》文十年、襄十五年。

　　　　　　　　　　　　《古文字論集》頁 407,1992;原載《文物》1979-7

【右行】璽彙 4066、4067

○何琳儀(1998)　晉璽"右行",複姓。晉屠擊將右行,因氏焉。見《通志·氏
族略·以官爲氏》。

　　　　　　　　　　　　　　　　　　　　　　《戰國古文字典》頁 11

【右車】璽彙 0835、3024、4088

○羅福頤等(1981)　軝。

　　　　　　　　　　　　　　　　　　　　　　《古璽文編》頁 338

○吳振武(1983)　0835 長軝·長右車。

　　3024 膞軝·膞右車。

　　4088 馬適軝·馬適右車。

　　　　　　　　　　　　《古文字學論集》(初編)頁 494、511、521

○吳振武(1989)　右車

此二璽重新著録於《古璽彙編》(○八三五、三○二四)。
璽中軝字《古璽文編》隸定爲"軝"(338 頁)。

　　今按,軝應釋爲"右車"二字合文。二璽中的"右車"皆是人名。古人常以
"右車"爲名,僅就古璽所見,"右車"作分列式的有"王右車"(《古璽彙編》○
五五三)、"韓右車"(同上五六二九),作合文式的有"馬帝(適)右車(軝)"(同
上四○八八)、"簺(籐—滕)右車(軝)鉥(璽)"(同上五六八二),後者有合文

符號"＝"。因此,此二璽中的轊、轛應釋爲"右車"二字合文是可以肯定的。"右車"合文作轊者《古璽文編》未録,《古璽彙編》亦誤釋爲"𨎥",過去黄賓虹先生在《賓虹草堂鉢印釋文》中釋爲"右車"是完全正確的。

《古文字研究》17,頁 279

【右酉】丙辰方壺

○**馮勝君**(1999)　右酉:機構名。此外,1953 年出土於河北興隆縣大副將溝的戰國燕鐵農具範上刻有"左酉"字樣,其性質當與右酉相同。酉,疑讀爲曹。《禮記・内則》:"稻醴清糟,黍醴清糟,粱醴清糟。"《周禮・天官・酒正》鄭注載鄭司農説此糟作酳,可證曹、酉聲系相通。曹,官曹,古代分科辦事的官署或部門。徐灝《説文解字注箋》:"職官分曹治事謂之曹。"左酉(曹)、右酉(曹)當爲燕國青銅器監造部門。

《中國古文字研究》1,頁 190—191

【右彤㫄】曾侯乙 38

○**裘錫圭、李家浩**(1989)　"左橦㫄"亦見於下面 B 類簡(127 號)。同類車名還有"右橦㫄"(132 號)、"右橦殿"(39 號、136 號)。48 號簡記安車有"橦軒",此"橦"字似應讀爲"油幢車"之"幢",指帷幕。㫄、殿是兵車,不應當有帷幕,"橦㫄、橦殿"之"橦"與"橦軒"之"橦"似不同義。38 號簡的"右彤㫄",即 B 類 132 號簡的"右橦㫄",或疑"橦"即"彤"之假借字。

"左彤殿"亦見於下面 B 類簡(130 號)。38 號簡的"右彤㫄"在 B 類簡中作"右橦㫄"(133 號)。"橦"字聲旁"童"與"彤"字古音同屬定母東部,故二字可以通用。

《曾侯乙墓》頁 513、514

【右宎】集成 11908 右宎鐱

○**黄茂琳**(1973)　《三代》(20.59.4)著録一戈鐱銘云:"右𡧛(宎)造。"可以確證"右宎、右舍、右廩、右舍、中舍、東倉、右宎(坊)"等都是製器作坊所在,所从之宀、八、亠等都是表示房屋建築之形。

《考古》1973-6,頁 376

△**按**　鐱銘"右"下一字作■,未必从方,有可能是"内"字。

【右明乇强】貨系 2343

○**鄭家相**(1944)　此布出土燕地,去年戴葆庭君,去北平獲有拓墨一紙來本社,同人見之,歎爲創見,並囑予考釋。予細審之,僅識右方上下二字爲右明,左方上下二字,因拓墨不晰,一時不能識。旋聞此布歸老友方藥雨君,乃馳書索精拓,承其惠賜二紙,並附書相告曰:"四字小布,文似右明亲佀,亲,新也;佀,偑也,佀並見明刀背文,或古地名,失載。"予再四審視,左方上一字,確屬亲字,即新字省文,見趙地出土之小刀,文曰晉陽亲化者是也。下一字是否偑字,尚須待考,蓋亲字下增一地名,則布文之義,頗費解矣。予疑或是化字之異文也。然此布之發現,與燕國貨幣制度,大有關係,燕國貨幣,予嘗以明刀屬之(詳《上古貨幣推究與明刀之研究》)。明刀近年在燕地時有出土,而數且多,可知其鑄時甚久,爲燕國盛行之貨幣。至戰國中期,燕地受布化影響,嘗仿鑄方足小布,如益昌、襄平、平陰是也。益昌、襄平、平陰三布,向無所屬,但其形制較小,背皆平夷,與黃河中游諸國所鑄行之小布異制,予嘗考證布文地名,及出土地點,定爲燕布。今再證以此布,形制相同,背亦平夷,且著明字,與明刀有關,則燕之嘗鑄布化,更可確定矣。不過明刀行使遍燕地,爲燕國主要貨幣,此種小布,爲一地所仿鑄,或一時所偶鑄,非燕國主要貨幣也。此布文明字,即明刀面文之明字,此布文右字,即明刀背文之右字,明爲燕刀之通稱,右爲鑪座之位次,其曰右明者,乃與右背明刀同鑪所鑄也。明刀背文分左右內外四種,既有右明,應尚有左明、內明、外明,但左內外三鑪,是否亦嘗鑄此小布,則不可知矣。予以爲右鑪鑄此小布,乃偶然之作,並非規制,故傳世絕罕。其著亲字者,乃對舊制明刀而言,亦猶趙鑄小刀,而曰晉陽亲化也。或曰,趙地向行布化而鑄小刀,燕地向行刀化而鑄小布,何也。曰戰國之世,燕趙相鄰,文化交通,日益頻繁,刀布之制,互相效仿,趙仿燕制而作小刀,燕仿趙制而作小布,貨幣形制之分界,已不如春秋時之隔閡。然刀在燕爲舊制,在趙爲新制,布在趙爲舊制,在燕爲新制,此趙刀燕布所以嘗有亲字著文也歟。今於此布之文字與形制,可以證明者三點:

　　一、明字上加右字,或左內外等字,可證明字非地名,而爲燕刀之通稱。

　　二、此布文明字中有一點,可證其確屬明字,釋召字者非。

　　三、明刀爲燕地通行貨幣,定爲埋葬所用者,與盟會所用者,均屬非是。

《泉幣》23,頁 8—9

○**鄭家相**(1958)　文曰右易亲佀。按右爲易刀背文,易爲易刀面文,其曰右易者,乃鑄於易刀之右鑪也。亲爲新省,對舊制易刀而言,燕鑄刀爲常,鑄布爲變,故曰新,亦當時各國交通日繁,互相效仿也。末一字,證之剛平盤,與剛痕戈,剛均篆作佀,與此布文同。《說文》古文剛作佲,亦與此相似,其爲剛字無疑。《說文》:"剛,彊斷也。"與"釿,劑也"均有齊平之意,古人著此爲幣文,其猶釿字名布而爲幣名,含有平賈之意歟。魏以釿名布,而曰夸釿,燕以伲名布,而曰新伲,意義固相同也。此布形制與益昌、襄平等布同,則益昌、襄平等之爲燕布,可互證矣。

《中國古代貨幣發展史》頁 106

○**王一新**(1984)　這小布的産地前後映徵都在新城、易縣一帶,確爲燕幣無疑。面文前三個字,都認爲係"右明亲"也無問題,只有末一字"伲",尚待考證。

我個人意見,按空首布中有"貝、貝、只"三品,前人作"貝"字。

"明刀"背文貨金的貨字作"𧴩"。

楚幣中,背文十貨的貨字作"𧵩、𧵩"。

余藏小籩刀中,有一品"籩"字下一字作"佰",我早釋爲貨字,叫"籩貨刀"。

綜上各幣,"伲"字帶一立人是肯定了,已接近貨字的部分,右旁有口二似與貝字也有些關係,再從字面上分析,新化兩字講得通,也近情理。因此,我與鄭家相先生所説疑爲化之異文的見解相同。定爲"右明亲化"四字。

《中國錢幣》1984-3,頁 29

○**郭若愚**(1991)　燕國在戰國晚期也鑄造布幣,其中有"右明新冶"布一種,如果這四字釋爲"右邑新冶",意謂此幣"右邑"新鑄之品,則辭通意明。於此,我們也可以聯想,有"右邑"必有"左邑","明"字刀背文之"左口、右口"可能指的是"左邑"和"右邑",而省簡爲"左"和"右"。"明"字刀背文的"左、右",同樣是説明此"明"字刀的鑄造地是"左邑"或"右邑"。燕有上、下兩都,很明顯"上都"和"下都"即是燕國的兩處鑄造貨幣的集中地點。"右邑"是否指"上都","左邑"是否指"下都",這問題有待考古工作的進一步證實。

《中國錢幣》1991-2,頁 59

○**何琳儀**(1992)　"右明㚔罡"。銘文四字,又非地名,是燕布中僅見的品類,十分重要。據云已發現十二枚。

第三字或釋"辛",讀"新",不確。按,此字應隸定"㚔",釋"辝",讀"司"。檢《中山》七三"辝"作"𧫽",正從"㚔"。據《説文》"辝"乃"辭"之籒文。"辭"西周金文作"𤔧",晚周金文多省作"司"。因此,燕布"㚔"也應讀"司"(三晉方足布有從"邑"之"𨛷",地望待考)。

第四字釋讀頗有分歧。其中釋"伲(剛)、冶、罡(工)",與此字形體密切,但又不可不辨其得失。

　　第一説據《説文》"剛"之古文作𠛬釋"伒"（按當作"弓"），頗有見地。然謂"剛"有"平賈之意"，又誤讀"𢆥"爲"新"，遂使幣文扞格難通。

　　第二説釋"冶"，然"冶"从"刀"，而此字並不从"刀"，故不能釋"冶"。

　　第三説隸定爲"弓"，不誤，但讀"工"則非是。燕文字自有"司空"（《璽彙》0082），"工"不作"弓"。

　　今按，"弓"乃"弘"之戰國古文，其中"＝"爲分化符號。因"强"从"弘"得聲（《説文》："强，蚚也。从虫，弘聲。"强、弘雙聲），故戰國文字"弓"可讀"强"。例如：

　　一、《侯馬》323"弓梁"即"强梁"，詞見《墨子·公孟》："身體强梁。"

　　二、天星觀楚簡"弓死"即"强死"，詞見《左傳·文公十年》："三君皆將强死。"

　　三、《璽彙》0336"武弓"即"武强"，詞見《漢書·地理志》信都國"武强"。

　　上文引《説文》"剛"古文作"弓"屬聲音通假。"剛、强"一字分化。總之，燕布銘文"弓"讀"强"殆無疑義。

　　"𢆥弓"可讀"司緡"或"司鐳"。"緡"本義爲貫錢之索。《管子·國蓄》："歲適凶，則市糴釜十緡。"又："使萬室之都，必有萬鍾之藏，藏緡千萬；使千室之都，必有千鍾之藏，藏緡百萬。"《漢書·食貨志》"臧緡千萬""臧緡百萬"。"緡"或作"鐳"。《西京雜記》三："茂陵人袁廣漢，藏鐳巨萬。"《文選·蜀都賦》"藏鐳巨萬"，注："鐳，錢貫也。"《集韻》："鐳，以緡貫錢。"戰國刀幣、圜錢及若干布幣皆有穿孔，此戰國貨幣可用緡貫之確證。引申而言，以繩索貫穿之貨幣也可稱"緡"。《正字通》："鐳，錢謂之鐳。"《南史·郭祖深傳》："累金藏鐳。"這應是"緡"改變形符作"鐳"的原因。"鐳"，又是金的別名。《正字通》："鐳，白鐳，金別名。"這是字義的進一步引申。梳理"緡"和其分化字"鐳"的義訓，可知燕布"司鐳"的"鐳"顯然指貨幣。"司鐳"可能是燕國管理貨幣的職官，相當周官"司貨"（《禮記·曲禮》下），"右明"則可能是管理貨幣的機構。

　　迄今爲止，燕國大量刀幣中的"明"字，含義尚不明了。"右明司鐳"的釋讀，爲探明"明"字的蘊義提供一條重要線索。

　　　　　　　《古幣叢考》（增訂本）頁 43—46，2002；原載《中國錢幣》1992-2

○**黃錫全**（1993）　右明𢆥强　讀右明司緡，管理貨幣的機構。

　　　　　　　　　　　　　　　　　　　《先秦貨幣研究》頁 355，2001；

　　　　　　　　　　　　原載《第二屆國際中國古文字學研討會論文集》

【右⿱升止徒】曾侯乙 150

○**裘錫圭、李家浩**(1989) “右⿱止斗徒”亦見於D類簡(211號),“⿱止斗”作“⿺辶斗”。“⿱止斗”字从“止”从“斗”。“止”是“趾”的初文,用作表意偏旁時往往可以跟“足”通用。如164號簡的“⿱奇足”應即“踦”字,175號簡的“⿱石足⿱干足”應即“跖⿰足干”,皆是其例。“斗”旁原文作“”,從字形上看没有問題是“斗”字,但是古文字“斗、升”二字形近,作爲偏旁有時混用。侯馬盟書人名“隥”的異文“阩”,或从“斗”作(《侯馬盟書》349頁),即其例。因此,“⿱止斗”實際上很可能是“⿰足升”字。簡文此字或寫作“⿺辶斗”,這與簡文“路”作“⿺辶各”同例。“右⿰足升徒”和下面152號簡“左⿰足升徒”都是官名。《戰國策·齊策三》有“郢之登徒”,鮑彪曰:“登徒,楚官也。”《文選·登徒子好色賦》又有“大夫登徒子”,李善注:“大夫,官也。登徒,姓也。”此或即以官爲姓氏。“⿰足升、登”二字音義俱近,疑簡文的“⿰足升徒”當讀爲“登徒”(參看湯炳正《“左徒”與“登徒”》,《中華文史論叢》1981年3輯)。

《曾侯乙墓》頁526

【右采鐵】睡虎地·雜抄23

○**睡簡整理小組**(1990) 右采鐵、左采鐵,應即《史記·太史公自序》所説“秦主鐵官”。丁晏圃《璽印集英》有“右冶鐵官”秦印。西漢封泥有“臨菑采鐵”,是郡國的鐵官,參看《漢書新證》卷一。

《睡虎地秦墓竹簡》頁85

【右㐭】集成11832右廩鐵鑼範

○**黃茂琳**(1973) 興隆出土燕國鐵範銘文有“右”(或釋“倉”,或釋“廩”,尚不能定),其附近不遠正有古代冶鐵作坊遺址,所以“右”自是表冶鑄作坊。

《考古》1973-6,頁375—376

△**按** 範銘“右”下之字作,即㐭,“右㐭”即“右廩”。

【右使車嗇夫】

○**裘錫圭**(1981) 左使車嗇夫孫固就是主管鑄造這件圓壺的官吏。其他各器所記的主管鑄造的官吏也都是嗇夫,除左使車嗇夫外,尚有右使車嗇夫、冶匀嗇夫、□器嗇夫、牀麀嗇夫等名稱。這些嗇夫大概都是官嗇夫。其中,“冶匀嗇夫”和“□器嗇夫”似是以冶鑄爲專職的官吏。

《雲夢秦簡研究》頁244—245

【右宫】

○**陳直**(1981) 右宫 咸陽 陶録二 劉瑞亭藏 一見

　　按：此爲秦瓦，瓦頭爲完整之圖案花，極精極稀之品。

《蓼盧叢著七種》頁 367

【右軍】

○**高士英**（1989）　（編按：近出 1231 四年𨚓相樂寏鈹）“右軍”可能是軍官職稱。

《考古與文物》1989-3，頁 21

○**王輝**（1989）　（編按：四年𨚓相樂寏鈹）但三晉通例，製造兵器的機構稱庫，例甚多，不煩枚舉。唯燕或稱軍，《商周金文録遺》585 收有“鄽右軍”矛。代地近燕，可能受其影響，且軍、庫字形相近，容易混淆，但考慮到三晉的通例，此字仍應看作庫的訛字。庫有工師，乃工官之長，而軍字兵器銘文未見與工師連用者。

《考古與文物》1989-3，頁 72

○**沈融**（1994）　第一組：“右軍”和“左軍”。

　　1.大矛 1 件，葉側銘“鄽右軍”。

　　2.小矛 1 件，骹部銘“鄽侯載作左軍”。

　　這兩則銘文中，“左軍、右軍”都用於標識兵器的配屬單位。軍，從車，兼得其聲(jū)。《周禮·夏官司馬》：“萬有二千五百人爲軍，王六軍，大國三軍，次國二軍，小國一軍。”《説文》一曰“軍，兵車也”。可見軍是指以車兵爲主體的武裝部隊的最高建制單位。在車戰盛行的年代裏，一國武裝力量主要是由若干“軍”組成的。燕國兵器銘文所表現的“左軍”和“右軍”，都屬於這種性質的軍。

《考古與文物》1994-3，頁 92

○**馮勝君**（1998）　（編按：集成 11220 鄽侯載戈）典籍中關於燕國軍制的記載，見《史記·燕召公世家》：“燕王怒，群臣皆以爲可，卒起二軍，車二千乘，栗腹將而攻鄗，卿秦取代……燕王不聽，自將偏軍隨之。”上引文中燕王指燕王喜，這條材料似乎反映了戰國晚期燕國中央軍爲二軍編制。但是在燕國古文字材料中卻左軍、中軍、右軍皆有。左軍、右軍見於鄽侯載戈銘文，中軍見於燕璽（《古璽彙編》五五四七、〇三六八號）。也就是説，燕國中央軍至少曾經一度爲三軍編制。又據《資治通鑑·周紀四》載，赧王三十一年（燕昭王二十八年）燕將樂毅率前、左、中、右四軍分道略齊。識此備參。

《華學》3，頁 245—246

【右展】曾侯乙 152

○**裘錫圭、李家浩**（1989）　“展”，或作“輾”。簡文所記的“展”有大展、左展、

右屏,與大斾、左斾、右斾相對,是"屏"或"輾"並當讀爲指殿後的兵車的
"殿"。《左傳》襄公二十三年"大殿,商子游御夏之御寇,崔如爲右",杜預注:
"大殿,後軍。"《文選・東京賦》"殿未出乎城闕,斾已返乎郊畛",薛綜注:
"斾,前軍。殿,後軍。"

《曾侯乙墓》頁 512

【右斾】^{曾侯乙 147}

○**裘錫圭、李家浩**(1989)　古代作戰時一般以兵車載斾置於軍前。《左傳》宣
公十二年"令尹南轅反斾",杜預注:"斾,軍前大旗。"載斾的前驅兵車也可以
稱爲斾。《左傳》哀公二年:"陽虎曰:吾車少,以兵車之斾與罕、馴兵車先陣。"
杜預注:"斾,先驅車也。"因"斾"用爲兵車名,故簡文或寫作从"車"。簡文所
記之"斾"有大斾、左斾、右斾。《左傳》僖公二十八年:"城濮之戰,晉中軍風
于澤,亡大斾之左旃。"大斾是指中軍前驅的兵車,杜預注理解爲旗名是錯誤
的。《左傳》僖公二十八年:"胥臣蒙馬以虎,先犯陳、蔡。陳、蔡奔,楚右師潰,
狐毛設二斾而退之。"疑"二斾"即左斾、右斾之類。

《曾侯乙墓》頁 502

【右校】

○**劉慶柱、李毓芳**(1983)　2.將作少府:

屬於將作少府屬官的陶文戳記有"右校、右徒"。

〈1〉右校:

《漢書・百官公卿表》載:將作少府"屬官有石庫、東園主章、左右前後中
校七令丞"。陶文"右校"爲右校令丞省文。

〈2〉右徒:

《續漢書・百官志》載:左校令丞"掌左工徒",右校令丞"掌右工徒"。陶
文"右徒"爲"右工徒"省文,此猶"左司空"省文爲"左空"。

《古文字論集》1,頁 76

【右徒】

○**劉慶柱、李毓芳**(1983)　《續漢書・百官志》載:左校令丞"掌左工徒",右
校令丞"掌右工徒"。陶文"右徒"爲"右工徒"省文,此猶"左司空"省文爲
"左空"。

《古文字論集》1,頁 76

【右般】

△**按**　見卷五左部左字下【左般】條。

【右卿】
○李家浩（2000）　（編按：九店56·48）此字右下側有兩點，似是“右卿”的合文。
“卿、鄉”古本一字。“右卿”當讀爲“右嚮”。

《九店楚簡》頁 115

【右敄】近出 1106 右敄戟
○韓自强、馮耀堂（1991）　胡刻“右戟”二字。

　　右戟失刺（矛）。銘刻僅記鑄造機構右庫和兵器名戟，無鑄造地名和鑄造
人（冶、工師）。該戟屬戰國銘刻兵器裏的最簡式，具有韓、魏兵器特徵。

《東南文化》1991-2，頁 259

○劉雨、盧岩（2002）　右造。

《近出殷周金文集録》（四）頁 132

△按　銘文當讀“右敄（造）”，“造”字右半爲攴旁。

【右庶長】
○袁仲一（1987）　右庶長，爲秦之十一等爵；歜爲人名。陳直先生認爲此人
即壽燭。《史記·穰侯列傳》：“（昭王十五年）魏冉謝病免相，以客卿壽燭爲
相，其明年燭免，復相冉。”丞相觸戈銘：“……年，丞相觸造，咸［陽工］師葉，工
武。”（《貞松堂集古遺文》續下 22·2）歜、燭、觸三字音同，可互相通假。惠文
王前四年（公元前 334 年）歜爲右庶長，至昭襄王十五年（公元前 292 年）爲丞
相，中閒相隔四十二年，可謂秦之老臣。從“以客卿壽燭爲相”可知，壽燭原非
秦人，原籍何處不知。馬非百先生説：“客卿有廣狹二義”，廣義是“舉凡諸侯
人之不産於秦而來仕於秦者，皆得名之曰客卿”；狹義，“則客卿乃一特定之官
名，專爲位置某種諸侯人之來仕於秦者而設，而非泛指一切爲客於秦之諸侯
人”（《秦集史·客卿表》）。此説可信。此處應爲狹義之客卿。客卿之位甚
尊貴，僅在相之下。歜先爲右庶長，何年升爲客卿，史籍缺載。

《秦代陶文》頁 78—79

【右牂駒】璽彙 0048
○羅福頤等（1981）　右牂（將）司馬。

《古璽彙編》頁 8

○尤仁德（1983）　《説文·酉部》醬字古文作牂，與璽文牂字同。牂是將之
同聲假借字。可是司字省文。馬字省作，象馬眼（即以目代首）和三根鬃毛
形。我國古代有尊右風尚。右將是正將。此爲武官用璽。

《天津社會科學》1983-2，頁 97

○**裘錫圭**(1992) 上引印文的"騎右將"當與《傅寬傳》的"右騎將"同義,也許上引印文就應該讀爲"右騎將"。此外,此印文當讀爲"右將騎"的可能性,似乎也不能完全排除。傳世有風格跟齊國古璽相似的"右田牂(將)騎"印,可證古代確有"將騎"職名。

《文博研究論集》頁 84

○**劉釗**(1994) 右騎將。

《史學集刊》1994-3,頁 74

△**按** "右牂駠",即"右將騎"。詳參卷十四酉部【牂騎】條。

【右敓】曾侯乙 1

○**裘錫圭**(1979) 簡文還記載了一些御車者的名字,其中有的人是有官銜的,如宮廄尹、宮廄敓(令)、審寶敓(令)、新官敓(令)、右命(令)、差(左)敓(令)、鄰連躐(敖)、南(?)陵連躐(敖)。這些御車者按理說都應該是曾侯自己的屬下,但是他們的官名卻多與楚國的相同。例如:楚有宮廄尹,見《左傳》襄公十五年和昭公元年。《左傳》昭公二十七年記楚有"右領",疑即"右令"之訛。秦漢之際楚地反秦軍將領有很多當過連敖(見《漢書・功臣侯表》等),連敖無疑是楚國官名。

《古文字論集》頁 407,1992;原載《文物》1979-7

○**裘錫圭、李家浩**(1989) 楚有"右領"之官,見《左傳》昭公二十七年、哀公十七年。《漢書・南粤傳》載漢文帝與南越王趙佗書:"服領以南,王自治之。"《鹽鐵論・備胡》"服領"作"服令"。"領"從"令"聲,故"領、令"二字可以通用。疑"右領"即簡文的"右令"。簡文除了"右令"之外還有"左令",見 7 號簡。

《曾侯乙墓》頁 501—502

【右廄將馬】官印 0026、0027

○**羅福頤等**(1987) 右馬廄將 右馬廄當是右騑馬之廄。

《秦漢南北朝官印徵存》頁 5

○**牛濟普**(1988) 此印若按一般正讀,則爲"右馬將廄"。陳直先生按正讀理解此印,誤。我把多方此類印加以排比,又據文獻所載,可以認定這類印應按"右馬廄將"的識讀順序爲正確,更重要的是文獻記載秦楚之際有"廄將"職稱,見《漢書・張陳王周傳第十》:"沛公拜良爲廄將。"另傳世文物《孫成買地券》,"左駿廄官大奴孫成,從雒陽男子張伯始……",記有廄官,想必軍中有"廄將"地方有"廄官",其制秦時亦或有之。此印正確的識讀順序爲𖧀。以此順序可識讀另外同類的秦楚官印"左馬廄將"。秦楚官名,陳直先生説"它既不因於秦,亦不同於漢,大率用楚制俱多,朝更夕變,不能據以補秦官,亦不能據以較漢表,幾乎自成一種系統"。就印章藝術風貌的繼承關係而言,我認爲多是沿自秦風,因此歸於秦印系統。廄官,秦時有之,《漢書》載:"太僕,秦官,掌輿馬,有兩丞,屬官有大廄、未央、家馬三令,各五丞一尉。"未央令,漢書稱爲未央廄令(見霍光傳及外戚傳)。漢印中有"未央廄丞、未央廄監",此漢因秦制之證。漢初齊悼惠王封邑最多,後世所見齊之封泥與廄有關的不少,比如"齊中廄丞、齊大廄丞",另外有"齊中左馬、齊中右馬",均爲太僕屬官。此點與秦官制同,以上可以與秦楚"廄將"印相參證。"小田南廄"也是一方秦代的廄印,但很難判斷識讀順序,姑以正讀釋之。半通印"廄印",乃秦時職卑者所用之印。秦代縣令之下有大嗇夫(也稱縣嗇夫),縣嗇夫以下有分管各種經濟部門的專職嗇夫,比如田嗇夫、苑嗇夫、庫嗇夫、皂嗇夫、倉嗇夫、司空嗇夫等,其中還有"廄嗇夫"之職。半通印"廄印",其地位與廄嗇夫相近,亦或是廄嗇夫的用印。

《中原文物》1988-4,頁 70

○**王輝**(1990)　右廄將馬　右廄與左廄相對,當爲秦廄。

《文博》1990-5,頁 246

【右善】上博二·容成 17

○**李零**(2002)　右善　即"佑善",幫助善人。

《上海博物館藏戰國楚竹書》(二)頁 263

【右廥君】集成 5697 右廥君象尊

○**李學勤、鄭紹宗**(1982)　右府尹,係燕右府官長,這件象尊是右府收藏的寶器,當爲燕王御用之物,武陽臺是燕王宮殿遺址,也可以證明這一點。

《古文字研究》7,頁 129

【右禨展】曾侯乙 39

△**按**　"禨"曾侯乙簡又作"彤","展"即"殿",參【右展】條。

【右禨旆】曾侯乙 132

△**按**　又作"右彤旆",參【右彤旆】【右旆】條。

【右㝵】集成 9575 鄭右㝵方壺

○**黃茂琳**(1973)　奠(鄭)右㝵(寫?)　盛季壺《三代》12.8.3　盛季既爲用器者,那麼"右寫"就只能表示製器之作坊。其他國家也有此例,只是作坊名稱不盡一樣。

《考古》1973-6,頁 375

○**黄盛璋**（1989）　右寡（場）。

《古文字研究》17,頁18

△**按**　壺銘"右"下之字作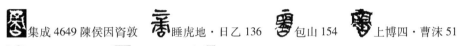,上从宀,下半《殷周金文集成》（修訂增補本）以爲从臣（5010頁）,似應从泉,"右寡"即"右廩"。

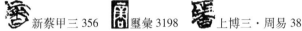

○**徐中舒**（1933）　(編按:陳侯因𦱳敦)啻、帝同。買𣪘銘云"用追孝於朕皇祖啻考",亦借啻爲帝。

《徐中舒歷史論文選輯》頁411,1998;原載《史語所集刊》3本4分

○**饒宗頤**（1982）　(編按:睡虎地·日甲96)"啻爲室"之啻,當讀爲適,如《詩》:"王事適我。"《説文》啻下云:"一曰諟也。"與諦下云"審也"義同。啻爲室,猶言適宜爲室耳。啻之相反義爲謫,《左昭七年傳》:"以自取謫於日月之災。"杜注:"譴也。"字亦作讁。漢鎮墓文習言"解適",謂爲死者解除罪過,與此不同。

　　日書有赤啻一名,於"行"下云:"凡是日赤啻恆以開臨下民,而降其英（殃）。不可爲百事,皆無所利,節有爲也。"（簡八五七）又云:"毋直（值）赤啻臨日,它日雖有不吉之名,毋所大害。"（簡八五八）赤啻當讀爲赤帝,買篹"皇祖啻考",借啻爲帝,陳侯因𦱳鐸:"高祖黄啻。"即黄帝,與此赤帝之作赤啻正同。以五色配五帝,習見於兵家言,銀雀山竹簡《孫子兵法》有"黄帝伐赤帝"篇題,殘文見北伐赤帝、西伐白帝,及"已勝四帝,大有天下"語。《孫子·行軍篇》云:"黄帝之所以勝四帝也。"又《大戴禮·五帝德》:"（黄帝）與赤帝戰於阪泉之野。"可見赤帝一名出現之早。

《雲夢秦簡日書研究》頁24

○**吳振武**（1983）　3199鄗在·啻在。

《古文字學論集》（初編）頁513

○**睡簡整理小組**（1990）　(編按:睡虎地·日甲96)啻（帝）。

《睡虎地秦墓竹簡》頁195

○張守中（1994）　（編按：睡虎地簡）通帝　啻以殺巫減　日甲二七。

《睡虎地秦簡文字編》頁 15

○劉樂賢（1994）　（編按：睡虎地·日甲 96）春夏秋冬三月下的"啻爲室"是"啻爲室日"的省略。正如"殺、四廢"分別爲"殺日、四廢日"的省略一樣。説明文字中的"爲室日"則又省略了主語"啻"，而標題則相反，只用了主語"啻"。將"啻"讀爲"帝"的例子，在《日書》及馬王堆醫書中皆有實例。

《睡虎地秦簡日書研究》頁 128

○朱德熙、裘錫圭、李家浩（1995）　（編按：望山 2·48）三體石經"啻（商）"字作𧶠，與簡文"劍"上一字相近，故暫釋此字爲"商"。

《望山楚簡》頁 127

○何琳儀（1998）　（編按：璽彙 3198、3199）楚璽啻，讀適，姓氏。見《姓苑》。望山簡二·一啻，讀幘。《説文》："髮有巾曰幘。从巾，責聲。"包山簡啻（編按：包山 154），讀適。《説文》："適，之也。"

《戰國古文字典》頁 748

○李家浩（2000）　（編按：九店 56·102）"啻"字原文作𢝳。此字見於望山二號墓四八號、四九號等簡，《望山楚簡》127 頁考釋[一一六]指出，魏三體石經古文"啻"作𧶠（《石刻篆文編》二·一四），與簡文此字形近。

《九店楚簡》頁 137

○濮茅左（2003）　（編按：上博三·周易 38）"啻"，讀爲"惕"。（中略）"啻虖"，警惕號呼，或"啻"讀爲"嘀"，則讀爲"嘀號"。

《上海博物館藏戰國楚竹書》（三）頁 188

○李零（2004）　（編按：上博四·曹沫 51"吾戰，啻不順於天命"）啻（敵）。

《上海博物館藏戰國楚竹書》（四）頁 277

吉　吉

集成 9735 中山王方壺　　集成 10008 欒書缶　　包山 13

上博三·周易 2　　集成 4190 陳肪簋蓋　　考古 1991-5，頁 410　　先秦編 459

睡虎地·日乙 16　　陶彙 5·13　　璽彙 3033

包山 238　　九店 56·27　　上博三·周易 25　　新蔡甲一 22　　璽彙 5471

○**丁福保**（1938）　(編按：貨幣文)吉　古金皆稱吉金,故齊刀及小刀皆有吉字者,此布義同。【錢匯】

《古錢大辭典》頁 1257,1982

○**鄭家相**（1941）　(編按：貨幣文)吉字取吉貨之義。《商書》:“惟貨其吉。”

《泉幣》8,頁 27

○**林素清**（1990）　(編按：《古璽文編》)附録一○八𡆥疑上吉兩字合文,四周圓點爲飾點,無義。

《金祥恆教授逝世周年紀念論文集》頁 116

○**施謝捷**（1998）　(編按：璽彙)5471 𡆥・吉。

《容庚先生百年誕辰紀念文集》頁 651

△按　“吉”甲骨文作𠮷,上象鉤兵之形,本義爲堅實。參下【吉金】條裘錫圭説。

【吉之玉】中山王墓西庫 359

○**劉釗**（1999）　“吉之玉”即“吉玉”,多見於《山海經》和楚簡,這也説明了《山海經》和楚文化的密切關係。“吉之玉”之“吉”可訓爲“吉祥、吉利”,也可能應如銅器銘文中“吉金”之“吉”訓爲“堅實”。

《中國古文字研究》1,頁 160

【吉玉】詛楚文

○**姜亮夫**（1980）　吉玉猶言瑞玉,《書・舜典》:“修五理、五玉。”即文中之所謂輯五瑞也。《疏》以爲諸侯所執之桓圭、信圭、躬圭等,其實古用玉極廣,各就文爲説,故此文以爲五等諸侯所執之圭。其實凡玉在手曰瑞,在席曰玉,《白虎通德論・文質篇》所謂“何謂五瑞,謂圭、璧、琮、璜、璋五玉者,各有所施,蓋以爲璜爲徵召,璧以聘問,璋以發兵,圭以信質,琮以起土動之事也”。祀神亦用吉玉,亦即《白虎通》所謂質信也。故此吉玉,當即圭玉矣。舊注五瑞爲三圭二璧。圭璧並用,即此之吉玉瑄璧耳。

《蘭州大學學報》1980-4,頁 55

○**何琳儀**（1998）　中山雜器“吉玉”,祥瑞之玉。《山海經・西山經》:“用一吉玉瘞。”

《戰國古文字典》頁 1084

【吉日】

○**曾憲通**（1983）　(編按：集成 171 之利鐘)吉日即吉善之日,義同初吉。黃盛璋先生以爲即初干之吉日,並指出銅器銘文使用初吉與吉日的上下期限。他説:“吉日之稱最早者。當即吳王光鑑之‘吉日初庚’,此春秋末器,前於此者未之見。據此似可推證,吉日代替初吉,其交替時代即在春秋末與戰國初年,前於此者只稱初吉不稱吉日,後於此者只稱吉日不稱初吉。”吳王鐘年代比吳王光鑑略早而稱吉日,這便爲使用吉日的時代上限提供了一件更早的標準器銘。

《古文字學論集》(初編)頁 358

○何琳儀(1998)　(編按:集成 11696 少虡劍)晉器“吉日”,見《詩·小雅·吉日》“吉日維戊”。《儀禮·士冠禮》“令月吉日”,注:“令、吉,皆善也。”

《戰國古文字典》頁 1084

【吉叉】秦駰玉版

○曾憲通、楊澤生、蕭毅(2001)　叉,讀爲“瑤”,《説文·玉部》:“瑤,車蓋玉瑤。”李文釋讀爲“丑(紐)”,非是。

《考古與文物》2001-1,頁 52

○連劭名(2001)　“爪”,指甲,《釋名·釋形體》云:“爪,紹也。筋極爲爪,紹續指端也。”古代請禱於神時使用圭璧與指甲見於文獻記載,《尚書·金縢》云:

>　　既克商二年,王有疾,弗豫……公乃自以爲功,爲三壇同墠,爲壇於南方北面。周公立焉,植璧秉圭,乃告大王、王季、文王。

《中國歷史博物館館刊》2001-1,頁 52

○王輝(2001)　《説文》:“叉,手足甲也。”段玉裁注:“叉、爪古今字。古作叉,今用爪。”“吉叉”之叉疑讀爲璪。上古音爪宵部莊紐,璪宵部牀紐,二字疊韻旁紐,讀音極近。古文獻慅與澡通用。《荀子·正論》:“墨黥慅嬰。”楊倞注:“慅嬰當爲澡纓。《禮記》曰:‘總冠澡纓。’”《説文》藻之異體作薻。古文《尚書·益稷》:“藻火粉米。”《釋文》:“藻本又作薻。”蚤、巢皆與喿通,二字本可通用。《説文》:“璪,石之似玉者。”此玉簡質據目驗者説在玉、石之間,不知是否即此“吉叉”。

《考古學報》2001-2,頁 150

【吉金】欒書缶,等

○裘錫圭(1988)　吉金之“吉”用的正是堅實這一本義。朱劍心《金石學》解釋“吉金”時説:“吉,堅結之意也。”(3 頁)這是正確的。70 年代扶風出土的伯公父瑚的銘文有“其金孔吉”之語(《陝西出土青銅器[二]》94),意思就是鑄器之銅非常堅實。《歷代鐘鼎彝器款識》卷八著録的周代石磬銘文有“擇其吉石”之語,吉石也就是堅實的石頭(這個“吉”字也許應該讀爲《説文》訓“石堅”的“硈”)。近人往往認爲吉金之“吉”取吉祥、吉利之義,這是不正確的。

《辭海》説"吉金猶言善金",也不夠確切。

《古文字論集》頁 645—646,1992;原載《北京師院學報》1988-2

○何琳儀（1998） 齊金"吉金",吉禮之銅器,或嘉美之銅。

《戰國古文字典》頁 1084

△**按** 裘説可從。

【吉璧】秦駰玉版

○連劭名（2001） "吉璧",禮神之玉璧。

《中國歷史博物館館刊》2001-1,頁 52

○王輝（2001） "吉璧",即吉祥美好之璧。《詛楚文》祭神之物有"吉玉宣璧",與此相近。

《考古學報》2001-2,頁 150

周 周

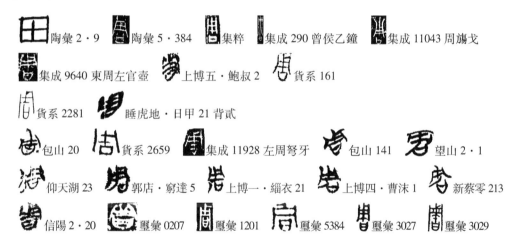

○吳大澂（1884） 周或從曰,古鈢文。 周古鈢文。 周或從貝,古鈢文。 周古鈢文,此六國時奇字也。

《説文古籀補》卷 2,頁 3

○丁福保（1938） （編按：貨幣文）周 三品,字在左右三與平周布周字同,乃變體也,地名。見方足平周布,又成周東周西周,皆王畿地名,或與畿氏王氏布爲一處之物。【錢匯】

《古錢大辭典》頁 1259,1982

○鄭家相（1941） （編按：貨幣文）古布文曰周,在左在右均有之,篆法不一。按周即成周,今河南洛陽東北九里。顧棟高曰:"周公營王城,並營下都,處殷頑民,在瀍水之東,與王城相去十八里,亦謂之成周。昭二十六年子朝奔楚,其餘黨多在王城,敬王畏之,徙居成周。”

《泉幣》9,頁22

○**史樹青**(1955)　(編按:仰天湖23)侗。

《長沙仰天湖出土楚簡研究》頁32

○**張光裕**(1971)　(編按:貨幣文)空首布、尖足布、方足布和圜幣的錢文,都曾出現過“周”字。從下面的簡表,可以看出“周”字在不同形制的錢幣上,有着明顯的兩種不同寫法,空首布與圜幣的錢文是一類,尖足布和方足布的錢文又是一類。

圜幣		方足布		尖足布	空首布			品類
西周	東周	東周	平周	平周	安周	東周	周	錢文

周,《説文》云:

　　密也,從用、口,𩇵古文周字,從古文及。

契文作𝌀,到了金文才添增口形。如

　　𝌀獻侯鼎　　𝌀兔簋

又或減省小點作

　　𝌀盂鼎　　　𝌀頌鼎

從用的周字僅無叀鼎一見,《甲骨文字集釋》卷二周字條下按語云:

　　小篆從用者,當由無叀鼎作𝌀而訛(鼎文疑有銹蝕),古文不從用也。

由所有金文周字都不從用的現象看來,無叀鼎的周字,的確很可能只是銹蝕的緣故;現在我們看到古璽的"周"字作𝌆,古陶文"彤"字作𝌆、𝌆。

　　加上空首布和圜幣"周"的寫法,足以證實了許慎所錄的古文"周"字是有根據的,同時也説明了"周"字從"用",是始於春秋戰國年間訛變。至於小篆的周字,則恐怕不是由無妻鼎而訛。而只是沿襲古文之舊而已。《汗簡》所收周字作𝌆則更是淵源有自了。

　　空首布的錢文"周"字,其中有一很特別的寫法

　　由同類錢文的比較,可以看出是它利用了布面上兩條直線,作爲本身的字畫,而並不是𝌆的省文。這種獨具匠心的作法,正是泉幣文字特色之一。

　　"平周"方足布和尖足布的"周"字,多作尖首之形(見上表),它們都是字畫變易的結果,其中有一𝌆字,從同類錢文——平周的互證,可以肯定它又是周字的另一種變體。這些"周"字,除了有着各種不同的減省變化外,它們的體勢作法與空首布和圜幣的錢文"周"字,更是完全兩樣,考其緣故,跟鑄幣的地域有很大的關係,就如同錢文的"安"字,在齊刀上的寫法,與其他國家的布錢有截然兩種的風格是同樣的道理。(中略)

　　平周故城在今山西介休縣西五十里,本屬戰國時魏邑,魏襄王十三年爲秦所奪。然則"平周"方足布和尖足布當爲魏國的鑄幣。而它們的錢文和王畿鑄幣——"東周、西周"圜錢,"東周"空首布等的寫法不同,除了地區性的差異外,也顯示了六國文字的異形,與當日政治背景實在是有相當關係的了。

《中國文字》40,頁 62—64

○**中大楚簡整理小組**(1977)　(編按:信陽2·20)彤。

《戰國楚簡研究》2,頁 23

○**吳振武**(1983)　3507 𝌆𝌆·周克。

《古文字學論集》(初編)頁 516

○**曹錦炎**(1992)　(編按:貨系160—161)面文"周"(160—161)指周朝。

《中國錢幣》1992-2,頁 59

○**高明、葛英會**(1991)　(編按:陶彙2·9)成周戈作𝌆,莫鼎作𝌆,與此近似。

《古陶文字徵》頁 46

○**朱德熙、裘錫圭、李家浩**(1995)　(編按:望山2·1)此當是以事紀年的殘文(看一號墓竹簡考釋[三])。"之"上一字與數見於它簡的"敵"字左旁相同,故釋

爲"周"(看考釋[二六])。可能這一年楚與周王發生過關係,即以其事紀年。

《望山楚簡》頁 114

○**蔡運章**(1995)　(編按:平肩空首布)面文"周",爲地名,指周都王城。《國語·周語》:"秦師將襲鄭,過周北門。"韋昭注:"周北門,王城北門也。"在今河南省洛陽王城公園一帶。

《中國錢幣大辭典·先秦編》頁 132

○**劉信芳**(1997)　包山簡二七○:"一敵戟。"仰二三:"一剔戟。""敵"乃"戟"之異體,"敵、剔"並讀如"彫",彫戟謂戟的戈頭上鏤有花紋。

《中國文字》新 22,頁 190

○**何琳儀**(1998)　戰國文字承襲金文。其口旁或加飾筆作ロ、日。其田旁或作用,遂似用字。或將用豎筆上飾點延申爲斜筆作用、用,或有脱筆作用、用、用。或將用中閒豎筆撇出作用、用,僅見楚文字。或作用、用,與古文吻合。(中略)

晉璽、卅五年虒令鼎周,姓氏。帝嚳生后稷,至太王邑於周,文王以國爲氏。見《元和姓纂》。(中略)

(編按:仰天湖 23)仰天湖簡周,讀彫。

《戰國古文字典》頁 182

○**陳昭容**(2000)　(編按:集成 11212 周王叚戈)"周王叚"是誰? 高明、龍宇純、何琳儀三位先生都各有主張,前面已經引述過。我們從古人名字相應的角度思考,認爲高明的説法是有根據的,"周王叚"是春秋晚期的周敬王。昭公二十二年《左傳》"十一月乙丑,王子猛卒,不成喪也。己丑,敬王即位",杜預《注》"敬王,王子猛母弟,王子匄"。《史記·周本紀》記載:

> 二十七年,靈王崩,子景王貴立。景王十八年,後太子聖而早卒。二十年,景王愛子朝,欲立之,會崩,子匄之黨與爭立,國人立長子猛爲王,子朝攻殺猛。猛爲悼王。晉人攻子朝而立匄,是爲敬王。

"匄"與"匂"爲古今字,金文都作"匂",常見"用匂眉壽""用匂永令多福"等,爲金文中常見的祝禱語。"匂"爲祈求之意,《廣雅·釋詁》"乞、匂,求也"。"叚"從兩手相付與之形引申而有給予之意,故《説文》謂之"叚,借也"。匄爲"乞求",叚爲"借予",兩者意義相應。我們認爲周敬王名"匄"或"匂","叚"應該是他的字。"匄""叚"一名一字,符合春秋時人名字相應的規律。

以"匄""叚"爲名字者,春秋時期確有其例,襄公三十一年《左傳》"使匂請命",杜預《注》在解釋"匂"爲"士文伯"之名時,指出:

> "匂"本作"匄",古害反,士文伯名也,今傳本皆作"匂"字,或作"匄"

字……案士文伯字“伯叚”,又春秋時人名字皆相配,楚令尹“陽丐”字“子瑕”,即與文伯名字正同。又鄭有“駟乞”,字“子瑕”。“匄”與“乞”義同。

楚令尹“陽丐”見於《左傳》昭公十七年、鄭駟乞見於《左傳》昭公十九年。“瑕”與“假”皆從“叚”得聲,都有給予之意。王念孫《春秋名字解詁》也指出:

瑕、假古字通。(莊十四年《左傳》“傅瑕”,單行本《史記・鄭世家》《索隱》作“甫假”。《檀弓》“公長假”,《漢書・古今人表》“假”作“瑕”。)

乞人之物曰匄,借人之物曰假,《内則》曰:“不通乞假。”是“乞”與“假”事類相近,故名“乞”者字“假”,名“匄”者亦字“假”。襄三十一年《左傳》:“士文伯曰:寡君使匄請命。”釋文云:“今傳本皆作匄字,或作正字。”案士文伯字伯瑕,春秋時人名字皆相配,楚令尹陽匄字子瑕,與士文伯名字正同;又鄭有駟乞字子瑕,匄與乞義同;則作匄者是。

段玉裁《説文解字注》“叚”字條下曰:

人部“假”云“非真也”,然則凡云假借當作此字。古多借瑕爲叚,晉士文伯名匄字伯瑕,楚陽匄、鄭駟乞皆字子瑕。古名字相應,則瑕即叚也。

朱芳圃《殷周文字釋叢》“叚”字條下,也引士文伯、楚陽匄、鄭駟乞的例子,説明“叚”從兩手相付之形引申有借義。

關於“匄”“丐”與“瑕”之閒的關係,及春秋人以之爲一名一字之例,周法高先生主編過《周秦名字解詁彙釋》,其中也包括了王念孫的這一條意見,周先生應該是熟悉的。只是在處理周王戈的時候,他謹慎地依照所看到的拓本或摹寫,將周王名“⿱卜㠯”字認爲從“卓”,而不得不曲解爲“及”字。如果周先生知道“卓”字的直筆貫出三橫畫之上,是誤剔所造成,從而能確認是“叚”字,大概早就聯想到名爲“丐”的周敬王了。(中略)

周敬王稱王的時閒是在公元前519—前476,正當春秋晚期,周王叚戈銘“元用”一詞也多出現在春秋時期,這一點,高曉梅先生已經指出。林清源也曾將金文所見“元用”一詞共找出十七例,做過仔細的討論,他指出:

“元用”一詞行用的年代,以春秋中、晚期爲主,戰國早期日漸式微。春秋早期以前、戰國中期已降,迄今未之一見。

並認爲“元用”一詞的時代特徵,或可爲探索周王戈問題之線索。我們覺得這的確是一個很值得注意的線索。我們從目前可見的著録中找出 31 個“元用”例,及其變式“作爲用元”“作元爲用”“作元之用”共 3 例、“作元已用”1 例、省爲“元”者共 4 例,合計共 39 例(不含周王叚戈),分析其時代,以春秋晚期爲多,地域主要遍及吳、越、秦、楚、梁等國。

　　對於"元用"一詞的時閒分析,顯見其出現於春秋晚期最多,這與我們推論"周王叚"是春秋晚期的周敬王,具有旁證的輔助意義。

　　　　　　　　　　　　　　　　　　　　　　　　《古今論衡》5,頁 38—40

○**曾憲通、楊澤生、蕭毅**(2001)　（編按:秦駰玉版）"周",原意指遍及、環繞,引申爲周身。

　　　　　　　　　　　　　　　　　　　　　　　　《考古與文物》2001-1,頁 51

○**王輝**(2001)　（編按:秦駰玉版）"周"應讀爲凋。"戕凋"即殘凋、凋殘,指花草衰敗脱落,這正是深秋、初冬的氣象。

　　　　　　　　　　　　　　　　　　　　　　　　《考古學報》2001-2,頁 146

○**李守奎**(2003)　（編按:仰天湖 23）佣偌。

　　　　　　　　　　　　　　　　　　　　　　　　　　《楚文字編》頁 497

△按　信陽 2・20、仰天湖 23 之字皆當爲"周",可讀爲"彫"。張光裕(1971)所謂"平周"之"周"應爲"窑",吳良寶《先秦貨幣文字編》釋爲"寶"(131—132 頁,福建人民出版社 2006 年)

【周公】信陽 1・12

○**中大楚簡整理小組**(1977)　《太平御覽》卷八百二中有一段儒墨對話形式的《墨子》佚文:"周公對申徒狄曰:'賤人强氣則罰至。'"内容語氣與竹書如出一轍。

　　　　　　　　　　　　　　　　　　　　　　　　《戰國楚簡研究》1,頁 9

【周室】上博四・曹沫 1

△按　辭云:"昔周室之邦魯,東西七百,南北五百。""周室"即周王室。

【周等】上博四・曹沫 41

○**李零**(2004)　周等　疑讀爲"周志"("志"是章母之部字,"等"是端母蒸部字,讀音相近)。《左傳・文公二年》引《周志》"勇則害上,不登於明堂",據考,即《逸周書・大匡》文。湖北省荆沙鐵路考古隊《包山楚簡》(文物出版社 1991 年)簡一三三、一三二反有類似用法的"等"字(前者作"等",後者作"等"),疑亦讀爲"志"。

　　　　　　　　　　　　　　　　　《上海博物館藏戰國楚竹書》(四)頁 269

○**李守奎、曲冰、孫偉龍**(2007)　周誌。

　　　　　　　　　　　　　　《上海博物館藏戰國楚竹書(一—五)文字編》頁 889

唐 喝

集粹　三晉 127　貨系 2259　集成 11661 三年鈹　珍秦 155

璽彙 3142　璽彙 0147

○羅福頤等（1981）　（編按：璽彙 0147、3142）喝　與《説文》古文同。

《古璽文編》頁 30

○吳振武（1983）　0147 喝攻師鈇·喝（唐）攻（工）師鈇。

3142 喝虘·喝（唐）虘。

《古文字學論集》（初編）頁 489、512

○何琳儀（1998）　（編按：璽彙 0147、陶彙 3·649）齊璽、齊陶喝，讀唐，地名。《春秋·隱二年》：“公及戎盟于唐。”在今山東魚臺東。

（編按：璽彙 3142）齊璽喝，讀唐，姓氏。祁姓，亦曰伊祁，出陶唐之後。見《通志·氏族略·以國爲氏》。

《戰國古文字典》頁 662

【唐是】貨系 2256—2262

○鄭家相（1942）　右布文曰唐，在右。見昭二十三年，杜注周地，在今河南洛陽縣東北。

《泉幣》10，頁 15

○鄭家相（1958）　文曰周是。按是爲隄省，即隄上，見昭二十六年，杜注周地，在今洛陽縣西南二十三里。隄上屬周，故曰周隄。

文曰唐是。按唐見昭二十三年，杜注周地，在今洛陽縣東北十八里。是即隄省，爲近水之地，此曰唐是，猶前布之稱周是也。

《中國古代貨幣發展史》頁 92—93

○何琳儀（1992）　《貨系》2256—2262 著録七品方足布，銘文二字。自《東亞》4·45 釋“唐是”以來，已成定論。然而其地望則衆説紛紜，或讀“唐堤”，在河南洛陽東北，屬周境；或讀“唐氏”，在山西翼城西南，屬魏境；或讀“銅鞮”，在山西沁縣西南，屬韓境或趙境。（中略）

按，“唐是”應讀“楊氏”。“唐”與“易”音近可通。《説文》：“唐，古文作喝。”《左傳·昭公十二年》：“納北燕伯款於唐。”《公羊》《穀梁》“唐”並作

"陽",均其佐證。"是"與"氏"音近可通。《戰國策·齊策》三:"魏取伊是。"鮑本"是"作"氏"。《史記·田敬仲完世家》:"楚圍雍氏。"漢帛書本"氏"作"是"。《山海經·北山經》:"高是之山。"《水經注·滱水》"是"作"氏"。凡此可證,地名後綴"氏"也可作"是"。故"唐是"即"楊氏"。

"楊氏"見《左傳·昭公二十八年》:"僚安爲楊氏大夫。"注:"平陽楊氏縣。"江永曰:"《彙纂》今古楊城在平陽府洪洞縣南 2 里,又名危城村是也。今按,又見襄二十九年楊及二十二年楊。"在今山西洪洞東南,戰國屬韓境。另外,《漢書·地理志》鉅鹿郡也有"楊氏",出現較晚,似與方足布"唐(楊)是(氏)"無關。

《古幣叢考》(增訂本)頁 96—97,2002;原載《陝西金融·錢幣專輯》18

○**張頷**(1995) "□ □"方足布迄今所見者大致有二十餘枚。《古錢大辭典》以及其它譜録中所著録者六七枚。1963 年山西陽高縣出土若干枚。河北靈壽也有出土者。見於《古錢大辭典》者(上編 13 頁,圖號一五六—一五八),其文字有順讀、逆讀兩種,字形有繁有簡,在該書下編相應的文字解釋,引《錢匯》釋爲"周是"。並説"是即隄省,地名未詳"。我認爲釋"□"爲"是"並作爲"隄"字的省形是正確的,但□、□絶非"周"字。該辭典上編第 21 頁也著録有同樣一枚方足布(圖號二四六),形狀、文字與同書 13 頁相同,因著録是摹本非原拓片,把"是"字摹作"□"形。在同書下編的文字解釋中援引《貨幣文字考》説:"面文三字曰'涅營布',自右環讀。□即涅之反範……□即吕之省,爲營字。□乃□之省,爲布字,見《摭古遺文》。"我在編寫《古幣文編》時收録了"□"字十二形,"□"字八形,分别歸入"唐、是"兩字條。商代銅器"父乙爵"唐字作"□",甲骨文"唐"字作"□"。"唐"字上部从"□"即"庚"字(見《庚姬鬲》),足可與幣文"□"字相爲印證。而□、□、□諸形可與方足布"同是"(銅鞮)之□、□相爲印證,可見釋"唐是"是不會錯的。釋"唐是"《東亞錢志》中早有此説,非余首發,惜該書未舉確證,故其説晦然未顯。至於以"□"爲"涅"之説顯非確論,與方足"涅"布之"□"極不相牟。

"唐是"之地望究在何處?我認爲應當是"同是"方足布的别品。"同是"乃晉"銅鞮"邑,晉國在此處建有離宫曰"銅鞮宫",後爲大夫羊舌伯華之封邑,戰國時屬韓、趙,其地望在古上黨郡,即今山西省沁縣西南。與"屯留、長子、涅"皆相近。與前面所舉"長子"的情況相同,同樣是朝韓暮趙,從屬無定。

"銅鞮"作爲地名,其詞義很難解釋。"鞮"是革履,即皮靴。既是皮靴,何以言"銅"？"銅皮靴"不可思議。當從地名審度,應當就是"唐隁",亦即"塘隁"。《説文》:"隁,唐也。"《説文繫傳》:"隁,塘也。"顧野王引《説文》:"隁,塘也。"段注云:"叚借爲陂唐,隁與唐得互訓……冘者爲池,爲唐,障其外者爲陂爲隁。"《國語・周語》:"陂塘汙庳,以鍾其美。"韋昭注:"畜水曰陂塘也,美爲滋潤也。"是知"唐隁"或"隁唐"作爲地名來説,有美水滋潤之義。而"唐隁"即幣文之"唐是",乃言其地有塘隁之美也。銅鞮古城在今沁縣城南約十七公里處,古城東有南池村,附近地面可以采集到漢代繩文瓦片以及更早的粗柄豆和鬲的殘品。古城村臨白玉河。沁縣有銅鞮水(應即隨隁水),《水經注》:"漳水歷鹿臺山與銅鞮合。"故銅鞮隨隁其義皆和水有關。春秋時晉國大夫羊舌赤食邑銅鞮,《大戴記》作"桐提"。那麼"桐提"的"桐"(蕎)和"唐是"的"唐"(蕎)字在古文字字形上極易混淆(見拙文《剪桐字辨》,《晉陽學刊》1990 年 4 期)。況同、唐二字古音皆屬定母,爲雙聲字。《詩・車攻》、《閟宫》,《文字・原道》、《下德》諸古籍篇章中,"同"字皆能與龐、邦、常、光諸字音相叶。故朱駿聲云:"同讀如唐也。"由此可知方足布中的"同是"(銅鞮)和"唐是"(唐隁),實爲同一城邑所鑄之幣。古貨幣中同名異書的情況和前面所説的"長子、尚子"的情況相同,亦同爲韓、趙兩國之異作。今有人硬把"同是"派爲韓幣,實膠柱而鼓瑟,安知非趙國之物！總之:"同是、唐是",韓、趙二國各有所當。

《張領學術文集》頁 114—115

○**黄錫全**(1998)　唐是,或釋周是,爲周王室別稱,在今河南洛陽西南。或釋唐是,以爲即唐,見《左傳》昭公二十三年,杜注周地,在今洛陽縣東北 18 里。或釋唐是,讀同是,以爲即銅鞮,認爲同是、唐氏布爲同一邑所鑄,是韓、趙分別占領銅鞮時作,其地在山西沁縣西南。或釋唐是,讀楊氏,在今山西洪桐縣南,戰國屬韓。或以爲唐氏在山西翼城縣西南,戰國屬魏。

今按,此布第一字與"周"絶不相同,釋其爲"唐是"可成定論。問題的關鍵是如何確定其地點和國別。古是、氏可通。如《戰國策・韓策一》"韓氏急"之氏,《史記・田敬仲完世家》"楚圍雍氏"之氏,漢帛書本《戰國策》作"是"。《戰國策・齊策三》"魏取伊是",鮑本是作氏。因此,唐是可讀唐氏。唐是(氏)之"氏"如是地名後綴,唐是(氏)即唐。作爲古地名而又與方足布範圍有關之"唐"有數處。一是商邑,在今山西太原市西南,戰國屬趙。二是今河南洛陽市東,即"尹辛敗劉師于唐"之唐(見《左傳》昭公二十三年),戰國屬周。三是所謂陶唐氏之唐國,居平陽(山西臨汾市),戰國當屬韓。四是西周封置之唐國,都於今山西翼城縣西唐城,春秋後移都鄂邑(今山西鄉寧縣,一説唐、鄂爲一地),戰國當屬魏。一"唐"之地,韓、趙、魏、周諸國具有牽涉。

　　根據貨布文中"某氏"之稱多能與典籍印證之例,如皮氏、郇氏、盧氏等即是,唐是(氏)也當如此。唐、易古可互通。如《説文》唐文古文作啺。《左傳》昭公十二年《經》"納北燕伯欵于唐"之唐,《公羊傳》《穀梁傳》作陽。《戰國策·趙策一》"通於燕之唐曲吾",漢帛書本唐作陽。古地名有"楊氏",見《左傳》昭公二十八年"僚安爲楊氏大夫"。杜注:"平陽楊氏縣。"其治所在今山西洪桐縣東南范村東古城址。西漢改置楊縣。戰國當屬韓境。另,漢置楊氏縣或在河北石家莊東南寧晉縣,戰國晚期可能一度屬趙,但未必鑄行方足布。

　　經過上述諸説之比較,我們傾向將"唐是"釋讀"楊氏"一説,戰國屬韓。

　　　　　　　　　《先秦貨幣研究》頁 129—130,2001;原載《中國錢幣論文集》3

○梁曉景(1995)　面文"周是"。背平素,或鑄有數字。"是",通作氏,舊釋周隄、唐是,皆誤。"周氏",是戰國時期周王室的別稱,在今河南洛陽西南。

　　　　　　　　　　　　　　　《中國錢幣大辭典·先秦編》頁 293

△按　《説文》:"唐,大言也。从口,庚聲。啺,古文唐从口、易。"《璽彙》3142等字與《説文》古文合。貨幣文所謂"周是",實即"唐是"異寫,然其地望所指,則尚待研究。

吃　昒

昒 陶彙 3·1034

―――――――――――――――――――

○金祥恆(1964)　言蹇難也,从口,气聲。

　　　　　　　　　　　　　　　　　　　《匋文編》2·9

○何琳儀(1998)　齊陶吃,人名。

　　　　　　　　　　　　　　　《戰國古文字典》頁 1199

占　啇

占 包山 38　　占 包山 83　　占 上博二·容成 34　　冏 璽彙 3505　　利 璽彙 4109

璽彙 3860　　璽彙 2713　　璽彙 5503　　集成 11292 二年右貫府戈

郭店・窮達 3　　郭店・窮達 10

○**何琳儀**（1998）　（編按：璽彙 5503）古璽*尤*，姓氏，讀仇。《戰國策・趙策》"*尤*由"，《韓非子・說林》作"仇縣"。仇氏，宋大夫仇牧之後。見《通志・氏族略・以名爲氏》。

《戰國古文字典》頁 165

○**李守奎**（2003）　（編按：郭店・窮達 3、10）*尤*　尤聲與九聲古音相近，用作偏旁可互通。與喬字聲旁同例。

《楚文字編》頁 73

△**按**　郭店《窮達以時》兩"*尤*"字，九旁内弧處增一筆，與其他寫法有別。郭店楚簡整理者（《郭店楚墓竹簡》145 頁）以爲是刀、卩二旁相連而釋爲"邵"，誤；《戰國文字編》處理字形時將所增筆畫删去（71 頁），亦不妥。然將此旁隸釋爲尤，似亦求之過深。黃德寬、徐在國（1998）釋"*尤*"（見下【*尤*縣】條），是。

【*尤*具府】二年右貫府戈

○**湯餘惠**（1986）　可能就是具字。推敲文義，此戈或即貯藏和製造畜廐用具的府庫——廐具府鑄造及發授給右廐使用的一件兵器。

戈銘*尤*字兩見，前一例左上略有缺蝕，可與文末一例參看。"*尤*"假借爲"廐"，和古璽及天星觀楚簡"故"借爲"廐"之例略同，參看朱德熙先生《戰國文字中所見有關廐的資料》一文，文載《古文字學論集》初編 420 頁。

《古文字研究》15，頁 51、92

○**王輝**（1987）　1975 年河北易縣燕下都遺址出土一件銅戈，銘文"二年，*尤*具廥受造（御）𢧵（戟），祐（右）*尤*"。*尤*字朱德熙、湯餘惠均釋廐，他們的説法是對的。不過，*尤*其實是仇字，作廐用是疊韻通假，馬王堆帛書《老子》甲種本卷後古佚書《明君》："若報父母之*尤*。"

此器出燕下都，祐字據李學勤先生説與光緒初易縣東關出土的"單祐都"璽印祐字同，無疑是燕國之物，廐具府當是製造貯藏車馬器的機構。

《中國考古學研究論集》頁 351

△**按**　第二字《殷周金文集成》（修訂增補本）釋爲"貫"。

【咎秀】上博二·容成 34

△按　同篇又作“咎咎”（詳下【咎咎】條），皆讀爲“皋陶”。

【咎咎】上博二·容成 34

○**李零**（2002）　咎咎　即“皋陶”，簡文有三種寫法，上文作“咎赶（或赶）”，這裏作“咎咎”，下文作“咎秀”。按：簡文上字“咎、咎”是群母幽部字，下字“赶（或赶）”疑是“堯”字的異體，爲疑母宵部字，“秀”是心母幽部字。古書“皋陶”亦作“咎繇”，“咎”字同於簡文上字的第一種寫法，“繇”字的讀音也與“堯”字相近（爲喻母宵部字）。簡文無“皋、陶”二字，但“皋”是見母幽部字，“陶”是喻母幽部字，也是讀音相近的字。

《上海博物館藏戰國楚竹書》（二）頁 276—277

【咎楽】郭店·窮達 10

○**徐在國**（2001）　“咎”字原書釋爲“卲”，誤。此字又見於《窮達以時》3，我們已改釋爲“咎”。《説文·口部》：“咎，高氣也。从口，九聲。”“咎”字在簡文中應讀爲“鳩”。《爾雅·釋詁下》：“鳩，聚也。”《書·堯典》：“共工方鳩偃功。”孔傳：“鳩，聚也。”“楽”字與《窮達以時》4“楽（棘）瀌（津）”之“楽”形體相同，“楽”在簡文中亦應讀爲“棘”。《説文》：“棘，小棗叢生者。从並束。”“咎楽”當讀爲鳩棘，義即叢棘。《易·坎》：“係用徽纆，寘於叢棘。”孔穎達疏：“寘於叢棘，謂因執之處，以棘叢而禁之也。”簡文“驥空於楽咎”即騏阻塞於鳩棘。《易林·夬之井》：“虎除善猛，難爲政豎；驥疲鹽車，困於銜箠。”“驥困於銜箠”與“騏空（塞）於鳩棘”意思相近。

如上所述，簡文“驥（驪）駒（約）張（長）山，驥（騏）空（塞）於咎（鳩）楽（棘）”是指千里馬受困於大山、叢棘。

《簡帛研究二〇〇一》頁 178

○**白於藍**（2001）　關於“卲楽”，筆者以爲似當讀爲“枳棘”。上古音卲爲禪母宵部字，枳爲章母支部字，兩字聲紐同爲舌音，韻亦不遠。典籍中从召聲之字亦有與支部字相通之例證。《左傳·僖公二十五年》：“寺人勃鞮。”《後漢書·宦者傳》勃鞮作勃貂。鞮爲舌音支部字。“楽”从止來聲，或即“來”字繁構。上古音來爲來母之部字，棘爲見母職部字，兩字韻部很近，可以對轉。郭店簡《老子》乙：“終身不楽。”帛書本《老子》乙“楽”作“棘”。又《窮達以時》：“卲（吕）室（望）爲牂楽瀌。”注釋引裘錫圭先生之按語云：“吕望傳説中提到地名‘棘津’，馬王堆帛書《老子》甲本以‘扐’爲‘棘’。‘力、來’古音極近，疑簡文之‘楽’與‘棘’通……‘楽瀌’很可能就是‘棘津’。”這是簡文中“卲楽”

之"埣"可讀爲"棘"之確證。

"枳棘"一詞常見於古代典籍,本義是指枳木和棘木。《韓非子・外儲左下》:"樹枳棘者,成而刺人。"二木皆多刺,因常以比喻艱難險惡的環境。《後漢書・黃瓊傳》:"光武以聖武天挺,繼統興業。創基冰泮之上,立足枳棘之林……興復洪祚,開建中興。"《文選・左思〈詠史〉》:"出門無通路,枳棘塞中途。"等等。

《新序・雜事第五》:"宋玉曰:'不然。子獨不見夫玄蝯乎?當其居桂林之中,峻葉之上,從容游戲,超騰往來,龍興而鳥集,悲鳴長吟。當此之時,雖羿、逢蒙不得正目而視也。及其在枳棘之中也,恐懼而悼慄,危視而迹行,衆人皆得意焉。此皮筋非加急而體益短也,處勢不便故也。夫處勢不便,豈可量功較能哉?……'"此《新序》中宋玉所言玄蝯的景況及其所用的比喻手法與簡文"驪(驥)空(塞)於卲(枳)埣(棘)"頗相吻合,可資參校。

綜上所述,上引郭店簡《窮達以時》篇該句之釋文似當改寫如下:

驥(驥)駒(約)張(腸)山,驪(驥)空(塞)於卲(枳)埣(棘)。

《簡帛研究二〇〇一》頁 197—198

○王志平(2002) "占",原隸定爲"卲",字形作"占",當隸定爲"占",讀爲"皋"。(中略)"埣"讀爲"棘",已見於前。

《簡牘學研究》3,頁 63

【占猷】

○王輝(2003) 西安中國書法藝術博物館原館長傅嘉儀先生藏秦封泥有"占猷丞印"。占字上半部分已殘,原隸作右,誤,中國社科院考古研究所漢城隊發掘相家巷村封泥有"占猷丞印",較爲清晰。《說文》:"占,高氣也。从口,九聲,臨淮有占猷縣。"占,《漢書・地理志》臨淮郡作厹。王先謙《補注》:"《集韻》亦作占,然則厹字誤也。"厹即《說文》內(róu)字,云:"獸足蹂地也。象形,九聲。"春秋時國名有厹由,《戰國策・西周策》:"昔智伯欲伐厹由,遺之大鐘,載以廣車,因遂入以兵,厹由卒亡。"高注:"厹由狄國,或作仇首也。"《史記・樗里子甘茂列傳》作"仇猷",占亦可讀爲仇。《璽彙》5503"占金",何琳儀《古文字典》(165 頁)讀爲仇。占、厹皆从九得聲,可讀爲仇,故易混用。厹由(仇猷)在今山西陽曲、盂縣之間,占猷則在江蘇(今宿遷縣),二地相距數千里。我們今天討論秦封泥,似不必襲班氏之誤,隸作"厹猷"。猶、猷從西周金文看,本是一字,但後世分化,猶(犹)多用爲語助字,猷多用指謀略。這種分別,大約秦漢之際就開始了。

《秦文化論叢》10,頁 169—170

【㕚繇】郭店・窮達3

○**黃德寬、徐在國**（1998）　窮 3 有字作㕚，原書隸作“卲”。誤。我們認爲此字从“九”从“口”，應釋爲“㕚”。包山楚簡中習見一個从“羽”从“㕚”的字，李家浩先生考釋説：“上古音‘咎’‘㕚’都是羣母幽部字，可以通用。《詩・小雅・大車》‘有洌氿泉’，陸德明《釋文》：‘氿音軌，字又作晷。’此是其例。”（《包山楚簡中的旌旗及其他》，《第二屆國際中國古文字學研討會論文集續編》380 頁，香港中文大學 1995 年版）其説甚是。如此，“㕚”字可讀爲“咎”。窮 3“㕚繇”即典籍中習見的“咎繇”，又作“皋陶”。據簡文上下文義及傳世典籍的比勘，此處的“咎繇”乃“傅説”之誤，係抄書者誤寫。

《吉林大學古籍整理研究所建所十五周年紀念文集》頁 103—104

○**徐在國**（1999）　新出《郭店楚墓竹簡》中的“窮達以時”篇內容彌足珍貴。（中略）這裏我們僅就此篇中的一個人名略加探討。爲了便於討論現將此篇簡二至簡四的有關內容釋寫如下：

舜耕於歷山，陶拍於河㵮，立而爲天子，遇堯也。㕚繇衣胎蓋帽経蒙巾，釋板築而佐天子，遇武丁也……

“㕚繇”二字原書隸作“卲繇”，並在注釋五中説：“簡文‘卲繇’之名不見於各書，所記爲傳説之事。”今按原書將“㕚”字隸作“卲”是錯誤的。此字應該分析爲从“口”“九”聲。包山楚簡中習見一個从“羽”从“㕚”的字，李家浩先生考釋説：“上古音‘咎’‘㕚’都是羣母幽部字，可以通用。《詩・小雅・大車》‘有洌氿泉’，陸德明《釋文》：‘氿音軌，字又作晷。’此是其例。”其説甚是。如此，“㕚”字可讀爲“咎”，“㕚繇”即典籍中習見的“咎繇”。梁玉繩説：“咎繇始見《離騷》、《尚書大傳》、《説文・言部》引《虞書》。今本作皋陶。”《書・舜典》：“帝曰：皋陶。”《唐六典》卷十八引皋陶作咎繇。《書》：“《皋陶謨》。”《尚書大傳》、《説文・言部》引作《咎繇謨》。《書・大禹謨》：“皋陶邁種德。”《文選・在元城與魏太子箋》李注引皋陶作咎繇。這些都是“咎繇”與“皋陶”相通的例證。

“咎繇”又見於《郭店楚墓竹簡》“唐虞之道”篇。“唐虞之道”簡十二至十三：“咎繇內用五刑，出弋兵革，罪淫□□□用威，夏用戈，正不服也，愛而正之，虞夏之治也。”《尚書・舜典》：“帝曰：‘皋陶，蠻夷猾夏，寇賊奸宄。汝作士，五刑有服，五服三就。五流有宅，五宅三居。惟明克允！’”孔安國傳：“士，理官也。”出土典籍與傳世文獻相互印證，可知咎繇（皋陶）是舜的大臣，掌管刑獄。其卒年，《史記・夏本紀》載：“帝禹立而舉皋陶薦之，且授政焉，而皋陶卒。封皋陶之後於英、六，或在許。”據此可知，皋陶卒於夏朝。而上引“窮達以時”篇中說“咎繇遇武丁”，顯然有誤。因爲武丁是商王，約生活在商代中期。此外，與簡文相關的内容，《韓詩外傳》卷七：“故虞舜耕於歷山之陽，立爲天子，其遇堯也。傅說負土而版築，以爲大夫，其遇武丁也。”《説苑・雜言》：“故舜耕歷山而逃於河畔，立爲天子，則其遇堯也。傅說負壤土，釋板築而立佐天子，則其遇武丁也。”《墨子・尚賢中》：“古者舜耕歷山，陶河瀕，漁雷澤，堯得之服澤之陽，舉以爲天子，與接天下之政，治天下之民……傅說被褐帶索，庸築乎傅巖，武丁得之，舉以爲三公，與接天下之政，治天下之民。”《史記・殷本紀》：“帝小乙崩，子帝武丁立。帝武丁即位，思復興殷，而未得其佐。三年不言，政事決定於冢宰，以觀國風。武丁夜夢得聖人，名曰説。以夢所見視群臣百吏，皆非也。於是乃使百工營求之野，得説於傅險中。是時説爲胥靡，築於傅險。見於武丁，武丁曰是也。得而與之語，果聖人，舉以爲相，殷國大治。故遂以傅險姓之，號曰傅説。”

據以上記載可知，“窮達以時”篇中的“咎繇”乃“傅説”之誤，係抄書者誤寫。

《古籍整理研究學刊》1999-3，頁 36、42

噴 噴

 睡虎地・日甲 54 背 3　　集粹

○**睡簡整理小組**（1990）　（編按：睡虎地・日甲 54 背 3）噴，疑讀爲饙，《詩・泂酌》疏引《説文》：“一蒸米也。”

《睡虎地秦墓竹簡》頁 219

△按　《説文》：“噴，吒也。从口，賁聲。一曰：鼓鼻。”睡虎地秦簡《日書》甲種 54 辭云“食之以噴，飲以爽（霜）路（露）”，整理者釋讀可從。

啐 唪 嗺

上博三・周易 42　　上博三・周易 42

○**濮茅左**（2003）　“嗺”，从口，崒聲，同“啐”字，《説文・口部》：“啐，語相呵距也”，“驚也。”《廣韻》：“啐，戒也。”或讀爲“萃”，卦名，《周易》第四十五卦，

坤下兑上。《序卦》:"萃者,聚也。"《象》曰:"《萃》,聚也;順以説,剛中而應,故聚也。"《象》曰:"澤上于地,《萃》,君子以除戎器,戒不虞。"

　　此字馬王堆漢墓帛書《周易》作"卒";今本《周易》作"萃"。

《上海博物館藏戰國楚竹書》(三)頁 193

△按　字所從之"采",即楚系"卒"字,《説文》:"啐,驚也。從口,卒聲。"對應今本《周易》卦名"萃"。

唇 厴

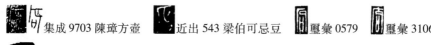

集成 9703 陳璋方壺　　　近出 543 梁伯可忌豆　　　璽彙 0579　　　璽彙 3106

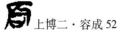

上博二·容成 52

○**何琳儀**(1998)　《説文》:"唇,驚也。從口,辰聲。"

　　陳璋壺"戊唇",讀"戊辰",干支。梁可忌豆唇,讀辰。《詩·大雅·桑柔》"我生不辰",箋:"辰,時也。"齊璽唇,讀辰,姓氏,蔡仲胡之後有辰氏。見《路史》。

《戰國古文字典》頁 1332

○**李零**(2002)　(編按:上博二·容成 52)唇(朕)。

《上海博物館藏戰國楚竹書》(二)頁 291

○**季旭昇**(2003)　(編按:上博二·容成 52)唇,即辰的繁體。民之辰,可以解成百姓的日子,《毛詩·小雅·小弁》:"天之生我,我辰安在。"毛傳:"辰,時也。"

《〈上海博物館藏戰國楚竹書(二)〉讀本》頁 181

○**王輝**(2004)　(編按:上博二·容成 52)《論衡·率性》:"揚唇吻之音,聒聖賢之耳。"唇吻即口、嘴。紂之得失流行於民之口,足見其惡名遠播。

《古文字研究》25,頁 321

○**白於藍**(2005)　(編按:上博二·容成 52)該字當隷定爲"厴",讀爲"厚"。

　　郭店簡《老子》甲簡 36 有"甚愛必大費,厚藏必多亡"語。其中,"厚"字作"厚",可分析爲从石句聲,上古音厚爲匣母侯部字,句爲見母侯部字,兩字聲母同爲喉音,韻則疊韻,故"厚"或可从句聲作。(中略)故"厴"也可能與"厚"爲一字,亦是"厚"字。

　　"厚"字古有深意。《吕氏春秋·辯土》:"必厚其靭。"高誘《注》:"厚,深。"《漢書·谷永傳》:"厥咎不遠,宜厚求諸身。"顔師古《注》:"厚,猶深也。"

《江漢考古》2005-4,頁 72

○**李守奎、曲冰、孫偉龍**（2007）　（編按：上博二·容成 52）"辰"字繁體,與《説文》之"唇"同形。

《上海博物館藏戰國楚竹書(一—五)文字編》頁 62

△按　《説文》:"唇,驚也。从口,辰聲。"陳璋方壺銘用爲地支之"辰",梁伯可忌豆銘用爲時辰之"辰",璽文用爲人名,似是辰纍增口旁之繁構,以上皆屬齊系器物。卷十四"辰"字條重見。上博二《容成氏》簡文云:"紂不知其未有成政,而得失行於民之唇也。""唇"或應讀爲唇齒之"唇",《説文》正篆作"脣"。

<table>
<tr><td>𠃬 望山 2·45</td><td>𠃬 郭店·語二 15</td><td>𠃬 璽彙 0269</td></tr>
<tr><td>𠃬 郭店·語二 16</td><td>𠃬 璽彙 5279</td><td>𠃬 璽彙 4019</td><td>𠃬 璽彙 5280</td></tr>
</table>

○**中大楚簡整理小組**（1977）　（編按：望山 2·45）"𠃬廿＝"即吁二十。吁是盂之借字,"飲器也"(《説文》鉉本作飯器),《方言》五:"盌,謂之盂。"盌,即今之碗,小盂也。

《戰國楚簡研究》3,頁 47

○**何琳儀**（1986）　吁　𠃬《璽》0269　2·7　𠃬上 1·4。

《古文字研究》15,頁 123

○**朱德熙、裘錫圭、李家浩**（1995）　馬王堆帛書《老子》甲本卷後佚書《九主》篇"號"字左旁作𠃬,臨沂銀雀山西漢墓所出竹書"号"字亦作"𠃬",與簡文（編按：望山 2·45）同。此"号"字疑當讀爲"號"。《説文》:"號,土鍪也。"

《望山楚簡》頁 124

○**劉信芳**（1997）　（編按：望山 2·45）"号"字簡文作"𠃬",字从于聲,讀爲"盂",字或作"杅",鳳凰山漢簡一六八·八（編按：當爲"十八"）:"杅八枚。"即出土實物之漆盂八枚。惟望簡之"号"未詳其器形。

《中國文字》新 23,頁 90

○**劉信芳**（1998）　（編按：望山 2·45）望簡"𠃬"字不當讀"号",字應从"于"聲,江陵鳳凰山 168 號漢墓簡 18:"杅八枚。"出土實物有漆盂八枚。望山二號墓出土陶盂四件,見報告頁 127。"居梟、有、𠃬"是配套器物,筆者已另考。

《簡帛研究》3,頁 38

○**何琳儀**（1998）　号,从口,丂聲。号,匣紐宵部;丂,溪紐幽部。匣、溪爲喉、牙通轉,幽、宵旁轉。号爲丂之準聲首。戰國文字丂或作于形。《説文》:“丂,古文以爲亏字。”銀雀山漢簡《尉繚子》号作写,馬王堆帛書《老子》甲本號作莸,均其確證。于或演變爲𠂤、𠂤。号或省作𠂤,遂與也字混同。（中略）

　　楚璽“号昜”,讀“鄡陽”。《晏子春秋・内篇・雜下》:“鴉當陛布塑。”《説苑・辨物》引鴉作梟。《楚辭・七諫》“近習鷗梟”,考異:“梟一作鴉。”是其佐證。鄡陽,地名,隸《漢書・地理志》豫章郡。在今江西鄱陽西北。

　　望山簡号,讀𧆛。《説文》:“𧆛,土鍪也。从𧆎,号聲。”曾樂律鐘号,讀號。《周禮・夏官・大司馬》“辨號名之用”,注:“謂徽識所以相別也。”

《戰國古文字典》頁 287

○**何琳儀**（2000）　（編按:郭店・語二 15、16）“号”原篆作𠂤,與下句“吁”作可偏旁位置有別。《釋文》將二者均釋爲“吁”,非是。“号”應讀“饕”。《説文》:“饕,貪也。”“吁”應讀“訏”。《説文》:“訏,詭譌也。”

《文物研究》12,頁 204

○**王慶衞**（2004）　楚系文字中有這樣一個字,寫作“𠂤”,過去學者們多把它釋讀作“号”。

　　楚璽中有“𠂤昜（陽）□鉨”（《彙》0269）,《古璽彙編》將此字釋作“吁”。曹錦炎先生據銀雀山漢簡、馬王堆帛書《黃帝書・九主》中“號”字所從“号”與“𠂤”形相同而將此字釋作“号”。他認爲“号陽”即“鄡陽”,故城在江西鄱陽縣西北。此字還見於望山楚簡,寫作“𠂤”（望 2・45）,朱德熙、裘錫圭、李家浩三位先生在釋文中,亦將此字釋爲“号”。何琳儀先生《戰國古文字典》“号”字條下引用了這兩個字例,而且把古文字中從“𠂤”從心的兩個字釋作“愕”:

　　　　𠂤愕矢形器　　　𠂤愕距末

　　最近,從湖南常德戰國楚墓出土了一對銅距末,其中一枚銘文作“𠂤作距末,用佐商國”。此種距末以前也有著録。陳松長先生認爲“𠂤”爲作器者名,從曹錦炎先生所釋作“愕”。

　　以上諸家先生的注解皆依據銀雀山漢簡及馬王堆帛書中的“号”字與此字形相類。馬王堆漢墓帛書《老子》甲本三七行:“終日號而不发。”“號”字作“莸”。銀雀山漢墓竹簡《尉繚子》四八六簡:“發号施令。”“号”字作“𠂤”。銀雀山漢簡《守法守令等十三篇》八六零簡:“故號令行。”“號”字作“𠂤”。

　　從字形上看,漢簡、帛書中的“号”字與楚系文字中的“𠂤”字的確相似,但我們認爲它們並不是同一個字。我們認爲“𠂤”字還是應釋作“吁”字。在郭店

楚簡《語叢二》篇簡 15—16 中，"𦧇"字也曾出現："椴生於欲，𦧇生於椴，15/忘
生於𠃧。16"整理者將這兩個字皆釋作"吁"。從《語叢二》篇頂真的行文方式
來看，我認爲這種看法應該是正確的。如簡文中有"愛生於性，親生於愛，8/
終生於親。9/欲生於性，慮生於欲，10/悟生於慮，靜生於悟，11/尚生於靜。
12"其内容是上下對應的，而簡 15、16 中的"𦧇、𠃧"也應爲同一字，即"吁"。
"𦧇"的寫法只不過是將本位於"于"旁左下的"口"旁移至於"于"上而已。這
種偏旁的錯位在戰國文字是極爲常見的。

　　南京大學考古與藝術博物館藏有一件青銅砭，這件青銅砭在手柄與砭頭
之間有約 2.2 釐米長的間隔，呈現爲方形的柱狀，在這方形柱狀四面各鑄有一
字，依次爲：🔣A　🔣B　🔣C　🔣D

　　B、C、D 分别釋爲"嗟、虖、敬"。這件青銅砭著録於《殷周金文集成》
11998，也就是何琳儀先生提到的"悍矢形器"。"🔣"字從心從𦧇，何琳儀先生
釋爲"悍"。我們認爲"🔣"字應釋作"惡"，讀爲"吁"。銅砭上的這四個字讀
作："吁嗟乎，敬。"在古代文獻中，常見"吁嗟"或"嗟乎"這兩個表示感歎的語
氣詞，也有"吁嗟乎"這種用法，這應是一種表示極度感歎的語氣詞，《詩經》中
曾有出現，如《詩·召南·騶虞》：

　　　彼茁者葭，壹發五豝。于嗟乎，騶虞！
　　　彼茁者蓬，壹發五豵。于嗟乎，騶虞！

《詩·秦風·權輿》：

　　　于我乎夏屋渠渠，今也每食無餘。于嗟乎，不承權輿。
　　　于我乎每食四簋，今也每食不飽。于嗟乎，不承權輿。

　　"吁"與"于"同，"于，音吁"。故"吁嗟乎，敬"，可以解釋爲："哎呀，要小
心謹慎呀！"這樣，銘文的解釋正好與青銅砭作爲醫療器具的功用相吻合，正
如《千金藥方》所云："因針所生，若更失度者，有死之憂也，所謂針能殺人，不
能起死人，謂愚人妄針必死，不能起生人也。"

　　根據上面的討論，可以認爲楚系文字中的"𦧇"字應釋爲"吁"字。那麽如
何解釋銀雀山漢簡和馬王堆帛書中的"号"字（旁）寫作"𦧇"形，這種寫法從字
形上看與"𦧇"字極其相似。我們認爲這兩者實際上是完全不同的兩個字，只
是由於特殊的寫法造成了字形的混同。

　　《説文·号部》："号，痛聲也。从口在丂上。""号"字可能是从丂得聲的
形聲字，"丂"字古音爲溪紐幽部，"号"爲匣紐宵部，聲韻皆近。"号"字所從

的"丂"早期作"丁"形。古文字中常見在豎筆上添加飾點的現象,而後又將飾點變作短橫,這種情況在戰國文字中非常普遍。"丂"字在戰國文字中又變作"丁、丅"形,正是這種情況的體現。我們可以參考古文字中的"丂、考"字來印證"丂"的這種演變。

　　Ⅰ 丁 同簋　 考 頌鼎　　Ⅱ 丅 者汈鐘　 考 蔡侯盤　　Ⅲ 于 陳逆匠　 考 上·詩論 8

　　從上列"丂、考"諸字例,我們可以清楚地看到其演變的線索。值得注意的是,在秦系文字中,Ⅲ型"丂"字下部豎筆上的短橫進而又變作長橫。睡虎地秦簡中的"考"字寫作:

　　考 睡·日書乙 241　　 孝 睡·日書乙 238

　　其所從的"于"實際上是"丂"的變體。這種寫法恰恰和"于"字字形一樣,因此很容易形成混同。我們推測,銀雀山漢簡和馬王堆帛書中的"号"字之所以寫作"丬"、"丬"(號字所從)、"丬"(號字所從),可能就是由於其所從的"丂"訛變作"于"形的緣故,這種寫法應是從秦系文字沿襲而來。其演變過程如下所示:

　　　　丁→丅→于→于

　　當然,由"丅"變作"于"形的過程出現的時代相對比較晚,而就目前所見到的文字材料來看,這種情況似乎只見於秦簡和漢簡。楚簡中"考"字所從的"丂"旁,其下部豎筆上的短橫未見有變作長橫之例。我們認爲至少在楚簡文字中,"于"和"丂"的寫法還是可以比較明顯地區分開來。

　　最後,我們還想指出的是,絕大多數秦漢文字及《説文》中的"考、号"所從的"丂"還是沿襲了甲骨文、西周金文的寫法,寫作"丁",或變作"丅"。而秦簡"考"字、漢簡帛書中的"号"字所從"丂"作"于、丬"形的寫法只是一種由於訛變造成的個別現象,並未對後代的文字產生影響。

　　楚系文字中的"吁"字和漢簡帛書中的"号"字,我們認爲它們本來是兩個完全不同的字,出現在不同的時代和地域,但由於前者在書寫時出現了形體的錯位,而後者的部件發生了訛變,使得兩字在形體上十分相似,很容易造成混同。

　　　　　　　　　　　　　　　《考古與文物》2004-3,頁 88—89

△按　范常喜謂:郭店《語叢二》簡 15、16 字分別作 丬、可,讀爲嘩,又郭店《尊德義》簡 15 訮亦從此,讀爲吁,故知字與"号"有別。其説可從。新出清華三《祝辭》"号"字作 丬,下彎筆上部穿透兩橫筆而與口旁相連,與"吁"字寫法自不同。

【吁易】璽彙 0269

○何琳儀（2000）　見"吁"字條

△按　此璽"易"下一字不識，"吁易"可能是地名，也可能是姓氏。范常喜謂：據楚簡用字習慣，疑"吁易"或即複姓"華陽"，漢代有諫議大夫華陽通、駙馬都尉華陽犖，見《萬姓統譜》。

曉　曉　咮

集粹　　秦代印風 85　　璽彙 0844

○何琳儀（1998）　（編按：璽彙 0844）咮，从口，无聲。疑嘸之省文。

《戰國古文字典》頁 614

△按　《説文》："曉，懼也。从口，堯聲。《詩》曰：唯予音之曉曉。"《璽彙》0844 之字从堯之省體，璽文中用爲人名。

嘅　嘅

陶彙 5 · 325　　陶彙 5 · 157

○何琳儀（1998）　《説文》："嘅，嘆也。从口，既聲。"
秦陶嘅，人名。

《戰國古文字典》頁 1196

△按　字當是"既"纍增口旁，陶文中用爲人名。

吝　吝

楚帛書　　新蔡甲三 176　　睡虎地 · 日甲 130
新蔡乙一 6　　上博三 · 周易 26

○饒宗頤（1958）　（編按：楚帛書）又吝即有吝，《説文》："吝，恨惜也。"《易經》常言悔吝，義同。

《長沙出土戰國繒書新釋》頁 21

○商承祚（1964）　（編按：楚帛書）吝爲吝嗇字，意同澀，嗇則不滑，此用爲不利的代名詞。

《文物》1964-9，頁 13

○**陳邦懷**（1981）　　“吝”，意爲悔吝。《易經》中常見“無吝”一詞，帛書“有吝”即“無吝”之反義詞，《易經·繫傳》：“悔吝者，憂虞之象也。”

《古文字研究》5，頁 236

○**高明**（1985）　　繒書“西域有吝”“東域有吝”，當指東西兩域皆有憂患之事。

《古文字研究》12，頁 385

△**按**　《説文》：“吝，恨惜也。从口，文聲。《易》曰：以往吝。㖷，古文吝从彣。”楚帛書“吝”當如字讀。上博三《周易》“吝”與今本同。楚簡“吝”又或讀爲“文”，見下【吝夫人】【吝君】。

【吝夫人】_{新蔡甲三 176}

△**按**　“吝夫人”即“文夫人”。

【吝君】_{新蔡甲三 176}

△**按**　“吝君”新蔡甲三 344-1 作“文君”，“吝”爲“文”增贅符口。

各 哥

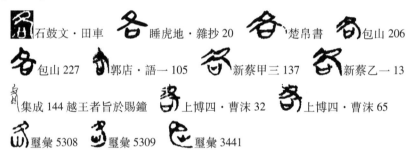

石鼓文·田車　　睡虎地·雜抄 20　　楚帛書　　包山 206　　包山 227　　郭店·語一 105　　新蔡甲三 137　　新蔡乙一 13　　集成 144 越王者旨於賜鐘　　上博四·曹沫 32　　上博四·曹沫 65　　璽彙 5308　　璽彙 5309　　璽彙 3441

○**強運開**（1935）　　（編按：石鼓文）《説文》：“各，異詞也，从口、夂，夂者有行而止之，不相聽意。”趙古則作谷，非是。楊升庵作洛，《字彙補》引沈括《筆談》云：“又借作洛，石鼓文大車出洛。”運開按，舊釋車字既不確，則各應否讀爲洛，自亦未可妄定也。

《石鼓釋文》丙鼓，頁 12

○**饒宗頤**（1958）　　（編按：楚帛書）各即格字。《爾雅·釋詁》駴與格同訓。《洪範》：“惟天陰駴下民。”此格字可讀爲陰駴之駴。

《長沙出土戰國繒書新釋》頁 29

○**羅福頤等**（1981）　　（編按：璽彙 5308、5309）昝。

《古璽文編》頁 233

○**曾憲通**（1983）　　（編按：集成 171 之利鐘）客字作，與越王鐘賓客字作同。

《古文字學論集》（初編）頁 370

○**劉信芳**（1996）　（編按:楚帛書）"各"讀如"格"，《詩・小雅・楚茨》:"神保是格。"毛傳:"格，來。"《爾雅・釋詁》:"格，至也。""而殘是格"句，合上文觀之，謂施行磔禳除惡之祭也。

《中國文字》新 21，頁 72

○**何琳儀**（1998）　戰國文字承襲金文。齊系文字口或作廿形，夂或作九形。（中略）楚系文字或作䘏、䖬形。

《戰國古文字典》頁 485

○**李家浩**（1998）　先讓我們考察一下戰國文字中"口"旁的一種特殊寫法。戰國文字往往把"口"旁寫作"山"字形。現把字例揭示於下，並對其釋讀略加以說明:

B　 《考古》1989 年 4 期 378 頁圖 2・2・3　　C　 《古璽文編》50・5282

D　 《古陶文彙編》3・41　　E　 《古璽文編》470・3515

F　 《古璽文編》581・5456　　G　 《古璽文編》470・5437

H　 燕王石磬銘文拓片　　J　 《古璽文編》464・1237

K　 《古陶文彙編》4・23　　M　 《古陶文字徵》171 頁

N　 《古璽文編》233・5308　　P　 《古璽文編》466・5556

Q　 《古璽文編》425・3809

（中略）

　　N 是"各"字。此種寫法的"各"還見於《古璽彙編》3441 號、5309 號印，唯 3441 號印的"各"是反文。

《著名中年語言學家自選集・李家浩卷》頁 150—151，2002；
原載《中國文字》新 24

△**按**　《説文》:"各，異辭也。从口、夂。夂者，有行而止之，不相聽也。""各"爲格至義之本字，傳世文獻通寫作"格"，"異辭"爲後起義，二者並爲出土戰國文獻"各"之常用義。

詥

信陽 1・1

○**中大楚簡整理小組**（1977）　詥即格，《爾雅・釋詁》:"格，至也。"格上，義同犯上作亂。

《戰國楚簡研究》2,頁 2

○**劉雨**(1986)　 謈(格)。

《信陽楚墓》頁 125

○**何琳儀**(1998)　 謈,从二各,會離析不相合之意。各亦聲。各之繁文。《正字通》:"各,凡事物離析不相合,皆謂之各。"

《戰國古文字典》頁 490

△**按**　 辭云"賤人謈上則刑戮至","謈"即"各"之繁構,疑是爲格至義所造專字。

否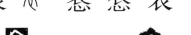

 上博二·魯邦 3　　 上博三·周易 31　　 集成 2840 中山王鼎

○**何琳儀**(1998)　 中山王鼎否,惡。

《戰國古文字典》頁 118

△**按**　 "不、否"古本一字,戰國文字尚未嚴格分立,出土文獻多以"不"爲"否"。

哀 忞　 惥忞裵

 集成 2782 哀成叔鼎　　 睡虎地·爲吏 31 壹　　 曾侯乙 70　　 郭店·語三 41

郭店·語三 59　　 郭店·殘 6　　 上博二·魯邦 1　　 新蔡乙四 57

上博一·性情 18

上博二·民之 4　　 郭店·老丙 10　　 集成 10478 中山兆域圖　　 上博六·天乙 8

○**何琳儀**(1998)　 忞,从心,衣聲。《篇韻》:"忞,哀也。"

兆域圖忞,諡號。《周書·諡法解》:"恭仁短折曰哀。"

《戰國古文字典》頁 1171

哀成叔鼎哀,姓氏。哀氏,諡也,未詳何王公之諡也。望出南康、東陽,今建州多此姓。見《通志·氏族略·以諡爲氏》。

隨縣簡哀,姓氏。

《戰國古文字典》頁 1171

○**濮茅左**（2002）　（**編按**：上博二·性情 4）“悥”，从心从哀，字或作“悕”。《説文通訓定聲·履部》：“哀，閔也。从口，衣聲。字亦作悕。”《上海博物館藏戰國楚竹書（一）·性情論》“悥（喜）蒆（怒）哀悲之気（氣）”（第一簡），其中“哀”字《郭店楚墓竹簡·性自命出》作“忞”。《説文·心部》：“您，痛聲也，从心，依聲。《孝經》曰：‘哭不您。’”《集韻·平坣》：“您，哀痛聲，或作俿。”“依、哀”通，《老子》三十一章“以哀悲之泣”，《馬王堆漢墓帛書》甲本“哀”作“依”；又《淮南子·説林》“各哀其所生”，《文子·上德》“哀”作“依”。因此，“悥、忞、您、俿”通。

《上海博物館藏戰國楚竹書》（二）頁 160

△**按**　《説文》：“哀，閔也。从口，衣聲。”戰國文字或增心旁，或从心，衣聲，从口从心義相關。心部重見。

【哀公】上博二·魯邦 1
○**馬承源**（2002）　“哀公”，即魯哀公，春秋末年魯國國君，名蔣（一作將），謚哀公，在位二十七年。

《上海博物館藏戰國楚竹書》（二）頁 204

【哀成叔】哀成叔鼎
○**張政烺**（1981）　《説文》口部“哀，閔也（段注：閔，弔者在門也，引申之，凡哀皆曰閔）。从口，衣聲”。哀不是一個吉利的字眼，在這裏不是人名而是謚號。

《古文字研究》5，頁 31

○**陳初生**（1981）　還有一件哀成叔鼎，銘中有一句爲“嘉是佳哀₌成₌叔₌之鼎永用禋祀”。可用三種釋讀法：一是“嘉是佳哀哀成叔，成叔之鼎，永用禋祀”，二是“嘉是佳哀成叔，哀成叔之鼎，永用禋祀”，三是“嘉是佳哀成叔之鼎，永用禋祀”。哀成叔是人名，是没有疑問的，有同出器銘“哀成叔之銂”爲證。按第三種讀法把“哀₌成₌叔₌”作爲專名處理，在文理上更爲順當。

《中山大學研究生學刊》1981-2，頁 113

○**蔡運章**（1985）　“哀₌成₌叔₌”，這三個字的右下角各有兩短畫“＝”，釋者多認爲是重文符號，故將此句讀爲“嘉寔惟哀成叔，哀成叔之鼎”，實誤。吾友陳初生指出：在古文字資料中，一些文字下常見有這種形狀爲兩短横（“＝”）的符號，它既是重文，又是合書或專名符號。在具體釋讀帶有這種符號的文字時，正確判斷這種符號的性質，頗關重要，往往影響到對古代銘辭的理解。“＝”在此處是專名符號，非重文，把“哀₌成₌叔₌”作爲專名處理，讀作“嘉是佳哀成叔之鼎”在文理上更爲順當。這種專名符號在金文中亦有例證。如：

　　遹毁銘：“穆₌王才（在）鎬京。”

　　師訇鼎銘：“臣朕皇考穆₌王。”

　　柞鐘銘：“仲大師右柞₌易載、朱黄、緣。”

　　陳夢家先生説：“此器（遹毁）的三稱穆王‘穆’字下有一般作爲重文的二短畫，故或者以爲當讀‘穆穆王’。《詩・文王》‘穆穆文王’，則此‘穆穆王’可能不是穆王。我們以爲仍當是穆王：一則因此器的形制花紋應在此時；二則金文的專名（國名、人名和數字）常常以重文號作爲‘指標’。”由此可見，陳初生同志的釋讀是正確的。故此句應讀爲“嘉是以哀成叔之鼎”，當無大錯。（中略）

　　我們認爲，哀成叔墓在洛陽出土，哀成叔很可能是周人。但在春秋時期，周王室内不見有哀氏的記載。《説文・口部》：“哀，閔也。”《逸周書・謚法篇》：“早孤短折曰哀”“恭仁短折曰哀”“安民立政曰成”。《玉篇》：“哀，傷也。”《爾雅・釋訓》：“哀哀，懷報德也。”所以張政烺先生指出“哀在這裏不是人名而是謚號”，是很正確的。如前所述，鄭公子嘉是康公的家臣，爲哀成叔作器殉葬，可見哀成叔與康公的關係是很密切的。鼎銘云“君（康公）既安惠，亦弗其顧護（哀成叔）”，由此推測，哀成叔當是康公的晚輩，很可能就是康公之子。

　　　　　　　　　　　　　　　　　　　　《中原文物》1985-4，頁 58、60

【恋后】中山兆域圖

△按　　中山兆域圖分別有王、王后、恋后及夫人堂，“恋后”即“哀后”，地位僅次於“王后”。

【恋悲】上博二・昔者 4

○陳佩芬（2002）　唯恋悲是思　　“恋”即“忟”。《改併四聲篇海・心部》引《龍龕手鑒》：“忟，哀也。”“恋悲”義同“哀悲”。

　　　　　　　　　　　　　　　　《上海博物館藏戰國楚竹書》（二）頁 246

咼　　　

睡虎地・日甲 28 背貳　　璽彙 3009　　陶彙 3・1157

○張守中（1994）　（編按：睡虎地簡）通過　其所不可咼也　日甲二七背。

　　　　　　　　　　　　　　　　　　　　《睡虎地秦簡文字編》頁 15

○**劉樂賢**（1994） （編按:睡虎地·日甲 28 背貳）鄭剛云:"《説文》:'咼,口戾不正也。'字亦作喎,《文選·辯命論》注引《通俗文》:'口不正也。'其義疑是指以言語誹謗、侮辱,故曰大神不可咼也。又咼疑讀爲過,訓責、罵。"《醫心方》卷二十七引《千金方》云:"凡遇（一作過）廟,慎勿輒入,入必恭敬。"似可與本簡互相印證,故本書暫從整理小組之説。

《睡地虎秦簡日書研究》頁 241

○**何琳儀**（1998） 齊陶咼,人名。

《戰國古文字典》頁 848

△按 《説文》:"咼,口戾不正也。从口,冎聲。"璽文"咼",亦爲人名。

吠 㕇

㕇 璽彙 3785

○**吳振武**（1983） 3785 司馬㕇·司馬吠。

《古文字學論集》（初編）頁 519

○**何琳儀**（1998） 晉璽吠,人名。

《戰國古文字典》頁 956

△按 《説文》:"吠,犬鳴也。从犬、口。"

唬 㕛

郭店·老甲 2 郭店·老甲 5 郭店·老丙 2 郭店·尊德 28
郭店·語一 109 新蔡零 9、甲三 23、57
璽彙 0945 璽彙 1376 璽彙 3299 璽彙 3487
上博六·孔子 14 上博六·孔子 19

○**强運開**（1935） 古鉢孫㕛。《説文》:"㖡聲也。一曰虎聲。从口从虎,讀若暠。"此从㕛,蓋即虎之異文也。

《説文古籀三補》卷 2,頁 4

○**中大楚簡整理小組**（1977） （編按:信陽 1·11）虐。

《戰國楚簡研究》2,頁 4

○**羅福頤等**（1981）　（編按：璽彙3831）虖　汗簡作𧇠，與璽文近似。

《古璽文編》頁107

○**劉雨**（1986）　（編按：信陽簡）"竹書"中"虖"字凡四見。

1-011：……不□虖一；

1-015：……□□於久利虖一；

1-062：……可□虖；

1-0106：……□虖,□……

1-011、1-015兩簡在"虖"字後都有符號"一",且這批簡中凡遇此字處皆很少點斷,故此字應爲句末用字。金文中有"唬"字,與此字相似。善鼎："唯用妥福,唬前文人。"郭沫若同志謂"唬"當讀如"乎",文獻中"乎、呼、虖、嘑、謼"等字互通。余義編鐘銘有"於嘑！敬哉"。"乎"作"嘑",將"口"移至左偏旁就可寫成"嘑",而"嘑"字省略"乎",即成"虖"形。從文義上看,"虖"與句末助詞"乎"的用例十分相似。所以,我們認爲"虖"應即"乎"。準此,"乎、呼、虖、唬、虖、嘑、謼"諸字皆可通,並從中可以看出其閒繁簡變化的痕迹。

《信陽楚墓》頁130—131

○**何琳儀**（1986）　虖　𧇠信陽簡　𧇠185。

《古文字研究》15,頁111

○**何琳儀**（1998）　戰國文字口移至虎下,或附加〻、二爲飾。《説文》虖古文作𧇠,與唬形體吻合。虖,疑紐宵部；唬,匣紐宵部；屬同部假借。（中略）

信陽簡唬,疑讀虖,即乎,語末助詞,表示疑問。帛書"唬逃",讀"唬咷"。漢冀州從事郭君碑"卜商唬咷",亦作"號咷"。《楚辭・九歎・怨思》"孼臣之號咷兮",注："號咷,謹呼。"補注："咷,音逃。"

《戰國古文字典》頁288

○**李零**（1999）　（編按：信陽1・11、1・15）用作語尾助詞"乎",作"虖"。楚文字的"乎"字多作"虖"（只有少數是作"虖"）。

《出土文獻研究》5,頁144

○**李零**（2002）　（編按：上博二・容成36）虖疾　即"虖疾",指第三十七簡所述各種殘疾。《説文・虍部》"虖"字古文作"虖"。

《上海博物館藏戰國楚竹書》（二）頁278

○**李守奎、曲冰、孫偉龍**（2007）　（編按：上博簡）簡文中大都用爲語氣詞或介詞。亦有讀作"號、呼"者。或爲从口虎聲之形聲字,並非《説文》之"从口从虎"之

"唬"。

（編按：港藏 3）簡文中讀"呼"。

（編按：上博二·容成 36、上博五·姑成 1）此二"虖"簡文中讀"虐"。

《上海博物館藏戰國楚竹書（一—五）文字編》頁 64

△按　《説文》："唬，嚛聲也。一曰：虎聲。从口从虎。讀若暠。"又："虐，殘也。从虍，虎足反抓人也。虖，古文虐如此。"此形在出土戰國文獻中兼表"唬"（應是从口虎聲，多用爲語氣詞"乎"）、"虐"二詞。關於這種現象，顧史考《楚文"唬"字之雙重用法：説"競公'瘨'"及苗民"五'號'之刑"》（《古文字研究》27 輯，中華書局 2008 年）有説，可參看。戰國文字虍旁多有訛變，詳卷五虍部。

局　冋

睡虎地·爲吏 1 伍

○**睡簡整理小組**（1990）　局，棋盤。卑（音其），讀爲棋。耤，讀爲藉，借助。這一句的大意是，管理政務要取法弈棋，反復思考，謹慎從事。

《睡虎地秦墓竹簡》頁 174

○**劉釗**（1996）　《説文·口部》："局，促也。从口在尺下復局之。一曰博所以行棋，象形。"《説文》對局字以象形解之，訓釋牽强附會。唐釋慧琳《一切經音義》卷五十《業成就論》"知局"條引《説文》"局，促也，口在尸下復句之，一曰博局所以行棋，象形字也"。《説文》訓釋中的"局"字《一切經音義》所引《説文》作"句"。按以作"句"爲是。《干禄字書》引局字俗體或作"跼"，正从"句"作。六朝和隋唐時的局字還經常作此結構，其實局字是形聲字，應分析爲"从尸句聲"。睡虎地秦簡局字作"局"（《爲吏之道》），漢印作"局"（《漢印文字徵補遺》八·五），説明局字早就从"句"得聲，所謂後世俗書"跼"字其實是來源有自的。局字清人或歸入幽部，或歸入侯部，或歸入屋部，由局字从"句"得聲可知應歸入侯部。

《中國古文字研究》1，頁 229

△按　《説文》："局，促也。从口在尺下，復局之。一曰：博所以行棊。象形。"已失構字本誼，劉釗説字當从句聲，可從。睡虎地秦簡辭云"凡治事，敢爲固，謁私圖，畫局陳卑以爲耤"，用《説文》"一曰"之義。

㕣 㕣

㕣 上博一·緇衣 5　　㕣 璽彙 5437

○**李家浩**（1998）　先讓我們考察一下戰國文字中"口"旁的一種特殊寫法。戰國文字往往把"口"旁寫作"山"字形。現把字例揭示於下,並對其釋讀略加以説明:

B 言《考古》1989 年 4 期 378 頁圖 2·2·3　　C 詎《古璽文編》50·5282

D 闇《古陶文彙編》3·41　　E 㽒《古璽文編》470·3515

F 㕣《古璽文編》581·5456　　G 㕣《古璽文編》470·5437

H 啻 燕王石磬銘文拓片　　J 喬《古璽文編》464·1237

K 啇《古陶文彙編》4·23　　M 碧《古陶文字徵》171 頁

N 㕣《古璽文編》233·5308　　P 㕣《古璽文編》466·5556

Q 㳹《古璽文編》425·3809

　　B 是"言"字,C 是"詎"字,D 是"闇"字,G 是"㕣"字,H 是"啻"字,J 是"喬"字,M 是"碧"字。

《著名中年語言學家自選集·李家浩卷》頁 150,2002;原載《中國文字》新 24

○**李守奎、曲冰、孫偉龍**（2007）　（編按:上博一·緇衣 5）"谷"之省形。郭店簡作"㤜"。與《説文》讀若"沇"之"㕣"同形。

　　　　　　　　　　　　　　　《上海博物館藏戰國楚竹書(一——五) 文字編》頁 60

△**按**　《説文》:"㕣,山閒陷泥地。从口从水敗皃。讀若沇州之沇。九州之渥地也,故以沇名焉。睿,古文㕣。"田煒謂,李家浩所釋於"口"旁的特殊寫法分析可信,然以爲㕣字上从"儿",則可商。㕣即"㕣"字。

哦 哦

郭店·忠信 8

△**按**　《説文》新附:"哦,吟也。从口,我聲。"簡文此字更可能是"我"纍增飾符口,辭云:"忠,仁之實也;信,㤜之期也。"在簡文中讀爲"義"。

呂

郭店·窮達 14　　郭店·窮達 15　　郭店·成之 20　　郭店·性自 12

上博一·緇衣 7　　上博五·姑成 5　　侯馬 200:10　　璽彙 0766

○陳佩芬（2001）　（編按：上博一·緇衣 7）呂 “己”之異體,古文字中常增益“口”字。郭店簡作“眞”,今本作“己”。

《上海博物館藏戰國楚竹書》（一）頁 182

○李朝遠（2004）　（編按：上博四·內豊 8）“呂”,通“己”,《説文》所無。長沙子彈庫甲篇帛書中有“是謂亂紀”語,“紀”作“”。《郭店楚墓竹簡·窮達以時》之“己”亦寫作“呂”。

《上海博物館藏戰國楚竹書》（四）頁 226

○李守奎、曲冰、孫偉龍（2007）　（編按：上博簡）“己”字繁體。

《上海博物館藏戰國楚竹書（一—五）文字編》頁 60

△按　陳斯鵬（《楚系簡帛中字形與音義關係研究》290—292 頁,中國社會科學出版社 2011 年）指出,“呂”是在“己”基礎上纍增“口”旁而來的自己之“己”的專用字形,以與天干之“己”相別。參見卷十四“己”字條。

凹

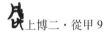

上博二·從甲 9

○李守奎、曲冰、孫偉龍（2007）　“凡”字異體。

《上海博物館藏戰國楚竹書（一—五）文字編》頁 60

△按　此爲“凡”增無義形旁“口”之繁構,參見卷十三二部“凡”字條。

盲

集成 11344 八年盲令戈

○吳振武（1998）　《集成》第十七册 11344 號戈銘文如下：

八（?）年,盲命（令）户轄,左庫工帀（師）弔梁□（按:此字上部漫漶不清,下從“収”）,冶□。

　　戈銘中的地名"盲"，亦見於《集成》第十七册 11343 號□年盲令司馬伐戈。按根據戰國文字从"口"與否往往無别和"句芒"氏在戰國璽印中作"邨亡"（劉鶚《鐵雲藏印》續集，1903 年）的情況來看，戈銘"盲"疑應讀作"芒"。《漢書·地理志上》沛郡下有芒縣，秦置。其地在今河南省永城縣北，戰國時當在宋的勢力範圍内。不過從地理位置上看，此地近魏，二戈亦有可能是魏器。

《容庚先生百年誕辰紀念文集》頁 555—556

○**何琳儀**（1998）　魏兵盲，讀芒，地名。《史記·高祖功臣侯者年表》芒，索隱："芒，縣名，屬沛。"在河南永城北。

《戰國古文字典》頁 727

△**按**　周波（《戰國文字中的"許"縣和"許"氏》，《古文字研究》28 輯，中華書局 2010 年）認爲地名"盲、邙、郹"爲一事，均讀爲許縣之"許"。

岀

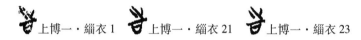
上博一·緇衣 1　　上博一·緇衣 21　　上博一·緇衣 23

○**李守奎、曲冰、孫偉龍**（2007）　"詩"字異體。

《上海博物館藏戰國楚竹書（一—五）文字編》頁 60

△**按**　此字从口，之聲，見於上博《緇衣》篇，皆讀爲"詩"。

咠

郭店·緇衣 4　　郭店·緇衣 39　　郭店·窮達 8

上博一·緇衣 3　　上博五·競建 9

○**陳佩芬**（2001）　（編按：上博一·緇衣 3）咠　同"弔"。金文中"弔"字多借爲"叔"。《左傳·哀公十六年》"旻天不弔"，《周禮·春官·大祝》鄭玄注引"弔"作"淑"。今本作"淑"。

《上海博物館藏戰國楚竹書》（一）頁 177

○**李守奎、曲冰、孫偉龍**（2007）　簡文中讀爲"淑"或"叔"。

《上海博物館藏戰國楚竹書（一—五）文字編》頁 61

△**按**　此字爲商周金文"弔（叔）"字贅增口旁之繁體。

訝

 璽彙 4029　　　 璽彙 5565　　　 郭店·性自 15　　　 上博二·容成 25　　　 上博五·弟子 11

上博二·從乙 1　　　 郭店·性自 3　　　 郭店·語四 1　　　 曾侯乙衣箱　　　 信陽 1·26

○**中大楚簡整理小組**（1977）　（編按：信陽 1·26）與（歟）。

《戰國楚簡研究》2，頁 11

○**陳邦懷**（1981）　（編按：信陽 1·26）訝字從口，牙聲。釋訝。古文從言之字或從口，金文及《說文》中有此例。迓字《周禮》皆作訝，可知簡文"訝天"當讀"迓天"。迓天一詞，可引《尚書》證之，《顧命》"敬迓天威"，《盤庚》"予迓續乃命于天"是也。"退囂迓天"其意蓋謂退去喧嘩之聲以迎天神。此簡非遣策。此與"周公曰""戔人剛恃，天迓於刑""戔人格上，則刑戮至"諸簡為一組。史樹青同志謂此組可能為周公刑書之殘簡。

《一得集》頁 125—126，1989；原載《楚文化新探》

○**張政烺**（1981）　（編按：哀成叔鼎"勿或能訝"）訝，讀為怠。

《古文字研究》5，頁 33

○**趙振華**（1981）　（編按：哀成叔鼎）此用為怠。

《文物》1981-7，頁 68

○**李學勤**（1983）　（編按：哀成叔鼎）訝（改）。

《新出青銅器研究》頁 237，1990；原載《歐華學報》1983-1

○**吳振武**（1983）　4029 敦于訝·敦（淳）于訝（司）。

5565 黃訝·黃呀。

《古文字學論集》（初編）頁 520、526

○**蔡運章**（1985）　（編按：哀成叔鼎）"訝"，讀如怠。《周禮·天官·宮正》鄭氏注："怠，懈慢也。"此句與勶鎛銘"勿或諭改"的辭相同，謂不敢有所怠慢的意思。

《中原文物》1985-4，頁 59

○**劉雨**（1986）　（編按：信陽簡）"訝"字凡四見。

1-026：□□訝，天欲貞……

1-046：……一享訝……

1-068：……訝。夫……

1-069：……也㫀，……

從四簡文義推斷，“㫀”亦應爲一置於句末而表示語氣的虛字。特別是1-068號簡，“㫀”和“夫”相連。“夫”往往用作句首的發語詞，那麼“㫀”當然也就應該在句末了。

從字形上看，“与”即“与”字。如 1-019 號簡的“與”作“🔲”，1-024 號簡的“歟”字作“🔲”。其中“与”皆已隸定爲“与”。此字也應如上，隸定爲“㫀”。而“㫀”和“歟”是可以通的。在古文字偏旁中，有時从“口”與从“欠”互通無別：例如“呦”字，《說文》謂或从“欠”作“欼”；“嘯”字，《說文》謂籀文从“欠”作“歗”。所以，我們推斷這個字可能就是“歟”字。

《信陽楚墓》頁 131

○**曹錦炎**（1995）　“訇”从台聲，故劍首銘文可省作“台”。台與嗣古音相同可通。《尚書·舜典》：“舜讓于德弗嗣。”《後漢書·班固傳》李注引《漢書·王莽傳》“嗣”作“台”（今本《漢書》作嗣）。《文選·典引》：“有于德不台淵穆之讓。”李注：“《尚書》曰：‘舜讓于德不嗣。’《漢書音義》韋昭曰：‘古文台爲嗣。’”所以，訇、台皆可讀爲“嗣”。（中略）

作器者劍格銘作“越王嗣旨不光”，劍首銘則作“嗣越不光”，可知“越王嗣（嗣越）”是身份，“旨不光（不光）”是人名。所謂“越王嗣”，即越王的法定繼承人，可知其作器時尚未即位。越國有嗣王制度，上海博物館收藏的 1 件越王大子矛，銘稱“於戉（越）台（嗣）王”，可以爲證。

《文物》1995-8，頁 73—74；《容庚先生百年誕辰紀念文集》略同

○**陳偉武**（2003）　郭店簡《語叢四》1：“言以司（怠），寈（情）以舊（咎）。”

整理者讀“司”爲“詞”，學者或讀“始”，或讀“殆”，且讀“舊”爲“咎”；或讀“舊”爲“久”。今按，“以”，猶“而”也。前“以”字義近於“如”，後“以”字義近於“乃”。“舊”讀“咎”可從，“司”當讀爲“怠”，慢也。“言以司（怠）”與下文“言而狗（苟）”互文見義，簡文意謂言語如輕慢苟且，事情將有咎患。

《第四屆國際中國古文字學研討會論文集》頁 200

○**李守奎**（2003）　訇。

《楚文字編》頁 76

○**李守奎、曲冰、孫偉龍**（2007）　“訇”从台、弓，或从呂、司，雙音符字。簡文中有“始、辭”等讀法。

《上海博物館藏戰國楚竹書（一—五）文字編》頁 62

△按　上列字形除第一例外，餘皆將呂旁與弖旁筆畫相連，甚或共用筆畫。信陽簡所謂"訇"諸字，皆當爲"訇"。曾侯乙衣箱之字應讀爲"始"。

吳

上博三 · 彭祖 7

○李零（2003）　吳（殃）。

《上海博物館藏戰國楚竹書》（三）頁 307

○李守奎、曲冰、孫偉龍（2007）　簡文"敓吳"，讀爲"遭殃"。

《上海博物館藏戰國楚竹書（一—五）文字編》頁 62

昱

包山 48　上博一 · 緇衣 13

○何琳儀（1998）　昱，從口，立聲。《集韻》："昱，昱昱，送舟聲。"

　包山簡昱，姓氏。疑讀立。立述長興令。見《萬姓統譜》。

《戰國古文字典》頁 1383

○陳佩芬（2001）　（編按：上博一 · 緇衣 13）昱　從口從立，《説文》所無。《包山楚簡》二 · 四八有"昱鄭"，二 · 四一作"陘"，"昱"字存疑。郭店簡作"懽"，與上博簡書寫迥異，今本作"格"。

《上海博物館藏戰國楚竹書》（一）頁 189

○陳英傑（2003）　（編按：上博一 · 緇衣 13）我們認爲上博此字當是"吳"字，讀娛，與懽（歡）同義。

《學術研究》2003-4，頁 127

○李守奎、曲冰、孫偉龍（2007）　（編按：上博一 · 緇衣 13）郭店簡作"讙"，今本作"格"。

《上海博物館藏戰國楚竹書（一—五）文字編》頁 61

【昱心】上博一 · 緇衣 13

○李守奎、曲冰、孫偉龍（2007）　郭店簡作"讙心"，今本作"格心"。

《上海博物館藏戰國楚竹書（一—五）文字編》頁 665

△按　"昱"作爲偏旁，又見於上博五《鮑叔牙與隰朋之諫》簡 4，辭云"獲民獵

樂,篤逗倍忎","逗"可能表示歡娛義。疑"昱"可從陳英傑説以爲"吳"字變體,"逗"在簡文中讀爲"娛"。楚簡"吳"一般寫作(上博四·昭王9),矢旁寫作大;矢旁又常於其下增一横,如"戻"作(上博五·鬼神6)、(秦駰玉版),則與"立"形近,若口旁上移如、者,遂成"昱"。《説文》:"娛,樂也。"與"歡"義近。又,今本《禮記·緇衣》作"格",古音"娛"屬疑紐魚部,"格"屬見紐鐸部,讀音相近,有相通可能。

咜

璽彙 1148

△按　字从口从它,璽文用爲地名。

音

集成 9617 重金扁壺　　燕下都 158·1　　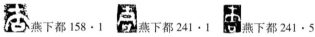燕下都 241·1　　燕下都 241·5

○**李家浩**（1985）　音（觳）

（中略）

"觳"與"鵪"是兩級容量單位。它們還見於下録銅器銘文:

百卌八,重金牌（桿）,受一音（觳）六臾（鵪）。百卌八方壺　《陶齋吉金録》5·1

王司（后）左桐室,九臾（鵪）反（半）。　王后左桐室鼎器　《十二家吉金圖録》契 23 頁。

纕窔（安）君亓（其）鈤（桿）,式孛（觳）　纕安君桿　《三代吉金文存》18·15。

纕安君桿"觳"字與廿二壺、百卌八方壺"觳"字結構稍異,前者從"子",後者從"口",但它們所從的"青"旁寫法卻相同。從字體來看,纕安君桿的時代要比廿二壺、百卌八方壺早。（中略）

《考工記》陶人"鬲實五觳",鄭玄注:"豆實三而成觳,則觳受斗二升。"（中略）

據實測廿二壺容 3000 毫升,以十二"鵪"（掬）爲一觳折算,廿二壺"一觳五鵪（掬）"合十七掬,那麼一掬之值約爲 176.47 毫升,一觳之值約爲 2117.64 毫升。按照一升爲一掬,十二升爲一觳的説法,一掬之值也就是一升之值,而一斗之值則約爲 1764.7 毫升。這個升、斗之值,與韓國升、斗之值非常接近。東周公廚左官鼎銘文記"容一斛",《説文・角部》《考工記》陶人鄭司農注並謂"觳"讀爲"斛"。實測公廚左官鼎容 2050 毫升,我們計算的廿二壺一觳之值與此也很接近。於此可見古書以四掬爲豆、三豆爲觳的説法是可信的,一升爲掬、十二升爲觳的説法也是可信的。

但是纏安君橔一觳之值與上面計算的廿二壺一觳之值出入較大。纏安君橔銘文記容"弍觳",實測容量爲 3563 毫升,則一觳之值爲 1781.5 毫升,與廿二壺一觳之值相差約 336.14 毫升,與公廚左官鼎一斛之值相差 268.5 毫升,但是與我們計算的廿二壺一斗之值非常接近。這是否是因爲纏安君橔的時代要比廿二壺早,它們之前曾有過一次量制改革,由十掬(升)爲一觳改爲十二掬(升)爲一觳? 還是纏安君橔與廿二壺不是同一個國家之物,所以它們的量制也不相同? 或者這兩者都不是,另有什麼其他的原因? 這些問題有待進一步研究。

《古文字研究》12,頁 355、359—360

○**何琳儀**(1998)　訔,從口,青聲。疑觳之省文。(中略)

燕器訔,讀觳。

《戰國古文字典》頁 352

時　旹

集成 85 楚王酓章鎛　　集成 2292 曾侯乙鼎　　曾侯乙 77　　包山 209　　郭店・五行 7

包山 212　　上博二・民之 8　　上博五・季庚 7

上博二・從甲 7　　上博二・從甲 15　　上博二・從乙 5

○**中大楚簡整理小組**(1977)　(編按:望山 1・23)時,另一人所寫的第 86、88 簡作旹,不從口。旹,讀作侍,如《左昭廿五年傳》"使侍人僚粗告公",《匡謬正俗》謂"侍人者,謂當時侍衛於君,不限内外,猶言侍者耳,經傳多以寺爲之"。《詩・秦風・車鄰》"寺人之令",《釋文》:"寺本亦作侍。"簡文記爲惡固貞問出入侍王的事情。

《戰國楚簡研究》3,頁 24

○**曾憲通**(1986)　(編按:曾侯乙鐘)這套編鐘的記事銘特别簡單,只有"曾侯乙乍旹(時)"五字,一律刻在正面鉦部。寺或作旹,古文字從口、從言往往不别,故寺字可以看作詩字的異寫,去年在香港舉行的國際古文字學研究會上,美籍學者周策縱先生指出這個從口的寺字應該就是詩字的異構。這是非常正確的。但他認爲這個詩字指的是音樂,就不夠全面了。因爲"曾侯乙乍時"這樣的銘文不僅在樂器上出現,而且也在禮器和兵器上出現,如果一律讀作詩專指音樂,便很令人費解了。故銘文中的時可視爲詩而應讀作持。上舉楚王鎛鐘銘文末了也有"永時用亯"的辭句,編鐘記事銘時字的用法,同楚王鎛鐘"永時用亯"的時字很接近,均宜讀持。

《曾憲通學術文集》頁 33;原載《古文字研究》14

○**何琳儀**(1998)　時,從口,寺聲。疑寺之繁文。

楚王酓章鎛、曾侯乙器時,讀持。楚簡時,讀侍。

《戰國古文字典》頁 44—45

○**張光裕**(2002)　(編按:上博二·從政甲 12)㪜善不猒　"㪜",讀爲"持"。

(編按:上博二·從政甲 15)命亡㪜,事必又羿則惻　"㪜",或讀爲"時"。

《上海博物館藏戰國楚竹書》(二)頁 225、229

○**李守奎、曲冰、孫偉龍**(2007)　簡文中讀"詩、時、待、侍、持"等。字形從口,寺聲。爲"詩"之異體;也可能從又,峕("詩"之異體)聲,"又"是動符。

《上海博物館藏戰國楚竹書(一—五)文字編》頁 62

△**按**　"時"爲"詩"之異寫,古文字口旁與言旁義近,常可代換。不過,戰國文字屢見增口旁爲贅符,故亦可能是"寺(持)"之繁構。上博二《從政》篇之字易又旁爲攴旁。

倲

陶彙 3·1209

○**顧廷龍**(1936)　吳大澂云:"疑𡔲之省文,或諫省。"按,倲似倲當以諫省爲近。

《古匋文舂録》卷 3,頁 1

○**高明、葛英會**(1991)　魏三體石經蹟古文作倲,即速字,此應即《玉篇》倲字。

《古陶文字徵》頁 48

○**何琳儀**(1998)　倲,從口,束聲。𡔲或諫之異文。

齊陶倲,人名。

《戰國古文字典》頁 767

哂

包山 233

○李守奎（2003）　死字異體。

《楚文字編》頁 76

△按　簡文云"哂貞吉"，包山簡習見"恆貞吉"，此偶易從口旁。

啁

璽彙 1306

○吳振武（1983）　1306 成 ·成啁。

《古文字學論集》（初編）頁 498

○何琳儀（1998）　啁，從口，同聲。《玉篇》："啁，妄語也。"《廣韻》："啁，啁嘈，大言。"

　　晉璽啁，人名。

《戰國古文字典》頁 421

唖

侯馬 91:5　天星觀

○李守奎（2003）　巫字異寫。

《楚文字編》頁 77

△按　"巫"字增繁，詳見卷五"巫"字條。

啀

璽彙 3620

○吳振武（1983）　3620 君·啀君。

《古文字學論集》（初編）頁 517

○何琳儀（1998）　啀，從口，巠聲。《廣韻》："啀，猿聲。"

齊璽啞，讀經，姓氏。魏有經侯，見《説苑》。或讀郹，地名，在今山東高密。

《戰國古文字典》頁 785

嘕

○**孫敬明、蘇兆慶**（1990）　（編按：十年□陽令戟）甹，初疑爲"事"字，承何琳儀先生指正，應釋甹，甹從口，見於毛公鼎。甹讀平，古姓。甹相爲司寇姓名。

《文物》1990-7，頁 40

○**何琳儀**（1998）　甹，甲骨文作𡿧（京津二六五二）。從甶從丂，會意不明。金文作𡿧（班簋），從二𡉜。或作𡿧（毛公鼎），加口旁爲飾。戰國文字承襲金文。（中略）

　　c 汝陽戟甹，姓氏，疑讀平。見甶字 c。

　　d 楚簡甹，讀聘。見聘字 e。

　　f 古璽甹，見 c。

《戰國古文字典》頁 826

○**何琳儀**（2000）　"嘕"，"誆"之異文，參上文"啫"爲"諸"之異文。《説文》"徸"從"誆"。《集韻》："誆，言也。"戟銘"嘕"爲姓氏，璽印文字作"甹"（《古璽彙編》2949—2968），均讀"平"。《路史》："韓哀侯少子婼，食采平邑，後以爲氏。"

《文史》2000-1，頁 33

○**湯餘惠等**（2001）　同甹。

《戰國文字編》頁 75

△按　當"甹"字增繁，又見卷五"甹"字條。

唉

陶彙 3·470

○**高明、葛英會**（1991）　唉　《説文》所無。

《古陶文字徵》頁 51

○**何琳儀**(1998) 唉,从口,矣聲。疑嶷之初文。《説文》:"嶷,小兒有知也。从口,疑聲。《詩》曰,克岐克嶷。"

齊陶唉,人名。

《戰國古文字典》頁41

△**按** "唉"當即"唉"字異體。郭店楚簡"矣"字又寫作"矣",集中出現在郭店《唐虞之道》《語叢》一、二、三及上博《緇衣》篇,而這些篇章,學者多以爲"非楚"抄本。"矣、矣"當是同一字戰國時代的地域異體,前者爲楚系寫法,後者爲齊魯系寫法。故"唉"可視爲"唉"字異體。《説文》:"唉,膺也。从口,矣聲。讀若埃。"

青

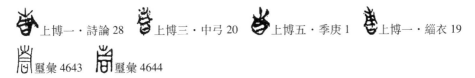

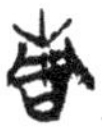上博一·詩論28 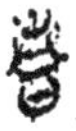上博三·中弓20 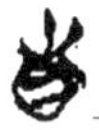上博五·季庚1 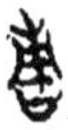上博一·緇衣19

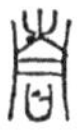璽彙4643 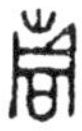璽彙4644

○**吴振武**(1983) 4644 中·青(精)中(忠)。

4647—4650同此釋。

《古文字學論集》(初編)頁522

○**曾憲通**(1993) (編按:楚帛書)按《説文》青字从从會意。古文作。王國維云:"《説文》青之古文作,者之省,者之訛也。"信陽楚簡青字作,楚帛書字所从亦作,此則作。準《説文》古文之例,字之乃生之省,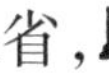爲字之變,作者則將丹中之點省去。下之口爲增益之符號,與帛文紀作絽、丙作㔷同例。

《長沙楚帛書文字編》頁40—41

○**李守奎、曲冰、孫偉龍**(2007) 楚文字之"青"字。

《上海博物館藏戰國楚竹書(一—五)文字編》頁64

△**按** "青"字增繁,詳見卷五"青"字條。

皋

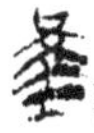郭店·成之36 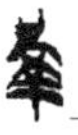上博二·容成44 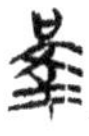上博五·鬼神7

○**李零**(2001) (編按:郭店·成之36"言語皋之,其勝也不若其已也")"嗥",原作"皋",整

理者釋“啐”。按此字乃楚簡“梏”字所从（上下爲一體，不可左右分置），疑讀爲“嘷”（“嘷”是匣母幽部字，“梏”是見母覺部字，讀音相近）。“嘷”是大叫，指言語爭吵。

《郭店楚簡校讀記》（增訂本）頁 124

○**李零**（2002）　（編按：上博二・容成 44“不從命者從而桎𢍉之”）𢍉　字見於商代甲骨文，朱芳圃釋“枷”，得此可知當釋“梏”。參看于省吾主編《甲骨文字詁林》（中華書局 1996 年）第三册，頁 2582—2583。“桎”是足械，“梏”是手械（見《説文・木部》），此字正象手械之形。

《上海博物館藏戰國楚竹書》（二）頁 284—285

○**劉釗**（2003）　（編按：郭店・成之 36）“𢍉”爲楚簡中“梏”字所从，疑應讀爲“較”，指“較量”。古音“梏”在見紐覺部，“較”在見紐宵部，聲紐相同，韻爲旁對轉，於音可通。

《郭店楚簡校釋》頁 143

○**李守奎、曲冰、孫偉龍**（2007）　“梏”字異體。

《上海博物館藏戰國楚竹書（一——五）文字編》頁 64

△**按**　今本《周易》“童牛之梏”，“梏”上博三《周易》簡 22 作，字右半即“𢍉”。

㖆

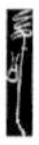集成 286 曾侯乙鐘　集成 287 曾侯乙鐘　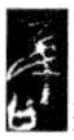集成 288 曾侯乙鐘

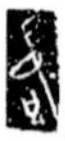曾侯乙鐘掛件　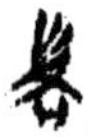上博四・采風 3　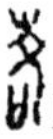璽彙 3287

○**裘錫圭**（1979）　鐘磬銘文把五音之一的“徵”寫作、、、、等形，與《説文》“徵”字古文可以互證，又一次證明《説文》古文可以憑信。

《古文字論集》頁 415，1992；原載《文物》1979-7

○**裘錫圭、李家浩**（1981）　階名“徵”在鐘磬銘文中主要有以下一些寫法：

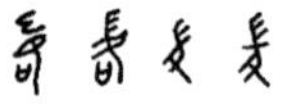

爲了印刷方便，一律直接釋作“徵”。《説文・壬部》“徵”字古文作：

左半與銘文此字大體相合。古文字加不加“口”旁往往無别，所以這個字也有加“口”和不加“口”兩體。

《音樂研究》1981-1，頁 17

○吳振武(1983)　 3287 ⿰⿱⿰ ·唛(陵)摔。

《古文字學論集》(初編)頁514

○裴錫圭、李家浩(1989)　 (編按:曾侯乙鐘)階名"徵"在鐘磬銘文中主要有以下
幾種寫法:

(1) ⿰ 磬上.3 等　　　　(2) ⿰ 鐘中.3·9 等

(3) ⿰ 鐘下.1·1 等　　　(4) ⿰ 鐘上.3·3、4、5 等

(5) ⿰ 磬下.1、2 等

《説文·壬部》"徵"字古文作 ⿰

《汗簡·支部》"徵"字下(原書注文誤爲"微",參看鄭珍《汗簡箋正》)引
石經作 ⿰

上引(1)(2)(3)與《説文》古文"徵"左半大體相合,(4)(5)與《汗簡》古
文"徵"左半大體相合。古文字加不加"口"旁往往無別,所以"徵"字古文也
有加"口"和不加"口"兩體。爲了書寫方便,釋文一律作"徵"。

《古壐文編》著録有下列諸字:

⿰ 465·3287　　　⿰ 463·3530

⿰ 425·2056　　　⿰ 433·3876

此一、二兩字和三、四兩字所從的偏旁,與上引鐘磬銘文"徵"字(1)(2)(3)
等寫法近似,疑一、二兩字也是"徵"字的古文,三、四兩字是"癥"字的古文。

《曾侯乙墓》頁553

○李守奎(2003)　 (編按:曾侯乙鐘)讀爲徵。與卷三之讲並爲徵字異體。

《楚文字編》頁77

○馬承源(2004)　 (編按:上博四·采風3)本簡書有"訏客(徵)、客(徵)和"兩個
樂調分類聲名和九個曲目。

《上海博物館藏戰國楚竹書》(四)頁167

△按　"徵"字古寫,見卷八"徵"字條。

臧

⿰ 近出 60 王孫誥鐘　　⿰ 楚帛書　　⿰ 包山 23　　⿰ 壐彙 1464　　⿰ 上博七·鄭甲 1

⿰ 上博四·曹沫 10　　⿰ 上博四·曹沫 57　　⿰ 包山 43　　⿰ 包山 160

　璽彙 1330　　璽彙 1333　　陶彙 3·421

集成 10373 鄲客問量　包山 23　包山 43　包山 160

上博四·曹沫 57　璽彙 1330　璽彙 1333　璽彙 1464　陶彙 3·421

○李學勤（1960）　（編按：楚帛書）八月之"臧"與"壯"皆从"爿"聲。

《文物》1960-7,頁 68

○嚴一萍（1967）　（編按：楚帛書）1 臧　　古璽作,與繒書同。陳簠齋曰："臧去臣从口,守口則善之義。"按藏,《説文》新附古作臧。徐鉉等按："《漢書》通用臧字,从艸後人所加。"《漢書·禮樂志》"陰入伏臧於下",又"臧於理官",師古曰："古書懷藏之字本皆作臧。"《玉篇》："藏,隱匿也。"

　　2 臧　　原迹不明,依詞例據第一節補。《爾雅·釋天》："八月爲壯。"郝氏義疏曰："壯者大也。八月陰大盛。易之大壯,言陽大盛也。"與繒書名藏字之義不相同也。

《中國文字》26,頁 28、29

○饒宗頤（1968）　臧从口戕聲;即臧字,見《古璽文字徵》（3·5）此爲八月月名,《爾雅》作壯。

《史語所集刊》40 上,頁 25

○饒宗頤（1985）　八月　臧

　　帛書作臧,古璽形同,字从爿聲。《爾雅》："八月爲壯。"《玉燭寶典》、《周禮》賈疏皆同作壯。李巡曰："八月萬物成熟,形體壯,故曰壯也。"孫炎云："物實□壯而勁成也。"郝疏："壯者,大也,八月陰大盛。易之大壯,言陽大盛也。"皆訓壯爲盛大。唐寫《月令》誤作牡月,與萬曆本李清照《金石録後序》訛壯月爲牡丹,同一可笑。

《楚帛書》頁 114

○王志平（1998）　（編按：楚帛書）八月　臧

　　八月日躔與歲星同宿於角或亢,於十二次當壽星,於十二辰爲建酉之月。

　　從天象上來看,八月之"臧"應與角、亢有關。"臧",《爾雅·釋天》作"壯",均从"爿"聲。按照這一線索,我們推測此月名的天文學含義可能指"天槍"星。"天槍",而馬王堆漢墓帛書《五星占》"歲星占"中作"天鉴"。占文云："歲星出入不當其次,必有天祅見其所當之野,進而東北乃生彗星,進而東南乃生天部（棓）,退而西北乃生天鉴（槍）,退而西南乃生天舍（欃）。"類似文字亦見《史記·天官書》,"天鑯"正作"天槍"。"鑯"應分析爲从金壯聲,而八月之"臧",《爾雅·釋天》作"壯",正可通假無疑。《開元占經》卷六五《石氏中官占上一》"天槍占六"云:"天槍三星,在北斗杓東。西星入氐太,去極二十八度太,在黄道内七十一度。"此星亦屬中官,《石氏星經》言天槍"西星入氐太",與角或亢相差一或二宿。這或者是由於二十八宿古今宿度的不同,或者是因爲歲差的關係,但尤以前者可能性居大。

總之,我們認爲八月之"臧"可能即指"天槍(鑯)",與此月之星象大致相當。八月之"臧"的天文學含義或當讀爲"天槍(鑯)"。

《華學》3,頁 185—186

○**李守奎**(2003)　楚之臧字皆从口。

《楚文字編》頁 77

○**李守奎、曲冰、孫偉龍**(2007)　"臧"與《説文》之"臧"相當。

《上海博物館藏戰國楚竹書(一——五)文字編》頁 65

△**按**　臧,論者多以爲即"臧"字楚系寫法,易義符口爲臣。"臧"詳見卷三臣部。然楚簡"臧"多用爲表示王侯諡號之"莊",如楚莊王(郭店《窮達以時》簡8)、魯莊公(上博四《曹沫之陳》簡1)等。諡爲"莊"者,多與武功有關。《逸周書·諡法》:"兵甲亟作曰莊;睿通克服曰莊;死于原野曰莊;屢征□伐曰莊;武而不遂曰莊。"此外,張守節《史記正義》尚有"勝敵志强曰莊",另"通"作"圉"、"伐"上缺字作"殺"。頗疑"臧"是在"戕"的基礎上加注"口"旁爲諡號"莊"之專字。配兒鉤鑼"戕於戎攻且武"(《集成》426),與虢季子白盤"武于戎功"(《集成》10173)同例,"戕"無疑指武功事。諡號之"莊"齊系庚壺(《集成》9733)作,宋趞亥鼎(《集成》2588)作,前者从"戈",後者與虢季子白盤之、郭店《語叢三》簡9之(簡文中讀爲莊敬之"莊")、《説文》"莊"字古文實爲一字之異寫。由虢季子白盤和庚壺用例可知,此類"莊"的用字,亦與武功有關。由此可知,《説文》於"莊"字下繫古文,説明的其實並非一字異體關係,而是不同時代的對應用字關係,即表示諡號、尊號之"莊"的用字,古文(春秋戰國時期很可能是齊系文字)用,秦漢以後用"莊"。

𠰩

郭店·尊德3

────────────────

△**按**　簡文云:"殺戮,所以除𠰩也。""𠰩"應讀爲"怨",其上半當是"夗"之寫訛。

⿱夜口

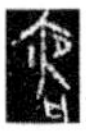近出 1179 十一年佫茖戈

○**蔡運章、楊海欽**(1991) ⿱夜口,《金文編》所無。上部从夜,金文效卣銘、戰國印文夜字,均與此字構形相近,可以爲證。下部从口字。故此字可隸定爲⿱夜口。然⿱夜口字不見於《説文》,晚出的《龍龕手鑒》始録此字,難以據信。戰國印文㖡字有作此形,然㖡字卻不見於後世字書,難以確定其含義。我們認爲它當是夜字之異體。因古文字常在其下增置口符,故夜字从口與否本無差別。所以把此字釋爲夜之異體,似無疑問。

《考古》1991-5,頁 414

○**何琳儀**(1998) 㖡,从口,夜聲。《正字通》:"㖡,《埤雅》凡鳥朝鳴曰嘲,夜鳴曰㖡。或曰,㖡,亦俗書,因嘲从朝,故加口作㖡。"

十年佫茖戈㖡,人名。

《戰國古文字典》頁 553

⿱⺮吝

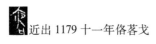

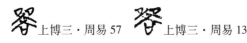

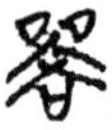上博三·周易 57 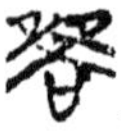上博三·周易 13

○**李守奎、曲冰、孫偉龍**(2007) 讀"鄰"。字形可能是⿱⺮文("隣"之古文)下加飾符"口",也可能从厸("隣"之古形),吝聲。

"吅、吝"雙聲符。

《上海博物館藏戰國楚竹書(一—五)文字編》頁 64—65、340

△**按** "⿱⺮文"字常見,上博一《孔子詩論》簡 1 有"⿱⿰阝文心"字,當分析爲⿰阝文、心兩部分,故"⿱⺮吝"當分析爲⿱⺮文、口兩部分爲是。"⿱⺮吝"當爲"⿱⺮文"之增繁,"⿱⺮文、⿱⺮吝"皆讀爲"鄰",見卷六邑部"鄰"字條。

⿱亞口

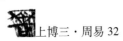

上博三·周易 32

○**李守奎、曲冰、孫偉龍**(2007) 帛本作"亞",今本作"惡"。

《上海博物館藏戰國楚竹書(一—五)文字編》頁 62

△按　字當是"亞"纍增口旁,爲"亞"字異體。

唪

唪 侯馬 156:25

△按　字从口,𦍕聲,盟書用作人名。

嚀

1 曾侯乙 154

○裴錫圭、李家浩(1989)　簡文"組"字"且"旁下皆加"口"作"組"。按六國文字有加"口"旁的現象,如簡文"邔"和"駒"所從的"禹"作"晑","旃"所從的"丹"作"召","宰"作"嚀",皆是其例。

《曾侯乙墓》頁 504

△按　"宰"字增繁,參卷七宀部"宰"字條。

【嚀尹】

△按　即"宰尹",參卷七【宰尹】條。

嘍

楚帛書　郭店·忠信 9
璽彙 0158　璽彙 0159

○葉其峰(1979)　字上部是雙手持物之形,下部是皿字的異體,像雙手持物放入爐中冶煉,殆是鑄字。鑄字甲骨文作,上部爲雙手持一倒置的將軍盔的形狀,下部爲一皿字,它形象地表現了商代鑄造青銅器的狀況。西周時期的鑄字,在皿字與將軍盔形之閒有加火、加金、加、,還有寫作的,但基本結構與甲骨文同。春秋戰國時期則寫作(鑄客簠)、(鑄客鼎)、(客鑄盥鼎)、(古璽)等形,上部演變成雙手持物的形狀。鑄字形態的變化,一方面是字形的簡化,此外,可能與冶鑄手工業的發展有關。

上述鑄字各形是會意字,而小篆鑄字卻是形聲字,作鑄,字形迴異,但我們還是可以從金文中找出其演變的道路。前面提到的金文鑄字中的🔲、🔲形乃壽字之省，它是作爲聲符加入鑄字中去的。西周前期的金文鑄字加🔲符的少，後期就很普遍，逐漸向形聲字轉化。春秋時期"余義鐘"的鑄字寫作🔲，這已是完全的形聲字，與後來的小篆非常接近了。這就説明形聲字鑄是從會意字鑄演變過來的，但根據目前大量的金文、古璽資料，春秋戰國時期流行的主要還是會意字鑄。

　　春秋戰國時期，管理手工業的工官稱爲工帀(師)，據此，鑄帀當是管理冶鑄手工業的工官，此可能是魏蒲陽城管理冶鑄手工業的工官的璽印。

　　　　　　　　　　　　　　　　　　　　　　《故宫博物院院刊》1979-2，頁 72

○**羅福頤等**(1981)　　(編按:璽彙 0158、0159) 🔲。

　　　　　　　　　　　　　　　　　　　　　　　　　　　　　《古璽文編》頁 83

○**饒宗頤**(1985)　　(編按:楚帛書)🔲殘形可能是🔲，《説文》舜字古文作🔲爲繁形，此疑讀爲遷。《周禮》："保章氏掌天星，以志星辰日月之變動，以觀天下之遷，辨其吉凶。"此遷字依鄭注言："天下禍福之變移。"若帛書言是月已遷，其義應指正曆之事，謂於是月遷置，而曆遂進於正，而後合天。

　　　　　　　　　　　　　　　　　　　　　　　　　　　　　《楚帛書》頁 56

○**李零**(1985)　　(編按:楚帛書)"呂"下一字經仔細辨認作🔲，與楚簡常見的婁字基本相同，楚簡婁字下半從女(或女)，與從如同，這裏應讀爲數。

　　　　　　　　　　　　　　　　　　《長沙子彈庫戰國楚帛書研究》頁 58

○**陳漢平**(1986)　　古璽文又有字作🔲(《彙編》0158)、🔲(《彙編》0159)，此字或從婁省，或與婁字有關，附此存疑。

　　　　　　　　　　　　　　　　　　　　　　　　　　　　《出土文獻研究》頁 232

○**何琳儀**(1989)　　(編按:楚帛書)"婁"是二十八星宿之一，屬西方白虎七宿之第二宿，由婁一、婁二、婁三等三星組成，即白羊座(Aries)。曾侯乙墓所出漆箱銘文"🔲"(《文物》1979 年 7 期圖版伍)，與帛書"🔲"均爲婁宿。《吕覽·有始》："西北曰幽天，其星東壁奎、婁。"《禮記·月令》："季冬之月，日在婺女，昏婁中，旦氐中。"古人每以二十八宿與四時十二月相配。帛書上文言"亥惟邦所"，此言"是月以婁，厯爲之正，惟十又二[月]，惟悖德匿"。可參見《開元占經》引《甘氏歲星法》"攝提在亥，歲星在辰……其失次見于婁，其名曰屏營，天下盡驚"。

　　　　　　　　　　　　　　　　　　　　　　《江漢考古》1989-4，頁 49

○**曾憲通**(1993)　(編按:楚帛書)李零辨認作🔲即嬰而讀爲數,於形義較勝。按《説文》嬰之古文作🔲,疑有脱畫。三體石經古文作🔲,信陽楚簡作🔲,與帛書最近。惟帛文右下益以口旁,亦楚文字常見通例。選堂先生疑讀爲遷,謂"是月以遷",應指正曆之事。

　　　　　　　　　　　　　　　　　　《長沙楚帛書文字編》頁 73

○**劉信芳**(1996)　(編按:楚帛書)嬰　字或釋"亂",或釋"遷",或釋"遣",皆誤,李學勤先生釋作"嬰"而讀爲"數"。按字應讀如"腰",《説文》:"腰,楚俗以二月祭飲食也。""二月"應從《御覽》引作十二月。腰又稱儺,古代驅鬼逐疫之儀。

　　　　　　　　　　　　　　　　　　《中國文字》新 21,頁 91

○**何琳儀**(1998)　🔲,從曰,嬰聲。疑嘆之異文,與譲同。《集韻》:"譲,《説文》爲諫譲也。或從口。"燕璽🔲,疑讀鑷。

　　　　　　　　　　　　　　　　　　《戰國古文字典》頁 338

△**按**　田煒謂:西周金文中從口之字到春秋戰國時往往會在"口"中加一飾筆而變爲從甘,而齊魯一系文字"甘"字又往往寫成🔲,如"魯"字作🔲(魯侯壺)、"壽"字作🔲(邾公釛鐘)等等,故《璽彙》之字可分析爲從口,嬰省聲,應隸定爲"嘆"。至於楚系"嘆"字,當是"嬰"字增繁,詳見卷十二"嬰"字條。

唎

 璽彙 1898

○**吳振武**(1983)　1898 郗🔲・郗(邟)唎。

　　　　　　　　　　　　　　　　　　《古文字學論集》(初編)頁 502

○**何琳儀**(1998)　唎,從口,和聲。《篇海》:"唎,小兒啼。"　　晉璽唎,人名。

　　　　　　　　　　　　　　　　　　《戰國古文字典》頁 839

嚊

🔲 郭店・窮達 13

○**李鋭**(2003)　《窮達以時》簡 13:□□□□□□□□□□□嚊而不芳

　　簡文殘斷,裘錫圭先生按語指出:與"□(此字殘存"艸"頭)□□□□□□□□□噢而不芳"相當之句,《荀子·宥坐》作"且夫芷蘭生於深林,非以無人而不芳",《韓詩外傳》卷七作"夫蘭茞生於茂林之中,深山之閒,不爲人莫見之故不芳"。簡文"而"上一字疑當釋"嚊",但與見於字書之"嚊"異義,當是"嗅"之異體。

　　諸家多從裘先生説,張立文先生補釋爲"[芷蘭生於深林,非以無]嗅而不芳"。李零先生補釋爲"[芝蘭生於幽谷,非以無人]嗅而不芳"。黃人二先生補爲"蘭茞生於深林,不爲人莫"。劉樂賢先生補入"芝蘭生於深林,非以無人"。池田知久先生補作"[芷蘭生於深林,非以亡(無)人]嗅而不芳"。殘存第一字陳劍先生隸定爲"芑",以爲即"芷"或"茞"字異體。

　　按:子彈庫楚帛書乙5～22有字從攴從奠,饒宗頤、李零先生認爲"奠"同"畀",讀爲"蔽",説是。此處所隸"噢"字,疑亦當讀爲"蔽",《琴操》載:"《猗蘭操》者,孔子所作也。孔子歷聘諸侯,諸侯莫能任,自衛返魯,過隱谷之中,見薌蘭獨茂。喟然歎曰:'夫蘭當爲王者香,今乃獨茂,與衆草爲伍,譬猶賢者不逢時,與鄙夫爲倫也。'乃止車,援琴鼓之,云:'習習谷風,以陰以雨,之子于歸,遠送于野;何彼蒼天,不得其所;逍遙九州,無所定處;世人暗蔽,不知賢者;年紀逝邁,一身將老!'自傷不逢時,托辭於薌蘭云。"與簡文文意相近,今補爲"芷[蘭生於隱谷,非以衆草]蔽而不芳"。這一補釋,也與下文相關。

《華學》6,頁 87

○李守奎(2003)　　嗅字異體。

《楚文字編》頁 78

噿

　　集成 287 曾侯乙鐘　　集成 292 曾侯乙鐘　　曾侯乙 1

────────────────

○裘錫圭、李家浩(1989)　　(編按:曾侯乙 1)"旒噿"當爲"大莫敖"之名,"噿"字所從"象"原文省去下部,與簡文"爲"字所從"象"旁同。同墓出土的鐘銘中的"爲"字也有寫作"噿"的。

《曾侯乙墓》頁 501

○何琳儀(1998)　　噿,從口,象聲。

　　隨縣簡噿,人名。

《戰國古文字典》頁 677

○**李守奎**（2003）　讀作爲，或即爲字異體。

《楚文字編》頁 77

△**按**　此字所從口旁，疑先由"爪"訛爲"匕"，再因"匕"與"象"旁筆畫黏連而成"口"，後復脱訛爲獨立偏旁。

嘩

郭店・語二 43　　 郭店・語二 46

○**裘錫圭**（1998）　　"自"上一字疑是"釨"或"嘩"字，讀爲"華"。四六號簡"而"上一字疑即此字省寫。

《郭店楚墓竹簡》頁 206

○**李零**（2002）　　"未有訏而忠者。訏，自安也。賊，退人也"（5∶2—5∶3 章∶簡 46、43）。

　　兩"訏"字，原作""，裘按疑是"釨"或"嘩"字，讀爲"華"，舊作從之，讀爲"嘩"。按此字釋"嘩"可信，但從文義推敲，似非所當。簡文此字是與"忠"字相對，這裏疑應讀爲"訏"，是詭詐之義。"賊"，原作"惻"，按楚文字"賊"多作"惻"，此字見於上文簡 27，裘按讀"賊"，這裏也應讀"賊"。簡文的意思是説，未有明明詭詐而又可以稱爲忠信的人。詭詐，是爲了保護自己。傷害，是爲了對付他人（解除他人的攻擊和傷害）。《尊德義》簡 15"教以言，則民訏以寡信"（"訏"，原從言從于從口，釋文讀"訏"）也是以"訏"與"信"相對，可供參考。

《郭店楚簡校讀記》（增訂本）頁 173

噢

郭店・窮達 14　　 信陽 1・24

○**中大楚簡整理小組**（1977）　　（編按∶信陽 1・24"猶芭蘭噢"）與（歟）。

《戰國楚簡研究》2，頁 11

○**劉雨**（1986）　　（編按∶信陽 1・24"猶芭蘭噢"）舉（歟）。

《信陽楚墓》頁 125

○**李守奎**（2003）　　譽之或體。

《楚文字編》頁 78

○田煒（2006）　76 頁（編按：指《戰國文字編》頁碼）“噢”字下收郭店·窮達 14、信陽
1·24 各一例。郭店簡一例辭曰“噢毀在旁”，“噢”用作“譽”。信陽簡一例用
作句末語氣詞，同“歟”，也應該加注。衆所周知，古文字從口從言每不別，郭店
簡的“噢”字應該就是“譽”字的異體。同時，古文字中“口、欠”二旁也每每可以
換用，如“嘯”字《説文》籀文作“歗”，“呦”字《説文》或體作“妼”等等，皆其例，
故信陽簡的“噢”字應該是“歟”的異體字。兩個“噢”字是同形異字的關係。

《湖南省博物館館刊》3，頁 214

△按　信陽簡 1·24 讀爲“歟”，郭店《窮達以時》簡 14 讀爲“譽”，戰國文字字
形與音義的關係相對靈活，故從口的“噢”可對應言説相關的兩個詞。

舊

璽彙 230　　璽彙 0431　　上博五·季庚 5

△按　應是“萑”字增繁，參卷四萑部“萑”字條。

幹

璽彙 0008

○吳振武（1983）　0008 上幹君之䛊鉨·上幹君之証鉨。

《古文字學論集》（初編）頁 487

○李家浩（1984）　《古璽彙編》0008 號楚印，其文如下：

原書“上”下一字和“鉨”上一字並缺釋，《古璽文編》作爲不認
識的字收在附録裏（見該書 452、400 頁）。按“上”下一字應分析爲
從“章”從“次”從“口”。戰國文字裏有一個以此字的上半部分爲偏旁的字，
從“貝”作：

江陵天星觀一號墓竹簡　　　《古璽彙編》518·5692

我們認爲這個從“貝”的字即“贛”字。“贛”字《説文》篆文作：

漢印文字作：a 楊贛《漢印文字徵》6·17　　b 楊贛私印《漢印文字徵》

按漢印文字 a 種寫法的“贛”與上録戰國文字顯然是一個字，其右半上半
部分即“次”的變形，《説文》篆文“贛”當是由此訛變而成。在古文字裏，“次、

欠”二字作爲偏旁時往往混用,如“欼”字,古印文字寫作从“次”;長沙戰國帛書月名“歒”字,越王句踐劍寫作从“次”,即其例。因此,上錄漢印文字 b 種寫法的“贛”字右半上半部分當是“欠”的變形。古陶文有如下一個字:

《古匋文香錄》12・1

此字顯然是从“鹵”从“斡”。“斡”的右旁正寫作从“欠”。古代“贛、欠”音近。《詩・小雅・伐木》“坎坎鼓我”,《説文》“贛”字下引作“贛贛鼓我”。《周易》坎卦之“坎”,馬王堆漢墓帛書《周易》作“贛”。是“贛”字所从聲符“斡”實从“欠”聲。在戰國文字裏,常見於文字之下加“口”的情況,如長沙戰國帛書“丙”作“啻”。上錄楚印“上”下一字之下加“口”,當與此同類。因此,此字應釋爲“贛、贛”等字所从的聲符“斡”。

　　　　　　《著名中年語言學家自選集・李家浩卷》頁 125—127,2002;
　　　　　　　　　　　　　　　原載《江漢考古》1984-2

凵　凵

　　包山 271　　　陶彙 4・125

○**何琳儀**(1998)　包山簡“凵菖”,疑馬首之上凹形飾物。《説文》:“叏,瑙蓋也。象皮包覆瑙,下有兩臂而在夂在下。讀若范。”疑叏爲夎之訛變。《詩・小雅・伐木》“坎坎鼓我”,《説文》引坎作贛。故坎之初文凵疑讀叏或鈒。《集韻》:“鈒,馬首飾。”

　　　　　　　　　　　　　　　《戰國古文字典》頁 1455

○**李家浩**(2003)　(編按:包山 271)“凵面”與“臼毻”等文例相同。按“凵、臼”二字形義皆近,都象掘地爲坎之形,所以它們在古文字有混用的情況。例如从“臼”聲的“舊”,甲骨文寫作从“凵”。上文壹曾經指出,包山遣册中的“臼毻”等的“臼”,應當讀爲新舊的“舊”。疑“凵面”之“凵”是作爲“臼”字來用的,也應當讀爲新舊的“舊”。

　　　　　　　　　　　　《古籍整理研究學刊》2003-5,頁 5

毇　毇

集成 12113 鄂君啟舟節　　璽彙 0309　　近出 1170 楚境尹戈　　包山 103

集成 4694 邥陵君王子申豆　　郭店・成之 34　　楚帛書　　仰天湖 5

〔字形〕上博二·容成 10　　璽彙 5294　　陶彙 3·609

貨系 4050　　璽彙 5375　　三晉 100　　新收 1900 六年襄城令戈

璽彙 5706　　璽彙 0195　　璽彙 1479

○**丁佛言**（1924）　當是嚘，許氏説：“亂也，从爻工交叩。一曰：窒嚘。讀若
襄。”按，窒嚘即今所謂擾攘。許説从交叩是矣，曰从爻工則徵之以下諸字，更
證以古襄字無一从爻从工者，可知爻爲 ᨑ 或攴之誤，工蓋土之訛耳。

《説文古籀補補》卷 2，頁 5

○**李學勤**（1980）　（編按：鄱陵君王子申豆）嚘，讀爲鑲，《説文》釋爲作型中腸，即鑄
造青銅器用的内模。

《新出青銅器研究》頁 270，1990；原載《文物》1980-8

○**羅福頤等**（1981）　（編按：璽彙 5294）薛侯盤作 ᨑ，與此同。

《古璽文編》頁 31

○**朱德熙**（1983）　（編按：璽彙 0195）襄。

《朱德熙古文字論集》頁 160，1995；
原載《古文字學論集》（初編），又《出土文獻研究》

○**許學仁**（1983）　襄字金文作 ᨑ（穌甫人盤）、ᨑ（穌甫人匜），从衣，嚘聲。聲
符嚘作 ᨑ、ᨑ，與散盤 ᨑ 字最爲形近，亦與篩文 ᨑ 相似。ᨑ 字形體結構，人各異
辭，要以劉心源、丁福保、郭某、高鴻縉諸家釋爲“嚘”字，最爲通達。ᨑ 字从 ᨑ，
正象側身舒張雙手解衣之形，而从攴从土，正會“力田治土”之誼，叔重謂襄爲
“解衣耕”，蓋存古意。

信陽長臺關二一二號楚簡“襄”字衣旁省去上半，作 ᨑ，與裏作 ᨑ 同意，而
與下蔡戠嚘印作 ᨑ，黃嚘印作 ᨑ 二字之形尤近。簡文云“紉襄”，襄、囊皆从嚘
聲，襄當讀爲囊，紉襄即縶囊，參紉字條。

鄂君啟節：“襄陵。”襄字作 ᨑ，衣旁全省，故金氏祥恆謂其“與《説文》籀
文 ᨑ 字相似”是也。襄陵，地當今河南睢陽縣西，戰國時屬魏地，梁惠王十七
年，楚使上柱國昭陽將兵攻魏，破之於襄陵，即此節文所指也。

又繒書“以司域 ᨑ”，ᨑ 字舊不識，嚴式新考云：“待考。”饒氏疏證隸定爲
“ᨑ”，云：“字从土从 ᨑ，宜釋壤，域 ᨑ，猶言土壤。”按：ᨑ 即襄字，借爲壤。饒
氏釋壤，於義是也，於形則未妥。

今取▢字與信陽簡▢；鄂君啟節▢▢字相較,除衣之繁省有別外,餘並相近。觀夫襄城市襄字偏旁作▢,古鉩文字襄作▢,▢▢已省變作▢,所從之▢直與牛羊字混,而▢字之遞嬗明矣!

《中國文字》新 7,頁 105

○曹錦炎(1984)　21.▢▢(132 頁)

此字前人早就指出,應釋爲“襄”,屬三晉文字,已成定論。《文編》仍從《善齋吉金録》説,釋爲“敬”。幣文“襄垣”,戰國趙地,因趙襄子所築,故曰“襄垣”。

22.▢▢(147 頁)

《文編》釋爲“濟”。此字也是“襄”字,前人已經指出(見《古錢大辭典》)。

古文字襄字或作▢、▢,可證。此字見圓孔圓錢,文曰:“襄陰。”漢曾置有襄陰縣,地失載,或云當在内蒙歸綏境。按此種圜錢形制同於“共、垣”錢,而“垣”字圜錢曾於河南輝縣戰國墓中出土。又傳世古璽有“襄陰司寇”,司寇一職一般見於韓、魏兵器刻名,“襄陰”殆爲魏地。(中略)

31.▢▢(306 頁)

《文編》入於附録。此字爲三晉地區“襄”字的又一種形體。我們知道,戰國時期文字混亂的情況甚爲嚴重,不僅不同地區之閒文字異形,即使在同一地區,一個字的寫法也不止一種。所以,襄字的異體甚多,不足爲奇。

《中國錢幣》1984-2,頁 69、70

○曹錦炎(1985)　襄字在古印中作下列形體:

　　　▢彙5294　　▢彙0309　　▢彙1251　　▢彙1459

在金文中作下形:

　　　▢穌甫人匜　　▢鄂君啟節

在楚簡中作:▢信陽楚簡

綜觀襄字的各種構形,雖然中閒部分變化較大,但萬變不離其宗,仍不難發現都是由▢所從的▢孳乳而來,甲骨文襄字的初文作▢,正好説明這個問題。關於襄字得聲的緣由,因《説文》已將襄字分成襄、▢兩字,且形體訛變已甚,許慎已經説不清了。我們推測,襄字初文作▢,應該和“羌”字的造字本意相同,甚至有可能即是羌字的或體,因用各有別,遂將形體稍加變化,襄字很可能就是從羌得聲。羌從羊聲,羊、羌、襄三字疊韻,從古音上講也是没有問題的。此其一。

其二,戰國貨幣銘文中,襄字作:

襄陰 辭典335   襄垣 辭典336—338

其所从的**羊**,即昊,也是从羌。這對上面討論襄字从羌得聲,乃是一個有力的佐證。

戰國文字中,形聲字濫爲音假的例子甚多,僅就中山王器而言,如哉作烊;鑄作釙等等,不勝枚舉。所以,襄字的異體寫作"裏"或"裹",是毫不奇怪的。至於"裏"所从的昊寫作羊,除了聲符上可以相通之外,從上列各例襄字的變化中,也可窺其大概。

《考古與文物》1985-4,頁81

○**何琳儀**(1986) "襄",原篆作"**羹**",饒釋"襄"。按,邞陵君豆"**籣**",李零、劉雨《楚邞陵君三器》(《文物》1980年8期)釋"襄",與帛書甚近。"襄",甲骨文作"**羊**",金文作"**龡**"或"**龡**"(《甲骨文字釋林》132—133),戰國文字則訛形爲音作"**龡**、**龡**"从"羊"得聲,或作"**龡**"从"羌"得聲(均見《古璽文編》8.6)。《爾雅·釋言》:"襄,駕也。"本句"☐是襄,天埲是格"爲駢句,故"☐"下應有合文符號。

《江漢考古》1986-2,頁79

○**牛濟普**(1992) (編按:璽彙0309)"襄"字作"**羹**",與《鄂君啟節(甲)》的"襄"字形近,節銘作"**羹**"。

《中原文物》1992-3,頁89

○**曾憲通**(1993) (編按:楚帛書)《説文》:"襄,从衣,䚔聲。"穌甫人匜作**龡**,帛書**羹**即**龡**之變體,不从衣。篆文再變作䚔,爲襄之聲符,故帛文**羹**實即篆文䚔,可讀爲襄。"吕司堵襄"與平水土有關,可讀爲壤。

《長沙楚帛書文字編》頁102—103

○**劉信芳**(1996) (編按:楚帛書)襄 諸家多讀如"壤",非是。按字讀如"禳",《説文》:"禳,磔禳,祀除癘殃也。古者燧人禜子所造。"《禮記·月令》季春之月:"命國難,九門磔攘,以畢春氣。"鄭玄注:"此月之中,日行歷昴,昴有大陵積尸之氣,氣佚則厲鬼隨而出行,命方相氏帥百隸索(索)室敺疫以逐之。又磔牲以攘於四方之神,所以畢止其災也。"又季冬之月:"命有司大難旁磔,出土牛以送寒氣。"鄭玄注:"此月之中,日歷虛危,虛危有墳墓四司之氣爲厲鬼,將隨强陰出害人也。旁磔於四方之門,磔攘也。"《史記·天官書》:"太上脩德,其次脩政,其次脩救,其次脩禳。"是謂有日、月、星之災變,脩德、脩政、脩救、脩襄以避其禍也。帛書此句應是四字爲句，疑"襄"上二殘文中有合文或重文。

《中國文字》新 21，頁 71—72

○**王人聰**（1997）　（編按：六年襄城令戈）戈銘䍎應釋爲䍎即襄字，其繁體作𧟛（鮻甫人匜）或𧟜（鄂君啟節），在字形演變過程中可省作𧟝（襄陰布）或𧟞（襄垣布）、𧟟（襄陰鼎），襄垣布、襄陰鼎的襄字構形與戈銘之襄字相同，可證。

《第三屆國際中國古文字學研討會論文集》頁 415—416

○**劉信芳**（1997）　仰天湖簡五："一齒厎齒，又□□齒，又芏襄。""襄"讀如"囊"，"芏囊"是用以盛齒梳之囊，用芏草編織而成。《爾雅·釋草》："芏，夫王。"郭璞注："芏，草，生海邊，似莞蘭，今南方越人采以爲席。"郝懿行疏："席即名芏也。今燈草席即芏草席，杜、燈一聲之轉。其草圓細似莞。"仰簡又記有"芏縺"，另見。

　　信陽簡凡"襄"皆是"囊"之借字，如二·二二："小襄糒四十又八，一大襄糒。"二·二九："首善米，紫緂百襄。"即用紫色緎製的一百隻米囊。

　　信二·一二："緂與素絵之䋣襄二十又一，緂與青絵之䋣襄七。""䋣襄"讀如"鞶囊"，《說文》："鞶，大帶也。"知鞶囊是繫於大帶之香囊。此香囊以緂（緎）爲面，以素錦或青錦爲裏，其製作是比較考究的。《儀禮·士昏禮》："父送女……庶母及門内施鞶。"鄭玄注："鞶，鞶囊也。"

《中國文字》新 23，頁 104

○**黃錫全**（1998）　據說此錢於 1997 年以前出自陝西，圓形方孔，面有外郭，背平素。錢徑 2.6、孔徑 1 釐米，重 6.2 克。錢面有"𥾊二甾"3 字，旋讀。

　　第一字作𥾊，比較特別，經仔細分析比較，當爲"襄"字簡省形。三晉小方足布的䍎垣、壤陰的䍎、壤多作如下之形：

㙋㙋　䍎䍎䍎張頷《古幣文編》240、242 頁

　　商承祚等編《先秦貨幣文編》錄䍎字有作如下之形：

䍎　䍎 132 頁敬下

　　因此，𥾊可能就是由䍎形演變，即變其中的"V"爲"—"。如商氏等摹寫不誤（或原本不誤），𥾊也可能就是䍎形之省。不論屬於哪一種情況，將第一字釋讀爲"襄"，估計問題不大。（中略）

　　根據三晉圜錢"漆垣一釿、共屯赤金"等例，"襄二甾"之"襄"應爲地名。

三晉地名稱襄者,有襄垣、襄陰、襄邑、襄城、襄陵、襄山等。襄垣、襄陰方足布多主張屬趙。根據文字特點,"襄二甾"當屬趙國圜錢。我們懷疑圜錢的襄有可能是《漢書·地理志》趙國屬縣襄國之襄,即古邢國所在地,因漢初地名多沿襲戰國。是否如此,還有待更多材料的證實。

　　　　　　　　　《先秦貨幣研究》頁 329—330,2001;原載《安徽錢幣》1998-3

○**何琳儀**(1998)　嚻,商代金文作(祖辛爵),象人形突出其足趾及頭上之物(形待考)。甲骨文作(《類纂》〇〇三〇),省足趾,故亦可隸定兄。西周金文作(散盤),作回環狀,又加土、攴會意。疑襄之初文。《説文》:"襄,《漢令》解衣耕謂之襄。从衣,嚻聲。"从土、攴有耕作之意。春秋金文作(薛侯盤),其土旁已由兄上移於兄左。或作(樂子嚻豧匜),兄上加日旁,會人於日下耕作之意。戰國文字承襲春秋金文,多有變異。齊系文字或省攴,或與傳抄古文吻合(參衢字)。燕系文字省土、攴,其兄形作、、,已聲化爲从羌。其下或从女形,乃足迹上移(古文字習見)。參上引商代金文兄及《説文》襄之古文。晉系文字兄或作,則聲化爲从羊,且省土、攴。或作、省土,或作省攴,或作、省土从収。楚系文字或作、上承西周金文。或作聲化爲从羊,攴省作又。秦系文字或作从二又,爲小篆从爻所本。或作亦聲化爲从羌。或作高度省簡。(中略)小篆由訛變,己由儿形訛變,工由土旁訛變,爻由形訛變。兄、嚻、襄一字之孳乳。

　　　　　　　　　　　　　　　　　　《戰國古文字典》頁 689

○**李守奎**(1998)　嚻、襄、囊三字在《説文》中分別在叩、衣、橐三部。《説文》據小篆訛變之形解形説義,均不可據。

　　嚻字的演變過程如下:

　　　　薛侯盤——包山簡 176——《説文》籀文——小篆

《説文》所謂"从爻、工、交"純屬臆測之辭。

嚻字在古文字中屢見,其用法如下:

一人名

　　叔妊嚻　薛侯盤　　　糔(胡)嚻　包簡 176　　　黃嚻　璽彙 1252

二地名

　　嚻之有司橐　散盤　嚻陵　鄂君啟車舟節,包山 103 號簡之嚻陵,155 號簡作鄭陵。

三讀爲"壞"

吕（以）司土㘽，楚帛書甲篇。

由於人名、地名之“㘽”字在傳世典籍中均寫作“襄”，所以有學者徑將“㘽”字釋爲“襄”。其實，古文字別有“襄”字。

　　　蘇甫人盤　　　信陽簡 2.12

蘇甫人盤中襄字从“衣”从“㘽”，銘文中用作人名，信陽楚簡中襄字从衣省，與“裏”字作（信陽簡 2.9），“褐”字作（信陽簡 2.19）同例。在簡文中全部讀作“囊”。

《說文》“㘽、襄”有別，與古文字反映出來的事實一致，《金文編》等字編也依《說文》分列兩部。但 1985 年版《金文編》誤把鄂君啟車、舟節中的“㘽陵”之“㘽”收在“襄”字頭下，《楚系簡帛文字編》則把所有的“㘽”字收在“襄”字頭下，而把楚簡中的“襄”字依辭例收在了“囊”字頭下。

《吉林大學古籍整理研究所建所十五周年紀念文集》頁 84—85

○**陳偉**（2003）　（編按:郭店・成之29）簡文本作：“襄我二人，毋有合才音。”裘錫圭先生按語指出：“今本《君奭》作‘襄我二人，汝有合哉言’，‘言’字一般屬下讀。‘才’似當讀爲‘在’。‘毋有合在音（或是言之誤）’，其意與今本‘汝有合哉’大不相同。”疑“襄”讀爲“曩”，指昔時。毋，義爲“無”。合，義爲和諧、融洽。“音”有言辭義。《詩・邶風・谷風》：“德音莫違，及爾同死。”鄭箋云：“夫婦之言無相違者，則可與女長相與處至死。”文意大致是說：先前我們二人，在言辭上不相和諧。

《郭店竹書別釋》頁 143

○**李守奎**（2003）　小篆㘽爲訛變之形。楚之㘽皆从土。疑即壤之本字。

《楚文字編》頁 78

○**田煒**（2007）　《珍秦齋藏印（戰國篇）》（下文簡稱《珍秦》）第 47
號著録了下揭古璽：

左字原釋文作“櫟”。戰國文字“樂”字作（《古璽彙編》1375）、（《郭店・老子甲》簡 4）等形，與印文左字所从之有明顯不同，故釋“櫟”非是。北京故宮博物院藏有左揭一方單字璽，著録於《古璽彙編》（下文簡稱《璽彙》）第 5375 號。其中字，湯餘惠先生認爲“即（衛鼎乙韘字所從）、（樂子嗷〈嚷〉匍簠嗷字所從）之省，字下人旁又增土變爲壬”。近出楚簡“㘽”字作（《郭店・成之聞之》簡 34），“鄹”字作（包山簡 189），證明了湯説至確。與同形，也應該是“㘽”字所从。該字左部的，整理者認爲是“卓”，但旁三橫方向不一,寫法與"阜"旁有明顯不同,而且若釋卜爲"阜",則"阜"旁正書,與整體印文反書的情況也不相稱,故釋"阜"可疑。"毀"字西周金文作𣂪(散氏盤),戰國文字沿襲西周金文作𣂪(《郭店·語叢四》簡23)、𣂪(《璽彙》0309)、𣂪(《三晉貨幣》100)等形,多从攴。𣂪字所从之卜,無論從形體還是筆勢上看,都和反書的"攴"旁吻合,只是上部少了一橫,很可能就是"攴"旁之殘。所以,𣂪字當釋爲"毀"。上舉《璽彙》5375號璽中的𣂪,實際上就是𣂪字之省。

《中國文字》新33,頁175—176

△**按**　"毀"字構形不明。上列諸形中省變不一,其中主體部分上半本不从二口,口旁爲訛變所致,下半或从卩、或从人、或从壬、或从女(似是人下加橫寫的止旁之訛變)。字又多从土旁與攴(或又、或奴)旁,學者或疑从土者爲"壤"之本字。不過諸形在戰國出土文獻中似無明顯分工與區別。以下詞條皆以"毀"字代之,不一一隸定。與"毀"對應之字傳世文獻皆作"襄",《説文》以爲"襄""从衣,毀聲",古文字中"毀、襄"時有混用,詳卷八衣部"襄"字條。"襄"《説文》古文作𧜇,疑即"毀"字之訛。

【毀垣】貨系1611

○**曹錦炎**(1984)　幣文"襄垣",戰國趙地,因趙襄子所築,故曰"襄垣"。

《中國錢幣》1984-2,頁69

○**何琳儀**(1998)　趙方足布"毀垣",讀"襄垣",地名。見《漢書·地理志》上黨郡。在今山西襄垣北。

《戰國古文字典》頁689

○**陶正剛、趙滿芳、范宏、郭紅、張玲**(2004)　襄垣幣,共13枚。幣文大部分爲右襄左垣,也有個別是左襄右垣的。大部分背面有記載範次的數目字,有"一、三、四、八、十四、二十"等。襄垣戰國時初屬韓,後入趙。趙襄子築城,故名爲襄垣。屬趙國貨幣。

《文物世界》2004-1,頁29

【毀城】

○**黃盛璋**(1989)　襄城在戰國晚期既又名新城,而見於記載也爲戰國晚期,則此城當爲戰國所築,《水經注》引王隱《晉書地道記》以襄城爲春秋楚靈王所築,可能誤解沈尹戍等所城之養城爲襄城,又誤楚昭王爲靈王。據乾隆《一統志》引舊志:襄城"古城在今縣西墉外,遺址連亙,達於城隅,其南又有一城,名小古城,規制甚狹而堅"。今城據舊志爲唐城舊址,兩古城必在唐以前,是否即戰國最早之襄城,尚有待考古勘查。至於養陰里之沙城、養城,在襄城之北何地,清《一統志》僅說在寶豐西北。沙城在《水經注》時代既然有城,則當有遺址殘存地上或地下,北宋村一帶是否有古城或聚落遺址,報導未提。至於古養水俗名沙水,此名仍在,稱爲沙河,而一般則稱爲石河(見清《一統志》),於大石橋東北注汝水,應即《水經注》所稱東長湖,亂流注汝者,今湖雖不存,但逕流形式仍與《水經注》基本相符。汝水及其支流養水古今雖有變化,但在郟、襄城一帶係屬上游,看來自南北朝後,變化不大。《水經注·汝水》所記汝水與養水逕流大致可繪製復原,只是上述所逕有關聚落、城壘,既未見考古勘查資料,則地名落實僅能根據歷史地理研究之推斷,誤差難免。但養水逕流不長,根據實測地形圖上今之石河,可以復原養水與逕流城壘,沙城即養陰里、養城,當在趙莊至大石橋一帶,山符壘或在官衙與趙官營至趙莊閒,至於流經寶豐城北的顯爲《水經注·汝水》之潕水。《說文》與《字林》都說潕水東入父城,上引杜預注謂城父即父城,爲襄城郡治,如此,今之寶豐前身應即春秋城父、漢魏父城,縣東之父城堡,無疑即漢魏六朝之父城,東北距大石橋與趙莊一帶不過 10 公里左右,故養城置此,不致大誤,與"羕陵"金幣出土之北宋村相去也不過 15 公里左右。漾陵既得名於羕水即養水,而養水逕流從發源至注汝水,只有這麼長,所逕城邑聚落除沙城即養城外,還有一個山符壘與支流菫溝水所逕的沛公壘,既稱爲壘,當時至少還有堡壘遺址,來源於古代戰爭營壘或較小的城邑,但去酈道元時代已遠,因而無一字交代。羕陵戰國既爲縣,應該有城,如不是山符壘,那就該是沛公壘,二者應居其一,後者楊守敬《水經注圖》繪於菫溝水注養水之口,在山符壘與養陰里之東。但今石河僅上源有兩河,分別爲其南、北二源,下游已無支流入石河,且羕陵爲養水逕流,當在主河而不應在支流之上,應以山符壘爲較合,但具體遺址位置只有待考古勘查才能確定。

《出土文獻研究續集》頁 111—112

○**周曉陸、紀達凱**(1995)　(編按:近出 1170 楚境尹戈)襄城,《漢書·地理志》潁川郡下有襄城縣,轄境約當今河南省襄陽、郟縣、舞陽一帶。春秋早中期爲楚所有,到戰國中期楚肅王時(約公元前 380—前 370 年),襄城爲魏屬地。楚懷王二十八年(公元前 301 年),齊、魏、韓攻楚方城(大致位於襄城稍南),楚"方城外之蔽"襄城一帶汝、沙流域盡爲韓、魏所有。《史記·魏世家》記,魏昭王元年(即楚頃襄王四年,公元前 295 年)"秦拔我(魏)襄城",按說此時襄城當爲魏、秦易手之邑,可是劉向《説苑・善説》載,也是在楚頃襄王年間,楚封"襄成君"領邑襄城。據考古調查,這一帶楚遺址、遺物頗多,此地諸國當時應呈反復拉鋸、疆境不斷變易之勢。據此戈銘文,到"都壽之歲",楚考烈王二十二年,楚據有襄城,有可能當年楚爲"縱長",趙、楚、燕、魏、韓合縱攻秦,不利,楚爲避秦,徙都壽春。是役之初,楚曾一度占領屬秦之襄城,直至失地而都壽,襄城一線仍握於楚,成爲"楚境"。《廣韻》中指襄爲"楚之西津",或與此有關。這不僅對於理解楚國晚期西部疆界的變遷頗有意義,同樣也關係到强秦在這一年的東部邊境。在討論"襄成君"問題時,曾有謂戰國中期楚之"襄城"當爲地名搬家另築的城邑,即楚懷王二十八年秦略之"新城"。對照襄城楚境尹戈銘文及其時代背景,可知這一説法未妥。

《考古》1995-1,頁 77

○**王人聰**(1997)　　(編按:六年襄城令戈)戈銘所記地名襄城,據《史記・魏世家》:"昭王元年,秦拔我襄城。"魏昭王元年(公元前 295 年),爲周赧王二十年,韓釐王元年。《資治通鑑・周紀四》亦記此事,云:赧王"二十年,秦尉錯伐魏襄城"。説明在韓釐王元年之前,襄城爲魏所有。戰國時期,戰爭頻繁,邊境之城邑,往往前後易主,故胡三省在上引《通鑑》此條下注云:"《班志》襄城縣屬穎川郡,以分地考之,穎川屬韓境。蓋魏與韓分有穎川之地,用兵爭强,疆場之間,朝韓暮魏,則此時襄城或爲魏土,容亦有之。"今由此戈銘,則可知襄城以後又歸韓。故《漢書・地理志》即將襄城列入韓境。《地理志》云:"韓地角亢氏之分野也。韓分晉得南陽郡及穎川之父城、定陵、襄城、穎陽、穎陰、長社、陽翟、郟,東接汝南,西接弘農,得新安、宜陽,皆韓分也。"《地志》的記載與戈銘正可互爲印證。

《第三屆國際中國古文字學研討會論文集》頁 418—419

○**黃盛璋**(1998)　　襄城之名,始見於戰國。《水經注・汝水》中記:"汝水又東逕襄城縣故城南,王隱《晉書・地道記》曰'楚靈王築',劉向《説苑》曰'襄城君始封之日,服翠衣,帶玉佩,立於流水之上',即是水也,楚大夫莊辛所説處,後乃縣之。汝水又東南流,逕西不羹城南。"今按不羹城爲楚靈王所築,明見《左傳・昭公十二年》,《水經注》下文亦引之。《晉書・地道記》不知襄城源流與始築年代,而以楚靈王城不羹時並築襄城,全出臆測。而自《元和郡縣志》以來,傳統志書皆依此説,全不足據。襄城最初名新城,蓋爲楚新築之城。秦簡《編年記》記有昭王六年(公元前 301 年)"攻新城"、七年"新城陷"、八年"新城歸"。其中"七年新城陷"又見於《史記・六國年表》,此年的"楚表"作

"秦拔我襄城"，"殺景缺"。《正義》引《括地志》："許州襄城縣即古新城也。"
按《世家》《年表》所説則新城即爲襄城，今秦簡正作新城。據此，證實上引
《史記·六國年表》中襄城爲新城之誤，但其地就是襄城。因"六年攻新城"，
據《史記》記載，齊、魏、韓皆參加與秦連橫攻楚。《六國年表》於此年"楚表"
中記"秦、韓、魏、齊敗我將唐眛於重丘"；《韓世家》記：（襄公三十一年）"與秦
伐楚，敗楚將唐眛"；《楚世家》作"齊攻楚，殺楚將唐眛，取重丘"；《齊表》《魏
表》均作"與秦攻楚"；《秦本紀》則云："取方城。"《吕氏春秋·處方（分）》：
"齊令章子將而與韓、魏攻荆，荆使唐蔑將而應之……與荆人夾泚而軍……果
殺唐蔑。"《水經注·比水》引作："章子夜襲之，斬唐眛於是水也。"泚水爲今
之唐河，《秦本紀》中"取方城"，則當在泚水上游。新城即襄城，爲秦軍最初出
兵獨攻之地；而最後四國合師決戰，則在泚水上游。是役楚師敗北，楚之南陽
地即爲韓、魏分有。《史記·孟嘗君列傳》所謂"遂取宛葉以北，以强韓、魏"，
即指此事。"宛、葉以北"包括汝水上游襄城一帶。"七年新城陷"、"八年新
城歸"，則指新城爲秦軍所得，至於八年歸還於誰卻未交待。當時其地尚名新
城，而未用襄城。《史記·魏世家》："昭王元年，秦拔我襄城。"此年相當於秦
昭王十二年（公元前295年），其時襄城屬魏。《六國年表》記此事爲"（魏）昭
王元年，秦尉錯來擊我襄"，襄即襄城。於是年爲秦所拔。魏得襄城應在重丘
之戰，則《編年記》中所説"八年歸"當歸於魏，而非楚。因爲除此次戰爭外，數
年閒魏與楚未有戰端，而秦昭王八年至十二年也僅有四年。

　　傳世及出土有"襄城"布幣，過去皆誤釋爲商城或商丘（參見《古錢大辭
典》上篇中圖439—446；亦見於《中國古錢譜》中布幣14）。新出《燕下都東周
貨幣聚珍》列爲"未定國別布幣"，其銘第一字作爲未識之字；或説未考，誤其
字爲畲。《古璽彙編》中見有"鄝襄君"（0004）、"襄陰司寇"（0077）、"襄平右
丞"（0125）幾印，"襄"字相同。戰國文字異形，雖同一國各處也有不同，故
"襄陰、襄平"之名皆見於布幣，而與上列印文字形不同。襄城屬魏只有四年，
而又爲秦所取，但戰國疆域變化無常，可能秦並未占據，或者後又復歸於魏。
"襄城"布傳世甚多，近年在山西太原、河北燕下都及中山國都靈壽等地皆有
出土，現所見至少有好幾種不同範，可見所鑄很多，且遠行至燕境。如此看
來，襄城屬魏似非只有四年，但在秦昭王二十九年白起拔郢前其地又爲楚所
有。莊辛説襄成君於始封之日就是明證。連雲港所出戈銘（編按：楚境尹戈）如確
爲"都壽之歲"，則直到楚考烈王二十二年，襄城仍然是楚邊縣，而與秦、韓、魏
相接，故設有境尹。戈名中"都"字於所發表拓本幾無筆迹，"壽"字則明確無

誤,故此戈作於考烈王二十二年遷都壽春之歲的可能性極大。

　　襄城最初名爲新城,入魏後始見襄城之稱。新城之名始見於秦簡《編年記》中秦昭王六年,襄城則始見於《史記·魏世家》,在其後六年。始見之年並不等於始築或始名之年,但由兩者時間相依,新城之築必在戰國晚期。上引《水經·汝水注》下文又稱:"其城南對氾城,周襄王出鄭居氾,即是城也……晉襄城郡治,京相璠曰:'因襄王居之,故曰襄城也。'"按周襄王"出適鄭,處於氾",見於《左傳·僖公二十四年》;《括地志》《元和郡縣志》均以氾在襄城南一里。則襄城之築,必在氾城廢後,用以代替氾城的位置;因周襄王曾居於此,新築之城,後遂命名爲襄城。兩者時間雖然相去較遠,不能直接聯繫,但歷史發展卻確有關係。京相璠是西晉地理名家,精研春秋史地,所著《春秋土地名》具有權威性,杜預注《左傳》時於地名考證主要就是依靠此書,所以其所說襄城得名的由來還是有所根據的。至於《廣韻》稱"襄爲楚之西津",此"襄"當指襄陽,應劭曰"城在襄水之陽,故曰襄陽",但和襄城無關。《戈讀考》引《廣韻》此條,以爲"或與此(襄城)有關",係理解錯誤。襄城得名與山、水皆無關,這一帶既無襄水,也無襄山,僅其南一里有周襄王出居之氾城,而襄城之築又是代替氾城,除得名於周襄王居氾之事外,其他還找不到更好的解釋。

　　《莊子·徐無鬼》:"黃帝將見大隗乎(於)具茨之山,至於襄城之野,七聖皆迷,無所問途,適遇牧馬童子,問途焉。"《水經注》《元和郡縣志》等皆引據爲史實。但《莊子·外篇》多爲僞託,莊子所處時代尚無襄城。秦昭王六、七、八年秦簡《編年記》尚稱爲新城,故襄城之名有可能爲秦昭王八年至十二年間入魏後所起,而非楚所立名。楚初僅名新城,上距秦昭王六年不會太遠。"包山楚簡"爲公元前 322 年—前 316 年,即楚懷王七—十三年時所寫,記有當時楚北境大量地名,包括汝水及其支流瀁水流域,其中與襄城比鄰的漾陵多次出現,但獨無襄城。另據《説苑》記莊辛説襄成君於始封之日,約在楚頃襄王二十一年流掩城陽前後,楚於其時始封襄成君,設縣應在楚懷王與頃襄王之際。楚懷王前期襄城之名還未出現,包山楚簡也可提供證明。

　　楚所以要在襄城之處建築新城,主要是因其地正當交通與軍事要衝,北魏也曾"置關於其下"。《周書·崔猷傳》稱:"襄城控帶京洛,實當今之要地,如有動靜,易相接應。"楊守敬《水經注疏》引之以證"此魏置關之由"。北魏時襄城郡與南齊分界,因爲邊境所在,故於其下置關。而楚之新城(襄城),亦爲邊境所在,故設境尹,與當時形勢相合。《戰國策·楚策》記:"城渾出周,三人偶行,南游於楚,至於新城,城渾説新城令曰:'……楚王何不以新城爲主郡也,邊邑甚利之。'新城公大悦,乃具駟馬乘車,三百金,之楚,城渾得之,南交於楚,楚王果以新城爲主郡。"新城公即新城令,證明其時楚封君所封之地相當於縣,或就是縣,故縣令亦稱公。此新城爲楚邊邑,定爲襄城之地的新城爲最合。但韓亦有新城,在伊闕之南;傳世有"八年新城大令戈"及新城方足布,均爲韓新城所造,其與楚之新城名同,造成分辨困難。上引《楚策》中所指新城,舊多以爲是韓之新城,因其下文又有"韓公叔有齊、魏,而太子有楚、秦,以爭國,鄭申爲楚使於韓,矯以新城、陽人與太子",陽人地亦在伊闕南,與新城相近。秦簡《編年記》中,昭王十三年"攻伊闕",十四年"伊闕陷",與《史記·秦本紀》昭王十三年"左軍白起攻新城",十四年"白起攻韓、魏於伊闕"及《史記·白起列傳》"十三年(白起)攻韓之新城"的記載相合。《史記·秦本紀》二十三年與二十五年皆記"與韓王會新城"。故伊闕南之新城屬韓,證據明確,屬楚則無他證,且其距楚過遠,又逼近周郊與韓境,楚北境遠入伊水下游,而在新城設立邊縣與主郡,也都是有疑問的。只是戰國疆域變化無常,邊地尤甚;而且戰國縱橫家言,亦往往詭譎,難以盡信爲史實,如鄭申矯以楚之新城、陽人與韓太子,就是很難想象的事。至於襄城之地的新城爲楚所築,縣亦始設於楚,楚頃襄王曾以之封襄成君即爲確證。直到楚考烈王二十二年遷都壽春,仍有封君襄城公,並爲楚之邊縣。秦滅楚後,始入於秦,仍以爲縣。而漢代承之,上引《水經·汝水注》説"後乃縣之",以及《元和郡縣志》稱爲"秦舊縣"都因不明本源而定爲秦縣。

秦以後襄城的沿革是:西漢屬潁川郡,東漢、魏相因,晉代升爲襄城郡與郡治,後魏相承,以後沿革僅爲所屬郡(州)、府名不同,縣則相沿至今未改。今縣城爲明成化年間所築,縣學則爲唐貞觀二年創建。明洪武三年,因其舊基重建,清代順治、康熙、雍正時屢加修整,志書傳統相沿,皆以古今襄城基址未變。但今城舊址只能到明,以前之城不明。《元和郡縣志》卷六襄城縣條下記:"縣理廢汝州城,即古襄城,襄王出居鄭地氾,在今縣南一里古氾城是。"如此則唐襄城基址應即秦漢襄城所在之地。清代乾隆《一統志》卷一七二"許州古迹":"(襄城故城)在今襄城縣西莊子……舊志:古城在今縣西塘外,遺迹連亙,達於城隅,其南又有一城,名小古城,規制甚狹而堅。"清乾隆時所修《襄城縣志》有考證文字,認爲上面所指"小古城"即周襄王出鄭所居的"氾城",與《元和郡縣志》所言在襄城縣南一里位置相合,遺址尚存。

《中國文物地圖集·河南分册》所列"襄城文物":"氾城址(縣城南門外

東南回民村·春秋),城址面積不詳,尚可看出東牆殘長250餘米,南牆殘長100多米,城内可采集到瓦片、陶豆、罐等。據乾隆《襄城縣志》考證,此址是氾城舊址。"此即上引舊志所説的城南小古城,當時城牆尚保存完整,稱其爲"小古城","甚狹而堅",看來的確不大。另據1986—1987年《襄城縣文物圖》,氾城址就在城外河東後街,與明清南城牆緊接,現已擴展爲市區的一部分,難以發掘。但所謂縣西埇外達於城隅的遺迹,應另爲一座古城,則該圖上並未標出,上引説明亦無交代,其城牆當已無存。小古城即是《元和郡縣志》中"縣南一里古氾城",如此則明清襄城縣址,舊志以爲利用了唐代舊址是可信的,但小古城的時代尚待勘察確定。而城西另一古城時代應在唐前,至少可到六朝,能否早到漢則有待考古勘探加以確定。

《戈讀考》文中説:"襄城轄境約當今河南省襄陽、郟縣、舞陽一帶。"從上文分析,古襄城之地,志書與傳統説法,皆以爲即今襄城所在,其歷史地理沿革相承至今,地區未變,變遷的主要是具體城址。因此古城相依,轄境亦爲歷代襄城所承,如何能遠至襄陽、郟縣、舞陽?《戈讀考》又説:"春秋早、中期爲楚所有,到戰國中期楚肅王時(約公元前380—前370年),襄城爲魏所有。"實則襄城爲楚晚期所築之新城,只能追溯到楚懷王末年,説"楚懷王時襄城爲魏所有"應爲臆測;至於説楚考烈王二十二年"楚曾一度占領屬秦之襄城,直至失地而都壽春",也是無根據的。

《考古》1998-3,頁67—70

【𨟵城公】近出1170 楚境尹戈

○黄盛璋(1998)　襄成公是楚封君。戰國時封君除楚外,大抵皆稱君,稱公唯見於楚。春秋楚封君皆稱公,如白公、葉公等;戰國時楚也稱君,與稱公並行,如魯陽君在"包山楚簡"中稱爲魯陽公。而在"包山楚簡"及曾侯乙墓遣策竹簡中,皆有大量稱公、稱君的情形並存,並有"君、公"可以互用之例,如羕陵公在"包山楚簡"即稱爲鄟陵君。只是稱君之例多於稱公,蓋因封君稱公爲楚之舊制,稱君則爲戰國時各國通用之制,而楚亦隨之。就其來源説,稱公當早於稱君,且日少於稱君;只是不能據此定稱公的時代早晚,因晚期也有稱公之例。《説苑·善説》有莊辛説襄成君事,而戈銘稱襄城公,襄成、襄城爲同地,這是襄城公亦可稱爲襄城君。楚封君可以世襲,《説苑》説:"襄成君始封之日,楚大夫莊辛過而説之。"始封之日,不一定爲始封之君,但下文有:"襄成君乃奉手而進曰:'吾少之時,亦嘗以色稱於長者矣。'"則襄成君當以色受幸於楚王而得封襄城。而新城、襄城之名出現又晚,後者出現正爲楚頃襄王時,則此襄成君有可能即爲始封於襄城者,至於楚大夫莊辛曾説流掩於城陽的王爲頃襄王。頃襄王二十年(公元前 278 年),"秦白起拔楚西陵,遂拔鄢、郢、夷陵,燒先王之墓,王徙東北,保於陳城"。頃襄王流掩於城陽,當即在此際,他聽了莊辛"亡羊補牢"的一番游説之後,"乃以執珪而授之爲陽陵君"。而《新序》記:"辛爲成陵君,而用計焉,與舉淮北之地十二諸侯而與謀秦,復取淮北之地。"《史記·楚世家》:"二十三年襄王乃收東地兵,得兵十餘萬,復西取秦所拔我江旁十五邑以爲郡。"此事吕祖謙在《大事記》中以爲和莊辛用計有關。總之,莊辛爲楚頃襄王時大夫,事在公元前 278 年—前 276 年間,這有記載可考,其説襄城君,相去必不甚遠。而戈銘如作於"都壽之歲",則應爲考烈王二十二年(公元前 241 年),在其後三十多年。如此,則戈銘中的襄城君當爲始封之襄成君的後裔或其承繼者。

《考古》1998-3,頁 65—66

△按　楚境尹戈發布者周曉陸、紀達凱(1995)定名爲襄城楚境尹戈,將"城"後之字釋爲"楚","競"讀爲"境";《近出殷周金文集錄》(1170 號)從之。實應從黄盛璋(1998)命名爲"襄城公競尹戈"。

【郾陵】

○于省吾(1963)　(編按:鄂君啟節)襄陵應作襄陲,襄陲也見車節。(中略)《水經注·淮水》引《竹書紀年》:"梁惠成王十七年,宋景斂、衛公孫倉會師圍我襄陵。"《史記·楚世家》:"(懷王)六年,楚使柱國昭陽將兵而攻魏,破之於襄陵。"《漢書·地理志》陳留郡有襄邑,顔師古曰:"圈稱云襄邑宋地,本承匡襄陵鄉也,宋襄公所葬,故曰襄陵。秦始皇以承匡卑溼,故徙縣於襄陵,謂之襄邑。"按《水經注·淮水》亦稱"宋襄公之所葬,故號襄陵矣"。酈注爲顔説所本。又《水經注·渭水》:"秦名天子冢曰山,漢曰陵。"按春秋戰國時王公的墳墓還没有通稱爲陵,則謂襄陵得名於宋襄公之所葬並不可據。今以節文證之,則襄陵本應作襄陲,陵與陲形近易訛。自《史記》誤"陲"爲"陵",晉人寫定《紀年》遂因之,各家釋此節者也因之,不知本應作襄陲。

《考古》1963-8,頁 442

○黄盛璋(1984)　按鄂君啟節"大司馬邵(昭)陽敗晉師於襄陵之歲",確用爲"陵",《史記·楚世家》:楚懷王六年"楚使柱國昭陽將兵而攻魏,破之於襄陵",人物、地點、史實皆合,邵陽即昭陽,魏亦稱爲晉,襄陵確爲魏地。又見《水經·注淮水》引《竹書紀年》:"宋景斂、衛公孫倉會齊師圍我襄陵。"于先生謂襄陵原名襄陲,因《史記》誤作襄陵,不僅記載跟着錯,連地名襄陵也跟着改,這不近情理。襄陵一直沿用至秦,"秦始皇以承匡卑溼,故徙縣於襄陵,謂之襄邑"(《漢書》顏師古注),地名實用於當地人民口中,不可能因《史記》錯爲襄陵,長期流行於人民中的地名也爲之改變,何況襄陵之名遠在《史記》前。《史記》記魏地襄陵不限於《楚世家》,《魏世家》梁惠王十九年諸侯圍我襄陵,即上引《竹書紀年》之記事,而年代、史實與《紀年》皆略有差異,知所據並非《紀年》,而《紀年》亦稱爲襄陵,不得謂爲荀勖等人所改。地下出土之鄂君啟節與《竹書紀年》皆證《史記》之襄陵不誤,襄陵原名不是襄陞。

　　于先生還以爲"春秋戰國時王公的墳墓還没有通稱爲陵,則謂襄陵得名於宋襄公之所葬並不可據",此點充其量只能證明襄陵得名於宋襄公陵有問題,不能證明春秋戰國襄陵不能稱"陵",必爲"陞"字不可。以丘、陵、阜、原等爲地名,和上古避水選居高處有關,起源很早,甚至在未有文字以前。承匡卑溼,徙於襄陵,説明襄陵確在較高之地。《左傳》僖三十二年,"晉人御師必於殽,殽有二陵焉,其南陵夏后皋之墓也;其北陵,文王之所避風雨也",南陵爲陵墓之陵,北陵爲丘陵之陵,此雖爲傳説,但時代甚早,足以説明春秋時期已稱古帝王之墓爲陵,而此種陵墓之制,最早即利用自然丘陵,後始起土爲陵。考古所見,戰國已經起土爲陵,據上引《左傳》,春秋已有陵墓,襄陵得名於宋襄公之陵。總之于省吾先生論定襄陵原名襄陞,而不是"陵"字,無論從哪方面考察,都是難以成立的。

《安徽史學》1984-1,頁 42—43

○**劉信芳**(2003)　(編按:包山103)襄陵:簡 115 作"鄺陵",漢名襄邑(《漢志》)。《水經注·淮水》:涣水(淮水支流)"又東逕襄邑縣故城南,故宋之承匡襄牛之地,宋襄公所葬,故號襄陵矣"。《竹書紀年》:"梁惠王十七年,宋景敾、衞公孫倉會齊師,圍我襄陵。十八年,惠成王以韓師敗諸侯於襄陵,齊侯使楚景舍來求成,即於此也。西有承匡城,《春秋》會於承匡者也,秦始皇以承匡卑溼,徙縣於襄陵,更爲襄邑也。"其地在今河南睢縣。

《包山楚簡解詁》頁 97

【𣪍险】

○**曹錦炎**(1984)　此字見圓孔圜錢,文曰:"襄陰。"漢曾置有襄陰縣,地失載,或云當在内蒙歸綏境。按此種圜錢形制同於"共、垣"錢,而"垣"字圜錢曾於河南輝縣戰國墓中出土。又傳世古璽有"襄陰司寇",司寇一職一般見於韓、魏兵器刻名,"襄陰"殆爲魏地。

《中國錢幣》1984-2,頁 69

○**汪慶正**（1984）　　"〔字〕陰"，舊釋"濟陰"或"畢陰"。戰國陶文"壤"作"〔字〕"。"〔字〕"或可釋"壤"。"壤陰"係"襄丘"之陰，位於蒲阪之東北，戰國屬魏。

《中國歷代貨幣大系·先秦貨幣·總論》頁 32

○**黄盛璋**（1989）　　"禀二斗　　觳陰（陰）"

此鼎曾見于省吾先生所藏拓本，商承祚先生手拓。"襄"字寫法全同襄垣幣，襄垣漢屬上黨郡，襄陰屬定襄郡，當屬趙國。禀字作"〔字〕"，與告城鎮所出韓陽城陶量"〔字〕"字寫法全同（該器容水 1670 毫升，另有打印有"陽城"二字的陶器二件均容水 1690 毫升，當爲一斤之量）。布幣中亦有襄陰，"襄"字從"土"從"襄"，舊釋"壤陰"，今據此鼎銘，可定亦爲"襄"字，釋"壤"是不對的。地名加"土"旁乃戰國常見之例，三晉亦多有之。此鼎定爲趙器，但襄陰沿革失考。《漢書·地理志》定襄郡屬縣有襄陰，《續漢書·地理志》已無此縣。後漢時已不詳併於何縣，此後未再建置，故沿革失傳，因而縣治無可確考。但定襄郡範圍不大，大致可知。定襄郡治成樂，即今内蒙古自治區和林格爾北之土城子，定襄郡北界當爲陰山山脈，同時定襄郡之得名必和襄陰有關，所以襄陰縣必在陰山山脈之南，距定襄郡治之成樂或不很遠，戰國時代屬趙可以確定。按《史記·趙世家》：趙武靈王二十六年（公元前 300 年）"攘地北至燕、代，西至雲中、九原"，趙有此地，必在此時。而西漢定襄郡係高祖時置，分自秦雲中郡，故趙定襄必屬雲中郡，此鼎襄陰已設有禀，必在趙武靈王以後，屬戰國晚期。

《季木藏陶》（七二下）有"襄陰市"陶文，字體屬漢，其地爲西漢邊郡貿易地。

《古文字研究》17，頁 29

○**蔡運章**（1995）　　【襄陰·圜錢】戰國中晚期青銅鑄幣。鑄行於魏國，流通於三晉、兩周地區。圓形圓孔，背部平素。面文"襄陰"，或釋爲濟陰、畢陰等，古地名，戰國屬魏。《史記·封禪書》："薄山者，衰（襄）山也。"《水經·河水注》："薄山統目與襄山不殊，在今芮城北。"故襄陰即襄山之北，在今山西芮城北。

《中國錢幣大辭典·先秦編》頁 617

○**何琳儀**（1996）　　（編按：貨系）"襄险"（4047），讀"襄陰"，見《地理志》定襄郡。在今山西西北長城以北，具體地望不詳。"襄"或釋"畢"，而"畢陰"似未見文獻。今暫讀"襄陰"。

《古幣叢考》（增訂本）頁 218，2002

○**崔恆昇**（2002）　　叚陰鼎:"叚陰。"叚陰即襄陰。戰國趙地,在今内蒙古自治區呼和浩特市境内。《漢書·地理志》:"定襄郡……襄陰縣。"

《古文字研究》23,頁 221

嚴　嚴

集成 9735 中山王方壺　　　近出 60 王孫誥鐘　　　集成 11381 楚王酓璋戈　　　睡虎地·爲吏 4 肆

郭店·五行 22

○**陳邦懷**（1983）　（編按:中山王方壺）《説文》叩部嚴,古文作𢝔。周金文井人鐘作𤔲,上從屵(宗周鐘、馭狄鐘嚴字,其上三口平列,已佚初義)。余謂嚴從敢,屵省聲。《説文》石部𥕐"讀與巖同"。

《天津社會科學》1983-1,頁 64

○**趙平安**（1995）　（編按:中山王方壺）《説文·叩部》:"嚴,教命急也,從叩,厰聲。"嚴字《馭鐘》作𤔲,《楚王酓璋戈》作𤔲,《汗簡》巖字所從作𤔲,《陽華醽銘》作𤔲,《六書通》古文礦字所從作𤔲。從嚴的古文字形看,小篆嚴中的屵應是從參變來,嚴字本爲從參作,敢是聲符。裘錫圭先生曾經指出了𤔲嚴字形上的聯繫,是頗具卓識的,但他把𤔲隸定爲哭,認爲"象徵一個人有幾張嘴",表示"多言"的意思,則恐未確。

嚴在金文中有三種用法。用得最多的是"指神靈之畏威之狀",如:

1)嚴在上,異在下。(《虢叔鐘》)　　4)嚴在上。(《番生簋》)

2)前文人其嚴在上。(《井人鐘》)　　5)先王其嚴在上。(《馭鐘》)

3)其嚴在帝左右。(《馭狄鐘》)　　6)其嚴歸各。(秦公簋)

由這一意義引申出恭敬、敬畏,如:

7)嚴龔寅天命。(《秦公簋》)

8)楚王酓璋嚴龔寅作轄戈。(《楚王酓璋戈》)

9)穆穆濟濟,嚴敬不敢怠荒。(《中山王方壺》)

嚴的第三種用法是作名詞:

10)唯十月,用嚴𤞤敖玁,廣伐京師,告追于王。(《多友鼎》)

這裏的"嚴𤞤"就是《詩經·采薇》裏的"玁狁"。

嚴字的本義已難以確定,但因嚴字從參作意符,可以肯定與參有一定的聯繫。這一點,從嚴字的用法、以及從嚴構成的字中可以得到證明。

參有"高"義,嚴也有"高"義。嚴的高義貫穿在從嚴構成的字中。如《説文·人部》:"儼,昂頭也。"《説文·山部》:"巖,岸也。"《説文·石部》:"礹,石山也。"《集韻·銜韻》:"齻齻,齒高。"這些從嚴的字都與高義相因。

嚴的各個義項(主要參照《辭源》所收義項)也可以用參的"高"義和"並""齊"義統系起來。由"高"引申爲"險",《左傳·隱公元年》:"制,嚴邑也。"即用此義。由"險"引申爲"緊急","緊急"引申爲"嚴厲""嚴格"和"戒夜"。"高"又引申爲"神靈之畏威之狀",並進而引申爲"尊敬",引申爲"對父親的尊稱"。參有"並""齊"義,沿這一意義引申,嚴有"整肅"和"穿戴裝束"的意思。

參屬侵部清母,嚴屬談部疑母。侵談兩部相近,上古漢語中兩部字每每通用。在顧炎武的古韻十部裏,侵談同屬第十部。可見參嚴二字古音關係密切。

綜觀參嚴二字的形音義,可以認爲它們本來是一對同源字。

《説文·厂部》收厰字,許慎解釋説:"崟也,一曰地名。從厂,敢聲。"厰字最早見於金文,它們的用法和嚴相同。如:

①其~在上。(《士父鐘》)　　②王初各伐~更于罍盧。(《兮甲盤》)

③搏伐~狁于洛之陽。(《虢季子白盤》)

④~狁廣伐西俞,汝以我車宕伐~狁于高陶。(《不其簋》)

例①同於嚴的頭一種用法,例②至④同於嚴的第三種用法。因爲厰字後出,所以用作第一種用法較少,而第三種用法較多。

厰是嚴的省體,它們之間的關係如同其和丌、獸和嘼。《説文》把厰解釋爲"從厂,敢聲"不合乎它的字源。王筠曾指出:"以吾言之,嚴亦與厰同文。許君以經典用嚴字,皆威嚴義,故入之吅部,説之曰'教命急也'。然其古文作嚴,何所取義?"王説是十分正確的。

《語言研究》1995-1,頁 171—172

【嚴狁】楚王畬璋戈
○**李家浩**(1985)　古籍從"嚴"聲之字與從"僉"聲之字通。《詩·陳風·澤陂》"碩大且儼",《説文·女部》引《詩》和《太平御覽》卷三六八引《韓詩》,"儼"均作"嬐"。而從"僉"聲之字又與從"奄"聲之字通。《爾雅·釋鳥》"鴐,鴰母",郭璞注:"鴰也,青州呼鴰母。"《大戴禮記·夏小正》"鴰"作"鷤"。這是"嚴、奄"可以通用的例子。《集韻》蕩韻以"悦"爲"慌"字的或體。

這是"兄、荒"可以通用的例子。所以"嚴犹"可以讀爲"奄荒"。"奄荒"猶言"奄有"。《詩·商（**編按**：當作"魯"）頌·閟宮》"奄有龜蒙,遂荒大東",毛傳："荒,有也。"

《文史》24,頁 15—16

○**趙平安**（1995）　嚴龔。

《語言研究》1995-1,頁 171

○**何琳儀**（1998）　楚王酓璋戈"嚴䁂",讀"嚴恭"。《書·無逸》"嚴恭寅畏",傳："言太戊嚴恪恭敬。"

《戰國古文字典》頁 1450

△按　"嚴"下之字當從李家浩釋爲"犹"。

【嚴敬】中山王方壺

○**何琳儀**（1998）　中山王方壺"嚴敬",莊敬。《亢倉子·臣道》："君不嚴敬大臣,不彰信小臣。"

《戰國古文字典》頁 1450

咢 𠦝 噩

𠦝睡虎地·殘簡 6

𠦝包山 76　𠦝包山 193　𠦝上博五·弟子 19

○**何琳儀**（1998）　或説噩从吅,㞢聲。近是。噩或作𠦝（叔噩父簋）,从尺聲（參兆域圖尺作𠦝）,尺亦㞢之分化。金文噩習見,㞢形多已訛變。戰國文字承襲金文,音符㞢作𠦝尚存古形。秦文字㞢旁訛變爲干形,小篆又訛變爲屰。典籍作噩、咢亦屬訛變。

《戰國古文字典》頁 514

△按　《説文》："咢,譁訟也。从吅,屰聲。"然戰國以前古文字獨體的"咢"字僅見於清華三《祝辭》,作𠦝（簡 3、4、5）。《爾雅·釋天》："太歲……在西曰作噩。"陸德明《釋文》："噩,本或作咢。"清華一《楚居》簡 6"酓噩",即《史記·楚世家》的"熊咢",司馬貞《索隱》："噩音鄂,亦作咢。"學者均認同"噩、咢（咢）"爲一字異體。"噩"字構形未明,《説文》以爲"咢"从屰聲,應屬變形聲化。

【噩君】包山 76

○**劉信芳**（2003）　噩君:簡 164 作"鄾君",與鄂君啟節之"鄾君"時代相同,應是同一人。《史記・楚世家》有楚君"熊咢",《索隱》:"噩音鄂,亦作咢。"屈原《九章・涉江》:"乘鄂渚而反顧兮。"《補注》:"楚子熊渠封中子紅於鄂。鄂州,今武昌縣地是也,隋以鄂渚爲名。"1958年發現的鄂君啟金節記有"自鄂市",北宋年間曾出土著名的楚公鐘,王國維《觀堂集林・夜雨楚公鐘跋》:"此器趙氏《金石錄》謂出鄂州嘉魚縣。《復齋款識》引石公弼云:政和三年武昌太平湖所進。武昌嘉魚南境相接。蓋出二縣間矣。"《水經注・江水》:"江水又東逕鄂縣北,江之右岸有鄂縣故城。"《太平寰宇記》一百一十二:"鄂王城在州西北八十里,楚子熊渠封中子紅於鄂,僭稱王,居此城,《九州記》曰:今武昌是也。《九州紀略》曰:今鄂人事鄂王神,即遺像也。"今湖北大冶金牛鎮之西南7.5公里處發現有古城址,城址東有河道可通梁子湖而達於長江。城址東西長500米,南北寬400米。考古學者有以爲即鄂王城者(《鄂王城遺址調查簡報》,《江漢考古》1993年3期)。按鄂商代已有,殷墟卜辭《甲編》:"鄂在南土,果告事。"安州六器提到的江漢地區地名有"鄂"。1976年在隨縣車崗發現了一件帶鎣的銅尊,作器人是"鄂侯弟□季",此人所作的器尚有一件卣,現藏上海博物館;一件簋,現藏洛陽博物館,可惜出土地點都不明確。陳偉釋鄂君啟節之封地爲《漢志》南陽郡之西鄂,亦言之成理(《鄂君啟節之鄂地探討》,《江漢考古》1986年2期)。由於鄂君啟節無論是釋字還是路線復原,均存有許多疑點,似有待於研究之深入。

《包山楚簡解詁》頁 73—74

△按　"噩君"即"鄂君",參卷六邑部【鄂君】條。

【噩₌女】上博五・弟子 19

○張光裕(2005)　噩₌(愕愕)女(如)。

《上海博物館藏戰國楚竹書》(五)頁 278

△按　辭云:"子路往乎子,噩噩如也如誅。"

單　單　嘼

集粹　集成 11267 單壝討戈　集成 2793 坪安君鼎　睡虎地・日乙 62

璽彙 0361　　璽彙 3632

楚帛書　郭店・六德 16　郭店・成之 22　集成 9719 令狐君嗣子壺

○嚴一萍(1967)　嘼,酓忎鼎戰作[印],其左半與繒書同。商氏謂"嘼下從百,則非嘼字”,實誤。

《中國文字》26,頁 8

○饒宗頤(1985)　(編按:楚帛書)▨即單,可讀爲檀(如鄭櫟邑大夫單伯,通作檀)。《管子·地員篇》兩言楢檀。此數者皆宜作木名解之,正以表示圖中四時異色之木。鄭司農引《鄹子》云:“春取榆柳之火,秋取柞楢之火,冬取槐檀之火。”鄒衍言四時取火各異其木,其中有棗、有檀。

《楚帛書》頁 22—23

○李零(1985)　(編按:楚帛書)嘼,金文有兩種寫法,一種作▨,一種作▨,這裏是用後一寫法。楚王酓▨鼎和酓忑鼎“戰”字所從單即用此,又《古文四聲韻》的單字和禪字所從的單,亦用嘼爲單。這裏嘼亦當讀單,巴納德讀單,可從。朱四單,即帛書右下角之赤木,代表南方和夏天,下領四至六月。

《長沙子彈庫戰國楚帛書研究》頁 70

○何琳儀(1986)　(編按:楚帛書)單　原篆作“▨”,舊釋“嘼”。按,《古文四聲韻》“單”引《籀韻》作“▨”,與帛書合。單、嘼一音之轉,古均屬舌頭音。

《江漢考古》1986-2,頁 81

○裘錫圭、李家浩(1989)　(編按:曾侯乙簡)“驒”字亦見於 185 號簡,從“馬”從“嘼”。古文字多以“嘼”爲“單”。《古文四聲韻》獮韻“單”字下引《籀韻》作“嘼”。命瓜君壺:“柬柬嘼嘼,康樂我家。”“柬柬”當讀爲“閑閑”。《廣雅·釋訓》:“閑閑,盛也。”“嘼”用爲“單”。“單單”當讀爲“嘽嘽”。《詩·大雅·武常》(編按:“武常”當作“常武”)“王旅嘽嘽”,毛傳:“嘽嘽然盛也。”(李零同志亦有類似的説法。)“戰”字所從“單”旁,戰國楚器作“嘼”(《金文編》825 頁),《古文四聲韻》線韻引《籀韻》亦同。所以此字應釋爲“驒”。《詩·魯頌·駉(編按:當作“駧”)》“有驒有駱”,毛傳:“青驪驎曰驒。”

《曾侯乙墓》頁 529

○張守中(1994)　(編按:睡虎地簡)單　編五○　通鄲　邯單。

通戰　利單伐　日乙六二。

《睡虎地秦簡文字編》頁 16

○何琳儀(1998)　嘼,甲骨文作▨(乙六二六九)。從單,下加口形爲分化符號。單,端紐;嘼,透紐。端、透均屬舌音,嘼爲單之準聲首。舊多依據《唐韻》“許救切”歸曉紐,茲據《集韻》之“丑救切”歸透紐。西周金文作▨(盂鼎),或單旁下加丙(柄之初文)旁繁化作▨(王母鬲)。春秋金文作▨(邾鐘)。戰國文字承襲兩周金文。《説文》：“嘼，犙也。象耳、頭、足厹地之形。古文嘼下从厹。”

令狐壺“柬₌嘼₌”，讀“簡簡優優”。《淮南子・時則》“優優簡簡”，注：“優簡，寬舒之兒。”《史記・夏本紀》“擾而毅”，集解：“擾一作柔。”《説文》厹篆文作蹂，而《説文》嘼之古文亦从厹。可證嘼與憂音近。

楚璽、包山簡嘼，姓氏。疑讀畜。檢《玉篇》：“嘼，六嘼，牛、馬、羊、犬、鷄、豕也。養之曰嘼，用之曰牲，今作畜。”是其佐證。嘼姓，出炎帝後，望出天水。見《路史》。帛書“朱□嘼”，南方神名。

《戰國古文字典》頁 217

燕璽單，姓氏。周室卿大夫，成王封蔑於單邑，故爲單氏。見《通志・氏族略・以邑爲氏》。

《戰國古文字典》頁 1022

△按　《説文》有嘼部，“嘼”實即“單”之增繁。《説文》“戰”從單，“獸”從嘼，二字古文字實均從單。戰國楚文字“單”多寫作“嘼”。“嘼”卷十四重見。

【單父】

○**李學勤**（1980）　（編按：坪安君鼎）官莊這座墓是秦國人的墓葬，器物絕大部分是秦器，問題是平安君鼎和兩件漆盒的國別。鼎本來是在單父使用的，單父在今山東曹縣境，春秋時屬於魯國，孔子弟子宓子賤曾在該地作官。到戰國時，單父歸衛國所有。鼎銘單父的父字非常清晰，證明馬王堆帛書《戰國縱橫家書》和今本《戰國策・魏策三》把單父寫作蟬尤、尤憚，都是轉抄致誤。

單父既在山東，平安君鼎怎麼會在泌陽發現呢？這是不難理解的。原來，在戰國後期，單父鄰近的陶已經是秦國領土，分封給穰侯魏冉，而魏冉原封的穰在今河南南陽附近，正距泌陽不遠。在單父的平安君鼎被秦人奪得，然後轉移到河南南部，是情理中事。

秦昭王三十四年（前 273 年），秦軍攻魏，包圍了魏都大梁，魏大夫須賈游説秦相魏冉，獻“以少割收魏”之計，提出秦國如停止攻魏，魏國必以絳和安邑獻秦，然後再開拓陶的疆界，把原屬宋國的土地吞併，衛國必將單父獻給魏冉。由此可知，直到秦昭王三十四年，單父仍在衛國治下。昭王三十六年（前 271 年），魏冉免相歸陶，這段時閒裏秦是否取得單父，文獻未載。到公元前 259 至公元前 257 年閒，魏安釐王乘秦軍經長平之戰傷了元氣，出兵“舉陶削衛”，單父當爲魏人占領，以至秦統一爲止。

《文物》1980-9，頁 29

○**黄盛璋**（1982）　（編按：坪安君鼎）《河南泌陽楚墓》訂爲秦器秦墓，紀年爲秦始皇紀年，同期發表李學勤同志《秦國文物的新認識》據地名單父訂爲衛器，記年可能屬衛嗣君即衛孝襄侯。衛嗣君廿八、卅三年分別爲公元前 302 年、前 297 年，李文亦以爲秦墓，至於衛器所以入於秦墓，則用單父近陶，而陶秦以封穰侯魏冉，而魏冉原封穰在今南陽附近，正距泌陽不遠，在單父的平安君鼎被秦人奪得，然後轉移到河南南部。

　　按《史記·孔子（編按：孔子，通行本作"仲尼"）弟子列傳》記宓子賤爲單父宰，《正義》"宋州縣也"，戰國爲衛地，《史記·穰侯列傳》記秦昭王三十二年梁大夫須賈説穰侯曰："秦兵不攻，而魏必效絳、安邑，又爲陶開兩道，幾盡故宋，衛必效單父。"所本爲《戰國策·魏策》，但今本誤作憚尤，馬王堆帛書《戰國縱橫家書》15 作蟬尤，而"衛"作"率"，憚、蟬皆从單聲，音讀相同，"尤"則爲"父"字誤認。《戰國縱橫家書》26："皆令從梁王保之東地單父，善爲守備。"此時大梁亦危，王不敢居梁而東保單父。下文也説："梁之東地，尚方五百餘里，而（與）梁千丈之城，萬家之邑，大縣十七，小縣有市者卅有餘。"若"秦拔鄢陵，必不能揩（背）梁、黄，濟陽陰、睢陽而改單父"，梁王東保單父，單父必爲梁東地重鎮大邑，《戰國縱橫家書》此篇雖無確年；但文中談到秦與"楚、梁大戰長社，楚、梁不勝，秦攻鄢陵"，而《史記·秦本紀》記秦取長社在秦昭王三十五年、魏安釐王三年（前 274 年），而上引須賈説穰侯，《史記·穰侯列傳》記爲秦昭王三十二年，《戰國縱橫家書》15 亦載有之，據編者於此篇後所作注釋，訂爲公元前 273 年，魏安釐王四年，秦昭王三十四年，《史記·穰侯傳》三十二年是錯誤的，如此兩事差不多同時，爲同一戰役之綿延，單父既爲梁東地重鎮，僅次於大梁，不可能同時又屬於衛，《戰國策·魏策》雖作"衛"，《戰國縱橫家書》此字則作"率"，至少是一疑問。

　　訂此鼎爲衛嗣君時器，唯一根據就是《魏策》"衛效單父"。魏安釐四年前後，單父不僅不能屬衛，更不能屬於衛嗣君，按《史記·衛世家》"成侯十六年衛更貶號曰侯"，"嗣君五年更貶號曰君，獨有濮陽"，衛嗣君時不可能領有去濮陽很遠的單父，亦不可有平安君一類封君，連自己都貶號爲君，又僅有濮陽如掌之地，如何能分封他人於他地爲平安君呢？凡此皆不能想象。《戰國策·魏策》之"衛效單父"，不僅單文孤證，而且史實即有矛盾，出土文書"衛"字又有異文，衛嗣君説不論在歷史與地理兩方面都是站不住腳的。

　　　　　　　　　　　　　　　　　　　　　《考古與文物》1982-2，頁 56—57

○**韓自强**（1988）　單父左司馬　戰國楚銅官印。1966 年於蚌埠廢銅倉庫揀選。印體方形,壇座鼻紐。邊長 1.4、通高 1.5 釐米。朱文,“司馬”二字合書。

單父,春秋時是魯國的城邑,戰國時入楚,故址在今山東單縣。此印從形制、字體等方面看都具有楚國特徵,爲楚單父地方負責軍事的武官印。

《文物》1988-6,頁 88

○**黄盛璋**(1989) (編按:坪安君鼎)“單”下一字作“𨑎”乃是“父”字。單父地名,《史記·仲尼弟子列傳》記“宓子賤爲單父宰”,《正義》:“宋州縣也。”戰國爲衛地,《史記·穰侯列傳》記秦昭王三十二年梁大夫須賈説穰侯有“秦兵不攻,而魏必效絳、安邑,又爲陶開兩道,幾盡故宋,衛必效單父”。單父今本《戰國策·魏策》作“憚尤”、馬王堆帛書《戰國縱橫家書》一五作“而率(衛)效蟬尤”,按“憚、蟬”皆從“單”聲,音讀相同,“尤”字乃“父”字誤抄。此時單父尚屬衛,而衛爲魏附庸,其地多入於魏。《戰國縱橫家書》二六:“皆令從梁王保之東地單父,善爲守備”,則單父屬魏。(中略)

1978 年河南泌陽北 1.5 公里官莊第三號墓出土,報導見《河南泌陽秦墓》(《文物》1980 年 9 期)。由於墓葬出土銅鑒、蒜頭壺、漆耳杯等與雲夢秦墓所出相同,因訂墓爲秦墓,出土器物皆秦,此鼎爲秦始皇紀年。《文物》同期發表李學勤同志《秦國文物的新認識》據《戰國策·魏策》三“衛效單父”一語,訂此鼎屬衛,紀年屬衛嗣君即孝襄侯。按衛“嗣君五年更貶號曰君,獨有濮陽”,《史記·衛世家》有明確記載,單父在濮陽南數百里之外,衛嗣君不可能領有“鞭長莫及”之單父,更不可能分封平安君一類封君於他地。

《戰國縱橫家書》二六:“皆令從梁王保之東地單父,善爲守備。”此時秦攻鄢陵,魏王不敢居大梁而東保單父。單父必爲梁東地重鎮,僅次於大梁。文中提到秦“至與楚、梁大戰長社,楚、梁不勝,秦攻鄢陵”,《史記·秦本紀》記秦取長社在秦昭王三十三年。而上引《戰國策·魏策》之乃須賈説穰侯,《史記·穰侯傳》記爲秦昭王三十二年,《戰國縱橫家書》一五亦載有之,注釋訂爲秦昭王三十四年(公元前 273 年),並説《穰侯傳》三十二年是錯誤的。如此兩事差不多同時,單父屬衛更有問題,《戰國縱橫家書》此句“衛”字作“率”,很可能是“魏”字之誤。按當時形勢,單父宜屬魏,屬衛則理無可信。

《古文字研究》17,頁 12、63

○**黄盛璋**(1993) (編按:單父左司馬壐)韓文定此印國別屬楚,根據首先是地名,其次是印的形制和字體。按,單父春秋並非魯邑,而是宋邑,《史記·孔子弟子列傳》記宓子賤爲單父宰,此或即是韓文指爲魯國城邑的來由。然《史記正義》明言單父“宋州縣也”,戰國時並未入楚,史籍從無此記載,故定此印爲楚

官印,首先在歷史地理上就失去根據。單父在戰國時的國屬,在歷史地理上是有糾葛和爭論的。(中略)

單父所屬國家經考定爲魏,而非楚、非衛,如此,憑單父地名就可以下結論:此印是戰國時魏國單父地方官印。

再從印的形制、字體論,韓文以爲"具有楚國特徵",也誤。此印無論形制、字體,其特徵皆屬三晉而無楚印特徵。三晉官印的特點是印面很小,字爲朱文,字小而工整。此印是標準的小朱文印。三晉官印的大小幾與私印無別,而其他國家官印皆大,其方形官印邊長在 2.2 釐米左右,與私印在大小上有顯著區別。此印邊長只有 1.4、通高也僅 1.5 釐米,而如韓文所舉楚國方形官印"中州之鈢"邊長 2.2 釐米,"靳東陽□大夫鈢"邊長 2.1 釐米,楚私璽"左博鈢"則邊長僅 1.7 釐米。因此從形制上看也決非楚官璽;他國官印也與楚國的一樣大小,同樣也可排除。

至於從字體定爲三晉印,除小朱文的特點外,"單父"二字的寫法與魏國銅器兩平安君鼎銘中的"單父"如出一轍。尤其是"父"字皆作ㄅ,唯三晉系統文字才有此較爲特殊的寫法。河北平山戰國中山王墓出土中山侯鉞,自稱爲"軍斧",斧字左從"金"旁,右從"ㄅ",也是三晉文字的變體。不少同志都釋爲"釬",主要就是不明三晉文字的寫法結構所致,"釬"字不僅不見《説文》,字書也皆無此字,用爲兵器名稱,更所未見,可以斷定屬於誤解。

從字體上定爲三晉印,決定性的證據是"司馬"合文。燕、齊、楚、秦、三晉印皆有"司馬"或"馬"字,但各國寫法皆不同,尤其"馬"字是很好的分國根據。齊、楚、秦之"司馬"皆不合文,合文之司馬唯有三晉。秦國的"馬"字即《説文》小篆的馬,後代隸、楷書的"馬"字皆從此來,僅變最後四短畫爲四點。其他六國文字的"馬"字,則與秦文字相差很遠。齊國的"馬"字作𢒟,所見有"左中軍司馬"印(《彙編》0047),齊私印中也有"司馬"姓氏印,"馬"作此形,燕、楚、三晉的"馬"字,皆取馬身之形寫成仿佛"目"字而向右斜伸出二或三橫,以象馬鬃。三晉馬字僅下加一橫,作𨾷,燕則下加二橫,又常將象馬鬃之三短橫,寫於上首與馬身二橫不相連作𨾷,楚也下加二橫作𨾷,但馬鬃作平行橫出。至於"司馬"合文下加合文"="號,只限於三晉;合文中"司"字有時省去"口"字,如《彙編》3782 之"司馬子",或省去一橫,僅從"口",如《彙編》3779 之"司馬賢",但一般不省,有時僅將"口"字移於馬左旁。除複姓"司馬"外,官印出現之"司馬"在三晉多爲地方職官;"司馬"合文之前如爲兩字皆表地方之名,如《彙編》所收"左棺司馬、足䇂司馬、陽州左邑右先前司馬”（《彙編》0044—0046）及“佫□左司馬”（《彙編》0049），也有僅加“左、右”字的,如“右司馬”（《彙編》0056、0057）。齊官印之司馬,最常見爲“聞（門）司馬”（《彙編》0028—0030）、“右聞司馬”（《彙編》0031—0033）,次爲“司馬敀”（《彙編》0043）、左（右）司馬敀（《彙編》0035—0041）,也有單稱“司馬之鉨”（《彙編》0024—0027）或“司馬信鉨”（《彙編》0034,“信”字《彙編》釋缺）,此外也有地方職官,如“平陽右司馬”（《彙編》0062）。燕官印中之司馬多爲地方職官,用於某都之後,而常分左右,如“涉都左司馬、柜陽都左司馬、恭陰都左司馬、枝渾都左司馬、恭□都左司馬”（《彙編》0050—0054）、“涉都右司馬、庚都右司馬、甫陽都右司馬、鄆陌都右司馬”（《彙編》0058—0061）。楚官印司馬《彙編》所收僅有“司馬將（?）鉨”（《彙編》0042）,據“鉨”字金旁下從田形,可以確定爲楚璽。

　　“單父左司馬”司馬不僅爲合文,而且“司”字省去“口”,“馬”字寫法全同三晉,印文字體也爲小朱文,完全可以確定爲三晉印,而不能屬於他國。

《文物》1993-6,頁 77—79

○**何琳儀**（1998）　魏器“單父”,地名。《史記·穰侯傳》:“衛必效單父。”在今山東單縣。

《戰國古文字典》頁 1022

△按　“單父左司馬”璽當從黃盛璋定爲三晉璽,除黃氏所述證據外,單字作“單”不作“嘼”亦是顯證。戰國楚文字“單”皆寫作“嘼”。

【單佑都】

○**羅福頤等**（1981）　（編按:璽彙 0361）單佑都。

《古璽彙編》頁 63

○**吳振武**（1983）　0297 單佑都鉨·單佑都市鉨。

《古文字學論集》（初編）頁 491

○**何琳儀**（1998）　燕璽“單佑”,地名。

《戰國古文字典》頁 1022

哭 𡘜

郭店·性自 30　　上博一·性情 18　　上博五·三德 1　　睡虎地·日甲 29 背貳

○**何琳儀**（1998）　哭,从犬从吅。器之省文。哭、器均屬溪紐,哭爲器之準聲首。器亦省作哭形,見器字。

《戰國古文字典》頁 352

△按　哭,《説文》:"哀聲也。从吅,獄省聲。"戰國文字"哭、笑"皆从犬,"笑"本作从犬,艸聲,疑"吅"是"癹"之省,與"署"即金文🦮(不期簋)之省同(參本卷"署"字條),故"哭"可分析爲从犬,吅(癹)聲。戰國文字"器"偶或省訛與"哭"同形(如《陶彙》4·7)。

喪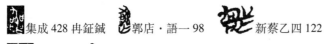

集成 428 冄鉦鋮　　郭店·語一 98　　新蔡乙四 122

上博 31　　睡虎地·日甲 105 正貳

上博四·民之 6　　包山 92　　璽彙 3272

上博五·三德 16　　郭店·老丙 8　　郭店·老丙 10　　上博三·中弓 23

上博二·民之 14　　上博五·鮑叔 1

上博四·昭王 1　　上博五·弟子 7

上博三·周易 32　　郭店·語四 3　　上博六·鄭壽 5　　上博六·天甲 4

上博六·孔子 25　　上博七·武王 4　　璽彙 3271

───────────

○**湯餘惠**(1993)　(編按:包山 92)🌳 92　架·喪　甲骨文"喪眾"之"喪"寫作🌳、🌲,金文或作🌳(瘋鐘"趚"字所从),簡文寫法殆由其形訛變。此種變化和甲骨文桑榆之桑寫作✳、✲,而小篆析形作🌳十分相類。92 簡:"以其～其子丹,而得之於鼺之室。"釋爲喪失之喪與文意正合。167 簡"姀人桑賖",用爲桑氏之桑。

《考古與文物》1993-2,頁 71

○**何琳儀**(1998)　喪,甲骨文作✱(佚六〇五)、🌳(前六·五三·七)、🌳(存下二八)、🌳(存一九九一)、🌳(甲九〇七)。从口(或二、三、四、五口),桑聲。《儀禮·士喪禮》"簪笄用桑",注:"桑之爲言喪也。"西周金文作🌳(瘋鐘趚作🌳),或作🌳(毛公鼎),其下从亡以表死亡,亡亦聲。春秋金文作🌳(喪叟賔鉼),主體部分作🦮;或作🌳(洹子孟姜壺),其下作△;均爲戰國文字所本。戰國文字承襲兩周金文。其下或作🔺,由〢、△、🔺演變而成。(中略)桑、喪形音義均有關，爲一字孳乳。桑、亡均爲喪之音符（雙重音符），但可省亡不可省桑，故隸喪爲桑之準聲首。

《戰國古文字典》頁707

○施謝捷（1998） （編按：璽彙）3272 ⿰木它・桑椸。

《容庚先生百年誕辰紀念文集》頁649

○李家浩（2000） （編按：九店56・46）"倀子"上一字原文作⿱中此，从"中"从"此"。按古文字"艸"旁可以省寫作"中"，例如楚國私印"苟繡"之"苟"作⿱中句（《古璽彙編》三〇三・三二三〇）。⿱中此字所从"中"旁當是"艸"的省寫。"此"旁可以有兩種釋法。一、"乍"。"此"旁與上三二號、三三號等簡"復"字所从"乍"旁寫法相同可證。二、"亡"。楚國文字"亡"作"此"（見下九四號簡），與寫作"此"形的"乍"十分相似，容易互訛。例如包山楚墓竹簡五八號的"復"和二〇七號的"复"，所从"乍"旁皆誤作"亡"。根據此種情況，⿱中此字所从"此"旁可能是"亡"的訛誤。按照前一種釋法，⿱中此是"茬"字的省寫，在此疑讀爲"筰"。《玉篇》竹部："筰，迫也，墊（壓）也。"按照後一種釋法，⿱中此實際上是"芒"字省寫，在此讀爲"亡"。從簡文文義來看，後一種意見可能是對的，所以釋文徑把此字釋爲"芒"。

《九店楚簡》頁113

○劉信芳（2000） （編按：郭店・緇衣9）君以民芒　今本作"君以民存，亦以民亡"，或謂"芒"讀爲"亡"，疑非是。以上簡文"安、恂"互文，"法、芒"互文，若讀"芒"爲"亡"，其不合文理。《説文》："芒，草耑也。"又："杪，木標末也。"又："標，木杪末也。"芒爲草之耑，標爲木之耑，草之芒亦釋爲"杪"（《一切經音義》卷二引《字林》），而標可引申爲徽識（參段注），是"君以民芒"者，君之所以"好"，民之"安"、民之"裕"乃標識也。傳本改"芒"爲"亡"，"君以民亡"讀不順通，故衍爲"君以民存，亦以民亡"。

《郭店楚簡國際學術研討會論文集》頁168

○劉釗（2000） 《語叢》四（編按：簡3）説：

　　言以詞，情以舊（久），非言不酬，非德亡復。言而苟，牆有耳。往言傷人，來言傷己。言之善，足以終世。三世之福，不足以出芒。

　　按簡文中"非言不酬，非德亡復"一句即《詩・大雅・蕩》的"無言不讎，無德不報"。"三世之福，不足以出芒"的"芒"字，《郭店楚墓竹簡》一書讀作"亡"，似以爲"芒"字應讀作"逃亡"之"亡"。按此讀非是。"三世之福，不足以出芒"與整段簡文所言皆爲"出言"之事，與"逃亡"之意無關。前句言"言之善,足以終世”,後句言“三世之福,不足以出芒”,兩“世”字正相呼應,説明文意應該連貫。按“芒”就應該讀如本字,即“鋒芒”之“芒”。《説文解字注》:“芒,《説文》無鋩字,此即鋒鋩字。”《漢書·賈誼傳》:“屠牛坦一朝解十二牛而芒刃不頓者,所排擊剝割,皆衆理解也。”古人常將口舌之利比於兵器之利。(中略)簡文以“出芒”喻指出口傷人。所以簡文“三世之福,不足以出芒”是説“三世的福佑,也不足以出言傷人”。内涵“三世的福也抵不過出言傷人而招來之禍”的意思。

《郭店楚簡國際學術研討會論文集》頁 87

○劉信芳(2003)　(編按:包山 92) 桑:或隸作“喪”,按原簡字从木作,應是“桑”字,讀爲“喪”。“喪”屢見於郭店簡,或从“亡”作,或从“死”作,與从“木”之“桑”不是一字。《儀禮·士喪禮》:“醫筓用桑。”鄭玄《注》:“桑之爲言喪也。”簡 167 有人名“桑𦥑”。李零《讀〈楚系簡帛文字編〉》(《出土文獻研究》第五輯)云:“美國塞克勒美術館藏楚帛書殘片有此字,辭例作‘□桓(樹)～桃李’。”已證此字爲“桑”字。

《包山楚簡解詁》頁 88

○李守奎、曲冰、孫偉龍(2007)　(編按:上博五·弟子 7) 喪　“亡”旁上部之“中”,當是“桑”之省訛。

　　(編按:上博四·昭王 1) 娷　從來源上説,右側偏旁源自“喪”。然書寫者可能已經與“芒(芒)”混訛。故又增義符“屮”。

《上海博物館藏戰國楚竹書(一—五)文字編》頁 66

○禤健聰(2010)　楚簡喪字多見,常見有以下寫法:

A.喪上博《民之父母》簡 6、喪包山簡 92　　　　B.喪郭店《語叢一》簡 98

C.喪郭店《老子》丙組簡 8、喪郭店《老子》丙組簡 10　　D.喪上博《三德》簡 16

E.喪上博《民之父母》簡 14　　　　　　　　　　F.喪上博《中弓》簡 23

　　以上 A、B 分別承甲骨文、金文寫法而來,其中 B 的“亡”旁已脱離字形整體獨立出來,開啟了《説文》小篆寫法的先聲。C、D 則是在 A、B 的基礎上纍增“死”旁表意(其中 C 省去了 A 的“木”旁),E 上部所從之屮,則是對 D 上部所從的屮的進一步簡省,省去原來表意部件“口”,只保留了“桑”旁的大概和“亡”旁。同樣,F 上部所從的屮也是對 C、D 等形上部所從的簡省。這種簡省路徑符合古文字演變的一般規律,纍增的表意偏旁“死”部分取代了原偏旁的表意功能。A、E 兩種寫法並見於《民之父母》同篇之中,值得留意。

上博《周易》與傳世本喪字對應或相關的字,有以下寫法:

G. [字形] 簡44:亡～亡得、[字形] 簡53:～其僮僕

H. [字形] 簡32:悔～₌馬、[字形] 簡38:～羊悔亡

其中 G 與 E 上部所從之 [字形] 完全同形,對應傳世本《周易》又正作"喪"。故論者多根據文例和字形,認同 G 即"喪"字簡寫。從字形上看,H 很可能就是 G 的進一步演變,但因爲對應帛書本並不作"喪",故存有異議。"悔 H₌馬"帛書本作"悔亡₌馬",部分學者即據此堅持將此字釋爲"屮(芒)"讀爲"亡",以"₌"爲重文符號。但本句傳世本卻作"悔亡喪馬"。[字形]字從亡,若將此字讀爲"喪",將字下兩短橫看作是合文符號,其實也符合戰國楚簡的書寫習慣。上博《周易》全篇"悔亡"一語屢見,若僅此處借"芒"爲"亡",不甚合理。"亡、喪"音義相近,簡帛二本的異文大概只是同義換用,"亡 G 亡得"帛書本正作"無亡無得",可爲明證。而"H 羊悔亡",傳世本作"牽羊悔亡",帛書本作"[字形]羊悔亡",范常喜先生指出舊釋爲"牽"的[字形],實爲"桑",傳世本作"牽"乃後人因形近而誤讀,甚爲有理。上博《采風曲目》簡1"桑之末"的"桑"字作[字形],省去"口"旁,即與此字形體甚近。因此 H 亦是喪字無疑。

楚簡與 H 寫法相關的喪字,還有以下寫法:

I. [字形] 上博《弟子問》簡7:父母之～

J. [字形] 上博《昭王毀室》簡1:有一君子～服曼廷

"父母之喪"和"喪服",典籍習見,I 所從之"口",保留甲骨金文寫法的基本表意部件,J 所從的"歺"旁則是由"死"旁省換;兩字所從之[字形]或[字形],顯然就是 G、H 寫法的進一步訛變。李守奎先生等認爲 I"'亡'旁上部之'中',當是'桑'之省訛",可從;但説 J 是"書寫者可能已經與'屮(芒)'混訛,故又增義符'歺'",則可商。"喪"字增"死"旁已見 C、D 等寫法,戰國文字"死、歺"二旁常義近換用,故"歺"並非因"訛"而增。

此外,喪字還有以下寫法:

K. [字形] 上博《孔子見季桓子》簡25   [字形] 上博《武王踐阼》簡3—4:怠勝義則～,義勝怠則長

L. [字形] 上博《鮑叔牙與隰朋之諫》簡1:及其～也,皆爲其容

《武王踐阼》另有句云:"志勝欲則利,欲勝志則喪。"(簡13—14)此句喪字作[字形],寫法與 G 全同,故可知 K 也應是"喪"。其字形嬗變之迹可追溯到金文,[字形]省口即爲[字形](G),省桑即爲[字形]、[字形]。兩種省變,"亡"旁均被保留。以上

諸類寫法,除 A 外,或保留"亡"旁,或增"死、歺"旁,全字表意的重點已從"衆口"轉移,更突出"喪亡"的意義特徵。L 季旭昇先生認爲是"从死,芒聲,當即'亡'之異體",其實仍應釋"喪",寫法來源於 E。古文字字形演變中,常以添加新形旁來增强全字的表意功能,而原有部件的表意功能相應削弱,進而發生訛變或簡省。喪字既增"死"或"歺"旁,上半隨之省訛,由 [字形] 而 [字形],由 [字形] 而 [字形],遂與"芒"同形,出現 L 類寫法。從 [字形] 到 [字形] 這種字内偏旁類化現象,古文字材料並不罕見。范常喜先生將例 I、J、L 所从的 [字形]、[字形] 與 [字形] 釋爲"芒",以爲即 [字形] 旁聲化而來,我們並不同意。其實喪字從西周金文開始即變形聲化出"亡"旁,轉寫作"芒"並不能增强其表音的功能。既承認上博《周易》之 [字形] 爲喪,就不應又將與之寫法一致的 [字形]、[字形] 釋爲"芒",它們都是由 [字形] 形訛而來,上下筆畫斷開與否並無實質區别。

　　楚簡"喪"字的演變軌迹,可以大致排比如下:

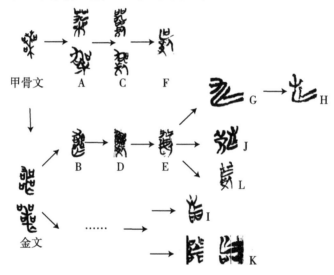

《中國文字學報》3,頁 127—130

△按　戰國文字"喪"字形體奇詭多變。其諸異形除增"死"或"歺"旁外,大致可視爲"喪"形之增繁或簡省,難以逐一按形嚴格隸定,故僅出隸定異體"霋"及"殔"。

罶

[字形]上博五・三德 15　　[字形]上博三・周易 42

○濮茅左(2003)　(編按:上博三・周易 42)王罶于宙,利見大人,卿,利貞　"罶",

從吅,各聲,讀爲"格",至、達。《書·堯典》:"光被四表,格于上下。"《爾雅》:
"格,至也,陞也。"

《上海博物館藏戰國楚竹書》(三)頁 193

○李守奎、曲冰、孫偉龍(2007)　(編按:上博五·三德 15)讀爲"恪"。當是"各"字
異體。

《上海博物館藏戰國楚竹書(一——五)文字編》頁 67

△按　䛒爲"各"字異體,上博《周易》簡 42"王䛒於廟","䛒"字對應馬王堆帛
書本《周易》作"叚",今本作"假"。字所从之"吅",並非《說文》讀若"讙"、訓
爲"驚嘑"的"吅"。"䛒"即金文䛒(不期簋)字省寫。"叚、各"皆聲。清華一
《皇門》簡 1"公䛒在者門",字讀爲格;上博五《三德》簡 15"仰天事君,嚴䛒必
信",字讀爲恪。

走 走

集成 2840 中山王鼎　　集成 11168 曾侯乙戈　　包山 100　　上博三·周易 54
考古與文物 1997-1,頁 47　　睡虎地·日甲 13 背

【走趣】

○中大楚簡整理小組(1977)　(編按:望山 1·22)趣,《說文》"疾也"。走趣事王,
奔走侍奉於王。

《戰國楚簡研究》3,頁 36

○何琳儀(1998)　(編按:望山 1·20)望山簡"走趣",讀"走趨"。《漢書·金日磾
傳》"走趨臥內欲入",注:"趨讀曰趣,嚮也。"

《戰國古文字典》頁 383

【走戈】曾侯乙戈

○張吟午(1995)　現在我們看到,"走"字已見趨、赴、之、去、往、歸等諸種相
近的含義。趨向,是有目的的快速前往。赴,則往往特指奔向水火或凶險之
境。之,含有到(某地)去的意義。去,是謂離開。往,是走向目的地。歸,有
返本、歸宿之義。

那麼,反觀"走"器本身是否能提示出某種涵義呢?"走"鐘只見拓本,無
從追究。至於"曾侯乙之走戈",發掘報告載曰:"Ⅳ式 31 件……其中'曾侯乙
之走戈' 29 件,大小形制很接近,有的很可能出自相同的範。秘長也很相近

(1.27—1.29 米)。這些戈似從未使用過。"另外 VB 式内有六件"走戈"。此墓出戈 66 件,"走戈"即有 35 件,占 50%强,並且"似從未使用過",而其它絕大多數戈均有使用痕迹,這無疑爲我們解決問題明示了契機。

　　據上述"走"字在先秦文獻中就已延用的涵義,以及"走戈"的從未使用過的迹象,試爲"走"器的性質作一粗略的結論:"走"器是專門爲死者從陽界返赴陰界而作的明器。

　　"走"字在從一個世界到另一個世界去的這種意義上所表達出的疾速、離開、趨向、返歸之意,其準確性和涵蓋性可以説是無與倫比的,是任何其它字眼難以替代的。即便在今天,人們依然將逝世稱作"走了"。

　　這裏,有必要提及幾個與"走"器相關的問題。

　　"走戈"一般爲徒步所持。曾侯乙墓所出"走戈"皆爲短柲,不超過 1.29 米,這樣的長度顯然不適合車戰,只能用作步卒武器。

　　"走"字是"喪"字的組成部分。金文中可見到"𤯌"或"𤯎",于省吾先生認爲即喪字的繁文。從這個角度也可窺見"走"字與喪事之間非同一般的關係。

　　"徒戈"大概是步卒持戈的專稱。金文的"走"字從夭從止,或從彳從夭。金文的"徒"字從彳從土從止。《金文編》將徒字附入走字。然從字義上考,徒字除步行之義外,其他涵義與走字相去甚遠,恐不能歸爲同義字。見有"虢太子元徒戈、元阿左造徒戈",由徒字亦可指代步卒這一層涵義考慮,把"徒戈"認作步卒持戈的專稱,似有一定的合理性。

《江漢考古》1995-3,頁 80 轉 79

○何琳儀（1998）　　曾侯乙走戈"走戈",操戈,猶"走戟"。《資治通鑑·晉紀》:"惠帝大安二年,絳頭毛面、挑刀、走戟,其鋒不可當。"

《戰國古文字典》頁 383

趣　齣　迡

睡虎地·答問 199　　望山 1·22　　上博四·昭王 6
信陽 1·42　　包山 142　　上博五·鬼神 5
璽彙 3222　　陶彙 3·465　　陶彙 3·586　　陶彙 3·1316　　陶彙 4·95

○顧廷龍（1936）　　（編按:陶彙 3·465 等陶文）訝或從辵。

《古匋文香録》卷 3,頁 2

○金祥恆（1964）　（編按：陶彙 3·465 等陶文）訝　相迎也。《周禮》曰：諸侯有卿訝
也，從言牙聲，吾駕切。

《匋文編》3·18

○中大楚簡整理小組（1977）　（編按：信陽 1·42）遯即導。

　（編按：望山 1·22）趣，《說文》“疾也”。走趣事王，奔走侍奉於王。

《戰國楚簡研究》3，頁 7、36

○羅福頤等（1981）　（編按：璽彙 3222）趣　《說文》所無，《玉篇》：“趣，走也。”

《古璽文編》頁 40

○高明、葛英會（1991）　（編按：陶彙 3·464 等陶文）逗。

《古陶文字徵》頁 237

○張守中（1994）　（編按：睡虎地簡）通趨　趣出　日甲二六背。

《睡虎地秦簡文字編》頁 16

○楊澤生（1997）　C1　（圖）《古陶》3.763

　　　　　　　　　C2　（圖）《古陶》3.464

　　　　　　　　　C3　（圖）《古陶》3.1316

　　　　　　　　　D　（圖）《古陶》3.258

　　C3 爲反寫，與 C1、C2 是同一個字。D 是 C 所從的偏旁。《古璽》3222 有
與 C1、C2 相同的字，作（字），原書釋爲“趣”，甚是。戰國貨幣文字“奴”作（字），右
邊的豎筆是“女、又”二旁公用的筆畫，古璽“取”旁之“耳”與“又”公用筆畫的
情況與此同類。C1、C2、C3 應該根據《古璽》的釋法釋爲“趣”。《玉篇》“趣，
走也”。D 與 C 所從“取”旁的寫法相同，無疑應該釋爲“取”。《陶徵》237 頁
把 C1、C2 釋爲“逗”，非是。

《中國文字》新 22，頁 250—251

○何琳儀（1998）　（編按：望山 1·20）望山簡“走趣”，讀“走趨”。《漢書·金日磾
傳》“走趨臥內欲入”，注：“趨讀曰趣，嚮也。”

《戰國古文字典》頁 383

　趣，從辵，取聲。《字彙》：“趣，去也。”
　包山簡趣，去。

《戰國古文字典》頁 387

○陳佩芬（2004）　（編按：上博四·昭王 6）介趣　“介”，獨，孤獨。《左傳·昭公十

四年》：“養老疾，收介特。”“趣”，通“趨”。介趨，獨自駕御。

《上海博物館藏戰國楚竹書》（四）頁 187

○李守奎、曲冰、孫偉龍（2007）　（編按：上博五·鬼神 5）簡文爲“有足不迣”，“迣”當爲“趣”字異體，字見《玉篇·辵部》。

《上海博物館藏戰國楚竹書（一——五）文字編》頁 92

○禤健聰（2008）　（編按：上博四·昭王 6）“介趣”一詞，整理者謂：“‘介’，獨，孤獨。《左傳·昭公十四年》：‘養老疾，收介特。’‘趣’，通‘趨’。介趨，獨自駕御。”陳劍先生認爲“‘趣’讀爲‘驅’，指主管養馬並管駕車之人”。又説“由於‘介’字意不明，此‘驅’字也可能本是作動詞‘駕車’義用的”。按，“介”即“甲”，在簡文中指給戎車之馬披上馬甲。《左傳·成公二年》：“齊侯曰：‘余姑翦滅此而朝食。’不介馬而馳之。”杜注：“介，甲也。”考古發現戰國墓葬有馬冑馬甲的遺物，可見給戰車的馬匹套上防護裝備是戰國時代的事實。本簡上文説到“龔之脽馭王，將取車”，這裏説給戰馬套上馬甲，正合情理。“趣”當從陳劍先生後一讀法，義爲“駕車”。“介”與“趣”，即出行前給戰馬套上馬甲和行進時爲王駕車，是作爲御者的當然工作。“介趣”屬爲動用法，“介趣君王”即爲君王介趣。簡文中大尹説的“介趣君王”，是代指龔之脽作爲君王御者的身份。

《簡帛研究二〇〇五》頁 53

△按　“趣”字戰國文字多寫作“迣”，从辵，辵部重見。《陶彙》3·586 和 3·587 對應之字原書皆未釋，依楊説，“豆里”後一字當亦爲“迣”。信陽 1·42 之字又旁易作攴旁。

趠 趠

集粹　　　秦印

△按　《説文》：“趠，疾也。从走，臬聲。”

越 越

睡虎地·雜抄 25　　　秦陶 448　　　秦陶 451

○睡簡整理小組（1990）　（編按：睡虎地·雜抄 25“虎未越泛藪”）越，跑開，《小爾雅·

《廣言》：“越，遠也。”

《睡虎地秦墓竹簡》頁 85

△按　《説文》：“越，度也。从走，戉聲。”秦陶爲單字。越國之“越”，戰國文字寫作“戉”或“郕”。

趲 趙

集成 11374 二十七年上守趙戈　　　包山 6

○**王輝**(1990)　(編按：二十七年上守趙戈)趙字當讀爲錯。金文有䢔字，毛公鼎：“金甬䢔衡。”《説文》：“䢔，迭䢔也。”迭䢔經典通作交錯，《詩・韓奕》有“錯衡”。从辵之字與从走之字偏旁義近，每相通用，如遣字或从走作趫（宂鼎）、趫（班設），趣或从辵作遳（曾子趣臣），趄或从辵作逭（牆盤、無男鼎）。西周金文亦有趙字（趙曹鼎），《説文》：“趙，趬趙也。”䢔、趙、錯同从昔得聲，是可以通用的。上守䢔即司馬錯，説已見前。

《秦銅器銘文編年集釋》頁 65

○**何琳儀**(1998)　廿七年上守趙戈趙，讀錯，秦名將司馬錯。見《史記・秦本紀》。

《戰國古文字典》頁 587

趑 趑

石鼓文・吾車

○**强運開**(1935)　趙古則釋作趑，楊升庵釋作速，均誤。張德容云：“有重文，舊釋作趑，誤。《説文》：‘側行也。’”運開按，《詩》謂：“地蓋厚不敢不趑。”今《詩》作踖，是趑、踖同字矣。

《石鼓釋文》甲鼓，頁 16

△按　字當釋“趑”。《説文》：“趑，蒼卒也。从走，宋聲。讀若資。”

【趑】

○**張政烺**(1934)　趑趑，乃重言形況字。《方言》十：“迹迹、屑屑，不安也。”郭《注》：“皆往來之皃也。”又王逸《九思・悼亂》：“鹿蹊兮躑躅。”“赖赖”與“迹迹、屑屑、躑躅”音義並同（“屑屑”乃一聲之轉）。“麈鹿赖赖”，乃被毆急行不安之皃,與前之"速速"不親附皃不同矣。王國維曰:"當從上作'速速',字正與檻、遺、蜀爲韻。'速'從'束'聲,當在支部。"(《金石文韻讀》)不知此句自可不入韻。於"速"曰當作"速",於"梀"曰當作"速",一偏之見,左右其辭,謬哉。

《張政烺文史論集》頁 10,2004;原載《史學論叢》1

○**何琳儀**(1998)　石鼓"趑趑",讀"遂遂"。《集韻》:"遂,古作迻。"是其佐證。《禮記·祭義》:"陶陶遂遂,如將復入然。"注:"陶陶遂遂,相隨行之貌。"

《戰國古文字典》頁 1265

△**按**　石鼓文云:"麀鹿趑趑。""趑趑"爲疊音詞。

起 起 起 迅 迫

秦印 起 睡虎地·日乙 113　　集成 11370 四十年上郡守起戈　　新蔡甲三 144

璽彙 3320　　璽彙 3952

新蔡甲三 109

上博二·容成 41　　上博四·曹沫 64　　包山 164　　郭店·老甲 31

郭店·語三 10

○**吳振武**(1983)　3320 唐起·周起。

3952 長生起·長生起。

4100 鄾□起·鄾(燕)□起。

《古文字學論集》(初編)頁 514、519、521

○**陳平**(1987)　(編按:集成 11370 四十年上郡守起戈)至於四十年上郡守起戈銘中的郡守起,可能就是秦昭王四十七年大破趙軍四十萬於長平的秦國名將白起。

《中國考古學研究論集》頁 322

○**王輝**(1990)　(編按:集成 11370 四十年上郡守起戈)《廣韻》:"趆,他候切,音透。"《玉篇》:"趆,走也。"陳平以爲趆當讀作起,即昭王時名將白起,這自然也有可能,不過字既在疑似之間,也難於肯定。

《秦銅器銘文編年集釋》頁 71

○**劉樂賢**（1994）　　（編按：睡虎地·日甲 16“有疾，難起”）“起”在古漢語中有治愈之意。《呂氏春秋·察賢》：“今有良醫於此，治十人而起九人，所以求之萬也。”《史記·扁鵲倉公列傳》：“此自當生者，越人能使之起耳。”《後漢書·韋彪傳》：“彪孝行純至，父母卒，哀毀三年，不出廬寢。服竟，羸瘠骨立異形，醫療數年乃起。”

《睡虎地秦簡日書研究》頁 34

○**陳平**（1994）　　（編按：近出 1192 四十年上郡守起戈）根據戈的形制與銘文字體，一望可知其當爲戰國中晚期之物。依該時期青銅戈銘刻常例，由三晉地方官監造者皆稱“令”，唯獨秦地方官監造者稱“守”；此戈銘稱“上郡守”，顯係秦器。鄒文定其爲秦戈，甚是。其郡守之名，鄒文摹本作🔲，鄒疑其爲“都”字。筆者按：該字左上角兩畫，似爲泐痕或羨畫；其左偏作🔲，應爲“走”字；右偏作🔲，應爲己；全字相合，似以釋爲“起”爲宜。故宮博物院也藏有一柄四十年上郡守秦戈。1981 年夏，我隨考古研究所《殷周金文集成》課題組去故宮傳拓銅器銘文時，曾親見此器。王兆瑩同志給該戈銘拓了拓本，我則比照原器銘作了認真的摹本，並繪製了該戈器形線圖。後來，摹本與線圖均發表在拙作《試論戰國型秦兵的年代及有關問題》一文中（《中國考古學研究論集——紀念夏鼐先生考古五十周年》，三秦出版社 1987 年 12 月出版，以下簡稱《試論》）。摹本在該書 320 頁，圖三:24；線圖在該書 312 頁，圖二:第二組之末。王輝同志在其新作《秦銅器銘文編年集釋》（三秦出版社 1990 年 7 月出版，以下簡稱《集釋》）一書中云：“此戈（按:即故宮藏四十年上郡守秦戈）及二十七年上守趙戈俱藏故宮博物院，至今未發表器形。”恐是語誤。據線圖，該戈形制爲中長胡三穿。摹本係我手捧原器所對摹，並有拓本可資對照，自信不會有誤。該戈郡守名作🔲，張政烺先生隸定作趄，李學勤先生與王輝同志則釋作趀。該戈四十年之上郡守與遼陽新出戈之四十年上郡守，同在一年一郡爲守，顯係一人；兩戈銘之郡守名也顯係一字。故宮戈銘右偏之🔲，當即遼陽戈銘右偏之🔲，該字似就該釋爲起，而不應釋爲趀。而這兩戈的上郡守起，我以爲很可能就是《史記·秦本紀》所載，在秦昭王四十三年曾“攻韓，拔九城”，在秦昭王四十七年“大破趙於長平”的秦國名將、武安君白起。秦在尚未統一六國以前，其郡守是個十分顯要的官職，特別是地處與山東六國對峙前沿的重要郡的郡守，大多爲中央要員、一代名將。如在秦惠文王後元五年、六年曾任上郡守的樗里疾，秦昭王時曾任漢中守的任鄙，秦昭王十二年、十五年曾任上郡守的向壽，秦昭王二十五年、二十七年曾任上郡守的司馬錯，就都是戰國史上赫赫有名的人物。上郡東向與三晉爲緊鄰,故而《秦本紀》所載在秦昭王四十三年、四十七年曾與韓、趙兩國大戰的秦軍統帥白起,曾在秦昭王四十年出任過上郡守,就是情理中事了。

《考古》1994-9,頁 846

○**王輝、程學華**(1999)　　故宮博物院亦藏有一件四十年上郡守戈(編按:《集成》11370),張政烺《秦漢刑徒的考古資料》、李學勤《戰國時代的秦國銅器》二文皆有釋文,陳平《試論戰國型秦兵的年代及有關問題》圖三·24 有銘文摹本,拙著《秦銅集釋》圖版五十亦轉録。四十年上郡守名字,張先生隸作"赶",李先生隸作"趀",拙著從之;鄒文疑爲"都";陳氏則隸作"起",以爲即昭王四十七年"大破趙於長平"的名將白起。今以故宮所藏及遼陽出土(編按:《近出》1192 四十年上郡守起戈)二戈相校,知陳氏所釋當是。此字右旁作ꝑ,與睡虎地秦簡《日書》起字右旁作"己、巳、己"相近(《秦文字類編》111 頁)。

《秦文字集證》頁 53—54

○**吳振武**(2000)　　𧼒——起

　　《古璽彙編》三三二〇、四一〇〇重新著録了兩方文曰"周𧼒、郾(燕)□𧼒"的燕國陽文私璽。璽中𧼒字編者未釋,《古璽文編》列於附録(501 頁第五欄)。我們在《訂補》一文中曾釋爲"起"。燕璽"起"字或作𧼒(《古璽彙編》三九五二),燕陶文作𧼒(《古匋文春録》二·二),所以"巳"旁皆與此字ꝑ旁極近。"走"字從"夭"從"止",作𧼒者是將"夭"(𤓯)旁中的一畫拉長後兼充"止"(𣥂)旁中閒的豎畫造成的。燕璽"趏"字作𧼒(《古璽彙編》三五三〇),𧼒字或作𧼒(同上五三六一、三三一三),可參看。燕璽中的"起"字均用作人名,漢印中名"起"者亦習見(看《漢印文字徵》二·八)。

《古文字研究》20,頁 313

△**按**　《説文》:"起,能立也。從走,巳聲。𧻚,古文起從辵。"戰國文字"起"多從巳聲,楚系文字則多從己聲,與後世寫法同。又楚文字辵旁與走旁義近常可互易,故"起"多從辵己聲(辵部重見)。四十年上郡守起戈(《集成》11370)"起"字,《集成》拓本作𧼒,走旁左側有疑似筆畫,陳平(1987)摹寫作𧼒(頁 320),是忠實於原拓。《殷周金文集成》(修訂增補本)拓本作𧼒,摹本作𧼒(頁 6129),走旁形體符合戰國文字特點,所謂疑似筆畫可能只是戈上銹斑。另一四十年上郡守起戈(《考古》1992-8)照片模糊,發布者鄒寶庫摹本作𧼒,走旁左側同樣有多餘筆畫,應亦是銹斑而已。四十年上郡守起戈(《集成》11370)拓本與兩種摹本右半所從之"巳"旁,皆與一般寫法有別,其下直出

一豎作,這也是張政烺、李學勤等將此字另釋的原因。此豎應是銹斑或與字無關之刻痕:

集成拓本　　　集成(修訂增補本)拓本　　　試作復原圖

將此豎筆刪去,所得的字形與睡虎地秦簡《日書》乙種113起字右旁幾乎完全一樣。

新蔡簡甲三119之"起",類似例子還有如"戊申以起,乙酉禱之"(乙二6+31)等,討論頗多,宋華強有綜述:

　　李天虹説:"'起'在這裏表示日期的訖止,疑應讀作'極'……《爾雅·釋詁上》:'極,至也。'《詩·大雅·崧高》'駿極於天',鄭箋:'極,至也。'"(《新蔡楚簡補釋四則》,簡帛研究網2003年12月17日)。楊華讀"以起"爲"以迄",即從前一天開始,到後一天爲止(《新蔡簡所見楚地祭禱禮儀二則》,丁四新主編《楚地簡帛思想研究[二]》第260頁;《新出簡帛與禮制研究》,第10頁)。何有祖於"起"字讀斷,"起"讀如本字,表示一天的開始(《楚簡散札六則》)。按,李説可從。侯馬盟書常見的"明亟視之",又作"明祖視之"(山西省文物工作委員會《侯馬盟書》第320頁,文物出版社1976年),亦可證"亟、己"兩聲相通。陳偉近來提出新説,他同意何有祖在"起"字讀斷,但是認爲"起"指病愈。甲三134"甲戌興乙亥禱楚先與五山",亦於"興"字讀斷,"興"亦指病愈。他認爲"這些簡文可能是説,如果平夜君的病情好轉,就會在次日舉行禱祭"。甲一10"戊辰以斂己巳禱之",亦於"斂"字讀斷,"斂"有可能讀爲"襝"。"可能是指除去疾病,也可能是指除去疾病的祭祀"(《也説葛陵楚簡中的"以起"》,簡帛網2009年5月9日)。按,這種説法存在的問題是:1."以斂"和"以起"所在辭例完全相同,其語意應該是一致的,不當有兩種不同的理解。2.既然都是某日病愈,次日方才祭禱,而簡文或言"某日之昏",或言"某日之夕",預言病愈之時具體到某日的昏、夕,似乎既不合情理,亦無此必要。(《新蔡葛陵楚簡初探》431頁,武漢大學出版社2010年)

　　按,似應如字讀,概楚文字中"起"爲常用字,未有通"極"或"亟"之例,楚卜筮制度尚待研究者甚多。

【𨑑帀】上博二·容成47

△按　"𨑑帀"即"起師",辭云"文王乃起師以向豐鎬",意爲發兵、出兵。"起師"一語楚簡頗多見,如上博七《鄭子家喪》甲本簡3,又清華二《繫年》或寫作

“辺㠱”(簡 38)、“起㠱”(簡 6)、“辺省”(簡 25)等。

趩 𢓜

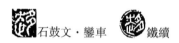石鼓文・吾車　　集成 2811 王子午鼎

○**張政烺**(1934)　　(編按:石鼓文)《説文》:“趩,行聲也,从走,異聲。”

《張政烺文史論集》頁 9,2004;原載《史學論叢》1

○**强運開**(1935)　　(編按:石鼓文)楊升庵釋㦪,非是。張德容云:“有重文。”《説文》:“趩,行聲也,从走,異聲,讀若敕,一曰不行皃。”

《石鼓釋文》甲鼓,頁 14

【趩₌】

△**按**　辭云“其來趩趩”(石鼓文)、“畏忌趩趩”(王孫遺者鐘),“趩趩”讀爲“翼翼”,恭敬謹慎貌。《詩・大雅・大明》:“惟此文王,小心翼翼。”鄭玄箋:“小心翼翼,恭慎貌。”

趍 𧾷

石鼓文・鑾車　　鐵續

○**張政烺**(1934)　　(編按:石鼓文)《説文》:“趍趙,夂也。从走,多聲。”朱駿聲云:“行遲夂夂之意。”烺按:“趍₌”猶“夂夂”。夂夂重言,見《説文》“夂”字下。

《張政烺文史論集》頁 22,2004;原載《史學論叢》1

○**强運開**(1935)　　(編按:石鼓文)薛尚功、趙古則均作赶,云與徐同,誤。楊升庵作趍,是也。《説文》:“趍,趙夂也。”夂下云:“夂行遲曳夂夂也。”有重文。運開按,阮橅本及安藏宋拓本作趍甚明,趍亦通趨,《詩・齊風》:“巧趨蹌兮。”《釋文》:“趨,本亦作趍。”可證。

《石鼓釋文》丁鼓,頁 8

○**郭沫若**(1939)　　《説文》云“趍趙,夂也”,段玉裁云:“趍趙雙聲字,與峙踞、蹢躅字皆爲雙聲轉語。”是則趍趍即趍趙矣。

　　蓋此語余於前文問世後始得覺察即《小雅・四牡》之“嘽嘽駱馬”,《説文》疒部别引作“瘏瘏駱馬”者也。趍乃正字,瘏借字,嘽音轉之字。趍瘏均从

多聲,聲在歌部,嘽在元部,歌元乃陰陽對轉之聲也。

《郭沫若全集·考古編》9,頁 78、101—102

○**商承祚**(1980)　《詩·猗嗟》"巧趨蹌兮",釋文:"趨本作趍。"《爾雅·釋地》郭注"趍則頓"釋文:"趍本作趨。"《淮南子·修務訓》:"夫墨子跌蹞而趍千里以存楚宋。"(王引之云,跌當作"趹"是也。)《抱樸子·論仙》"趍捨所當",漢耿勳碑"功課趍時",西狹頌"屬縣趍教",唐寫本《論語·鄉黨》"趍進翼如也",趨皆用趍。又與趯同,字亦作䞢。《大戴禮·保傳》"䞢行不得"注:"故書趯作䞢,鄭司農云,'䞢當爲趯,書亦或爲趨'。"則趍乃趨之初字(《廣韻》以趍爲趨之俗,非),从走多會意,亦如奔从三走也。《玉篇》趍,走也,越也,與趨義同。敦煌本《書·盤庚下》多字作,增一則爲,見漢隸、;橫筆上出則爲,見漢匋文,即小篆所本。此辭讀爲"趍=走馬",文義協洽。《説文》引作疢,又趍之借字也。

《中山大學學報》1980-1,頁 90

○**何琳儀**(1998)　石鼓"趍趍",讀"嘽嘽"。《詩·小雅·四牡》"嘽嘽駱馬",傳:"嘽嘽,喘息貌。"《説文》引"嘽嘽"作"疢疢"。是其佐證。

《戰國古文字典》頁 861

△**按**　石鼓辭云"趍趍夯馬",郭説可從。後世字書"趍、趨"二字之混,當由趨訛爲"趍",與石鼓"趍"字無涉。

【趍=】

△**按**　見"趍"字條。

趙　

集成 9678 趙孟庎壺　　睡虎地·編年 25 貳　　珍秦 93　　珍秦 111

侯馬 156:1　　侯馬 200:10　　侯馬 152:2　　近出 1148 趙朔之御戈

○**陶正剛**(1995)　(**編按**:趙朔之御戈)第 1 字同侯馬盟書第 156:4、156:1 兩片上的"",字形基本相似,可讀爲趙字。

《文物》1995-2,頁 64

○**王輝**(2001)　趙高(《秦印輯》21,《尊古》307 頁)

"趙"與《故宮璽印》410"趙游"、455"趙章"印同。六國古璽多以肖爲趙,肖作""(《古璽文編》4·6)。

此"趙高"不知是否爲矯詔立二世,後爲中丞相之趙高?

《四川大學考古專業創建四十周年暨馮漢驥教授
百年誕辰紀念文集》頁 303、306

△按　侯馬盟書"趙"字所从之"肖",或从少作。姓氏用字之"趙",戰國六國古文多寫作"肖",清華二《繫年》則作"邵、邺、灼"。

【趙孟】趙孟庎壺

○**唐蘭**(1937)　趙孟即趙鞅,鞅亦稱趙孟,見《左傳·哀公三年》黃池之會,有單平公、晉定公、吳王夫差及魯哀公,而趙鞅與于會,俱見《左傳》。度事先趙鞅嘗見吳王,故立介也。

《唐蘭先生金文論集》頁 44,1995;原載《考古社刊》6

○**曹錦炎**(1989)　趙孟　晉趙鞅,即趙簡子。《左傳》哀公二年:"趙孟喜曰:可矣。"杜注:"趙孟簡也。"

《古文字研究》17,頁 115

【趙朔】趙朔之御戈

○**張崇寧**(1994)　所以《侯馬盟書》中的趙孟亦正是"爲盟主諱",可知參盟人對主盟人的名字是不可以直稱的。不僅如此,《左傳》中"趙孟"一詞的出現有四十餘例,而同樣無一例外地都是以第三人稱的稱謂出現的,如《左傳·襄三十年》:"趙孟問其縣大夫……召而謝過焉……曰:'武不才。'"(此趙孟爲趙武。)《左·昭元年》:"穆叔賦鵲巢,趙孟曰:'武不堪也。'"等等,他們在自稱時則是直表其名的。如果此戈確係趙簡子所造,則應直表其名作"趙鞅之御戈",或"志父之御戈"(在鐵誓中趙鞅自稱"志父無罪"見《左·哀二年》),如"攻敔王光自作用劍""王子于之用戈""虢太子元徒戈"等等無不標以器主人的名字。所以御戈主人自稱趙孟是不合當時典例的。

由於該銅戈之器形在《戈考》中未見公布,故本文現不對此進行討論。

銅戈的全部文字即可釋爲"趙朔之御戈",趙朔謚莊子,爲國世卿,茲舉其族譜:趙盾(宣子)——趙朔(莊子)——趙武(廣子)——趙成(景子)——趙鞅(簡子)——趙毋恤(襄子),史籍中未見趙朔在晉陽活動的記載。《國語》記載晉昭公時:"趙簡子使尹鐸爲晉陽,請曰:'以爲繭絲乎?抑爲保障乎?'簡子曰:'保障哉。'"可見晉陽這一地方是趙簡子始建立的一個軍事性質的據點,爾後又爲襄子所固守,自然不存在趙朔葬於晉陽的可能性,但是,251 號墓的主人無論是簡子或是襄子,他們都有可能將其祖先的器物用來爲自己隨葬。

《華夏考古》1994-1,頁 112

○陶正剛(1995)　戈上銘文應隸定爲:"趙孟之御戈。"即趙孟自己用戈。(中略)在春秋晚期,晉陽地區執政駐留的只有趙簡子(趙鞅)及其子趙襄子(趙無恤)二人。但據《史記》記載,趙簡子卒於晉出公十七年(前 458 年),太子無恤代立,是爲襄子。襄子立三十三年卒(前 425 年),浣立,是爲獻侯。獻侯少即位,治中牟。《地理志》曰:"河南中牟縣,趙獻侯自耿徙此。"説明趙簡子死在晉陽,而襄子有可能死在晉陽,或者是耿。襄子的兒子年幼即位後,自耿遷中牟,表明襄子末年已從晉陽遷往耿,有可能死在耿地。據《括地志》:"故耿城今名耿倉城,在絳州龍門縣東南十三里故耿國也。"又據《中國古今地名大辭典》:"春秋時滅於晉。《左傳》閔公元年:'晉侯滅耿,賜趙夙。'故城在今山西河津縣東南。"

　　從金勝村春秋大墓出土器物的時代、地理位置等情況看,這件有銘的戈的主人爲趙簡子(趙鞅)最爲合適。(中略)

　　有學者根據古璽文字,將戈銘𣎺隸定爲犢,或隸定爲眚,即朔。趙朔爲趙簡子(趙鞅)祖,其用戈放在趙簡子墓内;認爲孟是尊稱,不能作戈銘。筆者認爲此非孤例,如秦子戈、秦子矛,早有先例可循。

《文物》1995-2,頁 65、67—68

△按　"趙"下一字作▨,陶正剛摹本作𣎺,似可隸定爲"趙",故戈名當作"趙趙之御戈",此暫按《近出》之稱,以便檢索。張崇寧(1994)既分析▨字從月從眚(生),又謂"根據上述月生爲朔的資料可以印證該銅戈第二字""應釋爲'朔'字",可疑。趙趙究竟對應史書上何人,尚難論定。

趠　▨
▨ 侯馬 156:1

△按　《説文》:"趠,遠也。从走,卓聲。"盟書中用爲人名。

趮　▨
▨ 湖南 89

△按　《説文》:"趮,蹇行趮趮也。从走,虖聲。讀若愆。"

趯 趯

新收 815 高陵君鼎

○吳鎮烽(1993)　款文第八字原篆作""，應爲"趯"字，《説文·走部》："趯，行趯趯也，一曰行曲脊貌，从走，蘿聲。"或釋爲"蓮"，《玉篇》："蓮，古文谊字。迭也，易也，步也，行也。"蓮與趯實爲一字。古文字形體中从辵與从走意義相同，故可互相通用。如：《漢書·孝文紀》："延壽，北地人也，本爲羽林士，超逾羽林亭樓，以材力進。"《文選·傅毅〈舞賦〉》"超趫鳥集"，李注："言舞勢超逾，如鳥疾速飛集也。"逾與趫互用。《説文·走部》："起，能立也，从走巳聲。"又云："起，古文起，从辵。"金文中更有直接證據，叔多父簋銘有人名"師蓮父"，而蓋銘則从走作"師趯父"。"趯"在高陵君鼎題款中作人名解，是高陵君丞的私名。

《第二屆國際中國古文字學研討會論文集》頁 239

趌 趌

侯馬 92：1　珍秦 153　陶彙 5·30

△按　《説文》："趌，半步也。从走，圭聲。讀若跬，同。"陶、璽、盟書皆用爲人名。包山簡有"迣"字，當與"趌"同義，見辵部。

趁 赾

睡虎地·雜抄 8

【趁張】睡虎地·雜抄 8
○睡簡整理小組(1990)　(編按：辭云"輕車、趁張、引强、中卒所載傳到軍")趁(音坼)張，用腳踏張的硬弩，《説文》："漢令曰：趁張百人。"古書也寫作蹶張，《漢書·申屠嘉傳》注："弩，以手張者曰擘張，以足蹋者曰蹶張。"(中略)四者均係兵種名稱。

《睡虎地秦墓竹簡》頁 81

趲　㰎

石鼓文·田車

○**强運開**（1935）　《說文》：“動也，从走，樂聲，讀若《春秋傳》曰‘輔趲’。”段注云：“見《襄》廿四年，今傳作躒，又有荀躒。”又曰：“《篇》《韻》云躒同。《大戴禮》驥驦一躒，不能千步。”皆趲躒同字之證。張德容云：“諸書多借躒，此蓋古籀本字。”

《石鼓釋文》丙鼓，頁 14

○**郭沫若**（1939）　“趲”《說文》云“動也”，此言從獵之衆庶欣欣然喜躍。

《郭沫若全集·考古編》9，頁 77

○**馬敍倫**（1957）　趲字見石鼓文，詳其辭義，乃行皃也。《荀子·勸學》：“驥驦一躍，不能十步。”《大戴禮記》作“一躒”。然則趲蓋躍之聲同宵類轉注字。

《說文解字六書疏證》卷 3，頁 137

○**何琳儀**（1998）　石鼓“趲趲”，衆多之貌。

《戰國古文字典》頁 301

趄　趄　逗

集成 9735 中山王方壺　集成 4649 陳侯因𪻐敦　曾侯乙 4　集成 9710 曾姬無卹壺

集成 34 董武鐘　包山 135　新蔡乙四 44

集成 11255 吳王光戈　包山 55　郭店·窮達 6

上博三·中弓 1　上博六·競建 12

○**强運開**（1935）　　楚戈从辵，與从走同意。

《說文古籀三補》卷 2，頁 6

○**裘錫圭、李家浩**（1989）　（編按：曾侯乙 4）“畫趄”亦見於 7 號簡。“趄、轅”古音相近可通。《說文·走部》：“趄，趄田易居也。”《國語·晉語三》《漢書·地理志》“趄田”均作“轅田”。簡文“畫趄”似應讀爲“畫轅”。

《曾侯乙墓》頁 508

○**李家浩**（1989）　（編按：吳王光戈）戈銘“趄”原文作从“辵”从“亘”，當是“趄”字的異體。“辵、走”二字作爲意符可以通用，如《說文》“起”之古文作“赶”，即其例。

《古文字研究》17，頁 140

○朱德熙、裘錫圭、李家浩（1995）　壽縣楚王墓所出曾姬壺稱"聖趄之夫人曾姬無卹"，"趄、逗"應爲一字異體。

《望山楚簡》頁 91

○曹錦炎（1996）　（編按：董武鐘）趄，讀爲"桓"。《詩・桓序》："桓，武志也。"《書・牧誓》"尚桓桓"，傳："武貌。"《爾雅・釋訓》："桓桓，威也"。

《于省吾教授百年誕辰紀念文集》頁 92

○何琳儀（1998）　楚系簡趄，讀桓，姓氏。齊桓公之後，以諡爲氏。又宋桓公之後，亦是桓氏。見《通志・氏族略・以諡爲氏》。

《戰國古文字典》頁 1052

○董楚平（2002）　（編按：董武鐘）第二字，孫詒讓釋爲"趄"，甚確。曾侯乙墓出土的文字中，有很多从亘的字，其"亘"部寫法與此字右旁相仿。該墓出土的鐘架，爲銅木結構，各種構件共 195 件，上面多有銘文，内容大多是音律名稱，與編鐘上的銘文類同。但很多"鐘"字前有一琟字，竊疑此字是曾侯乙的名號。《董武鐘》的"戉趄"，猶《吳王光趄戈》的"光趄"，都是器主自稱之詞。"曾侯乙、曾侯郊"以及《董武鐘》的"戉趄"可能是同一個人。

《追尋中華古代文明的踪迹》頁 47

△按　趄字从走，亘聲，又或作"逗"，換从辵，見辵部。典籍借"桓"爲之。

【趄王】中山王方壺

△按　見【趄祖】條。

【趄公】陳侯因肸敦

○徐中舒（1933）　趄，《史記》作桓。趄公，因肸之父，即陳午，諡孝武趄公，史僅省稱桓公，與齊桓（姜齊公子小白諡）同。下文趄文即指齊桓、晉文言，字亦作趄。又銅器陳逆簠陳桓子之桓，亦作趄，趄當是桓之本字。

《徐中舒歷史論文選輯》頁 410,1998;原載《史語所集刊》3 本 4 分

【趄余】集成 11666 攻敔王光劍

○周曉陸、張敏（1987）　（編按：辭云"趄余允至，克戕多攻"）"趄余允至"，趄通桓。《中山王嚳壺》："皇祖文武，趄祖成考。"《中山王嚳鼎》："先祖趄王。"而《世本》記爲："中山武公居顧，桓公徙靈壽。"又《陳侯因肸敦》："皇考武趄公。"而《史記・田敬仲完世家》記爲："桓公午。"《書・牧誓》"尚桓桓"，傳："桓桓，威武貌。"《虢季子白盤》："趄趄子白。"《秦公簋》："刺刺（烈烈）趄趄。"劍銘之趄與上述義同，是形容人（指攻敔王光）的勇武。

《東南文化》1987-3,頁 73

○**李家浩**（1990） 根據文意，“趄余”應是吳王光自稱之語。古人有名和字連稱的習慣，通常是字在前，名在後。如《左傳》僖公三十二年的“孟明視”，“孟明”是字，“視”是名。從下面將要提到的虞（吳）王光趄戈銘文以“光趄”連稱來看，“趄”與“光”應是一名一字。古人的名和字有意義上的聯繫。從“亘”得聲之字與“光”字或從“光”得聲之字，義多相同。《説文》火部：“光，明也。”《左傳》僖公二十七年“未宣其用”，杜預注：“宣，明也。”《詩·大雅·皇矣》“載錫之光”，毛傳：“光，大也。”《詩·商頌·長發》“玄王桓發”，毛傳：“桓，大。”《書·牧誓》“尚桓桓”，僞孔傳：“桓桓，武貌。”《詩·大雅·江漢》“武夫洸洸”，毛傳：“洸洸，武貌。”由此可見，將“趄”解釋爲吳王光之名是合理的。

在過去著録的吳王光器物中，有虞王光趄戈和攻五王光韓劍。前者銘文云：“虞王光趄自乍（作）用戈。”後者銘文云：“攻五王光韓台（以）吉金自乍（作）用劍。”“趄、韓”古音相近，“虞王光趄”與“攻五王光韓”當是同一個人，即吳王光。對於吳王光爲什麼稱“光趄”或“光韓”，卻不得其解。現在攻敔王光劍的發現，爲我們解開了此謎，原來是吳王光的字和名連稱。**（中略）**

古代第一人稱代詞跟同位人名連稱時，通常是第一人稱代詞在同位人名之前，如《書·立政》記周公旦語：“予旦已受人之微言，咸告孺子王矣。”像劍銘第一人稱代詞在同位人名之後，頗爲罕見。據我們所知，這種情況僅見於紀甫人匜和《左傳》。

紀甫人匜銘：“紀甫（夫）人余余王□叔孫，茲乍（作）寶也（匜），子子孫孫永寶用。”對“余余”二字，有人認爲前“余”字是紀夫人的名字，後“余”字是第一人稱代詞。我們認爲，前“余”字是第一人稱代詞，後“余”字應讀爲徐國之“徐”，紀夫人是徐國□叔的孫女嫁到紀國作紀君夫人的。這兩種認識，無論哪一種正確，都是第一人稱代詞在同位人名之後。

《左傳》僖公九年云：“王使宰孔賜齊侯胙……齊侯將下拜。孔曰：‘且有後命。天子使孔曰：以伯舅耋老，加勞，賜一級，無下拜。’對曰：‘天威不違顏咫尺，小白余敢貪天子之命，無下拜？恐隕越于下，以遺天子羞。敢不下拜？’”“小白”是齊桓公的名字。這裏齊桓公既自稱“小白”，又自稱“余”，與劍銘吳王光既自稱“趄”，又自稱“余”同類，可以互證。過去有些學者將上引《左傳》“余”釋爲“甚（什）麼、怎麼”或語助詞，皆不可信。

以上所説的“趄余、紀夫人余、小白余”三例的作者或説話者，都是東南地區的人，齊、紀是山東古國，徐是安徽古國，吳是江蘇古國。那麼人名後帶同位語“余”會不會是先秦時期東南地區的方言呢？這是值得語言學家探討的一個問題。

《文物》1990-2,頁 74—75

【趄祖】_{中山王方壺}

○**張政烺**（1979）　靈壽蓋即今平山縣三汲公社古城一帶,趄祖當即桓公,復國後徙都於此。

《古文字研究》1,頁 211

○**趙誠**（1979）　古典文獻提到的中山國君有二,一爲首建中山國的武公(《史記·趙世家》),殆即"皇祖文武"之武;一爲不恤國政而失國的桓公(《太平御覽》卷一百六十一),殆即"趄祖成考"之趄。金文趄字後世一般作桓。張政烺同志以爲"皇祖文武"似指周文王、周武王。從中山國本周之同姓來看,也有可能。

《古文字研究》1,頁 248

○**朱德熙、裘錫圭**（1979）　"趄祖"當指桓公;鼎銘稱爲"先祖桓王"。

《朱德熙古文字論集》頁 100,1995;原載《文物》1979-1

○**于豪亮**（1979）　趄讀爲桓,《逸周書·諡法》:"辟土服遠曰桓,克敬勤民曰桓,辟土兼國曰桓。"

《考古學報》1979-2,頁 174

○**薛惠引**（1979）　武公之後,是"趄",也就是《世本》所載"徙靈壽"的桓公。據《史記·魏世家》載:魏文侯"十七年(公元前 408 年)伐中山,使子擊守之"。《史記·趙世家》則稱:"烈侯元年(公元前 408 年),魏文侯伐中山,使太子擊守之。"當時中山國失國的國君,以《水經注·滱水》中所載"……桓公不恤國政"推之,該是桓公。桓公既是失國之君,又是復國之君。據《説苑》載:在桓公失國的一段時間裏,魏在中山前後至少安排了三個統治者,即太子擊、少子摯和尚。而尚的昏庸正好給桓公復國造成了有利條件,因此桓後來得以復國。據《史記·趙世家》記載,趙敬侯十年(公元前 377 年)"與中山戰於房子"。十一年(公元前 376 年),"伐中山,又戰於中人"。一度覆滅的中山國,又活躍在列國之中,桓公復國的具體年月不可考,但至遲應在趙敬侯十年(公元前 377 年)以前,則是沒有疑義的。桓公復國之初,也就是徙靈壽之時。

《故宮博物院院刊》1979-2,頁 85、88

○**商承祚**（1982）　金文有趄無桓。《詩·周頌·閔(_{編按:"閔"字衍})桓》"桓桓武王",《魯頌·泮水》"桓桓于征",皆訓"武貌"。秦公簋"剌剌(烈烈)趄趄",虢季子盤"趄趄子白",即後世之桓。陳侯因資錞"皇考孝武桓公",亦即桓公也。

《古文字研究》7,頁 55

【趄﹦】集成 121 者汈鐘

○曹錦炎（1989）　趄趄　即桓桓，《爾雅》云：“威也。”

《古文字研究》17，頁 106

○何琳儀（1989）　“趄（桓）趄（桓）（重文）哉”　“趄趄”，亦見虢季子白盤“趄趄子白”，秦公殷“刺刺趄趄”等。典籍作“桓”。《書・牧誓》“尚桓桓”，傳“武皃”（《説文》引作“尚狟狟”）。郭、李以“趄趄”屬上讀爲“遜學趄趄”。殊不知“遜學”謂文事，“趄趄”乃“武皃”，豈能合而爲一？ 今從饒讀。

《古文字研究》17，頁 150

【趄齧】新蔡乙四 44

△按　人名。

逋　逋　趄

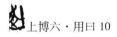

逋 侯馬 3:1　逋 侯馬 92:28　逋 侯馬 156:19

○何琳儀（1998）　侯馬盟書逋，讀通，姓氏。

《戰國古文字典》頁 424

△按　《説文》：“逋，喪辟逋。从走，甬聲。”盟書中用作姓氏。寫法繁簡不一，不盡列。戰國文字“甬、用”爲音近聲符，常可互易，故第三體从用。

赴

赴 上博六・用曰 10

△按　字从走，土聲，爲“徒”字異體，參辵部“徒”字條。

趙

趙 集成 9537 趙君壺　趙 璽彙 3313　趙 璽彙 5361

○何琳儀（1998）　趙，从走，舟聲。《廣韻》：“趙，趙趖，行不進也。”
趙君壺趙，讀舟，地名。

《戰國古文字典》頁 184

△按　字从走，以潮之初文爲聲，辵部又有“逃”字，疑爲一字異體。璽文中用爲氏名。

趄

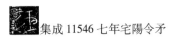集成 11546 七年宅陽令矛

○**何琳儀**（1998）　趄，从走，巨聲。《集韻》："趄，行皃。"
七年宅陽令矛趄，人名。

《戰國古文字典》頁 496

趕

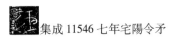曾侯乙 1　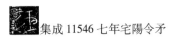曾侯乙 166

○**裘錫圭、李家浩**（1989）　（編按：曾侯乙 1）"趕"，疑讀爲"鞈"。《説文·革部》：
"鞈，車軶具也。"（中略）簡文"羣鞈執事人"似是指管理人馬甲冑和車馬器的辦
事人員。

《曾侯乙墓》頁 501

趉

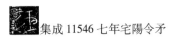集成 10478 中山兆域圖

○**何琳儀**（1998）　趉，从走，足聲。《玉篇》："趉，迫也。"
兆域圖"梶趉"，讀"題湊"。《戰國策·燕策》一"士爭湊燕"，《新序·雜
事》三引湊作走。

《戰國古文字典》頁 385

△**按**　銘文"梶趉"，讀爲"題湊"，詳參卷六木部"梶"字條。

趣

集成 261 王孫遺者鐘

【趣₌】
○**强運開**（1935）　王孫鐘"躱躱趣趣"，《説文》無此字，當即熙之借字。

《説文古籀三補》卷 2，頁 6

△**按**　字从走，臣聲。辭云："躱躱趣趣。""趣趣"讀爲"熙熙"。

趏

璽彙 3530

○ **丁佛言**（1924） 達。

《説文古籀補補》卷 2，頁 9

○ **羅福頤等**（1981） 與師袁毁、保子達毁達字同。

《古璽文編》頁 37

△ **按** 字从走，或爲“達”字異體，璽文用爲人名。

趪

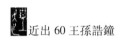近出 60 王孫誥鐘

【趪﹦趩﹦】

△ **按** 字从走，皇聲。王孫遺者鐘作“趪趪趩趩”，“趪趪、趩趩”皆讀爲“皇皇”，疊音詞，形容喜樂融合。

趙

侯馬 92：3

○ **山西省文物工作委員會**（1976） 趙。

《侯馬盟書》頁 352

○ **何琳儀**（1998） 趙，从走，匍聲。
侯馬盟書趙，人名。

《戰國古文字典》頁 125

趪

石鼓文·汧殹

○ **張政烺**（1934） 从走，尃聲，重言形況字。《詩·韓奕》“魴鱮甫甫”，《傳》：“大也。”《廣雅·釋訓》：“甫，衆也。”“趪趪”當與“甫甫”同義。

《張政烺文史論集》頁 15，2004；原載《史學論叢》1

○**强運開**（1935）　《周秦石刻釋音》："鄭氏音博。"或云即遄字。趙古則釋作
趟,音甫。運開按,鼓文有鯟有鯀,鯟字作,與此右旁作迥別,似當从或讀
爲遄字。

《石鼓釋文》乙鼓,頁 12—13

○**郭沫若**（1939）　"洼洼趟趟"均當是行動之義,猶言趕趕赴赴也。

《郭沫若全集・考古編》9,頁 72

○**何琳儀**（1998）　趟,从走,尃聲。搏之異文。《正字通》："趟,趡、搏通。"

石鼓"趟趟",疑讀"勃勃"。《文選・寡婦賦》"氣憤薄而乘胸兮"之"憤
薄",即《文選・長笛賦》"氣噴勃以布覆兮"之"噴勃"。是其佐證。《廣雅・
釋訓》："勃勃,盛也。"

《戰國古文字典》頁 598

○**湯餘惠等**（2003）　趟。

《戰國文字編》頁 81

【趟﹦】石鼓文・汧殹

△**按**　見"趟"字條。

趩

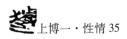上博四・采風 2　　趩上博四・采風 4

【趩羽】上博四・采風 4

△**按**　皆樂調分類聲名,上博四《采風曲目》於五音前或後綴加一字,構成雙
音節名稱,所指皆未詳。董珊（《讀〈上博藏戰國楚竹書[四]〉雜記》,簡帛研
究網 2005 年 2 月 20 日）謂"趩"从叜聲,以音近可讀爲"曾"。

【趩商】上博四・采風 2

△**按**　樂調分類聲名,參上【趩羽】條。

趮

趮上博一・性情 35

○**濮茅左**（2001）　趮,讀作"躁",上古同屬宵部。躁,急躁、浮躁。《荀子・勸

學》：“蟹八跪而二螯，非蛇蟺之穴，無可寄托者，用心躁也。”

《上海博物館藏戰國楚竹書》（一）頁 270

△按　辭云“凡用心之趮者，思爲甚”，郭店《性自命出》簡 42 對應作“喿”，讀爲“躁”。走與足義近；巢與喿音近，常可通用，如望山簡“王孫喿”，又作“王孫巢”。“巢”過去曾誤釋爲“桌”，上博一《孔子詩論》對應今本《詩經》之“鵲巢”作“鵲”（簡 10），確證釋“巢”。

趑

石鼓文·汧殹

○張政烺（1934）　字从歮，散聲。當訓行皃。《漢書·外戚傳》：“何姍姍其來遲。”《注》：“行皃。”“趑趑”與“姍姍”當音義同。《説文》：“汕，魚游水皃。从水，山聲。《詩》曰：‘烝然汕汕。’”（水部）朱駿聲云：“按《詩》‘罩罩、汕汕’皆重言形況字。魚游水皃。”（《説文通訓定聲》）則《碣文》“趑趑”又“汕汕”之叚借矣。

《張政烺文史論集》頁 14，2004；原載《史學論叢》1

○強運開（1935）　趙古則釋趑，楊升庵釋徙，《周秦石刻釋音》趑，薛氏作散，即礆，或音汕，叶平聲，相于反。運開按，《説文》：“汕，魚游水皃。从水，山聲。《詩》：烝然汕汕。”此云其旂趑趑，亦係魚游水之皃，疑趑即籀文汕字。

《石鼓釋文》乙鼓，頁 7

○沈肇年（1961）　趑趑，游貌。

《石鼓文詮補》

○涂白奎（2000）　“趑趑”學者或讀爲汕汕。《説文·水部》：“汕，魚游水貌。”雖亦可通，但讀散則更爲形象地描繪出小魚的游動狀態，因此無需改讀。《説文·肉部》：“散，雜肉也。”王筠《説文句讀》説：“散字，實是散碎通用之字。”散本作㪔，《説文通訓定聲》：“㪔，分離也。經傳皆散爲之。”《吕氏春秋·貴當》：“窺赤肉而烏鵲聚，狸處堂而衆鼠散。”注：“散，走也。”灣中小魚本群集悠然嬉游，忽爲漁舟所驚則四散游竄，正所謂“其游散散”。詩中散字从走旁，則形與義合。

《古文字研究》22，頁 190

【趑趑】石鼓文·汧殹

△按　見“趑”字條。

趢

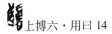睡虎地·日甲 70 背

△按　字从走,彔聲,疑“逯”字異體,簡文中指盜者名。

趕

上博六·用曰 14

△按　字从走,單聲,“單”即楚文字“單”,辭云“制法節刑,恆民趕敗”,釋讀待考。

趨

曾侯乙 116

○張鐵慧(1996)　簡 116 有一字作“”,簡文中一見。《釋文》隸作“趨”,《考釋》未加説明。按此字應隸作“趨”,字从走从繇者。先來看下引兩組字形:

A 簡 32　簡 43　　　B 簡 25　簡 28

　　A 組字《釋文》隸作“㑨”,B 組字《釋文》隸作“㒩”,二字爲同字異構。裘錫圭、李家浩先生認爲“㑨”乃“繇”字變體,甚確。據古文字中“繇”字作下揭諸形:

彔伯殷　繇史鼎　楚帛書

《説文》古文　　　　　《古陶文字徵》3.76

　　上引“繇”字諸形,爲言从“繇”之字,“繇”部漸漸訛爲从肉从系,陶文“言”亦从“口”作。A、B 兩組字从人从系,乃形體訛變而成,故 A 組字即“繇”字之變體。簡文中“繇”應指一種皮革,故字亦从“韋”作,B 組字从韋从繇省,字隸作“鞣”,亦讀作“繇”。“繇”即“鼬”,即俗稱的黃鼠狼。簡文中“繇、鞣”意指黃鼠狼皮。

　　再來看簡 116“”字,此字與“鞣”相類亦从人从系,只不過从走不从

韋,字从走从譶省,應隸作"趨",疑應釋爲"趨"。"趨"字見於《玉篇·走部》"趨,走兒",《廣雅·釋訓》:"趨趨,行也。"簡文云:"一凶弢,三羊,劃席,紫趨(趨)。"趨字之"行"義按於簡文不合,其用法待考。

《江漢考古》1996-3,頁 71—72

○李守奎(2003)　疑爲遴字異體。

《楚文字編》頁 81

○郭永秉(2008)　曾簡中、等形共出現了 20 次,字出現了 8 次;另外,116 號簡還一見从"走"的字,在簡文中可能和、二字表示同一個詞。在這將近 30 個字形當中,上部偏旁皆从"人"或"尸"作,所謂"䜘"旁爲从"肉"者則一個都沒有出現過。從辭例上講,竹簡中"韋、韋"等字,主要出現在"鞍、靷"等詞之前,54 號簡有"韋韋之席",112 號簡有"韋韋之☐",116 號簡有"紫韋",它們所表示的究竟是哪個詞似難據以討論。但從 116 號簡用"紫"來修飾"韋"這一現象看,若"韋"和"韋、韋"確實同表一詞,把它讀爲"䜘(鼬)"則是不太合適的。這似也説明過去把"韋、韋、韋"讀爲"䜘(鼬)"也許存在問題。(中略)

　　至於曾侯乙墓竹簡的"韋、韋"二字,學者過去對字形結構的分析似仍可從,它們應分析爲从"韋"(或从"走")"䜘(訊)"省聲,前者應是表示這種皮革名稱的專字;後者从"走",可能就是"迅"字異體。"迅"可訓"疾",也可訓"疾走、行疾",用"走"作義符是合適的。這些字形後來也都被淘汰了。它們在曾簡中當讀爲何詞,有待進一步研究。

《古文字研究》27,頁 489—491

△按　郭永秉説可從。郭氏對"䜘(訊)"字有詳細論證,可參斯文。

止　止

睡虎地·答問 154　　郭店·語一 105　　郭店·語三 53　　上博一·緇衣 16
貨系 520　　璽彙 0895　　上博三·周易 48　　陶彙 3·769

○鄭家相(1942)　(編按:貨系 520)右布文曰止,在右。按止即首止,見桓十八年,杜注衛地。顧棟高曰,在今河南歸德府睢州治東南。

《泉幣》10,頁 16—17

△按　戰國文字止多表示"趾"或行止、停止之"止",前者如上博三《周易》簡

48"艮其止（趾）"，後者如郭店《語叢三》簡 53"賢者唯其止也以異"。

堂 坣

　　璽彙 3560　　　　璽彙 3666

○**丁佛言**（1924）　字从止从尚省，許氏説："距也。"

　　　　　　　　　　　　　　　　　　　　　《説文古籀補補》卷 2，頁 6

○**黄錫全**（1989）　古璽中有下揭一方印：

《彙編》釋文爲"□亡□"，第一字與第三字缺釋，《文編》分別列入附録八一與二四。

《璽彙》
三六六六　　　今按，丁佛言在《説文古籀補補》中將第一字釋爲"坣"，認爲"字从止从尚省"。堂字从尚聲，中山王墓兆域圖省作𡩜，《説文》古文作𡩜，知釋"坣"爲"坣"不誤。羅福頤先生所著《漢印文字徵》中録有"坣弘之印"，"坣"作𡩜，从"尚"不省。（中略）

　　古無坣姓。《説文》："坣，距也。从止，尚聲。"段玉裁注："今音丑庚切，古音堂，今俗語亦如堂。《考工記》'維角坣之'，大鄭曰：'坣，讀如掌距之掌。''掌距'即'掌距'字之變體。'車坣'，《急就篇》《釋名》作'車棠'，《説文》金部作'車樘'。"因此坣可通堂或棠。古有堂姓，如《韓詩外傳》："堂衣若扣孔子之門。"古文有棠姓，如《左襄二十七年傳》：齊大夫"棠無咎"。璽文"坣亡鍫"，可讀如"堂亡（無）鍫"，或者"棠亡（無）鍫"。（坣也可通掌，古有掌姓。）

　　　　　　　　　　　　　　　　　　　《古文字研究》17，頁 291—292

○**何琳儀**（1998）　戰國璽印坣，疑讀掌，姓氏。掌氏，魯大夫黨氏之後，以音掌，故从音文，望出琅邪、燉煌。見《通志·氏族略·以族爲氏》。

　　　　　　　　　　　　　　　　　　　　　　　　《戰國古文字典》頁 680

距 岠

　　珍秦 61　　　　秦陶 478　　　　睡虎地·封診 80

○**睡簡整理小組**（1990）　（編按：睡虎地·封診 80"類足岠之之迹"）岠，即距，跨越。

　　　　　　　　　　　　　　　　　　　　　　　《睡虎地秦墓竹簡》頁 161

△按　《説文》:"跙,止也。从止,巨聲。一曰:搶也。一曰:超跙。"睡虎地簡文用爲第三義。秦陶跙,人名。

　　　　　　　　牂　肎　前

　　郭店・老甲 3　　上博一・詩論 20　　包山 122　　上博四・曹沫 30

　　上博二・昔者 1　　秦代陶文・秦陶文字録 31

　　郭店・尊德 2　　包山 145

　　信陽 2・18　　集成 4550 楚王酓前簠　　集成 2623 楚王酓前鼎　　陶録 2・259・2

　　睡虎地・日乙 51 貳

○胡光煒(1934)　(編按:楚王酓前鼎)鼎出壽春,自宜於考烈王以下諸世求之,於事理爲順。酓下之牂,錢生小雲謂上作屮,乃出。下從夕,爲月。蓋即朏字。按以字形言之,小雲之説是也。屮確是出,其下之夕,不必爲肉。幽王悍鼎言五月吉日,月形作夕,與牂下所從之夕,兩形全同。古朏字之見於鼎彝者,有吳尊之宰朏(愙齋集古録十三册)。偏旁易位,此文爲朏無疑。

　　　　　　　　　　　《胡小石論文集三編》頁 179,1995;原載《國風》4-6

○胡光煒(1934)　(編按:楚王酓前鼎等)酓下一字作牂,明爲出下月,知前鼎釋朏不誤。

　　　　　　　　　　　《胡小石論文集三編》頁 182,1995;原載《國風》5-8、9

○唐蘭(1934)　(編按:楚王酓前鼎等)余所見鼎二器,簠三器,其簠之戊己二器,並作肎,則字之上半實從止。(中略)肎字既從止從肉,則與今隸之肯字全同。(中略)然則作肯字者,自別有來源,故與小篆殊異。按六國古文,每有異於小篆,而轉爲魏、晉後俗書所本者,則此肎字當依郭氏釋肯爲是。(中略)

　　馬衡氏嘗推測歓肎爲考烈王,余謂馬説是也。據《史記・楚世家》,考烈王名熊元,《世本》作完。按從元聲之字,多讀如昆,《説文》阮字,徐鍇本云:"讀若昆。"髡從元聲,而讀"苦昆切",皆其證。然則"元""肯"一聲之轉,考烈王之本名是肯,而史借"元"或"完"字以代之耳。

　　　　　　　《唐蘭先生金文論集》頁 18—19,1995;原載北京大學《國學季刊》4-1

○劉節(1935)　由是知從此從肉爲觜,從止從肉亦爲觜。故銘文之肯字,實即觜字也。(中略)余前以酓肯(觜)即負芻。並非省負芻爲芻,又以肎爲芻之同聲字。蓋負芻者,乃酓肯字形之誤。且哀王名猶,此猶字亦酓字之誤。楚器酓作🔲,肯字作🔲。其字與負芻之古文作負🔲者相似。漢人但知楚王以熊字爲名,不識酓肯,而知六國之君如曹成公名負芻,故讀爲負芻。

《古史考存》頁 117—118,1958;原載《楚器圖釋》

○**李裕民**(1983)　(編按:楚王酓前鼎等)古字書寫有繁有簡,問題是此字以🔲爲正體🔲爲繁寫,還是以🔲爲正體🔲爲其簡寫呢? 唐蘭認爲🔲是正體,因而釋爲肯。我認爲要確定哪一種寫法是正體,應當作全面的考察。首先從這五個字形看,作🔲的只有一例,鼎、簠及玉佩均比它多一筆,盤銘的🔲形,粗看似乎像止形,其實不然,此盤銘是藝術體,是否止形,應比較盤銘其它文字來確定。盤銘的楚字下部🔲形作🔲,顯然前者比後者多一筆,它就是鼎銘的🔲而不是🔲。🔲形既占絕對多數,如何能輕易斷定它是變體呢? 再説,金文和楚簡中從止的字很多,但遍查止形,没有發現一例繁化爲🔲的,由此,也可反證🔲應爲正體,而🔲是其簡體。這裏還需要提一下,肯字,梁鼎作🔲,漢石經作🔲,到隋唐才變爲肯(參劉節《古史考存》118 頁)。從肯字的歷史演變來看,把簡化的🔲形看作正體而釋成肯,也是不妥當的。

　🔲形應釋出,胡光煒等釋出是正確的,但金文中出作🔲、🔲,字本象足出於坑之形,🔲象坑,一和止形不連,故此説未爲人們所接受。今按戰國時期各國文字均有自己的特色,在分析字形時,如僅用不同時代不同國别的字作比較,是容易出偏差的,應盡可能用同時代同國别的字作比較。解放後所出鄂君啟節出内(入)之出作🔲,解放前出土的楚帛書"出入、出於黄泉"之出作🔲,均與🔲同,釋出應無可疑。

　此字的下部🔲,郭沫若、唐蘭、劉節均釋肉。今按此形應釋月。月與肉在楚文中是有區别的,詳下表:

月	肉		出處
🔲	🔲	(能字偏旁)	望山一號墓楚簡
🔲	🔲	(脽字偏旁)	鄂君啟節
🔲	🔲	(胃字偏旁)	長沙楚帛書
🔲	🔲	(腏字偏旁)	酓忎鼎
	🔲	(有字偏旁)	望山二號墓楚簡
🔲	🔲	(腥字偏旁)	酓肯鼎
🔲		(肯字偏旁)	酓肯簠

　　請注意,兩短橫外邊的筆道,月和肉有明顯區別,月字都作一筆書寫,成弧形,無棱角。肉則都作兩筆寫成,頂端有一棱角,此形可細分爲三類:一、兩斜筆基本平行,作ク,如第三例;二、兩斜線往内收縮,成ク,如第五例;三、兩斜線往外敞開,成ク,如第六例。月和肉的不同特徵,在西周列國金文中也能見到。月的外框均作弧形,這一特點顯然與月本爲月亮的象形有關,月是圓的,外框自然就寫成弧形。酓肯鼎中有㡀字,舊多釋戢(如《金文編》等),其實夕乃月形,郭沫若改釋此字爲戢即歲,稱"歲積月而成,故從月"(《文史論集》)。這是正確的。

　　以上從字形上説明㡀應釋肯。

《古文字研究》10,頁 110—111

○夏渌(1985)　　(編按:楚王酓前鼎等)《楚王酓肓鼎》及諸器,楚王名"肓",金文作:

㡀　㡀　㡀　㡀

　　上部從止或屮,下部從肉。容師《金文編》從舊説釋肯。肯,篆文作肎,與此不類。郭沫若亦釋肯謂與隸書同。見《兩考》170 頁。胡光煒釋胅。劉節釋肯。唐蘭釋同郭老,以爲肯字。郭老謂肯、悍同聲,以酓肯與酓忎爲一人。徐中舒以酓肯爲楚哀王。唐蘭等主張爲楚考烈王熊元,胡光煒、劉節主楚王負芻。王松齋等謂楚文王熊貲。自楚文王至負芻,上下相距四百五十餘年。衆説紛紜,莫衷一是。所以這樣,是由於對㡀、㡀的音義未能確實掌握。今試提新的看法如下:

　　㡀、㡀字下部從肉,各家没有異議。上部從屮,或省作止,止原爲趾初文,象足趾之形。屮爲止上加芒刺,即芒初文,篆文作屮,《説文》:"亡,逃也。從入從乚。"已經不明"亡"字形義來源。屮讀亡若芒,㡀當爲"肓"初文,《説文》:"肓,心上鬲下也,從肉,亡聲。春秋傳曰:病在肓之下。"楚王名㡀釋肓的理由和旁證有:(1)㡀上部的屮,象趾上有芒刺形,亡爲芒本字,與鉢文"亡"作屮相近。屮→屮→屮→屮→亡,變化過程清楚。(2)㡀或作㡀,從止爲省文,所以只是古"肓"的省文,而非"肯"字。(3)金文《禺邗王壺》地名"黄池"的"黄"作:黄,上部屮從止(趾)有芒刺,爲聲符,知"屮"即"亡"讀與"黄"同。《陳侯因育錞》"黄"作黄,上部屮也省作止。(4)古鉢文"黄"字,也有書作:黄、黄,上部屮、屮似止,多一芒刺形,亦當是"亡"作聲符。(5)銘文"酓肓"當讀"熊横",與《史記·楚世家》楚頃襄王名横相合。肓、横,古音相同,是通假的關係,猶銘文"酓",史册作"熊",及上述楚王名諸例。

　　楚國青銅器的酓肯諸器,我們認爲是頃襄王熊横鑄器,這些銅器在安徽壽春郢都故地出土,對照歷史是否可能呢?

　　酓肯(熊横)是楚懷王熊槐,即《詛楚文》稱作熊相的太子,這時正當秦楚交惡,太子入質於齊,拉攏齊國,對付強秦。秦國扣留了懷王要挾割地,熊横從齊國逃回楚國即位,對付秦國的欺凌。三年後父王客死於秦。以後他十七年事秦,一直無力報仇雪恥,對秦采取委曲求全的修好政策。頃襄王七年曾迎婦於秦,秦、楚復平。十五年,秦、楚、三晉、燕共伐齊,取淮北。十六年,與秦昭王兩度好會。秦楚的"蜜月"並不太長,頃襄王十九年,秦伐楚,楚軍敗,割上庸、漢北地予秦。二十年,秦將白起拔我西陵。二十一年,秦將白起遂拔我郢,燒先王墓夷陵。楚襄王兵散,遂不復戰,東北保於陳城。二十二年,秦復拔我巫、黔中郡。二十三年,襄王乃收東北地兵,得兵十餘萬,復西取秦所拔我江旁十五邑以爲郡,距秦。二十七年,復與秦平,而入太子爲質於秦。三十六年,頃襄王病,太子亡歸。頃襄王卒,太子熊元代立,是爲考烈王。以上是《史記·楚世家》記敘的頃襄王生平和當時秦楚關係梗概。

　　用一句話來概括,楚頃襄王偏安東地,終生未能恢復故郢。楚頃襄王熊横卒於東地,葬於東地,以後有無遷葬故郢的可能呢? 歷史的記載是,考烈王元年,納州於秦以平。是時楚益弱。《資治通鑑》:"九年,楚遷於巨陽。"指自陳徙巨陽。二十二年,楚東徙壽春,命曰郢。從懷王、頃襄王、考烈王祖孫三代的史實看,懷王被虜以後,楚國之勢一蹶不振,頃襄王開始了偏安東地的局面,至考烈王乾脆東徙壽春,命名曰"郢",也就是說以此作爲楚國永久的首都了,完全喪失了恢復故地和故都的信心。事實上,直至楚亡,也無力抵擋秦國的攻勢。

　　頃襄王東遷陳,是楚屬國淮陽國屬地所在。白起拔故郢以後,封爲武安君,秦以故郢爲秦之南郡,爲白起封地。楚國偏安頹勢並未扭轉過來,頃襄王生後何得歸葬故里? 他的遺骸自然作爲始遷之君,葬在新命名爲"郢"的東土陳地和壽春一帶。因此,在這一帶的楚王墓中發現楚王酓肯(熊横)的銅器,這些墓葬屬於熊横本人,是完全有可能的。

　　《史記索隱·述贊》云:"昭困奔亡,懷迫囚虜,頃襄、考烈,祚衰南土。"足證頃襄王熊横實是頭一個偏安東土的楚王,也許生前曾懷過恢復故土的雄心壯志,但終未能如願以償。他的兒子考烈王熊元,正式宣布壽春爲楚都,命名曰"郢",表現已無恢復故土的志向。楚頃襄王熊横死於東地,葬於東地,未聞遷葬故里,他的墓葬在楚東地無可置疑。

學者都以"酓肯"器出壽縣楚墓,當屬考烈王熊元、幽王熊悍、哀王熊猶、負芻四君,恰恰不把頃襄王熊橫考慮在內。四君中哀王立僅二月餘,即被其庶兄負芻之徒襲弑。負芻篡立以後,即遭秦兵壓境,二年,"大破楚軍,亡七十餘城"。四年,殺楚將項燕,五年,破楚國,負芻即身爲秦虜,辱歿秦地。此兩君作爲楚王酓肯(育)諸器墓主的可能不大。剩下兩君,熊悍自有壽縣出土的"酓悗"諸器當之,於是,酓肯非考烈王熊元莫屬。但是"酓肯"無論讀熊貲、熊脈、熊肯,都和史稱考烈王名熊元或熊完挂不上鉤。只有郭老一人主張熊肯即熊悍,肯、悍古音相通,爲一人,熊肯即楚幽王熊悍,諸家皆以酓肯與酓悗兩組銅器,時代雖近,形制相似,終無法證明酓肯與熊悍爲一人。考烈王在位二十五年,國勢也有復强的趨勢,曾北伐滅魯,他有能力鑄造這些銅器,生後葬在墓中,但他名元若完,實無由説明即銅器銘文的"酓肯"。

本文以"酓肯"實爲"酓育"即"熊橫"之誤讀,他就是頃襄王遷東土的始君,卒於東地,葬於東地,其子考烈王決心偏安東地爲其父修墳鑄器,是比較合乎情理的。"酓肯"應讀"酓育",即文獻所載的楚頃襄王熊橫。

《江漢考古》1985-4,頁 57—59

○**陳秉新**(1987)　(編按:楚王酓前鼎等)我以爲𦫵、𦩀、𦩈三形,上部是止,下部不是肉,也不是月,而是舟的變體,隸定爲𦱳,是前進之前的本字。古文字作爲偏旁的舟,後期或訛變爲月。如俞字本从舟、亼(余)聲,侯馬盟書訛爲𠆸;盤字上部本从舟从攴,佢匀訛作𦙫,望山簡訛作𣎳;箭字本从竹,𦱳聲,鄂君啟車節作𥬶,所从之𦱳訛作𦫳。酓𦫵諸器銘酓下一字,其所从之月,也是舟的訛變。上揭第二形與車節箭字所从之𦫳相同,第一形所从之止略有變化,第三形是藝術體,但也可確認爲从止从月,月也是舟的訛變,而且這三形乃一字之異,均當釋𦱳。𦱳(前)字古音屬元韻從紐,元字古音屬元韻疑紐,韻部相同,聲紐疑與從亦有通轉關係。《春秋》經衞世叔儀,《公羊》作世叔齊,《春秋》經滕子原卒,《公羊》原作泉,是疑從通轉的例證。酓字是歙(飲本字)的省變,古音屬影紐侵韻,熊屬匣紐蒸韻,影匣旁紐,侵蒸通轉,故酓可借爲熊。那麽,酓𦱳亦即楚考烈王熊元。

總之,釋𦫵爲𦱳,釋酓𦱳爲熊元,既符合文字演變規律,又符合聲韻通轉規律,釋肯、釋肯都與二者難適。他如幽王説、哀王説,前已有文章駁正,此二説又未得學界的承認,已無須贅論了。

《楚文化研究論集》1,頁 332—333

○**羅運環**(1989)　郭沫若、唐蘭等前輩曾把肯、肯所从的"月"誤爲"肉",將二字分别隸定爲从“肉”的“戠”與“肯”。近來又見陳秉新先生將肯所从的“月”誤爲“舟”而釋肯爲𣶒(前)。

　　其實古人書寫“月、肉、舟”的形體時是加以區别了的，只是區别甚微而已。其甚微的區别在於三者外邊的筆道上。“月字都作一筆書寫成弧形，無棱角，肉則都作兩筆寫成，頂端有一棱角”，左邊的筆道往往出頭，前面的字例已充分顯示了這些特徵。

　　如果把戠、肯二字所从的“月”放在“月、肉、舟”三者演變的序列中來考察，情况就清楚了。戠字所从的月作✑✑✑✑(《鄂君啟節》)、✑(《大䇅鎬》)、✑(《楚王酓肯鐈鼎》)、✑(《楚王酓肯鈷鼎》)、✑✑(《楚王酓肯匜》)、✑(《楚王酓忈盤》)、✑✑(《楚王酓忈鼎》)、✑✑✑(邔陵君諸器銘)等形；肯所从的月作✑(《楚王酓肯鈷鼎》)、✑(《楚王酓肯鐈鼎》)、✑✑✑(《楚王酓肯匜》)等形。這二字所从之形與“肉、舟”形體有别而與“月”的形體一致，當均从“月”無疑。（中略）

　　“出”在甲骨文中或作✑✑(《甲骨文編》)，西周金文或作✑✑✑(《金文編》)等形。金甲文均从止从凵，象足出於凵之狀，爲會意字。止與出根本的區别在於是否从凵。這在早期文字中是非常明顯的。到了春秋時代，楚國金文屈字所从的“出”作✑✑(《楚屈子赤目匜》)、✑(《楚屈叔沱戈》)等形，“出”的形體已有較大的變化。到戰國時代，《鄂君啟節》出字作✑，《䉾篙鐘》屈字所从的“出”作✑；楚字所从的“止”作✑。二者之形極相近，其區别已不在下面凵的有無，而在於是否多一斜彎豎，或者斜彎豎上是否多一小斜畫。這個特點到戰國晚期更加明顯。前面提到過的楚王酓肯的肯字，晚期金文有五見，作✑(《楚王酓肯鈷鼎》)、✑(《楚王酓肯匜》[辛])、✑(《楚王酓肯鐈鼎》)形者三例；另有二例拓本見✑✑(《楚王酓肯匜》[戊、己])形狀，此二例前者雖有損泐，但“出”的一小斜畫似有迹可尋，後者僅就拓本審之，殆有兩種可能：或是“出”“止”形近而誤从止，或是小斜畫已損。還有一例爲藝術字體(或曰蚊腳書)作 A 形(《楚王酓肯盤》)。此形如果孤立來看，似上从止而不从“出”，但將其與同器同條銘文和同一書體的“楚”字相比就清楚了。如 B(《楚王酓肯盤》)、C(《楚王酓肯鈷鼎》)這兩個楚字所从的止明顯比藝術體的肯少一斜彎畫，藝術體的“肯”亦从“出”無疑。總之，這六個“肯”均可釋爲肯字。

　　過去胡光煒先生認爲“肯”即“胐”而隸定爲胐字，新版《金文編》從之，將其歸於胐字之類，這是不妥當的。古文字雖偏旁可以移位，但不是所有的字都是可以移位的。特别是會意字不能移位或不能隨意移位。（中略）胐在金文中均作■■■(《金文編》)等形,屬會意字。凡用爲月出之意的朏只見左右移位,不見上下移動;表明肯與朏有別。肯字如李裕民先生所云,當係"从出月聲"的形聲字,應隸定爲"肯",而不應隸定爲朏。"酓肯"即爲傳世文獻中的楚考烈王熊元(或作完)。肯爲本字,元、完爲通假字。他國金文有肯字作■(《梁鼎》),其从宀从肉,與肯字顯然有別。釋肯爲肯者非是。

A　　B　　C

《江漢考古》1989-2,頁 67—68

○**劉樂賢**(1991)　《秦代陶文》之《秦陶文字錄》31 頁收秦陵二號俑坑俑上一刻文"■",釋爲肯。按此字上从止(■),下从舟(■),實爲前字,三體石經《君奭》篇古文作■可證。前,《説文》云:"不行而進謂之歬,从止在舟上。"袁釋非是。

《考古與文物》1991-6,頁 82

○**李零**(1992)　(編按:楚王酓前鼎等)楚王酓■,過去有幾種解釋:(1)釋熊貲("天津某公")。以爲楚文王熊貲;(2)釋熊朏(錢小雲、胡光煒)。以爲楚王負芻(將朏讀爲蠆,謂與成通假,即《越絶書》楚王成,而楚王成即王負芻);(3)釋熊肯(馬衡、郭沫若、唐蘭)。以爲楚考烈王熊元(謂肯與元讀音相近);(4)也釋熊肯(徐仲舒)。但以爲楚哀王猶(謂猶从酋,與肯形近);(5)釋熊貲(劉節)。以爲楚王負芻(謂負芻是酓貲字誤);(6)釋熊肓(于省吾)。諸説除(1)説(此説失之太早,可無庸辨)外,皆以徙都壽春後之楚王當之,楚徙都壽春,凡歷四代:考烈王元、幽王悍、哀王猶、王負芻,除幽王悍有酓忎諸器當之。其他三王都被考慮在内。比較各説,"王負芻"説是肯定不對的。"哀王猶"説,哀王立僅二月餘即被負芻之徒襲殺,以情勢論,可能性也很小。比較大的可能還是考烈王元。銘文■,上所从■,盤銘作■,是較正規的寫法,可以肯定不是朏或肓字,但釋肯也不合。此字雖與肯字的今隸寫法相似,但與《説文》肯字的小篆寫法(■)異構。我們考慮這個字可能是前字,鄂君啟節"箭"字所从前與此形近,此字从月當是从舟訛變。長臺關 M1 遣册記"樂人之器:一樂■■,鐘少(小)大十又三",有同樣的字,釋前也是合適的。前與元古音相近(都是元部字),應即考烈王名。

《古文字研究》19,頁 144

△按　《説文》:"歬,不行而進謂之歬。从止在舟上。"爲前後之"前"的本字。睡虎地秦簡以"前"爲前後之"前",用與傳世文獻同,"前"詳見卷四刀部。

　　壽縣楚銅器上諸"前"字,歷來衆説紛紜,後以新出楚簡"前"字(郭店·尊德2)證之,釋"前"之説遂多。《戰國文字編》仍歸諸附録(頁1051),《楚文字編》則已繫之於"前"字下。及後新蔡楚簡出,"脡"旁屢見,與上述"前"字形近,故有學者改釋爲"脡",而上博五《弟子問》簡1、2之"前陵季子"正與傳世文獻之"延陵季子"對應(見小蟲《説〈上博五·弟子問〉"延陵季子"的"延"字》,簡帛網2006年5月22日)。不過,上述諸"前"字與新蔡簡之"脡"字尚有形體差異,孰是孰非,未能遽定,姑暫繫於此。商周古文字舟、肉、月諸字本形體迥異,然作爲偏旁,在戰國文字中則時有訛混;戰國文字的考釋,除了形體比對之外,尚有賴出土材料的上下文例提供線索。

【壽王】上博一·詩論6

△按　辭云:"《烈文》曰'乍競維人''丕顯維德''於乎前王不忘',吾敬之。"《詩·周頌·烈文》:"於乎前王不忘。"毛傳:"前王,武王也。"

【壽行】上博四·曹沫30

△按　辭云:"□厚食,使爲前行。""前行"即前鋒。《吳子·應變》:"募吾材士,與敵相當,輕足利兵,以爲前行。"

【壽攻】上博四·曹沫60

△按　辭云:"如將弗克,毋冒以陷,必過前攻。""前攻"讀爲"前功"。

【壽位】上博四·曹沫24

△按　辭云:"凡貴人,使處前位一行,後則見亡。"

【壽陵季子】上博五·弟子1

○張光裕(2006)　"前(延)陵季子","前、延"同音通假。延陵季子,即季札,春秋末期吳國公子,受封於延陵(今江蘇武進),故名。《禮記·檀弓下》:"延陵季子適齊……孔子曰:延陵季子,吳之習於禮者也。"延陵季子亦嘗被稱頌爲古之賢人(見《穀梁傳·襄公二十九年》)。

　　　　　　　　　　　　　　　　《上海博物館藏戰國楚竹書》(五)頁268

△按　辭云:"前陵季子僑而弗受,前陵季子天民也虞?"張説是。

【壽鐘】信陽2·18

○中大楚簡整理小組(1977)　肯。

　　　　　　　　　　　　　　　　　　　　《戰國楚簡研究》2,頁22

○劉雨(1986)　首。

　　　　　　　　　　　　　　　　　　　　《信陽楚墓》頁129

○郭若愚(1994)　肯,《莊子·養生主》:"技經肯綮之未嘗。"注:"著骨肉也。"

肯,著也。"鐘,《説文》:"樂鐘也。"《急就篇》:"鐘磬韠簫鼕鼓鳴。"注:"鐘則以金,磬則以石,皆所用合樂也。""肯鐘",肯有連著意,編鐘之謂也。信陽一號墓前室出土銅編鐘一組大小十三枚,出土時並列挂在一個彩繪的木鐘架上,排列齊整。

《戰國楚簡文字編》頁 87

○**李家浩**(1998) "前"字原文作"歬"。據《説文》所説,"歬"是前進之"前"的本字,"前"是"剪"的本字。但是,文獻中多以"前"爲"歬"。爲了書寫方便,釋文把"歬"徑釋寫作"前"。

天星觀楚墓竹簡卜筮類記有一種鐘叫"鍴鐘","鍴"字原文所從"前"旁也寫作"歬"。原簡説:

(2)罌禱巫豬靈酉(酒),鍴鐘樂之。

(編按:信陽2·18)(1)的"前鐘"跟(2)的"鍴鐘",顯然是指同一種鐘。因"前鐘"是鐘名,故"前"或從"金"作"鍴"。

《爾雅·釋器》:"大鐘謂之鏞,其中謂之剽,小者謂之棧。"

"前、棧"音近古通。《詩·召南·甘棠》"勿翦勿伐",陸德明《釋文》引《韓詩》"翦"作"剗"。《禮記·玉藻》"凡有血氣之類,弗身踐也",鄭玄注:"踐,當爲'翦',聲之誤也。"《周禮·夏官·量人》鄭玄注引《禮記·明堂位》"爵,夏后氏以琖",陸德明《釋文》引劉昌宗本"琖"作"湔"。《玉篇》木部:"棧,子田切,古文棧。"《爾雅·釋草》等所説的草名"車前",馬王堆漢墓帛書《養生方》作"車踐、車戔"。據此,(1)的"前鐘"之"前"和(2)的"鍴鐘"之"鍴",皆應當讀爲《爾雅·釋樂》小鐘謂之棧之"棧"。

《爾雅·釋樂》對棧鐘之"棧"的解釋十分簡略,只是從體積大小的角度説它是小鐘,至於"棧"究竟是什麼意思,卻未作進一步説明。于鬯對棧鐘之"棧"發表過很好的意見,他説:

"棧"有"編"義。《莊子·馬蹄》"編之以皁棧",陸釋云:"編木作靈似牀,曰棧(盧文弨《考證》云"靈"即"欄"字)。"是木之編者爲"棧"。故鐘之編者亦名"棧"。"小者謂之棧",即編鐘是也。《周禮》鐘師職云:"擊編鍾。""鍾、鐘"通用。賈釋云:"此鍾編之十六枚,在一簴。"然則編鐘,小鐘也(朱駿聲《説文通訓》云"大鐘曰鏞,次曰鏄,小者曰編鐘")。

信陽一號楚墓前室出土編鐘十三枚(詳下),報告指出與簡文"一檕坐前鐘,小大十又三……"的記載相符。可證"棧鐘"確實是編鐘,于鬯的説法是非常正確的。

在此需要説明一下,唐蘭先生在《古樂器小記》一文裏,也認爲《爾雅·釋樂》所説的"小者謂之棧"之"棧"指編鐘。原文説:

　　"小者謂之棧"者,殆《周禮》磬師所謂編鐘也。編、棧聲得相轉,義亦類似。編木爲棧,猶編竹爲箋也。

按上古音"編"屬幫母真部,"棧"屬崇母元部,二字聲韻皆不相同,唐氏説"編、棧聲相轉",顯然是有問題的。戲鐘銘文説:

　　戲擇吉金,鑄其反鐘,其音赢(赢)少(小)則湯(蕩)。

"反"或寫作从"音"从"反"。"反、編"古音相近,可以通用。《戰國策·秦策四》楚人黃歇説秦昭王曰:"今大國之地半天下,有二垂,此從生民以來,萬乘之地未嘗有也。"《史記·春申君傳》《新序·善謀上》記此語,"半"作"徧"。《莊子·秋水》北海若曰"以道觀之,何貴何賤,是謂反衍",陸德明《釋文》:"反衍……本亦作畔衍。"據此,"扁"聲之字與"半"聲之字相通,而"半"聲之字又與"反"聲之字相通,那麼"扁"聲之字與"反"聲之字也應該相通。疑鐘銘的"反鐘"應當讀爲"編鐘"。在楚國文字中既有"編鐘",又有"棧鐘",可見"棧鐘"和"編鐘"是同一種鐘的異名,並非是聲轉。

下文的"一橜坐……緐維",記的當是磬。"前磬"二字原文殘泐,釋文是根據"前鐘"的文例補出的。如上文所説,"前鐘"應當讀爲"棧鐘",即編鐘的異名,那麼"前磬"應當讀爲"棧磬",即編磬的異名。

《簡帛研究》3,頁 1—3

△**按**　信陽簡的"前鐘"和天星觀簡的"鍘鐘",新蔡簡又寫作"延鐘"(新蔡甲三 136),"延"字又有"徙、脡"等異寫。張光裕已指出上博《弟子問》的"前陵季子"即典籍的"延陵季子",可見"前、延"古音相通。"延鐘"與"前鐘、鍘鐘"並當從李家浩讀爲"棧鐘"。關於"延、徙、脡"等字,參見"延"字條。

歸 歸　逼 歸 逞

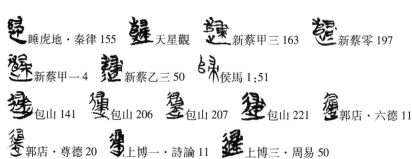

睡虎地·秦律 155　　天星觀　　新蔡甲三 163　　新蔡零 197
新蔡甲一 4　　新蔡乙三 50　　侯馬 1:51
包山 141　　包山 206　　包山 207　　包山 221　　郭店·六德 11
郭店·尊德 20　　上博一·詩論 11　　上博三·周易 50

復包山 225　　**迤**郭店・唐虞 6

○**中大楚簡整理小組**(1977)　　(編按:望山 1・7)遉同歸,又讀作餽送的餽,通饋。薦物與神和進食與人,皆可言饋。

據第 4、7 簡文例,“柬”下爲“大王”。“遉玉於柬大王”,即用玉祭祀柬大王。

《戰國楚簡研究》3,頁 9

○**朱德熙、裘錫圭、李家浩**(1995)　　(編按:望山 1・28)“遉”當是“歸”字異體。《説文》“歸”字籀文作“㱕”,古文字从“止”从“辵”多無別。“歸”有餽送義。

《望山楚簡》頁 93

○**何琳儀**(1998)　　侯馬盟書歸,姓氏,胡子國舊姓,爲楚所滅,後以爲氏。見《世本》。

楚簡歸,亦作饋、遺、餽。《廣雅・釋詁》三:“歸,遺也。”《集韻》:“饋,餉也。或作歸,通作餽。”《左・閔二》“歸公乘馬”,注:“歸,遺也。”包山簡“歸倭(或作袳、㐱)”,讀“歸胙”,分頒祭肉。《左・僖四》“太子祭于曲沃,歸胙于公”,注:“胙祭之酒肉也。”曾樂律鐘歸,或作𤲬、𨠵。

《戰國古文字典》頁 1215

○**李零**(1999)　　(編按:郭店・唐虞 6)“先聖與後聖,考後而甄先”,原於“考”字下斷句,可商。按《大戴禮・哀公問於孔子》有“先聖”,鄭玄注以“先聖”爲“周公”。“甄”,原从辵从戝,其聲旁與秦公簋“鎮靜”的“鎮”字所从相同,這裏疑讀爲“甄”(兩字都是章母真部字,讀音相同)。“甄”有鑒別之義,與“考”含義相近。

《道家文化研究》17,頁 499

○**周鳳五**(1999)　　(編按:郭店・唐虞 6)續,簡文圖版不清晰,《郭簡》隸定作遉而無説。按,字从辵,聲旁似是“炭”,即庶聲。若此説可從,則疑當讀作“續”。庶,古音書母魚部;續,邪母屋部,二字旁對轉可通。簡文似謂成就後聖之事,承續先聖之志,即所以教導人民大順之道也。此處先與後、考與續互文見義。

《史語所集刊》70 本 3 分,頁 745

○**白於藍**(1999)　　(編按:郭店・唐虞 6)筆者所要討論的是此段文字之後一句,後一句中“先聖牙(與)後耴(聖)考,後而遉先”有些文不成義,難以通讀。筆者以爲,此句中之“考”字實當下讀,因爲“先聖”和“後聖”乃是兩個並列名詞,常見於古代典籍。如《孟子·離婁下》：“先聖後聖，其揆一也。”《新語·道基》：“於是先聖乃仰觀天文，俯察地理，圖畫乾坤，以定人道……於是後聖乃定《五經》，明《六藝》，承天統地，窮事察微，原情立本，以緒人倫。”由此可見，“考”字確應下讀。然“考後而退先”依然文不成義。筆者細審原簡圖版照片，所謂“退”字實作“⿱”，乃“歸”字，包山簡二一八號竹簡有歸字作“⿱”，與此字字形極近，可相比較。故本句實爲“考後而歸先”。至此，本段話之文義實已明朗，所謂“後、先”二字乃是上承前句之“後聖、先聖”而言。至於“考”字，在此應讀爲“孝”。(中略)《書·文侯之命》：“追孝于前文人。”孔安國《傳》：“繼先祖之志曰孝。”《禮記·中庸》：“夫孝者善繼人之志，善述人之事者也。”簡文中“考(孝)後”之“考(孝)”字正用此義。“考(孝)後”意即繼後聖之志，述後聖之事。

　　“歸先”之“歸”在此當讀爲“餽”。歸、餽二字上古音同爲喉音幽部字，典籍中二字亦多相通假，如：《書·微子之命》：“王命唐叔歸周公于東。”《史記·魯周公世家》歸作餽。《史記·周本紀》：“成王以歸周公於兵所。”裴駰《集解》引徐廣曰：“歸一作餽。”《孟子·公孫丑下》：“王餽兼金一百而不受。”《論衡·刺孟》引餽作歸。均其例。“餽”字古有祭義。《説文》：“餽，吳人謂祭曰餽。”段玉裁《説文解字注》：“《方言》：‘饋、餟，餽也。’三字皆謂祭。”《戰國策·中山策》：“勞者相饗，飲食餔餽。”高誘《注》：“吳人謂食爲餽，祭鬼亦爲餽。”又餽、饋音義並近，古可通用。饋字亦有祭義。《論衡·明雩》：“詠而饋，詠歌饋祭也，歌詠而祭也。”《文選·顔延之〈宋文皇帝元皇后哀策文〉》：“皇帝親臨祖饋，躬瞻宵載。”李善《注》引《蒼頡篇》曰：“饋，祭名也。”故簡文之“歸(餽或饋)先”意即祭祀先聖。

　　《呂氏春秋·尊師》：“天子入太學，祭先聖，則齒嘗爲師者弗臣，所以見敬學而尊師也。”這段話從内容上看與簡文中本段文字有一定聯繫，而其“先聖”二字前用的正是“祭”字。

《中國古文字研究》1，頁 111—112

○何琳儀（2000）　　（編按：郭店·唐虞6）“遮”原篆作⿱，可參見《成之聞之》16“徙”作⿱。《釋文》隸定爲“退”，又認爲“考”字從上讀，均誤。《國語·周語》“考中聲而量之以制”，注：“考，合也。”《管子·侈靡》：“六畜遮育，五穀遮熟。”注：“遮，猶兼也。”總之，“考後而遮先”猶“合後聖而兼先聖”。

《文物研究》12，頁 200

○馬承源（2001）　　（編按：上博一·詩論10“《鵲巢》之歸”）⿱　古“歸”字，楚簡多從辵。(中略)此"歸"爲"嫁"義,《易·泰》"帝乙歸妹"、《詩·葛覃》"言告言歸"的"歸"字,都是婦女嫁夫之義。

《上海博物館藏戰國楚竹書》(一)頁 140

○裘錫圭(2002)　(編按:郭店·唐虞6)只要認真核對一下圖版,就可以知道《白文》釋此字爲"逞(歸)"是可信的。楚簡"歸"字一般都作"逞"。李天虹遞交給 1999 年 10 月在武漢大學召開的郭店楚簡國際學術研討會的論文《郭店楚簡文字雜釋》第三條,也釋此字爲"歸",所舉字形證據與《白文》同。但後來此文正式發表時,此條已被刪去。我想這並不説明其作者放棄了這一看法,而是由於她在最後定稿前看到了《白文》,瞭解到別人已經發表了類似看法的緣故。

《白文》的釋字雖然正確,對"考、歸"二字意義的解釋卻有問題。《白文》似乎認爲"太學之中"句跟"先聖與後聖"句有特別密切的關係,"歸(《白文》讀爲餽)先"就相當於《呂氏春秋》所説的天子入大學時的"祭先聖"。其實這兩句顯然是並列的,其關係跟上文"上事天""下事地""時事山川""親事祖廟"等並列句間的關係基本相同。所以把"歸先"讀爲"餽先"是缺乏充分理由的,把"考後"讀爲"孝後"似也嫌勉強。

前引《李文》顯然把"考後"的"考"理解爲"考查、考究"的"考"。李天虹在《郭店楚簡文字雜釋》中後來被她刪去的那條關於"歸"字的意見中,引用了《廣雅·釋詁三》"歸,就也"和《詩·曹風·蜉蝣》鄭箋"歸,依歸"這兩條訓詁。我認爲他們的意見是可取的。"考後"的"考",用法跟《墨子·非命下》"考先聖大王之事"的"考"很相似。"歸先"的"歸",用法跟《孟子·滕文公下》"天下之言,不歸楊則歸墨"的"歸"很相似。所以"先聖與後聖,考後而歸先",就是以後聖爲考徵對象而以先聖爲依歸的意思。

古書所説的"先聖、後聖",所指並不一致。例如前引《白文》所引《孟子》《新語》二例,其所指就顯然不同。前引《周文》引《孟子·離婁下》以"先聖、後聖",我認爲是很有道理的。《離婁下》以"先聖"指舜,以"後聖"指周文王。《唐虞之道》"先聖、後聖"所指的範圍應該廣一些。"先聖"無疑包括堯,"後聖"大概包括武王。所以"考後"就是《荀子》的"法後王","歸先"就是以堯舜爲依歸。

對《荀子》的"後王",前人多有誤解。清儒劉台拱、王念孫、錢大昕等人都指出,荀子所謂"後王"就指周之聖王文、武,這是正確的。荀子有時也像其他人那樣,把文、武稱爲"先王","因爲他們距離戰國時代有七八百年之久";所以又稱之爲"後王",則是爲了强調"他們是三代之王(引者按:指禹、湯、文、武諸聖王)中的最後之王"。這跟孟子在以文王與舜對舉時,稱文王爲"後聖"相類。錢大昕認爲"法後王""與孔子'從周'之義不異"。這是很有道理的。

《禮記·中庸》説"仲尼祖述堯舜,憲章文武"。後來的先秦儒家也莫不如此。"憲章文武"就是"法後王",就是"考後"。"祖述堯舜"就是"歸先"。"考後而歸先"可以説是先秦儒家的共識。

但是在究竟如何"考後"如何"歸先"的實質性問題上,儒家中的不同派別是有不同的主張的。馮友蘭《中國哲學史新編》在指出荀子有時也把文、武稱爲"先王"之後,進一步説:

> 所以荀況批判孟軻,並不是説他法先王而不法後王,而是説他"略法先王而不知其統"(《非十二子篇》)。意思就是説,孟軻僅知先王的枝葉皮毛而不知先王的精神,不知先王的根本意思。

這是很精闢的見解。《唐虞之道》竭力歌頌堯舜禪讓,並説:"不禪而能化民者,自生民未之有也。"此文作者心目中的"歸先",其主要内容無疑就是恢復堯舜的禪讓之制。荀子雖然也主張尚賢,卻並不支持禪讓制。他在《正論》篇中,甚至説堯舜禪讓是"虛言",是"淺者之傳、陋者之説"。如果荀子能看到《唐虞之道》,一定也會罵此文作者"略法先王而不知其統"。

《上海博物館集刊》9,頁 178—179

△**按**　《説文》:"歸,女嫁也。从止从婦省,自聲。㞷,籀文省。"止、辵爲義近形旁,楚文字多从辵,又省自作"逞"。郭店《唐虞之道》簡 6 之字當從裘錫圭説,釋讀爲"逞(歸)",惟所从帚旁稍訛。

【逞胙】包山 224

○**李家浩**(2001)　《禮記·少儀》"爲人祭曰致福",孔穎達疏説:"謂爲人攝祭而致飲胙於君子也,其致胙將命之辭則曰致福也。謂致彼祭祀之福於君子也。"

據孔疏,"致福"就是"致胙"。祭禱簡的紀年"東周之客許綡歸胙於葴郢之歲",亦見於卜筮簡和司法文書簡,"歸胙"或作"至(致)作(胙)",這是因爲"致胙"與"歸胙"同義。所以,古書中又有把"致福"解釋爲"歸胙"的。例如《周禮·天官·膳夫》"凡祭祀之致福者,受而膳之",鄭玄注:"致福,謂諸臣祭祀,進其餘肉,歸胙於王。鄭司農云:'膳夫受之,以給王膳。'"

(中略)"致福",《左傳》作"歸胙",《史記》作"歸釐",《國語》亦作"致福"。《國語》韋昭注:"福,胙肉也。"《史記·賈生傳》司馬貞《索隱》引應劭云:"釐,祭餘肉也。音傐。”楊伯峻《春秋左傳注》:“胙,祭之酒肉也。”據《穀梁傳》文,“致福”實際上包括酒、肉,楊注與之相合。古人認爲吃了祭祀過的酒肉可以得福,所以把“致胙”或“歸胙”又叫作“致福”。

《簡帛研究二〇〇一》頁29—30

△按 即“歸胙”。楚簡亦作“逿臆”(包山205)、“逿𨒌”(包山58)、“逿複”(包山129)、“逿𠬝”(包山207)等,皆一語之異寫,不另出詞條。

疌 

十鐘

○**何琳儀**(1998) 《説文》:“疌,疾也。从止从又,又,手也。中聲。”中非聲。

秦璽疌,人名。

《戰國古文字典》頁1437

𣥠

曾侯乙175

○**裘錫圭、李家浩**(1989) “止”是“趾”的初文,用作表意偏旁時往往可以跟“足”通用。如164號簡的“𣦍”應即“踦”字,175號簡的“𥐻𣥠”應即“跖趼”,皆是其例。

《曾侯乙墓》頁526

○**陳偉等**(2009) (**編按**:曾侯乙175)楚簡“迈”字从“辵”从“石”作,第一字應是其省寫。看下文“迈子(牸)”,這裏應是“迈”爲人名,“趼子(牸)”爲馬名。

《楚地出土戰國簡册》(十四種)頁370

歨

集成10373郾客問量 信陽1·2 包山247 包山249

郭店·成之7 郭店·成之9 上博五·鮑叔7

○**中大楚簡整理小組**(1977) (**編按**:信陽1·2)正作歨,从上从止,與《説文》古

文正同,二,即古上字。

《戰國楚簡研究》2,頁2

○劉雨(1986)　（編按:信陽簡）1-02:"曰:'烏夫！戔人剛恃,天这於刑者,有走孚……',。"

　　"走"即"堂"。《説文》:"堂,距也,从止,尚聲。"

《信陽楚墓》頁132

△按　"上"字分化,增止以爲動符。

【走孚】

【走昄】

○劉雨(1986)　（編按:信陽簡1·2）"走孚"即"堂賢",亦即"拒賢"。此簡文意謂"戔人"因其"剛恃"而受到"刑"罰,究其根源乃在於"拒賢"。

《信陽楚墓》頁132

○李零(2004)　（編按:上博四·曹沫36）走昄　讀"上賢",古書亦作"尚賢"。

《上海博物館藏戰國楚竹書》(四)頁266

△按　讀"尚賢"可從。

夅

郭店·成之31

○陳偉(1998)　第二字釋文隸作"夂（从止）",無説。《古文四聲韻》卷一引《義雲章》"降"字正作此形,故當釋爲"降"。古書常見"天降"某某的説法。如《尚書·大誥》"天降威",《詩經·大雅·蕩》"天降滔德",《左傳》昭公三十二年"天降禍于周",等等。

《江漢考古》1998-4,頁70

○李零(1999)　降,原作"夅",疑讀"降"。

《道家文化研究》17,頁515

○劉信芳(1999)　玨

　　例一,《成之聞之》簡31:"天玨大常,以理人倫。制爲君臣之義,著爲父子之親,分爲夫妻之辨。是故小人亂天常以逆大道,君子治人倫以順天德。"

　　例二,《成之聞之》簡34:"朝庭之位,讓而處賤,所托之不徨矣。"

　　例三,《成之聞之》簡 19:"君子所復之不多,所求之不徨。"

　　例四,《性自命出》簡 60:"凡於徨,毋畏,毋獨。"

　　茲將有關字形摹錄如下:

　　　逢(《成》31)　　遙(《成》34)　　徸(《成》19)　　後(《性》60)

　　　辭(《性》22)　　𡴃(《包》21)　　遙(《包》128)　　𡴃(《包》85)

　　諸字皆以"升"爲聲符,應該是没有問題的。从"升"之字包山簡 137 反
"鄭之正既爲之盟誩(證)",郭店《性自命出》簡 22:"幣帛,所以爲信与誩
(徵)也。""誩"字《郭店》隸作"諽",讀爲"證",裘錫圭先生謂字讀爲"徵",裘
説是也。包 21"阱門又敗","阱"字包 128 作"徨",乃一字之異,包 85 有人名
"登徨"。

　　解決了字形問題,現在我們再來看上引有關辭例。《成之聞之》"天盉大
常","盉"字《郭店》隸作"夆"字而無説;張光裕、袁國華先生隸作"盉",讀爲
"證";學者多釋爲"降"。就字形而言,該字與"夆"相差太遠,因而不可能讀
爲"降"。張光裕先生對該字的隸定是準確的,惟讀爲"證",是其不足。"盉"
乃"升",字益止爲繁形。所謂"大常"本指日月及天象經行有常,因而古代繪
有日月圖案的旗幟亦名之曰"大常"。《周禮·天官·巾車》:"建大常,十有
二斿,以祀。"鄭玄注:"大常,九旗之畫日月者。"又《司常》:"司常掌九旗之物
名,各有屬以待國事,日月爲常。"又:"王建大常。"《疏》云:"聖人與日月齊其
明,故旌旗畫日月象之。按桓二年臧哀伯云:三辰旌旗,昭其明也。三辰,日
月星,則此大常之畫日月者也。此直言日月不言星者,此舉日月其實兼有
星也。"

　　日月星辰升之於天,此"天升大常"之謂。王車建大常,有如天之升日月。
日月星辰周而復始,經行有度,成爲人間倫理的觀照,好比王車建大常,以大
常作爲軍隊馳駐進退之號令也。

　　"大常"又讀爲"太常",《書·君牙》:"厥有成績,紀于太常。"《傳》云:
"言汝父祖世厚忠貞,服事勤勞王家,其有成功見紀録書於王之太常,以表顯
之。"《周禮·夏官·司勳》:"凡有功者,銘書於王之大常,祭於大烝,司勳詔
之。"大常具有表顯之效,由此可以使我們更深刻地體會"天升大常,以理人
倫"的社會歷史背景。

　　例二、例三之徨,我曾經釋爲"徵",認爲意指徵利。張光裕先生疑是"登"
字。現在看來,釋爲"徵"應是正確的。解爲"徵利"則有問題。"徵"謂"徵

驗”,顯現。所謂“讓而處賤”,讓謂揖讓,揖讓而處於相對爲賤的位置,將尊位讓給他人;“所托不徵”即所托不在徵驗;“所求之不徵”即不以徵驗作爲追求的目標,亦即不追求自我標榜。蓋君子之德已是一種客觀存在,故坐席之上,可以“讓而受幽”,朝廷之位,可以“讓而處賤”,過渡上船,可以身居其後。若不具備君子之德,則“幽、賤、後”將成其爲人格評價。故越是居下位者越看重“席位”,而已有其位者反而可以不計較。《荀子·儒效》:“用百里之地,而千里之國莫能與之爭勝,笘捶暴國,齊一天下,而莫能傾也,是大儒之徵也。”《注》:“徵,驗也。”《富國》:“觀國之强弱貧富有徵。”《注》:“徵,驗,言其驗先見也。”《王霸》:“百姓莫敢不敬分安制以化其上,是治國之徵也。”《注》:“徵,驗也,治國之徵驗在分定。”

《性自命出》簡60:“凡於徎,毋暴,毋獨,言獨處則習父兄之所樂,苟無大害,少枉内(入)之可也,已則勿復言也。”上“言”字《郭店》讀爲上屬,“獨言”不可解,茲改爲下屬。上引文例涉及到較複雜的歷史典故,非字面義所能解。《左傳》昭公六年:

> 宋寺人柳有寵,大子佐惡之。華合比曰:“我殺之。”柳聞之,乃坎,用牲埋書,而告公曰:“合比將約(編按:今通行本或作“納”)亡人之族。既盟于北郭矣。”公使視之,有焉,遂逐華合比,合比奔衛。於是華亥欲代右師,乃與寺人柳比,從爲之徵,曰:“聞之久矣。”公使代之。見於左師,左師曰:“女夫也必亡。女喪而宗室,於人何有? 人亦於女何有?《詩》曰:‘宗子維城,毋俾城壞,毋獨斯畏。’女其畏哉。”

寺人柳僞作盟書陷害華合比,而華亥爲圖官職,不顧宗室之親,黨與寺人柳,“從爲之徵”,雖得官職,而遭到左師痛斥。左師所引《詩》見《大雅·板》,大意是説:宗子好比一國之城,宗人理當固之,毋使此城傾壞。傾壞則汝獨矣,汝既孤獨,則必有所畏懼也。至昭公二十年,“宋華亥、向寧、華定出奔陳”,是宗室傾軋,傷其根本,華亥最終自食其惡果。

據上引可知,“凡於徎”之“徎”應讀爲“徵”,此用《左傳》昭公六年史事之典。“徎”字張光裕先生已有正確的隸定,然讀爲“登”,則不可解。“毋畏,毋獨”用《詩》“毋獨斯畏”之語意。簡文大致是稱引史事或先師之述,自“言獨處則習父兄之所樂”以下,乃是據先師所述而引出的一般性結論。“獨處則習父兄之所樂”是對華亥傾軋同宗之舉的否定。同宗之間,即令相對獨處,亦習父兄之所樂,“苟無大害”,枉曲之事亦少有乘隙而入者。“已則勿復言也”,已經如此這般做了,則宗子地位穩固,宗親之間協調一致,寺人柳之類“埋書”誹謗之言就毋須再有了。

　　上引《性自命出》的簡文過於簡略,古奧難懂。如果考慮到郭店簡的時代下限在前 300 年,距魯昭公六年(前 536 年)爲 200 餘年,對於熟知《春秋》的當時儒生,應該是不難讀懂的。

《史語所集刊》71 本 4 分,頁 934—936

○張桂光(2001)　　　,見《成之聞之》第 31 簡,釋文隸作"𣥺",無説。考　字與《古文四聲韻》卷一"降"字之作　者形頗相近,疑爲一字。　爲腳趾向下的形象,　爲表行動意向之義符,聯合表達降下之義,應該是可以相信的。辭云:"天𣥺大常,以理人倫。"讀"𣥺"爲"降",正可文從字順。

《簡帛研究二〇〇一》頁 188

○白於藍(2001)　　關於"𣥺"字,原篆作"　",或釋爲"降"。按,此字並非降字。郭店簡有標準寫法的降字,作"　"(《五行》簡一二)、"　"(《性自命出》簡三),均與此字字形有別。此字"止"旁上部所从實是"夂"字,關於這一點,筆者曾有專文詳論。在那篇文章裏,筆者曾據《玉篇·夂部》:"夂,行遲皃。《詩》云:'雄狐夂夂。'今作綏。"而將包山二六九號簡之"蔭桎",讀爲"綏";又據綏、隋、垂三字音近可通,而將郭店簡《窮達以時》篇之"板木𣥺"讀爲"鞭箠"。《成之聞之》此"𣥺",據其文義當讀爲"垂"或"墮"。《易·繫辭傳》:"天垂象,見吉凶,聖人象之;河出圖,洛出書,聖人則之。"《淮南子·主術訓》:"法者,非天墮,非地生。"此垂和墮字的用法均與上"𣥺"字相同。

　　郭店簡中又有一"迲"字,此字出現在如下之文句當中:

　　　　凡於迲勿悇(畏),勿蜀(獨)言。(《性自命出》簡六〇)

　　古文字中止、辵在用作表義偏旁時常可互換,故"迲"與"𣥺"似即一字,唯其於簡文中的用法尚待考。

《江漢考古》2001-2,頁 56—57

○陳偉(2003)

成之聞之 31	性自命出 60

　　《性自命出》60 號簡中的這個字,我們曾懷疑應从"各",讀爲"客"或"路",相關簡文讀作:"凡於路,毋畏,毋獨言。"上海博物館藏簡《性情》30 號簡記此言作:"凡於道路,毋畏,毋獨言。"證實了這一猜測。在古文字中作爲形旁,从"止"與从"辵"往往無別。因而我們所討論的這個字也應該釋爲"路"。在簡書中,此字似應讀爲"格"。"格"有至、匡正、法式諸義,用在簡書

中似皆可通。

《郭店竹書別釋》頁 110

○**陳斯鵬**（2008）　　郭店簡《成之聞之》31 號有如下一字：D3 <img_1>

　　過去曾有過“降、徵、證、垂”或“墮”等不同釋讀,各有所據,這裏不準備一一引述討論。陳偉先生後來將它同“D1”（**編按**:指郭店《性自命出》簡 60 的“㣟”字）聯繫起來,認爲,“這個字也應該釋爲‘路’。在簡書中,此字似應讀爲‘格’。‘格’有至、匡正、法式諸義,用在簡書中似皆可通”。這顯然是很有見地的。古文字從“辵”從“止”每無別,“D3”和“D1、D2”（**編按**:指上博五《季庚子問於孔子》簡 15 的“㣤”字）應是一字之異。故“D3”隸定作“夅”,同“迀”,也應可看作“逄”之省體。簡文云:“天夅大常,以理人倫。”“夅（逄）”確可從陳説讀爲“格”。陳先生舉“格”諸義,謂皆通,竊謂此處以用“至”義爲宜。《書・多士》“有夏不適逸,則惟帝降格”,孔穎達疏:“格,至也。”又《呂刑》“庶有格命”,蔡沈集傳同之。《詩・大雅・抑》“神之格思,不可度思”毛傳亦云:“格,至也。”簡文之“格”用法與之相似。

《江漢考古》2008-2,頁 126

△**按**　“夅”可能是表格至義之“各”的異寫。郭店《成之聞之》篇之<img_1>,趙平安（2001）釋“逺”,見“逺”字條。

夃

新蔡乙四 9　　　　　　　　上博二・容成 19

○**李零**（2002）　　（**編按**:上博二・容成 19）夃　即“及”,有來至之義,指來朝覲。

《上海博物館藏戰國楚竹書》（二）頁 265

△**按**　與“返”字爲一字異體,皆“及”字增動符之戰國文字常見寫法。辵部“返”字條下重見。

屾

曾侯乙 150

○**裘錫圭、李家浩**（1989）　　“右屾徒”亦見於 D 類簡（211 號）,“屾”作“辻”。“屾”字從“止”從“斗”。“止”是“趾”的初文,用作表意偏旁時往往可以跟“足”通用。如 164 號簡的“𧻚”應即“踦”字,175 號簡的“歪歪”應即“跖跓”,皆是其

例。"斗"旁原文作"✦",從字形上看沒有問題是"斗"字,但是古文字"斗、升"二字形近,作爲偏旁有時混用。侯馬盟書人名"陸"的異文"阩",或從"斗"作✦(《侯馬盟書》349 頁),即其例。因此,"坴"實際上很可能是"趴"字。簡文此字或寫作"辻",這與簡文"路"作"迻"同例。"右趴徒"和下面 152 號簡"左趴徒"都是官名。《戰國策·齊策三》有"郢之登徒",鮑彪曰:"登徒,楚官也。"《文選·登徒子好色賦》又有"大夫登徒子",李善注:"大夫,官也。登徒,姓也。"此或即以官爲姓氏。"趴、登"二字音義俱近,疑簡文的"趴徒"當讀爲"登徒"(參看湯炳正《"左徒"與"登徒"》,《中華文史論叢》1981 年 3 輯)。

《曾侯乙墓》頁 526

○**李守奎**(1998)　　包山楚墓 17—79 號竹簡均有"阩門有敗"一語,"阩"字有如下異體:

✦包簡 37　　✦包簡 48　　✦包簡 62　　✦包簡 45　　✦包簡 128

以上諸形,辭例全同,爲一字異寫無疑。37、48 號簡所从之"✦"與楚文字"丑"字完全同形。62 號簡所从之"✦",與秦、三晉文字的"斗"字同形,128 號簡所从之"✦",與包山簡徵驗之"✦"所从"徵"之古文"✦"同形。

這個字又見於曾侯乙墓竹簡與望山二號墓竹簡:

✦曾簡 152　　✦曾簡 150　　✦望山 M2 簡 18　　✦望山 M2 簡 50

所从聲旁如此紛繁,究屬何字,大家意見不一,概括地説,主要有下列兩種。

一種意見是"✦"與"✦"等是所从聲旁不同的異體字,"✦"爲"升"聲,"✦"爲"徵"聲。

一種意見是"✦"爲"升"聲,"✦"與"升"因形相近而混用爲"升"。

就現有的楚國文字材料來看,尚未見到確鑿無疑的"升"字,説"✦"是"升"字或"✦"是"升"字,均嫌證據不足。

"✦"或"✦"應當是"徵"之古文。《説文》"徵"之古文作"✦",曾侯乙墓鐘磬銘文音律之"徵"作"✦、✦、✦"等形,包山楚簡徵驗之"徵"作"✦"均可爲證。

"徵"與"升"古音相近,均在蒸部,同屬舌音。用作聲旁,作用相同。✦、✦等字可隸作"陞、陞",可釋爲"阩"或"陞",並爲登升之"升"的本字。《集韻·蒸韻》:"阩,登也。"《正字通》:"阩,俗升字。"卷子本《玉篇·阜部》:"陞,《聲類》:'今升字。'"

　　異寫所从之"彳、彳、彳"等形,非丑,非斗,亦非升字,而是"皇"字的省變訛形。

《吉林大學古籍整理研究所建所十五周年紀念文集》頁 82—83

△按　字又作"迸","屳、迸"一字異體。

㞷

郭店·老甲 12　　　上博三·周易 56　　　上博六·平王 1

△按　"迸"字省體,讀爲"過",楚文字"過"多从聲符"化"。詳辵部"迸"字條。

㐱

包山 121　　　包山 122

△按　"返"字省體。詳辵部"返"字條。

疌

郭店·性自 36　　　上博一·性情 2

△按　"近"字省體。詳辵部"近"字條。

㐱

上博一·性情 20　　　上博四·内豊 6

△按　"從"字省體。詳卷八从部"從"字條(坒)。

疨

包山 263　　　上博四·曹沫 63　　　上博五·季庚 20

△按　"跪"字古體。詳本卷足部"跪"字條。

【庎地】上博四・曹沫 63

○**李零**（2004） 危地。

《上海博物館藏戰國楚竹書》（四）頁 284

△**按** 辭云"弗琗庎地"，可讀爲"弗據危地"。

歫

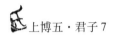上博五・君子 7

○**張光裕**（2005） "歫"，疑讀爲"眂"，《説文》："眂，視貌。""敔"，讀爲"搖"。行容應端莊，不宜顧盼搖晃。《禮記・玉藻》："凡行容惕惕，廟中齊齊。"

《上海博物館藏戰國楚竹書》（五）頁 259

△**按** 簡文云"行毋歫毋敔"，此簡分別論肩、身、行、足之儀容，"歫、敔"皆指行，以"歫"爲"眂"不可信，"歫"字從止，顯然與行有關。《方言》卷一："踏、踼、踿，跳也。陳鄭之閒曰踼，楚曰蹶。"又卷六："偍，用行也。朝鮮洌水之閒或曰偍。"郭璞注："偍，偕行貌。"《説文》："偍，偍偍，行貌。"疑"歫"可讀爲"偍"，"敔"讀爲"搖"。又楚簡氏旁與乒旁形近，此字亦可能本從乒，若是，則可讀爲"蹶"，《説文》："蹶……一曰跳也。"

壵

璽彙 1161　　集成 9734 䞴蚤壺　　上博四・曹沫 43

○**羅福頤等**（1981） （編按：璽彙 1161）去。

《古璽文編》頁 110

△**按** "去"字繁構，增止旁以爲動符。戰國文字又或從彳，或從辵。詳見卷五"去"字條。

歫

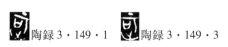陶録 3・149・1　　陶録 3・149・3

△**按** 陶文爲獨字，具體釋讀待考。

疋

疋 曾侯乙 175

○**裘錫圭、李家浩**(1989)　“止”是“趾”的初文,用作表意偏旁時往往可以跟“足”通用。如 164 號簡的“𨅂”應即“踦”字,175 號簡的“疋疋”應即“跖跰”,皆是其例。

此二字可能是“跖跰”的異體。(中略)下文“疋羍爲右騑”之“疋”,與此“疋疋”當爲同一個人。

《曾侯乙墓》頁 526、528

○**陳偉等**(2009)　楚簡“迣”字从“辵”从“石”作,第一字應是其省寫。看下文“迣子(牸)”,這裏應是“迣”爲人名,“跰子(牸)”爲馬名。

《楚地出土戰國簡册》(十四種)頁 370

歨

歨 郭店·老甲 36　　歨 郭店·老丙 4　　歨 郭店·性自 1　　歨 郭店·語一 111

歨 楚帛書　　歨 上博四·昭王 2　　歨 璽彙 0906　　歨 陶彙 3·266

歨 上博四·昭王 1 “歨之”合文

○**羅福頤等**(1981)　(編按:璽彙 0906、2472)步。

《古璽文編》頁 32

○**李學勤**(1984)　(編按:楚帛書)“步”有度量之義,天文曆算上的度量也稱爲“步”,所以《尚書大傳》注云:“步,推也。”推步一詞,沿用於我國的傳統天文曆象著作。帛書《四時》篇所述,雖然是帶有神話性質的傳説,所言“步以爲歲”卻指的是曆法意義的“歲”即年的推定。這顯然和作者屬於陰陽家一派,以“曆象日月星辰,敬授民時”爲長技,有密切的聯繫。

《楚史論叢》(初集)頁 147

○**饒宗頤**(1985)　(編按:楚帛書)《尚書大傳·洪範五行傳》:“帝令大禹步于上帝。”鄭注:“步,推也。”此指推步,《五帝紀》所謂“數法日月星辰”也。

《吴天璽碑》:“下步于日月。”“步以爲歲”者,《漢書·天文志》:“天文者,序二十八宿,步五星日月,以紀吉凶之象。”

《楚帛書》頁 16、20

○**李學勤**(1999)　　“太一生水”等内容多承襲《老子》,即以文字而論,如“爲萬物母”“天道貴弱”“功成而身不傷”之類,殊屬明顯。至於其數術色彩,只要與 1942 年長沙子彈庫出土的楚帛書對看,就易於判明。簡文説,太一生水,以成天地、神明、陰陽、四時、滄熱、溼燥,“成歲而止”。帛書則云伏羲咎(軌)天步地,疏通山陵,殊有日月,四神(即四時)相代,“乃止以爲歲”。兩者年代接近,所説固然不同,而歸結於四時成歲則是一致的。四時成歲的框架,正是中國古代數術的基本要素之一。

《道家文化研究》17,頁 298

○**季旭昇**(1999)　(編按:郭店・老甲 20)本章中的“智𡳿”的“𡳿”字,簡文“𡳿”(以下用△代替),上從“之”,下從“止”,《郭店》釋文作“智止”。究竟應該釋爲“之”或“止”,關係到古文字的解讀與《老子》的義理,有探討的必要。

　　《郭店》△字出現十六次,當釋爲“等”字的有 6.35 一則;釋爲“待”字的有 11.1 三則;必需釋爲“止”的有 1.1.36、1.3.4、2.4、3.8、3.32、6.42 等六則;必需讀成“之”的是 1.1.20、3.34、6.10、6.10 等四則。

　　在《郭店》以前,出土的戰國文字材料中已有類似的字形,如:《包山楚簡》2.228、230、232、234 等簡中有“出入𡳿(侍)王”,已往或把此字字形誤認爲“步”(參《楚系簡帛文字編》125 頁)、或誤釋爲“𡳿”(參《包山楚簡文字編》222 頁 628 號)。《楚帛書・甲篇》有“吕司堵壤,咎(晷)天𡳿𤎩”(《楚帛書》末字考釋部分摹得和書末新臨寫本不同,此從書末新臨寫本),饒宗頤、曾憲通先生合編的《楚帛書》16 頁讀爲“吕司堵壤,咎(晷)天步遉”。同篇“未有日月,四神相戈(代),乃𡳿吕(以)爲哉(歲)”,饒、曾讀爲“未有日月,四神相戈(代),乃步吕(以)爲哉(歲)”(同書 20 頁)。這樣的解釋,現在看來,都是有問題的。

　　以上這些訛誤,我在 1999 年 8 月 4 日由山東大學主辦的“第四屆國際《詩經》研討會”提交的論文《從戰國文字中的“𡳿”字談〈詩經〉中“之”字誤爲“止”字的現象》一文中已有論述,但是有關《老子》本章的部分,因爲牽涉到《老子》的義理,所以留在這兒略加申述。

　　“夫亦將知之,知之所以不殆”王弼本作“亦將知之,知止所以不殆”,蔣錫昌《老子校詁》據河上公本改“止”爲“之”,高亨《老子正詁》説:“‘止’作‘之’是也,之指道言,言道既有名,侯王亦將知道,知道可以不殆也。”再改“止”爲

"之",這是很精闢的見解。但是馬王堆本《老子》出來後,這樣的意見就又被推翻了。張舜徽《周秦道論發微・老子疏證》説:"帛書乙本'夫亦將知止'與王弼本同。河上本'止'作'之',則由篆體'屮、业'二字形近而誤。"這樣的校正,看起來有堅强的版本依據,所以學者就不接受改"止"爲"之"的意見了。但是,郭店本《老子》出來之後,我們又看到,本章此字作△,上爲"之",下爲"止",究竟應釋爲"之"或"止"還很難論定。因此,完全從版本校勘學的立場來看,很難斷定此處應作"之"或"止"。(中略)我們認爲郭店《老子》此處所説的"道"是指分殊性的道。"道恆無名,僕雖妻(細),天地弗敢臣"的意思是説:"分殊的道没有特定的名,但它可以無所不在地呈顯。就像'僕'雖然細微,但他也是道的一部分,因此天下不敢以他爲臣。"也就是説:僕所呈顯的道和天下其他萬事萬物所呈顯的道是一樣的。侯王要"守之",意即守住這種道的一本散爲萬殊,萬殊不離一本的義理,萬物才能"自賓"。而要能"守之",當然要先"知之",這裏的敘述和下文是環環相扣的。

　　本章一開始説"道常無名",其後説"始制有名",文義相承,《尹文子・大道篇》:"大道無形,稱器有名。"形而上的大道是無形的,散而爲器就一定有名,但是我們不能執著於名、陷於形下,這就是"知之、守之"。王弼注説:"始制,謂樸散始爲官長之時也。始制官長,不可不立名分以定尊卑,故始制有名也。"把制名的意義説成是"定尊卑",這就是執著於名、陷於形下了。我們應該知道每個名的内在都是道的分殊,要由器返道,這就不會陷於危殆。舊説據錯誤的版本作"知止",以爲"過此以往,將爭錐刀之末,故曰:'名亦既有,夫亦將知止也。'遂任名以號物,則失治之母也。故知止所以不殆也"(王弼注)。把"知止"釋爲"要知道節止",這是錯的。事實上,本章談的是本體的道和分殊的道之間的關係,和"知止"完全無關。其重點在"知",而不在"止"。

　　△字上從之,下從止。戰國文字常把和"行動"有關的字加上"止"爲義符,"之"的本義是"往",和行動有關,因此可以加"止",由此看來,此字似應以釋"之"爲最合適。但"之、止"二字確實形、音、義俱近,因此又可以通用。因此這就造成"之、止"混用的現象了。因此,文獻中"之、止"混淆的關鍵,可能是一般性的"之、止"形近,但更可能是由於像《郭店》△字這種既可釋"之",又可釋"止"的字形所造成的混淆。

《中國文字》新 25,頁 171—174

○**楊澤生**(2001)　楚帛書甲篇有三個與《太一生水》"壵"字相同的字,分別見於第二、第四、第七行,其相關文例如下:

(1)以司堵壤,咎而壵達。

(2)四神相代,乃壵以爲歲,是惟四時。

(3)共工踵壵,十日四時□。

(**中略**)(1)(2)(3)中的"壵"字過去釋爲"步"。對這些有關的字句,饒宗頤先生解釋説:

> 司堵壤與平水土有關。咎可讀爲晷。《釋名·釋天》:"晷,規也,如規畫也。"《尚書大傳·洪範五行傳》:"帝令大禹步于上帝。"鄭注:"步,推也。"此指推步,《五帝紀》所謂"數法日月星辰"也。
>
> "步以爲歲"者,《漢書·天文志》:"天文者,序二十八宿,步五星日月,以紀吉凶之象。"
>
> 其言共工夸步……夸步釋爲大步,義亦通。

如前面所述,饒先生所説的"夸"字吳振武先生釋作"踵",所謂"夸步"即"踵步",他説:

> "踵步"一詞後世習見,用喻效法或繼續前人之事,相當於"踵武"(《楚辭·離騷》王逸注:踵,繼也;武,迹也。)、"踵迹"等詞。本篇第二章最後既説"帝俊乃爲日月之行",接下來第三章説"共工踵步","十日四時"如何如何,正是説明共工所爲乃是承續帝俊之業。

由於上述説法都有一定道理,從"之"從"止"的壵字和本從兩個"止"的"步"字在字形上也很接近,而且"之"和"止"在戰國文字裏的確有相混的現象,所以大家好像没有懷疑將其釋爲"步"的可靠性。

從字形來看,"壵"字又見於戰國陶文、古璽、包山簡和郭店簡,它們與"步"字的寫法都有所不同,很難説其上部所從的"之"是"止"旁偶爾相混所致。從文義上看,把"壵"釋爲"步"也不能很好地解釋包括楚帛書在内的相關材料,比如(1)中所謂的"步達"就有點費解,而且不見於傳世文獻;(2)中所謂的"步以爲歲"與饒先生所引《漢書·天文志》"序二十八宿,步五星日月"並不相同。而(3)中所謂的"踵步"雖然後世習見,但是根據《漢語大詞典》,最早的用例也晚至清朝。可見,把楚帛書中的"壵"釋爲"步"是值得懷疑的。(**中略**)

戰國陶文和古璽中的"壵"字都用作人名:

《陶彙》3.266　《陶彙》3.319

《璽彙》0906　　《璽彙》2472

　　陶文此字歷來釋爲"步"字。而古璽此字在《璽彙》和《古璽文編》《璽印文綜》等書中也都被釋爲"步";裘錫圭先生很早就曾表示懷疑,認爲它可能是"之"字表示本義的分化字。但這個看法不能從璽印本身得到證實。

　　"㞑"字又多次在包山楚簡中出現。除了 239 號簡的"㞑"是從"上"從"止"之字的訛體之外,228、230 和 232 號簡的"㞑",都出現在"出入㞑王"這樣的文例當中。相同的文例還見於其它竹簡,只不過與"㞑"相當的字在 197 和 201 號簡中寫作"事",在 209、212 和 216 號簡中寫作"時",在 226 號簡中寫作"寺"。整理者把這幾枚簡中的"寺"和"時"作"寺"。整理者把這幾枚簡中的"寺"和"時"字讀作"侍",（編按:上兩句重出）認爲"㞑"是"寺字異體,讀作侍"。根據文例,整理者把"㞑"讀作"侍"無疑是正確的,但説是"寺字異體"則有困難。李天虹先生説"此字應是從止之聲之字",根據"古文字之寺音同可通",認爲"此字當釋作峙"。根據戰國時候帶有移動意義的字往往增加"止"旁的情況,前引裘説認爲可能是"之"字表示本義的分化字似乎更有道理一些。但李家浩先生告知,他認爲"㞑"是兩聲字,"之、止"皆聲,與戰國文字中常見的兩聲字"堂"等同類。無論怎樣分析,根據"㞑"在包山楚簡中的用法,其所從的"之"或"止"旁具有表音作用而與"步"字無關的結構性質是可以得到確認的。這就爲楚帛書"㞑"字的正確釋讀打開了大門,而個別工具書把它當作"步"字來處理,這是不妥當的。（中略）

　　包括《太一生水》"成歲而㞑"的"㞑"在內,"㞑"字在郭店竹書中共出現 16 次,沒有一次用作"步",這無疑可以爲楚帛書"㞑"字的釋讀提供直接的幫助。下面我們就看看"㞑"字在郭店竹書中的幾種用法。第一種是用作"止",例如:

　　①始制有名。名亦既有,夫亦將知㞑,知㞑所以不殆。(《老子》甲 19—20)

　　②知㞑不殆。(《老子》甲 36)

　　③樂與餌,過客㞑。(《老子》丙 4)

　　④溼燥復相輔也,成歲而㞑。(《太一生水》3—4)

　　⑤《小雅》云:"非其㞑之共,唯王邛。"(《緇衣》7—8)

　　⑥《詩》云:"肅慎爾㞑,不侃于儀。"(《緇衣》32)

　　⑦《詩》云:"穆穆文王,於緝熙敬㞑。"(《緇衣》33—34)

　　⑧君子集大成。能進之爲君子;弗能進也,各㞑於其里。(《五行》42)

⑨而民不可𣥏（編按：此字原文漏排）也。（《尊德義》20）

⑩……𣥏之。（《語叢一》111）

第二種用作“待”，如《性自命出》1 號簡：“𣥏物而後作，𣥏悦而後行，𣥏習而後定。”共有 3 例。

第三種是用作“之”，如《五行》篇 10 號簡：“亦既見𣥏，亦既覲𣥏。”共有 2 例。

第四種是用作“等”，如《五行》篇 35 號簡：“貴貴，其𣥏尊賢，義也。”僅 1 例。

根據帛書上下文和上引郭店竹書“𣥏”字最常見的第一種用法，（2）中的“𣥏”無疑應該釋爲“止”。這樣，帛書“四神相代，乃止以爲歲”與上引《太一生水》“成歲而止”密切相關。當然，“乃止以爲歲”是承“四神相代”而言的，“四神相代”猶言四時相代，意思是説四時相代一周而止，是爲一歲。“成歲而止”的“止”則與之小有區別，是指太一、水、天、地、神明、陰陽、四時、滄熱、溼燥相輔相生到歲而止。《尚書·堯典》：“期三百有六旬有六日，以閏月定四時成歲。”《國語·越語下》：“嬴縮以爲常，四時以爲紀，無過天極，究數而止。”《淮南子·天文》説“四時而爲一歲”“一歲而匝，終而復始”。《史記·曆書》：“次順四時，卒於冬分。”顯然，傳世文獻的這些記載都可以跟《太一生水》“成歲而止”和帛書“乃止以爲歲”相互印證。

由上引郭店竹書“𣥏”字的第三種用法，（3）中“共工踵𣥏”的“𣥏”應該釋爲“之”，“之”指代共工所承續的“帝俊之業”。根據上下文，帛書“共工踵之”顯然要比讀作“共工踵步”合理得多。

（1）中“𣥏”字的釋讀比較麻煩，但其與“之”相通當無疑問。“咎”舊釋爲“晷”，李學勤先生“疑讀爲軌或規”。我們認爲讀作“軌”可能是正確的，軌當遵循講，如《尹文子·大道下》：“心不畏時之禁，行不軌時之法，此大亂之道也。”然則“𣥏”字應該讀爲“之”或其它的字，還有待進一步研究。

《古墓新知》頁 237—242

○劉信芳（2003）　（編按：包山簡 228）𣥬　簡文又作“時”（209）、“寺”（226），並讀爲“事”。

《包山楚簡解詁》頁 243

○李守奎（2003）　𣥬爲雙聲字。在簡文中讀爲止、之、等、待等等。

《楚文字編》頁 83

○李零（2004）　（編按：上博四·曹沫 21）𣥬　簡文“止”或作雙止，這裏讀爲“待”。

《上海博物館藏戰國楚竹書》（四）頁 256

○陳斯鵬（2007）　楚帛書“咎而𣥬達”，饒宗頤先生讀“咎”爲“晷”，訓爲

"規"，可從。"而"以前多徑釋"天"，曾憲通師據李家浩先生説改釋"而"，並根據楚簡中"而、天"二字形近相混之例，指出帛書"而"爲"天"之誤寫，甚確。曾師並據新出楚簡材料正確地釋出"達"字，然而"達"上一字從舊釋作"步"則仍未審。按此字作：

上"之"下"止"，與"步"字之作上下二"止"者異，應隸定爲"歨"，字又見於下文"乃歨以爲歲"。而在郭店簡中它常讀作"止"，如《老子》"知止不殆"的"止"郭簡就作"歨"。楊澤生先生已據以將帛書"乃歨以爲歲"讀爲"乃止以爲歲"，甚是。但楊先生對於本句之釋讀則猶疑而未決。

其實，此處"歨"也應讀爲"止"。"止、達"並訓"至"。《戰國策·趙策二》"功有所止"，鮑彪注："止猶至。"《國語·晉語四》"奔而易達"，韋昭注："達，至也。""止、達"同義連用，亦通達、到達之意。《陝西通志》卷八十四："止達神明，宣示詔書。"《續資治通鑑長編》卷七十九："初奉使者止達幽州，後至中京。"例雖晚出，亦足資佐證。帛書"暮天止達"謂規測天周而至於其極，亦即完成規天工作之意。此句連同上面的"以司堵壤"，皆當以禹、离爲主語。而其直接結果是造成天地的開闢。

《簡帛文獻與文學考論》頁 4—5

△按　此字上從之，下從止，非從二止，楚帛書之字過去長期被釋爲"步"，賴郭店簡新材料得以修正。"歨"在不同語境下，讀爲"止"或從"之"得聲之字。季旭昇所指必須讀爲"之"的四例，即楊澤生認爲讀"止"的 1、7 二例及讀爲"之"的郭店《五行》簡 10 之例，在傳世文獻中實亦對應作"止"。從用字情況看，"歨"讀爲"止"的用例最多，應該是戰國文字表示"止"的一種寫法，上博四《內豊》簡 6 有"善則從之，不善則歨之"句，"歨之"讀爲"止之"，此句"歨"與"之"並立，可以爲證。不過，"歨"既從"之"，故有讀爲"侍、待、等"諸字之例，且"歨＝"還可作"止之"的合文（上博《昭王毀室》簡 10）。

乍

信陽 1·1　郭店·六德 38

○中大楚簡整理小組（1977）　（編按：信陽 1·1）作。

《戰國楚簡研究》2，頁 2

△按　"乍（作）"字繁構，增止旁以爲動符。

【⿱乍止色】信陽 1·1

△**按** 辭云“周公𢦔然⿱乍止色曰”,“⿱乍止色”即“作色”。

⿱用止

侯馬 96:9

△**按** “通”字異體,見辵部“通”字條。

⿱句止

上博五·競建 2

○**陳佩芬**(2005) “雉雊”,雄雞鳴也。《説苑·辨物》:“昔者高宗感於雊雉之變,修身自改,而享豐昌之福也。”

《上海博物館藏戰國楚竹書》(五)頁 169

△**按** 辭云“昔高宗祭,有雉⿱句止於彝前”,“⿱句止”讀爲“雊”,《説文》:“雊,雄雌鳴也。雷始動,雉鳴而雊其頸。从隹从句,句亦聲。”“⿱句止”所从之止作動詞標記。

⿱尒止

璽彙 3535

○**吴振武**(1983) 3535 ·苟迩(邇)。

《古文字學論集》(初編)頁 516

○**林素清**(1990) (**編按**:《古璽文編》)附録六八,疑即邇字。《説文》卷二下邇字古文作。

《金祥恆教授逝世周年紀念論文集》頁 113

△**按** 《説文》“邇”古文作“迩”,“⿱尒止”爲“迩”之省體,辵部“邇”字條重見。

⿸尸⿱二止

望山 1·61 集成 9563 右⿸尸⿱二止尹壺

△**按** 字从止,“⿸尸二”聲,“遲”字異體,見辵部“遲”字條。

疤

疤 上博二・容成 2

【疤壁】上博二・容成 2

○**李零**(2002)　　疤壁　即"跛躃",癱子。《王制》"跛躃",鄭玄注:"兩足不能行也。"古代多以癱子或受刖刑者守門。

《上海博物館藏戰國楚竹書》(二)頁 251

△按　字從止,皮聲,或即"跛"字異體。辭云"疤壁守門","疤壁"即"跛躃","壁"《説文》作"壁":"人不能行也。"

秉

秉 璽彙 4080

○**林澐**(1992)　　秉(速)。

《古文字研究》19,頁 468

○**施謝捷**(1996)　　4080 馬適秉(速)・馬適刺。

《容庚先生百年誕辰紀念文集》頁 651

△按　字從止,束聲,當爲"迹"字異體。"迹"《説文》籀文作"速",古文字辵旁與止旁相通。見辵部"迹"字條。

亟　亟

亟 郭店・緇衣 32　　亟 上博六・天甲 7　　亟 上博六・天乙 7　　亟 左冢漆桐

○**荊門市博物館**(1998)　　(編按:郭店・緇衣 32)亟,其上部爲《説文》"恆"字古文,疑讀作"恆"。

《郭店楚墓竹簡》頁 135

○**陳偉**(2003)　　(編按:郭店・緇衣)32 號簡寫道:"君子道人以言,而亟以行。"

亟,整理者注釋説:"亟,其上部爲《説文》'恆'之古文,疑讀作'恆'。"在楚簡中,"亟"字往往寫作"亙"。《老子》甲 24 號簡"至虛,亙也",整理者注釋云:"亙,各本均作'極'。簡文'恆'……與'亙'字形近易混。"《老子》乙"莫智其亙”，整理者注釋復云：亙，“今本作‘極’。從此章用韻看，當以作‘極’爲是”。這處簡文恐亦是“亙”字。今本緇衣此句作“而禁人以行”。鄭玄注：“禁，猶謹也。”從“亙”得聲之字有“悾”。《説文》：“悾，急性也。從心，亙聲。一曰謹重貌。”字義與“禁”相關。又“禁”有“忌”的意思，而從“亙”得聲的“極”與“忌”在古書中屢見通假。

《郭店竹書別釋》頁 42

○裘錫圭（2007）　《緇衣》的從“亙”從“止”之字也應該讀爲從“亙”聲之字。《天子建州》“目亙”之“亙”，也有可能讀爲“極目”之“極”。“棋局”的“亙智”似當自左至右讀作“智亙”，因爲與之同欄的另三條詞語“德弱、默恭、直剛”，皆以自左至右讀作“弱德、恭默、剛直”爲順。“德、默、直”都是職部字，可知“智亙”之“亙”應讀爲也是職部字的“極”，相互押韻。“智”字如讀爲“智慧”之“智”，“極”應作“竭盡”講；如讀爲“知”，“極”可能與《老子》第五十八章“莫知其極”和下文要提到的“得其極”之“極”意義相近。所以用從“亙”之字來表示“極”，也毫不奇怪。

《裘錫圭學術文集》（5）頁 336,2012；
原載《2007 中國簡帛學國際論壇論文集》

△按　似是“亙”字繁構；也可能是“恆”字之變，心旁易作止旁之例可參温縣盟書“㤥”與“慇”（見《新出簡帛研究》插圖，文物出版社 2004 年）。上博《亙先》篇有同簡“惡”又作“惡”之例（見簡 12），侯馬盟書、温縣盟書也有類似情況。楚文字“亙”常增卜旁，與“亙”形音相近，常有訛混，楚文字部分“亙”，學者認爲當讀爲“亙”，參卷十三“恆”字條。

㞷

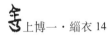上博一·緇衣 14

○陳佩芬（2001）　㞷　從全從止。“全”古“百”字，見中山國《郘盗壺》及《中山王兆域圖》銘文及東周錢幣文字。今本作“法”，“全、法”兩字雙聲。郭店簡作“灋”。

《上海博物館藏戰國楚竹書》（一）頁 190

○劉樂賢（2002）　古（故）心以體㞷，君以亡。（《緇衣》第五簡）

郭店簡作“古（故）心以體法，君以民芒”，今本作“心以體全，亦以體傷；

君以民存,亦以民亡"。整理者已經指出,"𢊄"可訓法,簡文"體𢊄"即郭店簡的"體法"。又,《緇衣》第十四簡"作五虐之刑曰法"的"法"字寫作上全下止。今本"心以體全"的"全",似是由這種寫法的"法"字簡省或訛變而致。"心以體全",似應讀爲"心以體廢"。今本因訛抄成"心以體全",與後面"君以民亡"不諧,遂增加字句以求一致。

《上博館藏戰國楚竹書研究》頁 385

○**李零**(2002)　　"法",原作"𡥀",原書以爲从止从全,其實是从止从金,"金"即"灋"字的古文(《説文》卷十上、《汗簡》第 8 頁背和第 26 頁背、《古文四聲韻》卷五第 29 頁背)。古文"灋"應分析爲从宀从乏(比較正規的寫法是把"乏"字的最上一筆寫成斜畫,但不太正規的寫法則類似於"定"或"全"字),實即"宎"字(參看中山王墓《兆域圖》的"宎"字),並非"全"字。

《上博館藏戰國楚竹書研究》頁 412—413

○**白於藍**(2002)　　按,"金"字原篆作"𡥀",乃"法"字古寫。"法"字《説文》古文作"𡥀",《汗簡》引《石經》作"𡥀",又作"𡥀",《古文四聲韻》引《石經》作"𡥀",又引《樊元生碑》作"𡥀"。以上這些古文形體與上博簡此字形體十分接近,故上博簡此字當即"法"之古文無疑。該字上部所从之"全",乃"全"字,並非"百"字,"百"字與此形近者乃晉系文字的寫法,楚文字中"百"字習見,從未見有作此形者。《説文》:"全,完也。从入从工。全,篆文全从玉,純玉曰全。""全"與上引"法"字各古文形體上部所从形近,"全"則與上博簡之"𡥀"上部所从形同。另包山楚簡中"全"字很常見,作"全"(簡二四四、二二七等),亦作"全"(簡二一○)、"全"(簡二四一),亦可參。至於"法"字何以會从全从止,尚待考證。

《華南師範大學學報》2002-5,頁 102

△**按**　　孟蓬生(《"法"字古文音釋》,《中國文字研究》16 輯 117—118 頁,2012)亦認爲此字上从"全(百)",作聲符,並謂"百"(鐸部)和"法"(盍部)相通是一個典型的談魚通轉現象。據版本異文,此字讀爲"法"並無疑問,然字形如何分析,尚難論定。卷十𢊄部"灋"字條重見。

並

上博五・季庚 17

△**按**　　"逆"字省體,見辵部"逆"字條。

畫

畫 九店 56 · 24　　畫 上博二 · 容成 22

○李零（2002）　（編按：上博二 · 容成 22）畫（建）。

《上海博物館藏戰國楚竹書》（二）頁 267

○李守奎（2003）　（編按：九店 56 · 24）建字異體。

《楚文字編》頁 84

△按　"建"字異體，見辵部"建"字條。

阞　隉

阞 包山 40　　隉 包山 48　　隉 上博二 · 容成 39　　隉 上博二 · 容成 48

隉 包山 2　　隉 上博三 · 周易 33

○劉彬徽、彭浩、胡雅麗、劉祖信（1991）　隉，簡文作隉、阞、阞、阞。《説文》徵字古文作数，曾侯乙編鐘銘文徵字作象、象等形，與《説文》徵字古文之左旁相同。簡文所從之升也與《説文》徵字古文左旁相近，省去口部，阞、阞，從升得聲，通作徵。《尚書 · 洪範》"念用庶徵"，鄭注："驗也。"

《包山楚簡》頁 40

○李守奎（1998）　包山楚墓 17—79 號竹簡均有"阞門有敗"一語，"阞"字有如下異體：

阞 包簡 37　　隉 包簡 48　　阞 包簡 62　　阞 包簡 45　　隉 包簡 128

以上諸形，辭例全同，爲一字異寫無疑。37、48 號簡所從之"升"與楚文字"丑"字完全同形。62 號簡所從之"升"，與秦、三晉文字的"斗"字同形，128 號簡所從之"升"，與包山簡徵驗之"阞"所從"徵"之古文"升"同形。

這個字又見於曾侯乙墓竹簡與望山二號墓竹簡：

隉 曾簡 152　　　　　阞 曾簡 150

阞 望山 M2 簡 18　　　阞 望山 M2 簡 50

所從聲旁如此紛繁，究屬何字，大家意見不一，概括地説，主要有下列兩種。

　　一種意見是"陞"與"陞"等是所从聲旁不同的異體字，"𠂤"爲"升"聲，"𡥀"爲"徵"聲。

　　一種意見是"𡥀"爲"升"聲，"𠂤"與"升"因形相近而混用爲"升"。

　　就現有的楚國文字材料來看，尚未見到確鑿無疑的"升"字，説"𠂤"是"升"字或"𡥀"是"升"字，均嫌證據不足。

　　"𡥀"或"𡥀"應當是"徵"之古文。《説文》"徵"之古文作"𢻪"，曾侯乙墓鐘磬銘文音律之"徵"作"𡥀"、"𡥀"、"𢻪"等形，包山楚簡徵驗之"徵"作"𡥀"均可爲證。

　　"徵"與"升"古音相近，均在蒸部，同屬舌音。用作聲旁，作用相同。𡥀、𡥀等字可隸作"陞、陞"，可釋爲"阩"或"陞"，並爲登升之"升"的本字。《集韻·蒸韻》："阩，登也。"《正字通》："阩，俗升字。"卷子本《玉篇·阜部》："陞，《聲類》：'今升字。'"

　　異寫所从之"𠂤、𠂤、𡥀"等形，非丑，非斗，亦非升字，而是"皇"字的省變訛形。

　　　　　　　　　《吉林大學古籍整理研究所建所十五周年紀念文集》頁 82—83

○李零（2002）　（編按：上博二·容成39"慎戒陞賢"）陞臤　即"登賢"，上文作"求賢"。

　（編按：上博二·容成46"乃陞文王"）"陞"是"降"之誤，指向文王投降。

　　　　　　　　　　　《上海博物館藏戰國楚竹書》（二）頁 281、288

○陳劍（2003）　（編按：上博二·容成39）簡文"陞自戎遂"即《尚書·湯誓·序》的"升自陑遂"，"戎、陑"可通；又"戎遂"亦即《史記·殷本紀》"桀敗於有娀之虛"的"有娀之虛"。

　　　　　　　　　　　　　　《戰國竹書論集》頁 74，2013；

　　　原載《"中研院"成立 75 周年紀念論文集——中國南方文明學術研討會》

○李守奎、曲冰、孫偉龍（2007）　（編按：上博二·容成39"慎戒陞賢"）徵。

　　　　　　　《上海博物館藏戰國楚竹書（一—五）文字編》頁 813

△按　"陞"疑是表登升義之專字。从𨸏、止，升聲。"陞"所从之聲旁𡥀，同"徵"字之核心部分（徵《説文》古文作"𢻪"），與"升"音近，作爲聲旁可互易。"陞、陞"當一字異體。包山簡 2"陞"，讀"徵"，他簡"陞門、阩門"，或讀爲"徵問"；上博三《周易》"陞"對應馬王堆帛書本《周易》作"登"。

【陞門有敗】包山 17 等

△按　"陞門"或讀爲"徵問"，詳參卷十四【阩門有敗】條。

䢖 𡧦

上博三·周易 14　上博五·鬼神 8

新蔡零 189　新蔡零 484　郭店·緇衣 16

上博一·緇衣 9

○**李零**（1999）　（編按：郭店·緇衣 16）"從"，原文作""，不釋。按此字寫法較怪，何以讀"從"，待考。

《道家文化研究》17，頁 486

○**陳斯鵬**（2002）　《緇衣》簡 16："頌（容）又（有）棠（常）。"字原釋文闕釋，黃德寬、徐在國先生謂其上部爲"帝"字之省訛，故隸爲"𡧦"，釋作"適"，基本正確。按，字从宀、从帝省、从止，嚴格的隸定應該是𡧦，楚文字常有贅加"宀"旁的現象，如中作宷，目作宜，集作寁，家作𡩟等，不足爲怪。《緇衣》簡"𡧦"字與溫縣盟書"適"字比較，只多出一個贅符"宀"，二者當爲一字無疑。而本簡䢖字其實是由上述二體纍增辵旁而成，應隸定作遚，可徑釋爲"適"。然而這裏的"適"不宜如字解，而應讀爲"楠"。"適、楠"聲符相同，故可通。《説文》云："楠，户楠也，从木，啻聲。"《爾雅》曰：'檐謂之楠。'"又："檐，樀也。"又："樀，梠也。"又："梠，楣也。"可知"楠"乃門檐、門梠、門楣之屬。門户無楠，則無所框範，且不蔽風日，其危可知。故簡文以此比況"爲邦而不以禮"，十分恰當。

《古文字研究》24，頁 409—410

○**李零**（2002）　（編按：上博一·緇衣 9）"從"，上海簡與郭店簡寫法相似，但左多人旁，上無宀旁，兩者好象都是从甬得聲，恐怕還要進一步研究。

《上海博物館藏戰國楚竹書研究》頁 411

○**李家浩**（2003）　郭店簡本和上博簡本《緇衣》與今本《緇衣》"從"相當的字，分別作下揭 A1、A2 之形：

A1　《郭店·緇衣》16 號　　A2　《上博·緇衣》9 號

A1 與 A2 的區別是，其中一個偏旁 A1 从"止"，A2 从"辵"省去一撇，與包山二號楚墓竹簡 21 號"遲"字和秦家咀一號楚墓竹簡 3 號"速"字所从"辵"旁省寫形式相同；另一個偏旁 A1 从 B1，A2 从 B2：

　　　　B1 B2

　　B1 加"宀"，B2 不加"宀"。衆所周知，在古文字中，"止、辵"作爲形旁可以通用，加"宀"與不加"宀"往往無別。於此可見，A1 與 A2 是同一個字的異體。（中略）

　　不過根據有關古文字，A 除了可能釋爲"適"之外，還有可能釋爲"迊"或"逯"。下面分別加以説明。

　　先説釋爲"迊"。郭店簡《緇衣》46 號有兩個"筮"字，原文作如下之形：

　　第一個"筮"字從"竹"從古文"巫"，第二個"筮"字從"卜"從古文"巫"。古文"巫"即在"巫"下加"口"，與魏正始石經古文"巫"的寫法相似。此二"筮"字所從"巫"旁與 B2 十分相似。據此，可以把 A 釋爲從"辵"從"巫"聲的"迊"。此字不見於字書。

　　現在説釋爲"逯"。古文字"录"有許多種寫法，這裏只選擇楚墓竹簡中的幾種寫法：

《郭店·六德》14 號　　　　《包山》153 號"郒"字偏旁

《包山》154 號"郒"字偏旁　　《郭店·魯穆公問子思》7 號

　　第四個"录"字上面從"夕"。把 B2 與這四個"录"字對照一下，不難看出第三個"录"字的上半與 B2 十分相似。如果把第四個"录"字上面的"夕"去掉，此種寫法"录"字的上半也與 B2 十分相似。值得注意的是，在楚墓竹簡文字中，有從"宀"從"录"之字和從"辵"從"录"之字。例如：

《包山》145 號　　　　《包山》103 號反

　　更值得注意的是，在楚墓竹簡文字中，"逯"字或省作如下二形：

《包山》65 號　　　　《包山》74 號

　　這兩個"逯"字和上揭《包山》103 號反"逯"字，是同一個叫作"王婁逯"人名中的用字，包山楚墓竹簡整理者把它們釋爲"逯"，應該是可信的。這兩個"逯"字的共同之處是，將"录"旁下部"儿"字形的筆畫省變成一短斜畫；不同之處是，65 號只將"录"旁下部右側的兩斜畫省去，而 74 號將"录"旁下部左右側的兩斜畫都省去。據此，A 可能是在類似《包山》74 號那樣省寫"录"字的基礎上，進一步將"录"旁下部的一短斜畫也省去。楚墓竹簡"歸"作"遉"，其結構與"逯"相同。"遉"或者寫作：《包山》225 號其所从"帚"旁省寫形式與A所从"录"旁省寫形式相同,可以參考。

根據以上所說,A至少可以有"適、逕、逯"三種不同釋法。從簡本《緇衣》"A容"今本作"從容"來看,"A容"當是"從容"的異文。"從容"是疊韻聯綿詞。上古音不論是"適"還是"逕",都與"從"的字音相差甚遠,只有"逯"與"從"的字音相近,從韻部來說,"從"屬東部,"逯"屬屋部,東、屋二部陽入對轉。例如《説文》心部説"慫""讀若悚"。《文選》卷九楊子雲《長楊賦》"整輿與竦戎",李善注:"《方言》曰:'西秦之閒,相勸曰聳。''竦'與'聳'古字通。""慫、聳"二字从"從"聲,與"悚、竦"都屬東部,而"悚、竦"二字所从聲旁"束"屬屋部。《説文》宀部説"容"从"谷"聲,"容"屬東部,"谷"屬屋部。從聲母來説,雖然"從"屬從母,"逯"屬來母,發音部位不同,但是在古代,從、來二母的字音有關。例如:《釋名·釋喪制》:"柳,聚也,衆飾所聚。"《尚書大傳》"秋祀柳谷華山",鄭玄注:"柳,聚也,齊人語。""柳"屬來母,"聚"屬從母。《左傳》僖公二十八年"士榮爲大士",《周禮·地官·大司徒》鄭玄注鄭司農云引此,"大士"作"大理"。《禮記·雜記下》"無有則里尹主之",鄭玄注:"'里'或爲'士'。""士"屬從母,"理、里"屬來母。馬王堆漢墓帛書《陰陽十一脈經甲本》厥陰脈有"面疵"之語,張家山漢墓竹簡《脈書》與之相當的文字作"面驪"。"疵"屬從母,"驪"屬來母。《商君書·勒令》"朝廷之吏,少者不毀也",《韓非子·飭令》與之相當文字"吏"作"事"。按"事、吏"古本一字。直到睡虎地秦墓竹簡裏還"事、吏"不分。"事"屬從母,"吏"屬來母。古代從母與來母之所以能相通,據古音學家研究,跟古代漢語有複聲母有關。據此,頗疑A1、A2都應該釋爲"逯",在此讀爲"從"。

《古墓新知》頁17—21

○**史傑鵬**(2005) 我們還需要談談新蔡楚簡中有兩條簡文,在這條簡文中,出現了一個屋部的"逯"字,我們將它引在下面:

1.思坪夜君城逯瘳速瘥(新蔡楚簡零:189號)

2.□逯塞□(新蔡楚簡零:484號)

這兩條簡文中的"逯"字,是李家浩先生釋出的,我們很贊同。馮勝君先生曾經提到:"如果前引李家浩先生釋'逯'的觀點可信的話,從音義兩方面來考慮,新蔡簡中的'逯'或許可以讀爲'屢'。逯、屢均爲來紐,'逯'是侯部字,'屢'是屋部字,韻爲陰入對轉的關係,二字古音極近。《爾雅·釋詁》:'屢,疾也。'"其實,很多上古在侯、屋部的字不但有"聚集"的意思,還同時有"急速"的意思。我們認爲,"急速"和"叢合、聚集"在意義上有相通之處。(中略)

也許"逯"字本身在當時的楚國才是真正的表示"疾速"義的本字。(中略)

劉樂賢先生則提出,所謂的"逯"其實應該讀爲"蓮"。這種看法在音理上說不通,"逯"在來母屋部,"蓮"在精母談部,不管是聲母還是韻部都相隔很遠。而且古書上從"蓮"得聲的字和從"彔"得聲字相通的情況一例也没有,甚至葉部字和屋部字相通的情況也幾乎找不到。所以劉先生的看法不可信。

《咸寧學院學報》2005-5,頁 73—74

○**魏宜輝**(2006)　　諸家關於這些字的討論,其中唯有李零和李家浩先生的觀點符合"與從音近"這一線索,而且字形與所列諸形切近。而從字形上分析,我認爲釋作從"甬"字似乎更爲合理。由於李零先生並未對此展開討論,本文在下面加以論述。(中略)

楚簡文字中"甬"字上端也普遍作倒三角形,例如:

A 包山 267　　　B 上博・恆先 13　　　C 郭店・性 32

新蔡簡中"☒"字所從的"☒"旁和 A 類"甬"字相近,只不過省去中閒的豎筆而已。在其後的演變過程中,"甬"字兩側的豎筆逐漸向上延伸,最終與上端的橫筆粘連在一起,也就形成了簡本《緇衣》中特殊的寫法。

☒→☒→☒☒

(中略)據此,可以確定簡本《緇衣》篇中的"☒、☒"所從的"☒"旁乃是"甬",這些字是從"甬"得聲的,"☒"可能是"通"字的異體。簡本《周易》"☒"所從的"甬"旁比較特殊,其兩側的豎筆完全省去了。

從讀音的角度考慮,"甬"和"從"的關係很近。甬,古音爲余紐東部,從爲從紐東部,韻部相同。古音舌頭音和齒頭音關係密切,余、從二紐的關係是很近的。"甬"的諧聲字"誦"即爲邪紐東部,邪紐也屬齒頭音。"容、頌、訟"三字在古文獻中常互通。例如,《史記・儒林列傳》:"而魯徐生善爲容。"《索隱》云:"容《漢書》作頌。"《淮南子・修務》:"而不期於《洪範》《商頌》。"高注:"頌或作容。"古史傳說中的"容成氏",在戰國楚簡中寫作"頌城氏"。"容"古音爲舌頭音,而"頌、訟"爲齒頭音。

今本《周易》"朋盍簪"的"簪"字,陸德明《經典釋文》引荀爽說一作"宗"。"宗"爲精紐冬部,與"甬"的讀音也很近。兩者舌齒鄰紐,冬東韻的關係也很密切。

至於新蔡簡中的"☒"字,從音義求之,或許可以讀爲"驟"。《左傳・宣公二年》："宣子驟諫。"洪亮吉《春秋左傳詁》引《國語注》賈逵云："驟，疾也。""驟"爲崇紐侯部字，與"甬"的聲紐較近，而韻部是侯、東陰陽對轉的關係。

總之，從字形、讀音以及相關文字釋讀各方面綜合考慮，李零先生提出的郭店簡、上博簡《緇衣》中用爲"從"之字是從"甬"得聲，無疑是一種比較合理的解釋。

《出土文獻語言研究》1，頁 70—72

○宋華强（2006）　新蔡楚墓竹簡中表示"病情迅速好轉"這個意思有時會說"速瘥速瘥"（甲三：22、59），有時又說"C 瘥速瘥"（零：189，零：300）。包山簡有"速賽之"（200 號），新蔡簡中有"C 賽［之］"（零：484）。比勘辭例，可以看出 C 表示的是一個與"速"義同或義近之詞。C 是一個從""（下文用 D 代表）從"宀"從"止"之字，這個字還見於郭店楚墓竹簡《緇衣》。另外，上海博物館藏戰國竹簡中還有一個從"辵"從 D 之字（下文以 B 代表）和一個從"止"從"D"之字（下文以 A 代表）。A、B、C 的形體如下：

A：1.上博簡《周易》14　　2.上博簡《鬼神之明·融師有成氏》8

B：上博簡《緇衣》9

C：1.郭店簡《緇衣》16　　2.新蔡簡零：189，零：300，零：484

這些字所從 D 旁有如下四種寫法：

1. A1　　2. A2　　3. C2、D　　4. B、C1

（中略）新蔡簡和上博簡《周易》發表後，爲考釋 A、B、C 提供了兩條新的線索：

1.字義上的線索——本文開頭已經提到，新蔡簡的 C2 可以表示與"速"義同或義近之詞。

2.字音上的線索——上博簡《周易》的 A1 與今本的"簪"字、馬王堆帛書本的"讒"字相對應。"簪"是精母侵部字，"讒"是崇母談部字，說明 A1 應該是一個聲母發齒音而韻母收-m 的字。（中略）

下面把我們的意見提出來。先說字義，再說字形。

一、新蔡簡中的 C2 可以讀爲古書中表"速"義的"憯"。《墨子·明鬼下》"鬼神之誅若此之憯遬也"，又"鬼神之誅至若此其憯遬也"。孫詒讓《墨子閒詁》云：

　　"憯、速"義同。《玉篇·手部》云"撍，側林切，急疾也"。"憯"與"撍"通。《易·豫》"朋盍簪"，《釋文》云："簪，鄭云速也，京作'撍'。"

新蔡簡的 C2 與"速"並列使用,《墨子》中"懎"與"遬(速)"構成同義複合詞,二者用法相類。上博簡《周易》的 A1 與今本"簪"字對應,按照《釋文》所引鄭玄的説法,"簪"也訓爲"速";又《玉篇·手部》把"撍"訓爲"急疾",亦與"速"同義。"懎、撍、簪"同諧"朁"聲,它們表示的無疑是同一個詞。

二、上博簡《鬼神之明·融師有成氏》8 號的"聞"字,整理者解釋爲"嗅",把 A2 釋爲"適",讀"易"爲"湯",把"□聞適湯"解釋爲伊尹以滋味説湯之事。(中略)"聞"疑當釋爲"聲聞、令聞"之"聞",指聲譽、名聲、聲望。(中略)"易"當讀爲顯揚之"揚",此處指聲名顯揚。(中略)A2 疑當讀爲"崇"。上引馮勝君、魏宜輝兩位先生的論説都曾提到今本《周易》與簡本《周易》對應的字作"簪",《釋文》引荀爽本作"宗"。"崇"從"宗"聲,古書中不乏"宗、崇"相通的例子,故 A2 可讀爲"崇"。又簡本《周易》的 A1 與帛書本的"讒"字對應,而"讒、崇"可通,亦其證。典籍中"崇"可訓爲"大",修飾其後的動詞,如《書·盤庚中》"高後丕乃崇降罪疾",蔡沈《書集傳》云:"崇,大也。"此處"崇"或亦可訓"大",修飾"揚"字,相當於後世"名聲大噪"之"大"。又典籍中"崇"多訓爲"高、尊"等義,"高、尊"皆含有凸顯之意。若取此義,則"崇揚"即顯揚之意,與下"顯明"義近。《韓詩外傳》卷六:"君子崇人之德,揚人之美,非道諛也。"是"崇、揚"並用之例。若取前説,則"崇揚"是偏正結構。若取後説,則"崇揚"是並列結構。另外,這段話應該是韻文,"揚、明"押陽部韻。

三、簡本《緇衣》的 B、C1 與今本"從"對應,而簡本《周易》的 A1 與今本"簪"對應。"從"是從母東部字,"簪"是精母侵部字。二字韻部有一定距離,但是聲母都是齒頭音,B、C1 與"從"可能是以聲近相通假的關係。古代有以聲近相通假的現象。(中略)

以上討論了 A、B、C 的用法,這些字的聲符應該就是字形中的 D。下面對其形體來源試作推測。

典賓類卜辭中有這樣一個字(下文以 E 代表。字形後面括號中的數字是《甲骨文合集》編號,下同):

(3276)   (3277)   (3278)

辭例是:"貞:E 子害'我'。"典賓類卜辭還有"貞:F 子害我",F 的形體如下:(3273)

從辭例和字形來看,E、F 應該是同一個字。F 更多出現在賓組一類卜辭,

是被商人所征伐的方國名,字形如下:

　　▨(6639)　▨(6640)　▨(6641)　▨(6642)　▨(6644)　▨(6645)　▨(6646)

　　E 和 F 的字形象頭戴髮簪的跪踞女子,特别突出了頭戴髮簪的部分,這一部分應該是表意的中心,故疑 E、F 即髮簪之"簪"的初文。楚簡中的 C 一類的形體可能就是截取"▨"上部的"▨"形發展而來的。其形體演變可以參看"录"字上部:

　　簪:▨→㟃、㠯、㠯、㠯

　　录:▨→▨曾侯簡 14　　▨曾侯簡 13　　▨郭店簡《魯穆公問子思》7

　　"▨"是從"簪"字初文"▨"的形體中截取出來的,在獨立充當其他文字的構件時還保留着"簪"字的讀音,這正屬於劉釗先生所説的"一個文字的形體截取下來部分構形因素來充當另一個文字形體的一種文字分化現象"。例如"虍"是從"虎"字截取下來的,"弓"是從"函"字上截取下來的,"世"是從"枼"字上截取下來的,等等。

　　　　　　　　　　　　　　　　　　《中國文字》新 32,頁 149—162

○**陳劍**(2007)　　近年陸續公布的戰國楚簡中,有如下一些尚未得到確釋的字形:

　　A1.▨郭店《緇衣》簡 16　　A2.▨新蔡簡零:189

　　A3.▨新蔡簡零:484　　A4.▨新蔡簡零:300

　　B1.▨《上博(三)・周易》簡 14

　　B2.▨《上博(五)・鬼神之明、融師有成氏》簡 8

　　C.▨《上博(一)・緇衣》簡 9

　　A 類字形皆上從"宀",下從"止",B 類字形即 A 省去"宀"旁的寫法。C 形從"辵"旁,左上"省去一撇","古文字中'止、辵'作爲形旁可以通用","加'宀'與不加'宀'往往無别",以上諸形並當爲一字異體。除去這些偏旁,上舉諸形中都包含一個共同的主要部分,當是其聲符。這部分在上舉諸字形中的寫法也有變化,將其加以排比分析,根據我們已有的對戰國文字的知識可以確定,當以作▨形(B2 的上半除去上端飾筆和靠右的一小横筆)爲代表的寫法,最爲原始。類似的字形演變關係多見於戰國文字的"帝、束、录、平"和"巫"等字的不同寫法中,學者已經多有論述。

　　A1 和 C 兩形皆與今本《禮記・緇衣》中"長民者衣服不貳,從容有常"句的“從”字相對應。郭店簡《緇衣》發表在前,研究者曾有將 A1 釋爲“適”、釋爲“夏”以及分析爲“从止倉聲”等意見。上博簡《緇衣》公布後,李家浩先生指出,釋“夏”和分析爲“从止倉聲”兩説已經被上博簡《緇衣》的字形“所證明是有問題的,可以不談”。李家浩先生認爲,釋“適”之説從字形看有一定道理;單從字形來説,還有可能釋爲“逐”或从辵从“巫”之字。他指出,“從容”是一個疊韻連綿詞,A1 的釋讀應該跟“從”字讀音相近結合起來考慮。他據此主張 A1 和 C 所从的聲符是“录”字之省,A1 和 C 爲“逐”字的異體,“逐”與“從”音近可通。

　　A1 和 C 應當與“從”字讀音相近這一點,爲後來發表的上博簡《周易》所進一步證明。見於《上博(三)·周易》簡 14 的 B1,與今本《周易·豫卦》九四爻辭“朋盍簪”的“簪”字相對應。馬王堆帛書本對應之字作“讒”。（中略）

　　新蔡簡諸形辭例如下(釋文用寬式。後引甲骨金文同):

　　　　☑思坪夜君城 A2 瘳速瘥☑　　　　　零:189
　　　　☑城 A4 瘳速瘥☑　　　　　　　　零:300
　　　　☑ A3 窒(塞/賽)☑　　　　　　　零:484
　　（中略）

　　我們認爲,讀爲“憯”的意見是可以信從的。後來宋華强先生也主張此説,並有更加詳細的論述,請讀者參看。又《廣雅·釋詁一》《集韻·侵韻》皆云“簪,疾也”,王念孫《廣雅疏證》引《周易·豫卦》“朋盍簪”釋文:“簪,徐側林反。子夏《傳》云‘疾也’,鄭云‘速也’。”謂“簪、簪聲近義同,古或通用也”。又引上引《墨子·明鬼下》之文謂“憯與簪,亦聲近義同”,亦可爲參考。（中略）

　　總結衆多研究者意見中的合理部分,我們可以得到如下認識。前舉楚簡諸字只能據其讀音(亦即其聲旁■形的讀音)與“從、宗”和“簪”等字(不出齒音東、冬、侵三部)相近立論,這是考慮諸字釋讀問題的基本出發點,也是爲曾研究過這些字的諸學者所一再加以强調的。同時還要特別注意到的是,研究者似乎大都忽略了這些字形的一個重要特點,即其所从以■形爲代表者的部分,其中閒兩横筆之閒都是没有豎筆的。現在大家所舉出的、楚文字中能拿來跟前舉諸字作比較的“帝、录”和“甬”等字之形,其中閒大都是有一豎筆的。即使個別字形没有豎筆,但全面觀察考慮,“帝、录”和“甬”等字的變體是有豎筆與無豎筆共見,而前舉諸形出現的次數已不算少,同時又是在幾批不同的楚簡中出現,其中閒都没有豎筆,這就應該加以特別的注意了。從近年研究者成功釋讀楚簡文字的經驗來看,楚簡中這類形體特別、用例又自成一套的

字,很可能自有其獨特的古老來源。考釋它們要儘量往上追溯尋找其來源,眼光不能局限在戰國文字之中。(中略)

西周金文中有一個"寷"字,作如下之形:🔲孟卣(《殷周金文集成》10.5399.2)

將前舉 A2 🔲、A3 🔲兩形跟它加以比較,二者顯然是極爲接近的。前文所說楚簡諸字中的關鍵部分"🔲"形,跟"寷"字中閒的🔲形(以下隸定作"亞")比起來,其主要不同之處有兩點。一是🔲形上方倒三角形的筆畫中閒填實,"🔲"則作勾廓形。古文字中同類的填實與勾廓形無別之例極多,倒三角形筆畫勾廓與填實互作的典型之例如"辛"旁。而且,在後文舉出的殷墟甲骨文"亞"的繁體"亞"之形中會看到,其上端就多有作勾廓形寫法的。二是"🔲"形省略了🔲形下方的筆畫。同類例子古文字中亦多見,如前文所引李家浩先生文中已舉出的楚簡文字中的"录"旁和"帚"旁。又如後文要舉到的戰國文字的"賈"字。由此看來,我們完全有理由認爲,前文所說楚簡諸形當與西周金文的"寷"爲一字。(中略)

綜上所論,我們認爲,甲骨金文"亞"字係"琮"的表意初文;其簡體"亞"添加意符"玉",即成金文"珡"字,"珡"即"琮"之古字。"亞"及其簡體"亞"在殷墟甲骨文、殷代金文和周初文王玉環中用爲地名、人名和國族名,即古書中的"崇",地在今河南崇縣附近。以"亞"及其簡體"亞"爲聲符的"宭、窒、寷、竁"和"賨"等字,在殷代和西周金文中或用爲"寵",或用爲"造"。"寷"字在戰國楚簡中的變體和省體,在郭店和上博簡《緇衣》中讀爲"從容"之"從";在上博簡《周易》中與"簪、宗"等字相通;在新蔡簡中義爲"速",讀爲"憯",殷墟甲骨文裏同樣用爲副詞的🔲字可能也讀爲"憯"義爲"速"。

《甲骨金文考釋論集》頁 273—315

○**宋華强**(2010)　簡文(10)(11)(13)的"寷"字,史傑鵬認爲可以讀爲《墨子》"憯速"之"憯",其説可從。陳斯鵬曾經指出,簡文(13)和秦家咀一號楚墓祝禱簡辭例接近。辭例接近的還有秦駰禱病玉版銘文及包山簡 200 號,我們把這幾條辭例列舉在下面:

句(苟)令小子駰之病日復,故告大□大將軍,人壹家,□王室相如。(秦駰禱病玉版銘文)

至新(親)父,句(苟)囟(使)紫之疾速瘥,紫�(將)睪(擇)良月良日,�(將)速賽。(秦家咀一號楚墓祝禱簡)

志事速得,皆速賽之。(包山簡 200)

我們懷疑(10)(11)(12)可拼連爲"苟使坪夜臣城憯瘳速瘥,敢不速憯賽之","速憯"大概是近義詞連用,是《墨子》"憯速"的倒言。拼連後的簡文意思是:"苟若(神靈)使平夜君成的疾病迅速痊愈,怎敢不速速賽禱諸位神靈。"這種句式和上引秦駰禱病玉版銘文、秦家咀祝禱簡辭例的相似性更爲明顯。

《新蔡葛陵楚簡初探》頁 273—274

△按　劉樂賢釋讀爲"赴"或"逨",最早見於《讀楚簡札記二則》(簡帛研究網 2004 年 5 月 29 日)。馮勝君曾疑新蔡簡諸字讀爲"屢",後已放棄改從陳劍説(《郭店簡與上博簡對比研究》133 頁,線裝書局 2007 年),茲不具引。此字所從與"帝"字上半形體相近,故早期學者以爲字從帝省,後出材料證明,從止、從𠕯的結構十分固定,或增人旁(也可能是彳旁之省)、宀旁,皆非關鍵構形部件,𠕯非"帝"字之省可以確定。由文例可知,此字音近於"簪、宗",義近於"速",析形則以陳劍説較可從。

辻

辻 璽彙 3141　　辻 侯馬 67:3

──────────

○羅福頤等(1981)　(編按:璽彙 3141)生止。

《古璽彙編》頁 295

○徐寶貴(1994)　此字見於《古璽彙編》295 頁,編號爲 3141 的姓名私璽。

該書將此字當成"生止"二字,殊誤。其實,這是一個從"止"、"生"聲的"辻"字,古文字偏旁"彳、止、辵"通用,依此理,此字當是"往"字的異構。

《考古與文物》1994-3,頁 104

○高智(1997)　《古璽彙編》著録如下一朱文印: 3141

此印右形作"辻",《古璽彙編》釋爲"生止",吳振武先生在《〈古璽彙編〉釋文訂補及分類修訂》一文中改釋爲"坲(市)正"二字,今按:此印根據印章構圖分析當是一雙字印,右部當是由"生、⊻"組成,"生"與包山楚簡"狂"字作"𤝹"(二二)、江陵天星觀卜策作"𤝹"形,"枉"字包山楚簡作"𣏁"(二六六)所從相同,即爲"生"字,下從"⊻"當爲古璽文中"止"的寫法,由於"止"在古文字中與"彳、辵"義近相通,如侯馬盟書"遑"作"𨖷"(九二:二〇)、"𨖷"(九七:七)、"𨔶"(二〇〇:四一),故此字在古文字中多作"逘"(侯馬盟書六七:二九)、"𨑭"(《説文》古文)、"𨑔"(《吳王光鑑》)、"𨑫"(《三體石經》)等形,從而"𨑿"與上舉侯馬盟書中的"遑"情況相同,是"往"字的另一古體,故此字應釋爲"往"字。

《第三屆國際中國古文字學研討會論文集》頁 857—858

△按　字當隷定爲"崖","往"字異體,彳部"往"字條重見。

徍

上博五・競建 3　　徍上博五・競建 3

○陳佩芬(2005)　"遑",假借爲"作",爲也。《禮記・中庸》:"苟無其德,不敢作禮樂焉。"

《上海博物館藏戰國楚竹書》(五)頁 170

○李守奎、曲冰、孫偉龍(2007)　"迮"字異體。

《上海博物館藏戰國楚竹書(一—五)文字編》頁 71

△按　字从人、止、乍,簡文云"發古慮,行古徍,廢徍者死,弗行者死"。

𨙫

𨙫包山 167

○何琳儀(1998)　𨙫,从止,卲聲。疑卲之繁文。
　　包山簡𨙫,人名。

《戰國古文字典》頁 304

○湯餘惠等(2001)　同迢。

《戰國文字編》頁 85

△按　字从止,卲聲,"卲"楚文字中多讀爲"昭"。簡文用爲人名。

亟

亟侯馬 16:21

△按　"通"字省體,見辵部"通"字條。

迣

迣 侯馬 67:3

△按　“達”字簡省。見辵部“達”字條。

來

來 新蔡乙一 19　　來 上博三·周易 37　　來 郭店·語四 2　　來 郭店·成之 36　　來 陶彙 6·124

來 包山 132 反　　來 郭店·語一 99　　來 上博五·三德 15　　來 郭店·性自 28

○**劉信芳**（1998）　包山簡 132 反：“翁尹作駐從郢以此等來。”來字从𠦄从止，應即“垂”字，讀如“諈”。《説文》：“諈，諉，纍也。”《爾雅·釋言》：“諈、諉，纍也。”郭璞注：“以事相屬纍爲諈、諉。”釋文引孫炎注：“楚人曰諈，秦人曰諉。”所謂“以此等垂”，即以此事垂詢。該簡正面所記爲一殺人案例，狀告直至楚王，是云翁尹作駐奉楚王命令，持有關訴狀從郢都至陰，問及地方執事官員。

《容庚先生百年誕辰紀念文集》頁 607—608

○**何琳儀**（1998）　來，从止，來聲。迷之省文，“來去”之來的繁文。三體石經《文公》來作徠。又《玉篇》：“迷，來也。”來、來、迷一字分化。

《戰國古文字典》頁 80

○**濮茅左**（2001）　（編按：上博一·性情 15）《來》讀爲“賚”，《詩·周頌》篇名，《詩序》說是“大封於廟”之詩，鄭玄箋：“大封，武王伐紂時封諸臣有功者。”或謂武王克商後歸告於文王廟之詩，此篇爲《大武》六篇之一。

《上海博物館藏戰國楚竹書》（一）頁 241

○**晁福林**（2002）　處於“秭”之下的地庫面積量詞是“來”。此處的“來”疑以古音相同而讀若釐（今字作厘）。《詩經·思文》“貽我來牟”，《漢書·劉向傳》引作釐，《儀禮·少牢饋食禮》“來女孝孫”，鄭注：“來讀曰釐。”皆爲其證。土地面積歷來以畝、分、釐爲基本單位。不妨推測楚制“秭”類於畝，而“來”類於分。蓋十來爲一秭，故簡文謂“一秭又五來”，猶今所謂一畝又五分；“二秭”猶二畝。

《中原文物》2002-5，頁 52

△**按** 來去之"來"字繁構,增止旁爲動符,來去字古文多如是作,或從辵作"逨"(見辵部)。參卷五"來"字條。

【耕歲】新蔡甲三 117、120

△**按** "耕歲"即來歲。

崎

包山 173 曾侯乙 164

○**裘錫圭、李家浩**(1989) (編按:曾侯乙 164)"止"是"趾"的初文,用作表意偏旁時往往可以跟"足"通用。如 164 號簡的"壴"應即"踦"字,175 號簡的"歪歪"應即"跔趼",皆是其例。

《方言》卷二:"凡全物而體不具,梁楚之閒謂之踦;雍梁之西郊,凡獸不具者謂踦。"疑簡文"踦馬"之"踦"即用此義。

《曾侯乙墓》頁 526、527

○**何琳儀**(1998) 崎,从止,奇聲。疑踦之省文,見踦字。

隨縣簡崎,讀踦。《爾雅·釋畜》:"前足左白,踦。"

《戰國古文字典》頁 851

㞟

上博二·容成 2

○**李零**(2002) 㞟㞟 即"跛躃",瘸子。《王制》"跛躃",鄭玄注:"兩足不能行也。"古代多以瘸子或受刖刑者守門。

《上海博物館藏戰國楚竹書》(二)頁 251

○**李守奎、曲冰、孫偉龍**(2007) 或即"躃"字異體。字形作䟸。

《上海博物館藏戰國楚竹書(一—五)文字編》頁 71

△**按** 辭云"㞟㞟守門",《説文》:"躄,人不能行也。從止,辟聲。""㞟"或即"躄"之楚系寫法。楚簡辟旁與卑旁多見互易之例,如上博四《曹沫之陳》簡 25"辟(躄)大夫"又作"俾(躄)大夫"。

隹

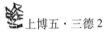曾侯乙 206　　　璽彙 3822

○**裘錫圭、李家浩**（1989）　（編按:曾侯乙 206）"趝"，當讀爲"騅"。《説文·馬部》:"騅,馬蒼黑雜毛（段注:"黑,當作白"）。"

《曾侯乙墓》頁 529

○**何琳儀**（1998）　雔,从止,隼聲。疑趝之異文。《玉篇》:"趝,楚也。"

隨縣簡雔,讀騅。《説文》:"騅,馬蒼黑雜毛。从馬,隹聲。"

《戰國古文字典》頁 1208

△**按**　疑"進"字異體,辵部"進"字條重見。古璽之字用爲人名。

戕

楚帛書

△**按**　"戕"字繁構,增止旁以爲動符。詳見卷十二戈部"戕"字條。

隆

上博五·三德 2

△**按**　"降"字繁構,增止旁以爲動符。辭云"天將隆災"。

亟

侯馬 1:6　　　上博三·亙先 12

○**何琳儀**（1998）　亟,从止,亟聲。疑遞之省文。

侯馬盟書"亟睍",讀"極視"。

《戰國古文字典》頁 33

○**裘錫圭**（2007）　（編按:上博三·亙先）最後,討論一下在接近篇末處出現的"亟"和"惡":

天下之作也,無迲亟（極）,無非其所;舉天下之作也,無不得其惡（極）

而果遂;庸或得之,庸或失之?

前面已經說過,這兩個字原整理者皆隸定爲"盓",今從李鋭先生改釋。不過,在《亙先》之外的楚簡中,"亙"下加"心"的"恆"字屢見,"亙"下加"止"之字也見於郭店簡《緇衣》(上文已經提到)、左冢楚墓"棋局"(十字線上第一欄"盓智")和上博簡《天子建州》("士視目盓,顧還面"),而"亟"下加"心"或"止"之字則沒有見過。《亙先》的這兩個从"亟"之字,在其較早的本子裏,大概也是寫作从"亙"的,由於字當讀爲"極","亙"旁後被改爲"亟"旁。(中略)

李鋭先生從古書中舉下引兩例,來説明把上引《亙先》中的兩個从"亟"之字讀爲"極"是合適的:

事不善,不得其極。(《左傳・昭公十二年》)

夫王人者,將導利而布之上下者也,使神人百物無不得其極。(《國語・周語上》)

這是很有道理的。古書中的這種"極"字,古人一般訓爲"中",例不勝舉;也可訓爲"正"或"中正":

《漢書・兒寬傳》"唯天子建中和之極"顔師古注:"極,正也。"

《左傳・文公六年》"陳之藝極"孔穎達疏:"藝是準限,極是中正。"

屋極(脊檁)不但是屋頂最高處,一般也是屋頂正中處,所以"極"除了極頂、終極之義,又引申而有"中正"義。由此進一步引申,又有準則、法度一類意義。《説文・二上・八部》"必,分極也"段注:"極猶準也。"馬瑞辰《毛詩傳箋通釋》解釋《商頌・殷武》"商邑翼翼,四方之極"時説:"極亦法也。"都是可取的。古人訓爲"中"的"極",有很多可以當準則、法度講。《亙先》"無迀極"和"得其極"的"極",也可以這樣講。這兩個"極"所用的字形,與"極先、極氣"之"極"不同,也許是由於語義有較明顯的區別的緣故。不過,《亙先》將宇宙的最終本原稱爲"極先"或"極","無迀極、得其極"的"極",當指符合"極先"精神的準則、法度,兩者並不是毫無關係的。

《裘錫圭學術文集》(5)頁 335—337,2012;

原載《2007 中國簡帛學國際論壇論文集》

○**李守奎、曲冰、孫偉龍**(2007)　簡文"無許盓,無非丌所"與該篇中的"盃(亙)"當是同一個詞。楚文字中"亟"與"盃(亙)"時有混訛。

《上海博物館藏戰國楚竹書(一—五)文字編》頁 71

△**按**　上博三《恆先》篇,篇題及篇首均作"盃(亙)"(簡 3 背、簡 1),此作"盓",同簡又作"惡"。盟書"盓"爲"明亟視之"之"亟"諸異體之一,異體中亦

有作“惡”者。戰國文字“亟”多从攴,或省从卜。

⿺止軛

郭店・語三 45

○**荊門市博物館**(1998)　⿺止軛(犯)。

《郭店楚墓竹簡》頁 211

△**按**　字从止,軛聲,或即“軛”增止旁之繁構。《説文》無“軛”字,戰國文字常見作偏旁,《集韻》范韻以爲“軓”字異體。《説文》:“範,範軷也。从車,笵省聲。讀與犯同。”桂馥《義證》:“範軷也者,當爲犯軷。”疑本字即是“軛”。“範”文獻多指模範,應是其本義。玄應《一切經音義》卷二:“《通俗文》:‘規模曰範。’……《説文》:‘古法有竹刑。’以土曰型,以金曰鎔,以木曰模,以竹曰範。四者一物材别也。”則“範”應是从竹,軛聲。“⿺止軛”簡文中讀爲“犯”,辭云“㔾則難⿺止軛也”。

⿺止复

侯馬 1:33

△**按**　“復”字或體,見彳部“復”字條。

衟

上博二・容成 7　郭店・尊德 28　包山 194

△**按**　“衜”字繁構,詳見行部“衜”字條。

⿱俞止

包山 244　郭店・老甲 19

△**按**　“⿱俞止”即“逾”字異體。郭店《老子》甲簡 19“以⿱俞止甘露”,今本作“以降甘露”,楚文字之“逾”,多表降義,詳見辵部“逾”字條。

瞿

九店 56・34

○**李家浩**（2000）　此字原文殘泐,從殘畫看,其下從"止",其上所從似是包山楚墓一六九號簡的🐛。《包山楚簡》把🐛釋爲"留",甚是。在古文字中,"止、辵"二旁可以通用(參看高明《中國古文字學通論》157 頁,文物出版社 1987年)。疑簡文"瞿"應當是"遛"字的異體。《汗簡》卷上之一辵部"遊"字引郭顯卿《字指》作🐛,從辵從🐛。🐛當從《古文四聲韻》卷二尤韻"遊"字所引作🐛(辵)。"旐、留"二字古音相近,可以通用。疑🐛旁當是由像上引包山楚簡那樣寫法的"留"訛誤而成。若此,郭顯卿《字指》"遊"實際上是假借"遛"字爲之。"遛"從"留"聲。古文字"留、柳"二字皆從"卯"聲。簡文"遛"應當讀爲"柳"。"九月",夏曆六月。"柳",二十八宿南方七宿的第三宿。秦簡《日書》甲種楚除:"六月,柳。"《禮記・月令》:"季夏之月,日在柳。"

《九店楚簡》頁 129

△**按**　原簡殘泐不清,此暫從李家浩釋。

蓪

温縣 T1K1∶3216　　温縣 T1K14∶636　　温縣 T1K1∶3556

△**按**　"適"字異體,也可能是"意"字變體,温縣盟書"蓪亟視之",更常見作"意亟視之"(見《新出簡帛研究》插圖,文物出版社 2004 年),止、心互易之例參"歷"字條。辵部"適"字條下重見。

壼

璽彙 3608

○**施謝捷**（1999）　《璽彙》3608 著錄下揭一私璽:

其中二字,原釋文均未識。

此爲楚璽,第一字即"楮",爲姓氏;第二字下從"止",上從"鬲",西周金文中“鬲”字或作：

　　《金文編》170 頁,盂鼎　　同上 171 頁,鬲尊　　同上,南姬鬲

　　與璽文形同,因此璽文可以隸定作“歷”。先秦古文字中,“止、彳、辵”作爲形旁往往可以換用,如古璽中的“去”字可以作“趁”(《璽彙》1161)、作“祛”(同上 0856)、作“达”(同上 0551、0857 等),即其例。這樣的話,“歷”跟見於包山楚簡中的人名字“逼”(《包山》167、192)顯然是一字異構,也即見於《集韻》錫部的“徧”字：

　　趆、趆、歷、徧,行皃,或作趆、歷、徧。

　　又《説文》“鬲”或作“歷、瓶”,《集韻》“醨”或作“醨”、“鰝”或作“鱺”,因此“歷、逼”也可能是“遞”字異體,字見於《玉篇》。

《語言研究集刊》6, 頁 90

歷

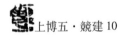集成 330 曾侯乙鐘

○何琳儀(1998)　　歷,從止,犀聲。疑犀之繁文。

曾樂律鐘“歷則”,讀“夷則”。

《戰國古文字典》頁 1232

△按　　“遞”字異體,鐘銘“歷則”即“夷則”。見辵部“遞”字條。

羣

上博五·競建 10

△按　　當是“遱”字異體,簡文云“二人也朋黨,群獸羣朋”,“羣”當與“群”義近,皆作動詞。

歫

璽彙 0951　　璽彙 3990

○羅福頤等(1981)　　歫。

《古璽彙編》頁 368

○**羅福頤等**(1981)　臧。

《古璽文編》頁71

○**吴振武**(1983)　0951 肖⿱𦣝止(臧)・肖(趙)⿱𦣝止。

3990 夏后⿱𦣝皿・夏后⿱𦣝止。

《古文字學論集》(初編)頁495、520

○**何琳儀**(1998)　⿱𦣝止,从止,𦣝聲。

晉璽⿱𦣝止,人名。

《戰國古文字典》頁700

⿱隊止

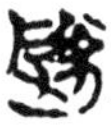包山168

△**按**　字从止,隊聲,簡文用爲人名。

⿱紳止

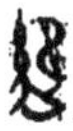上博一・緇衣10

△**按**　字从止,紳聲。簡文“君⿱紳止”,郭店《緇衣》篇作“君迪”,即今本《尚書》篇名“君陳”。“⿱紳止”應是“迪”字異體,重見辵部“迪”字下。

⿱⿰耳多止

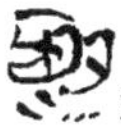新蔡甲三169

△**按**　“迻”字異體。辵部“迻”字條下重見。

⿱⿱覀巳止

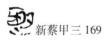

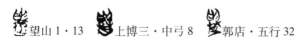

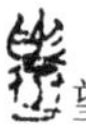望山1・13　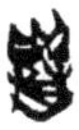上博三・中弓8　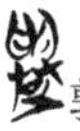郭店・五行32

△**按**　當“遷”字省體,詳辵部“遷”字。

噇

睡虎地·封診 78

○張守中（1994）　通踵　其噇稠者三寸　封七八。

通動　毋氣之徒而噇　日甲六一背。

《睡虎地秦簡文字編》頁 17

䢃

上博一·性情 27

○李守奎、曲冰、孫偉龍（2007）　"遣"字異體。

《上海博物館藏戰國楚竹書（一—五）文字編》頁 71

△按　"遣"字異體，辵部"遣"字條重見。

遊

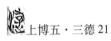上博五·三德 21

△按　簡文云"善遊者死於梁下"，"遊"當是"游"字繁構，增止旁以爲動符。見卷七㫃部"游"字條。

隉

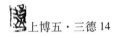上博五·三德 14

○李零（2005）　天材繼﹦　"繼繼"，疑讀"繩繩"，是綿綿不絶之義。

弗殁不隉　"弗殁（滅）"與"不隉（隕）"同義，指天災綿綿不絶。

《上海博物館藏戰國楚竹書》（五）頁 298

△按　"隕"字分化，增止旁以爲動符。辭云"天災繼繼，弗殁不隉"。

䢃

集成 4630 陳逆簠

△按　"邁"字異體。詳見辵部"邁"字條。

𧿮

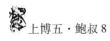上博五·鮑叔 8

○陳佩芬（2005）　㰤（杞）。

《上海博物館藏戰國楚竹書》（五）頁 189

○李守奎、曲冰、孫偉龍（2007）　𧿮。

《上海博物館藏戰國楚竹書（一—五）文字編》頁 436

△按　字從㮃從止，止旁或是贅加形旁。"㮃"爲"膝"之本字。辭云"雨平地至𧿮"，讀爲"㮃（膝）"。卷九卩部"㮃"字條重見。

䢛

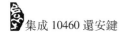集成 10460 還安鍵

△按　"還"字省體，見辵部"還"字條。

𨆠　足

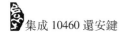天星觀　　包山 34　　包山 91　　包山 141　　包山 143　　上博三·中弓 9

上博三·彭祖 1　　郭店·五行 29　　上博二·子羔 2

郭店·性自 16　　郭店·性自 60

○中大楚簡整理小組（1977）　(編按：望山 1·10)"遱禱"。簡中凡十四見，其中從辵作遱的八見，從止作𨆠的六見。大概是禱名。遱爲祭名，禱爲向先王先君天地神祇告事求福。

《戰國楚簡研究》3，頁 8

○何琳儀（1993）　(編按：包山 276)四馬之首遺糴轍 276

　　△原篆作，應隸定"遱"，見望山簡。"遱"與楚簡中習見的"𨆠"實乃一字。本簡"遱"讀"與"。

《江漢考古》1993-4，頁 63

○朱德熙、裘錫圭、李家浩（1995）　(編按：望山 1·10)"遱禱"之語簡文屢見。

“遱”亦作“嚠”,其義待考。

《望山楚簡》頁 90

（編按:望山 2·48）一〇、四八號簡“五囗白之嚠”之“嚠”,應該釋爲“嚠”,此字常見於楚國文字,从“止”从“與”聲。從“五囗白之嚠”位於“二竹笴”之前來看,疑“嚠”與“笴”同類,應該讀爲“簤”。《方言》卷十三:“箪、篓、簤、簹,篷也。江沔之閒謂簤……”

《望山楚簡》頁 133

○濮茅左（2001）　（編按:上博一·性情9）《豊》《樂》,又爲嚠之也　嚠,讀作“舉”,《郭店楚墓竹簡·性自命出》作“𧾷”。

（編按:上博一·性情30）言及則明,嚠之而毋愳　嚠之,即舉止。《後漢書·馮異傳》:“觀其言語舉止,非庸人也。”

《上海博物館藏戰國楚竹書》（一）頁 233、263

○李守奎（2003）　（編按:𧾷）皆讀爲舉。疑與嚠爲一字異體。

《楚文字編》頁 84

△按　字从止,與聲,或易从辵旁,或於與、止之閒增一圓圈。當爲“舉”之楚系用字。

【嚠殥】上博三·周易 7

○濮茅左（2003）　“嚠”,字習見於簡文,《説文》所無,从止,與聲,或隸定爲“遱、趢”。《説文·走部》:“趢,安行也,从走,與聲。”讀爲“與”。《集韻》:“《説文》:‘車輿也。’一曰始也,衆也。”“殥”,疑“屍”字,从歹,尻聲,通“尸”。《增修互注禮部韻略》:“屍在牀曰屍,在棺曰柩,通作‘尸’。”帥師大敗,故有輿尸之凶。《象》曰:“‘師或輿尸’,大无功也。”

《上海博物館藏戰國楚竹書》（三）頁 146

【嚠禱】

○劉彬徽、彭浩、胡雅麗、劉祖信（1991）　猳禱,猳也寫作“嚠”,讀作舉。《周禮·天官·膳夫》“王日一舉”,鄭注:“殺牲盛饌曰舉。”嚠禱即舉禱。舉禱的對象有先祖、父母、兄弟及山川、神祇。一般情況下,同時祭祀多個對象,個別情況下只祭祀一位先人或神祇。

《包山楚簡》頁 54

○曾憲通（1993）　罷禱、嚠禱都是向祖宗神明求福去禍,凡因得福消災而回報神明者則稱爲賽禱。

《第二屆國際中國古文字學研討會論文集》頁 410

○**李零**（1993） （2）與禱（簡202、210、217、222、224、225、227、229、233、237、240、243、244、246、248、249、250）。簡文所見禱祠絕大多數是這一種。"與"字原从犬旁或止旁。（中略）我們懷疑，"與禱"可能是始禱，與"賽禱"的"賽"是報答之義正好相反，兩者有對應關係，而"翌禱"則是來年的禱。殷墟卜辭有周祭制度，簡文所述或與之相似。

《中國典籍與文化論叢》1，頁437

○**石泉**（1996） 舉禱 以犧牲、祭品向神祈福禳禍。包山楚簡291簡："舉禱楚先老僮、祝融、鬻熊各一牂。"舉本爲朔、望盛饌之禮，依此禮祈禱於神，稱"舉禱"。《國語·楚語下》："王問於觀射父曰：'祀牲何及?'對曰：'祀加於舉。天子舉以大牢，祀以會；諸侯舉以特牛，祀以大牢；卿舉以少牢，祀以特牛；大夫舉以特牲，祀以少牢。'"韋昭《注》："舉，人君朔望之盛饌。"

《楚國歷史文化辭典》頁312

○**陳偉武**（1997） "鼍禱"之"鼍"當是"舉"字異寫，亦作"遌"。或从犬作"獌"，與中山王方壺"燮（舉）賢遬（使）能"之"燮"寫法同。"舉"有"祭祀"義，《詩·大雅·雲漢》："靡神不舉。"《周禮·天官·膳夫》："王日一舉，鼎十有二，物皆有俎。"鄭玄注："殺牲盛饌曰舉。""舉"這個詞所表示的行爲（包括祭祀），往往含有起始的因素，故李零先生釋"鼍禱"之"鼍"爲"始"可從。（中略）

　　總之，鼍（舉）禱、罷（仍）禱和賽禱是一套有着時閒先後順序的禱祠術語。"殺牲盛饌曰舉"，"鼍禱"含初始祭禱的意思；"罷"讀爲"仍"，古書亦作"礽"，因也，"罷禱"即連續而禱；"賽禱"指報賽神福，相對於"鼍禱、罷禱"而言。

《第三屆國際中國古文字學研討會論文集》頁655—657

○**何琳儀**（1998） 遌，从辵（或省作止），與聲。

　　楚簡"遌禱"，不詳。或疑遌讀舉。《周禮·天官·膳夫》"王日一舉"，注："殺牲盛饌曰舉。一舉，朝食也。"

《戰國古文字典》頁542

○**劉信芳**（2003） 鼍禱：又見217、222、224諸簡，簡202作"獌禱"，並讀爲"舉禱"。舉本爲朔、望盛饌之禮，依此禮祈禱於神，此所以稱"舉禱"。《國語·楚語下》："王問於觀射父曰：祀牲何及? 對曰：祀加於舉。天子舉以大牢，祀以會；諸侯舉以特牛，祀以大牢；卿舉以少牢，祀以特牛；大夫舉以特牲，祀以少牢。"韋昭《注》："舉，人君朔望之盛饌。"

《包山楚簡解詁》頁226

○**沈培**（2007） 不同的貞人在同一時間的貞卜中，所用的祭祀方案是完全一樣的,因爲他們所用的是一套還沒有實行的方案;如果真要實行,也沒必要重複進行兩次完全一樣的祭祀;但是不同的貞人在不同時間的貞卜中,一般時間在前的用"舉禱",時間在後的用"賽禱"。爲什麼呢? 因爲時間在前的那次"舉禱"很可能已經舉行過了。時間在後的雖則仍要舉行一次跟先前完全一樣的祭祀,但因爲所舉行的時間不同,才改用"賽禱"之名。"舉禱"與"賽禱"各自確切的含義雖然還不十分清楚,如果我們所説的情況屬實,則可證明:對於同樣的祭祀方案,先前舉行的叫"舉禱",再舉行一次則叫"賽禱"。

《古文字與古代史》1,頁 427

○楊華(2007)　　卜筮祭禱簡中常見的"舉禱",是指楚人以殺牲盛饌的舉食之禮來祭禱鬼神,簡而言之,就是給鬼神進貢肉食之飯。

《傳統中國研究集刊》3,頁 77

△按　　"戰禱"即"舉禱",爲楚人祭禱名稱,具體祭儀不詳。"戰禱"之"戰",包山簡 202 兩見作"獻",从犬,與中山王方壺(《集成》9735)用字同(上博二《容成氏》簡 3 ，也可能是"獻"字)。"獻"見卷十犬部。

麀

九店 56・20

○李家浩(2000)　　"襦"字原文作，从"屵"从"𠆎"从"止"。按包山楚墓竹簡"鹿"字作，"慶"字作(一七九號),"屵"與此"鹿"頭相近。但是戰國文字"虎"字頭往往也寫作"鹿"字頭,例如"叔"或作(《包山楚簡》八五・一九〇)、(《古匋文香録》附 15 頁),"繻"作(《古陶文彙編》三・一〇四九),"慮"作(同上三・九一三),"鄘"作(《中國歷代貨幣大系》第一卷九五六・三七九〇)。"屵"的下部只有向右斜的筆畫,沒有向左斜的筆畫,與"虎"頭作"屯"(《古璽文編》107 頁"盧"字所从)者同,與"鹿"頭作"屵"者異。因此"屵"可能是作爲"虎"頭來用的。"𠆎"是"衣"字的省寫(關於簡文"衣"字的問題參看上考釋[五六])。這種省寫的"衣",作爲獨體見於包山楚墓竹籤(《包山楚墓》圖版四七・5),作爲偏旁見於包山楚墓竹簡二〇三號(被)、信陽楚墓竹簡二-〇一九號(襽)、(裏)等。據此,可以把字隸定作"麀","麀"字字形結構比較特別,根據漢字結構規律,"衣"作爲偏旁,一般寫在另一個偏旁的旁邊或下方,或者將另一個偏旁寫在"衣"旁的中間,似乎沒有像

"虘"字這樣,把"衣"旁寫在上下二旁中閒的。按曾侯乙墓竹簡一七二號的"褑"字作🔶,將"爰"旁所從的"又"寫在"衣"所從的"𠃊"旁之下。疑🔶字與🔶字同類,即將"虘"旁所從的"止"寫在"🔶"旁之下。《汗簡》卷上之二虍部引《古論語》"虐"字作🔶,從"虎"從"止"。簡文"虘"與之相近,疑是"虐"字。若此,"虘"字可以釋寫作"褕",從"衣"從"虐"聲。簡文"豓褕"與"衣裳"連言,"豓褕"當是跟衣裳同類的東西。《方言》卷四:"小袴謂之校�,楚通語也。""豓褕"與"校�"古音相近。"咬、校"二字皆從"交"聲。"虐"屬藥部,"�"屬宵部,宵、藥二部陰入對轉。頗疑簡文的"豓褕"即"校�"。

《九店楚簡》頁 73—74

○劉國勝(2000) "貌色"下一字,原釋文無釋,當作"麗",字從芉從鹿,鹿得聲,讀爲"麗"。睡虎地秦簡《日書》有"丁丑裁衣,媚人"句。簡文"布"下一字,原釋文分析從虍、且從又,恐不確,當爲從卅、害(憲從害省聲),讀爲"葛",害、曷古音皆屬匣母月部,可通。郭店《成之聞之》簡屢見"曷"作"害"。"布葛"指粗布夏衣。

《奮發荊楚 探索文明》頁 217

○李守奎(2003) 讀褕。此字很不清楚,疑所從爲鹿頭,非虍,似可隸作麐。

《楚文字編》頁 86

△按 釋"麐"可從,字義未詳。

🔶

仰天湖9

○郭若愚(1994) "一坆韋之𤲃,繳緂。又(有)二鐶,紅組之綏。已"

攴,《說文》:"小擊也,從又,卜聲。"止爲古文趾。《儀禮·士昏禮》:"皆有枕,北止。"鄭注:"止,足也,古文止作趾。"辵字從止。《說文》:"辵,乍行乍止也。"故辵有取物義,止有行動義。辵含有獲取義,可通"�"。𤲃當是韄,《集韻》:"韃韄,刀靶韋也。或作鞰。"《說文》:"鞰,佩刀絲也。"《廣韻》:"鞰,佩刀飾也。"《集韻》:"佩刀謂之鞰。"

《戰國楚簡文字編》頁 119

○何琳儀(1998) 按,古文字"止"或僅表行動,並無確切含義,往往可有可無。例如信陽簡"上"作"辻","舖"作"齝"等。故"𤲃"亦可隸定"韡"即"戟"。

《廣雅・釋詁》一"敦,裦也"。王念孫云:"《説文》敦,戾也。又云,夐,裦也。又云,韋,相背也。獸皮之韋可以束枉戾相違背,故借以爲皮韋……《爾雅》婦人之褘謂之縭。注云,褘邪交落,帶繋於禮,因名爲褘,義亦與敦同。"楚簡"敦"雖不必爲"婦人之褘",但王氏謂"敦、褘"音義並通,則無疑義。按,楚簡"敦"應讀"褘",《説文》:"褘,蔽厀也。从衣,韋聲。"《方言》四:"蔽厀,江淮之間謂之褘,或謂之袚,魏宋南楚之間謂之大巾,自關東西謂之蔽厀,齊魯之郊謂之袡。"《穆天子傳》一:"天子大服冕褘。"蔽厀爲裳前之佩巾,質料多爲皮革,故"袚"亦作"韍","褘"亦作"敦"。簡文"韋之敦"更能説明"敦"爲"韋"製。

《簡帛研究》3,頁 108—109

衖

上博三・周易 32　　上博二・魯邦 3

△按　"巷"字古體,詳見本卷行部"衖"字條,"巷"見卷六䢜部。

衛

上博二・容成 31　　新蔡乙一 26

△按　"衛"字增繁,見行部"衛"字條。

𩠙

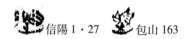
信陽 1・27　　包山 163

○**中大楚簡整理小組**(1977)　（編按:信陽 1・27）箇,殆即《説文》釋"下首也"之䭫,不从旨而从㐬(由止得聲,同墓出土遣策从夊之偏旁多作夊)。䭫首,乃金文習見之語。

《戰國楚簡研究》2,頁 5

○**劉雨**(1986)　（編按:信陽 1・27）夏。

《信陽楚墓》頁 125

○**李守奎**(2003)　（編按:包山 163）履字異體。

《楚文字編》頁 86

△按　信陽 1·27 之字从舟、止、百，首、百、頁同義，與“鼤”爲異體。

鼤

上博四·曹沫 37　　上博五·季庚 21

○李零（2004）　或鼤或康　“鼤”即“興”，有作、起之義，“康”有荒、廢之義，二者是相反的詞。

《上海博物館藏戰國楚竹書》（四）頁 267

△按　“興”字繁構，增止旁，參卷三舁部“興”字條。

莛

包山 173

○湯餘惠（1993）　173　原摹未釋。字上从蕣省，璽印文作 3116，或省作，簡文爲遞省之形。帝旁省下，猶簡文遷（歸）字从帚省作 225。莛，疑爲適字異體。

《考古與文物》1993-2，頁 74

○何琳儀（1993）　婁 173

△原篆作，應釋“莛”。所從“帝”有省簡。參見溫縣盟書“啻”作，“意”作等。“莛”爲“蕣”之繁文，後者見《璽彙》3083、3114、3116、3118 等。

《江漢考古》1993-4，頁 59

韽

九店 56·14　　　九店 56·16

○李家浩（2000）　簡文“贛”字原文皆寫作，从“止”从“歡”。《説文》“贛、醷、籟”等字所從聲旁“夅”，即“歡”之訛誤（參看李家浩《楚國官印考釋》［四篇］，《江漢考古》1984 年 2 期 44、45 頁）。《説文》攵部説“贛”从“攵”。根據古文字，“止、攵”二字皆象足趾之趾。疑簡文“韽”應當是“贛”字的異體，故釋文將其徑寫作“贛”。秦簡《日書》楚除跟“贛”相當的字，甲種作“陷”，乙種作"窨"。按"韄、陷、窨"三字古音相近,可以通用。例如《説文》血部"衉"字的重文作"鹽"。"陷、窨、衉"三字皆從"臽"聲,"韄、鹽"二字皆從"䪝"聲。

《九店楚簡》頁 64

○**李守奎**(2003)　韄字異寫。

《楚文字編》頁 86

△**按**　"韄"字異寫,卷五夊部"韄"字條重見。

臺

新蔡乙三 17　　新蔡零 290　　新蔡零 318

△**按**　當"臺"字繁構,增止旁以爲動符;又作"遠",從辵(詳辵部)。"臺"即"就"字古體。

蹙

郭店·語一 21　　郭店·語一 104

○**陳偉武**(2002)　郭簡有"邍"(13.19)、有"蹙"(13.104),前者亦見於《字典》,後者爲前者之省體。

《中國文字研究》3,頁 126

△**按**　爲"邍"之異體。簡文云"凡物蹙望生"(簡 104)、"蹙中出者,仁、忠、信"(簡 21),皆用爲從由義,楚文字多以繇聲字爲之。《説文》:"邍,行邍徑也。從辵,繇聲。"與楚文字相合。參辵部"邍"字條。

壨

曾侯乙 213

△**按**　簡文用爲專名,字義不詳。

登　登　夆

璽彙 5663　　十鐘　　睡虎地·日甲 12 正貳　　集成 1497 周登鼎

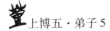

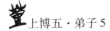

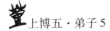上博五·弟子 5

侯馬 3:25 　集成 4649 陳侯因𦥔敦 　包山 15

包山 26 　包山 43 　上博三·彭祖 4 　上博六·競公 8 　璽彙 1932

璽彙 5327 　璽彙 3848

○**丁佛言**（1924）　　古鉩公孫登,从不从豆,貞卜文字作,古金立从之。許氏説:",一曰象物出地挺生也。"

《説文古籀補補》卷 2,頁 6

○**黄盛璋**（1981）　"周登"鼎現在故宫,形制正與公朱鼎相同,明確冠有"周"字,"登"可能是東周對鼎的一種方言稱謂,"周登"意即周鼎,此種"登"字用法亦見於上襄公鼎銘中,都在最後,必與鼎的稱謂或用途有關。

《中原文物》1981-4,頁 43

○**羅福頤等**（1981）　（編按:璽彙 3722）此與鄭鄧弔𣪘書法同,𡥈乳爲鄧,鄧字重見。

（編按:璽彙 1929、1931）鄧。

《古璽文編》頁 32、148

○**吳振武**（1983）　1929 登□·登（鄧）□

1930—1933 "登"字同此釋。

《古文字學論集》（初編）頁 502

○**陳松長**（1991）　此印亦見《彙編》5327,《匋齋藏印》第一集中收有一枚"公孫"印,《彙編》3848 亦爲"公孫",均無釋。丁福保在《説文古籀補補》一書中釋爲"登",並考釋曰:"古璽公孫登从不从豆,貞卜文字作,古金立从之。"如丁説可信的話,那此璽當釋爲登,登猶進也,意爲遷升之類的吉語。

《湖南博物館文集》頁 110

○**朱德熙、裘錫圭、李家浩**（1995）　（編按:望山 1·9）登道,人名。"登"疑當讀爲"鄧"。

《望山楚簡》頁 89

○**何琳儀**（1998）　齊金登,讀烝。《易·艮》"不拯其隨",漢帛書拯作登。《吕覽·察微》"子路拯溺者",《淮南子·齊俗》拯作撜。是其佐證。《詩·小雅·天保》"禴祠丞嘗",傳:"春曰祠,夏曰禴,秋曰嘗,冬曰烝。"

楚器登,姓氏。湯御門尹登恆,後有登氏。見《姓考》。包山簡"登人",讀"鄧人",鄧地之人。

《戰國古文字典》頁 139

○**徐少華**(1999)　(編按:包山 43、44、58、92)從簡文有關"鄧公"的記載來看,鄧爲楚境之縣,"鄧公邊"即楚鄧縣縣公;"鄧令尹"當是楚鄧縣之令尹,由此可見,楚縣内不但仿其朝内置有莫敖、司馬、司敗、攻尹諸官,而且還有"令尹"之置,與朝内職官一致。

　　楚鄧縣,即故鄧國、漢晉之鄧縣,在今湖北襄樊市西北不遠,仍有故址見存。據《左傳》記載,魯莊公十六年(公元前 678 年),楚文王滅鄧,然鄧地入楚之後則情況不明。70 年代以來,湖北省博物館先後在古鄧城遺址以北的山灣、蔡坡一帶清理了數十座東周楚墓,時代約從春秋中葉到戰國晚期;另據考古調查,城址附近還存在數以百計的東周墓,説明鄧爲楚滅之後,鄧國故都仍作爲楚境内一處重要的戰略要邑存在。1974 年,鄧城正北的山灣墓地出土一件鄧公乘鼎,器、蓋内壁各有銘文十六字"鄧公乘自作飤鬺,其眉壽無期,永保用之"。鼎的形制呈江漢地區典型的"楚式鼎"風格,時代約在春秋晚期前段,上距楚滅鄧約一個半世紀左右,不可能是嫚姓鄧國的遺物,我們推測此鼎應是楚器,器銘之"鄧公"不是故鄧國之君而是楚鄧縣縣公,爲楚滅鄧後因鄧國故地而置縣,與《左傳》所載楚滅息後即因息地置息縣的情形一致。簡文所載的戰國鄧縣,當爲春秋楚鄧縣之承襲。由此可見,在春秋時期設置鄧縣之後,至戰國時期一直存在,以作爲控制漢水要津,北上爭霸、經略中原的戰略要地。

《考古》1999-11,頁 77

○**劉信芳**(2003)　(編按:包山簡)簡文"登人"凡五見(43、44、140、186、187),涵義似有不同。其一爲鄧地之人。鄧本古國,魯莊公十六年爲楚所滅。《漢書·地理志》南陽郡:"鄧,故國。"應劭《注》:"鄧,侯國。"今湖北襄樊市西北有鄧城遺址。其二,簡 43、44、140 之"登人"所斬木涉於畢、判二地,簡文既云"致命於郢",知其斬木爲執行國家官府的使命。又受期簡涉案人員多有明確的"居尻名族",若將"登人"理解爲鄧地之人,與文例不甚吻合。因疑此"登人"爲掌管山林材木的小吏,《周禮·地官·山虞》:"掌山林之政令,物爲之厲而爲之守禁……凡竊木者有刑罰。"

《包山楚簡解詁》頁 53

△按　"登"字商周古文字從二止從雙手持豆會意(與《説文》籀文合),二止或省;戰國文字則或省二手之形,所從之豆又常省作日或口形。止形又有省

作而與中形近，上博《弟子問》簡5“登”字，論者或以爲從艸，即由此起，見下【登年】條。戰國燕系文字“豆”字作㸦，則陳松長釋“登”不誤，但引丁福保以爲從“壬”則非是。

　　古璽與楚簡的“登”，多用作人名或地名，後世寫作“鄧”。劉信芳疑“登人”爲掌管山林材木的小吏，似嫌證據不足，仍應解爲鄧地之人爲妥。

【登年】上博五·弟子5

○張光裕（2006）　“春秋”，猶言歲月。“春”字書寫特異，可與郭店楚簡《六德》第二十五簡、《語叢一》第四十簡、《語叢三》第二十簡所書“春秋”字形比觀。《詩·魯頌·閟宮》：“春秋匪解，享祀不忒。”“春秋不恆至”蓋勉年輕人把握光陰。

《上海博物館藏戰國楚竹書》（五）頁270

○田煒（2008）　《上海博物館藏戰國楚竹書（五）·弟子問》第5簡云：

　　　豐㡱不亙（恆）至，耇老不遻（復）壯。

　　首字張光裕先生釋爲“春”。陳偉先生釋爲“豐”。徐在國先生釋爲“荳”。“春、豐”二説失諸字形，學者已有論及，茲不贅述。釋“荳”在形體上似乎有道理，但是還不能無疑。首先，“荳”字出現的時代較晚，不見於目前所見的上古文獻。另外，徐氏在釋“荳”的基礎上，將其讀爲“壽”，雖於文意甚安，然而“壽”字在戰國文字中是一個常用字，假借其它字的情況很少見，所以豐是否真的就是“荳”字還值得商榷。侯馬盟書中有一個寫作㲋的字，在盟書中用爲人名，和㲋、㲋是一字異體，其中右部“登”旁的寫法和豐完全相同。在古文字中，“止”旁常常會訛變成形近的“中”旁，如西周金文“前”字或作㡱（兮仲鐘），或作㡱（善鼎）；戰國文字“歲”字或作㡱（陳章壺），或作㡱（《古璽彙編》0798號璽“癥”字所从）等等，皆其例。鄧公盨“登”字寫作㡱，《古璽彙編》3722號璽“登”字作㡱，上部的“㲋”也都訛變成類似“艸”的形體。據此，我們認爲豐應該釋爲“登”。

　　次字張光裕先生釋爲“秋”。蘇建洲先生釋爲“休”，而讀爲“秋”。陳偉先生釋爲“年”。我們認爲陳説是正確的，茲略作補證。戰國文字中，“年”字有一種借筆的簡體，作㡱（郭店·緇衣簡12）、㡱（郭店·唐虞之道簡18）、㡱（王子午鼎）、㡱（者汈[編按:此字原文漏排]鐘）等形，郭店簡兩例“禾”旁和“千”旁共用斜筆和垂筆，王子午鼎和者汈鐘銘兩例“禾”旁和“人”旁共用一豎筆，㡱字的寫法與之相類，“禾”旁與“千”旁共用斜筆。所以，豐㡱應該釋爲“登年”。

　　《國語·周語中》:“東門之位不若叔孫,而泰侈焉,不可以事二君;叔孫之位不若季、孟,而亦泰侈焉,不可以事三君。若皆蚤世猶可,若登年以載其毒,必亡。”

　　“登年”和意爲早亡的“早世”相對,知其有年壽長久之意。《漢語大詞典》將這裏的“登年”解釋爲“延年,多享年歲”是很有道理的。《國語·晉語九》:“君子哀無人,不哀無賄;哀無德,不哀無寵;哀名之不令,不哀年之不登。”

　　韋昭注:“登,高也。”所謂“年之不登”就是年壽不高的意思,也可以證明《周語》裏面的“登年”確實應該解釋爲高壽。“登年”的這種意思,後世文獻也有沿用,如唐柳宗元《游南亭夜還敘志七十韻》:“登年徒負版,興役趨代薪。”簡文“登年不恆至,耇老不復壯”就是説高壽不是一般可以達到的,人老了就不能再回到壯年,孔子説這句話就是告誡弟子要珍惜光陰。

《江漢考古》2008-2,頁 116—117

△按　“登年”之“登”字,張光裕釋“春”,陳偉釋“豐”,徐在國釋“荳”。“春、豐”二説失諸字形。釋“荳”在形體上似乎有道理,但文意不順。田煒説是。

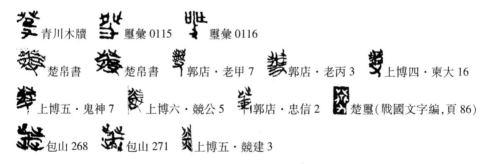

○李學勤(1960)　(編按:楚帛書)搜。

《文物》1960-7,頁 67

○商承祚(1964)　(編按:楚帛書)戔从此,即火字,將兩止寫朝一個方向,乃筆勢之變。戔同趣,《廣韻》:“趣,趣趣,體不伸也。”讀縮音。不伸,即不收而成災。《禮記·月令》:“時雨不降,山陵不收。”疏:“山陵不收,地災也。”

《文物》1964-9,頁 12

○饒宗頤(1968)　(編按:楚帛書)叒字从四止,此應即址,商等釋趣,然其中間實不从火,其作又十者,與支同。故此字宜釋戔。《禮記·月令》:“時雨不降,山陵不收。"疏:"山陵不收,地災也。"發即不收之義。B8 云:"𣥠四🄰🄱(荒)。"
班固《答賓戲》:"夷險發荒。"晉灼曰:"發,開也。"故釋爲𣥠,讀作發,均可通。
從四止與二止,特繁簡之異耳。𣥠訓蹋夷艸,與發、撥古常通用。

《史語所集刊》40 本上,頁 13

○**唐健垣**(1968)　(編按:楚帛書)我以爲此字從四止從支,乃𣥠之繁體,於此句
中借作發字,山陵其發即《月令》之山陵不收。《淮南子·時則訓》:"時雨不
降,山陵不登。"登當是發之誤,若《淮南子》本文作山陵不𣥠,亦須借作發。
《説文》:"發,從弓,癹聲。"讀方伐切,𣥠則讀普活切,二音不同;但今世從發
聲之字仍讀𣥠音,例如潑讀普活切,醱讀北末切,可見發之古音同𣥠。古代
形聲字常借聲符作整個字用,例如繒書"十日四寺、是惟四寺、寺雨進退",
皆借寺作時字用,以時字從日寺聲故也;準此例,則發從𣥠聲,亦可借𣥠爲發
字矣。

　　《説文》:"𣥠,以足蹋夷草。從癶從殳。"古文字繁簡不定,甲骨文喪字作
🄲又作🄳,從二口從四口一也,𣥠從癶即二止亦即二腳形,斯可變成爲從四止
矣。古文從支從殳從攴亦通用,然則繒書之🄴即𣥠之繁文,甲骨文作🄵,繒書
變二止爲四止,變殳爲攴耳。

　　商氏讀此爲趑,在此句中尚可講通,然在繒書另一句"🄴四興🄵"則不能讀
趑矣。我將此字釋𣥠,讀作發。字形有根據,一也;繒書另句有此字者亦由是
通讀,二也;古書中有近似之文句,三也;故敢斷言此乃發字。所謂古書中有
近似之文句,除《月令》篇"山陵不收"及《淮南子》"山陵不登",堪作比較外,
《國語·周語》亦有資料。

　　《周語》:"古者太史順時覛土,陽癉憤盈,土氣震發……日月底于天廟,土
乃脈發……陽氣俱蒸,土膏其動,弗震弗渝,脈其滿眚,穀乃不殖……土其俱
動。"發、蒸、動三字意同,此與山陵其發意同。又曰:"幽土二年,西周三川皆
震。伯陽父曰:'周將亡矣! 夫天地之氣不失其序,若過其序,民亂之也。陽
伏而不能出,陰迫而不能蒸,於是有地震。今三川實震,是陽失其所而鎮陰
也。陽失而在陰,川源必塞,源塞國必亡。'"我疑心山陵其發指陰陽不和而地
震,即上文之土動,即地災。發解作動,古書多見,《月令》以不收解發字,尚未
盡善。周書此文可注意者乃塞字,繒書"山陵其發,有淵其涅"之涅解作塞,嚴
先生已言之,淵涅即周書之川源塞。周書以地震、川塞爲次序,繒書以山陵
發,淵塞爲次序,可證二文意同。其有關水之災不云氾濫而並云塞,亦可見其

相同之迹。

補:饒師發表於《故宫季刊》三卷二期之新釋文(下簡稱饒師新釋),此句讀作“山陵其癹”,與鄙説同,特我更以爲癹借作發字用。林巳奈夫先生來函贊同繒書𣦵讀作發之説。上文引《周語》“土氣震發”以比附山陵其發,今檢《淮南子·本經訓》“地懷氣而未揚”,地猶山陵,揚猶發也。今人恆言“發揚光大”,發揚二字同意。氣指陰陽之氣,《淮南·天文訓》“地氣不藏,乃收其殺”,注:“殺,氣。”言地氣不藏,乃收其氣,按不藏猶言發,地氣不藏,與山陵其發意同。《天文訓》又云:“是故天不發其陰,則萬物不生,地不發其陽,則萬物不成。”此與上引《周語》所言“陽氣俱動……穀乃不殖”可互注。或曰:“子所引發、蒸、動、揚、不藏等字,足以比附繒書發字矣。然上引各例皆云土、云地,與繒書所云山陵者終不同,何也?”查《淮南·天文訓》又有“遠山則山氣藏”之句,其山字足與繒書山陵二字比較矣。上文所引收、藏等字,似可作商氏釋𣦵爲縮,及《禮記·月令》山陵不收之旁證,但我終相信釋發爲不誤。然則山陵其發,言山陵之陰陽二氣發洩,繒書下文“山陵不豩”,即不疏,疏亦發泄之意。

《中國文字》30,頁2—4

○**羅福頤等**(1981) (編按:璽彙0115)癹 璽文借爲發弩的發。

《古璽文編》頁32

○**李學勤**(1982) (編按:楚帛書)“山陵其喪”,“喪”字在此讀“爽”,《廣雅·釋詁三》:“敗也。”

《湖南考古輯刊》1,頁68—69

○**饒宗頤**(1985) (編按:楚帛書)𣦵字从四止攴,如金文𣥠亦作𣦵,爲繁形,字應釋𣦵。癹,可讀爲發。《禮記·月令》:“時雨不降,山陵不收。”賈疏:“山陵不收,地灾也。”發即不收之義。

發爲動詞,讀如《詩》“長發其祥”之發及發、斂之發。

《楚帛書》頁45、60

○**李零**(1985) (編按:楚帛書)山陵其𣦵,指山陵崩墮。(中略)𣦵,見於楚簡,據江陵望山二號墓竹簡可知字乃从四止而非兩癶,因此並不是癹或發字。(中略)今按此字像四止相聯,與此字形相近,過去我們在昜鼎中曾經見到一個𣦵字,文例作“弗敢×”,有些人根據此字與金文喪字結構相似,並且旂鼎有“弗敢喪”之語,把此字釋爲喪。但此字是从四止而非从四口,金文中相似銘例還有“弗敢沮”“不敢家”等等,現在看來應當就是帛書的𣦵字。古人講山陵崩壞,都是以崩或墮稱之,不見用其他字,故兩處似均以釋墮較爲合適。

《長沙子彈庫戰國楚帛書研究》頁 53—54

○**高明**(1985) (編按:楚帛書)雙字李學勤釋搜,商承祚釋趛,李零釋墮,形既不象,義亦難通。按此字從四止,從十從又,乃登字之繁,《說文・𤼫部》:"登,以足蹋夷草,從癶從殳,《春秋傳》曰登夷薀崇之。"《左傳》隱公六年作"芟夷薀崇之","芟夷"乃同義聯緜詞,經傳多見,繒書"山陵其登",乃謂山陵平夷。

登在此假爲廢。"三垣廢"指太微、紫微、天市三垣失去作用。

《古文字研究》12,頁 385、387

○**何琳儀**(1986) (編按:楚帛書)"登"原篆作"𤼱",從四"止"者乃繁化。"登"讀"發"。《詩・邶風・谷風》"無發我筍",釋文引韓詩"發,亂也"。字亦作"撥",見《詩・大雅・蕩》"本實先撥",箋"猶絕也"。《列女傳》又引作"敗"。綜觀"發"之舊訓,疑帛書"山陵其發"言"山崩"。

《江漢考古》1986-1,頁 53

○**曾憲通**(1993) (編按:楚帛書)此字錫永先生摹作𤼱,隸寫作登,謂从此即癶字,將止寫朝一個方向,乃筆勢之變,登同趛,讀縮音,義爲不伸。按此字實從四止從殳,四止作𣥂,上下相同,左右相背,乃癶之繁形。從殳從殳義亦相通。故帛文𤼱可隸寫作𤼱即登,讀爲發。《禮記・月令》:"時雨不降,山陵不收。"疏:"山陵不收,地災也。"發即不收之義,是指地災。又楚文字每見有同形重複之例,如信陽楚簡簦字作𥰫,江陵楚簡芟字作𦱔(《古文字類編》誤隸於"華"下),亦可佐證。

《長沙楚帛書文字編》頁 111—112

○**朱德熙、裘錫圭、李家浩**(1995) (編按:望山2・19)此字亦見三四號簡,又見長沙楚帛書,或釋作"登"。

《望山楚簡》頁 122

○**馮時**(1996) 帛書"山陵其登,有淵垂湛"乃言山陵崩毀,形成深淵。登同發,讀爲廢。

《于省吾教授百年誕辰紀念文集》頁 193

○**劉信芳**(1997) 包山簡二六八、二七一、牘,望二・一九均記有"紫發"。包二七三:"縉發,縉鞎、靾。""發"讀如"撥",《禮記・檀弓下》:"哀公欲設撥。"鄭玄注:"撥可撥引輴車,所謂紼。"《爾雅・釋器》:"輿革前謂之鞎,後謂之第。"則是車後户遮蔽之物。簡文"發、鞎"並舉,以理解爲引車之革爲宜。

《中國文字》新 22，頁 172

○**何琳儀**（1998）　癹，甲骨文作（佚六一三）。从攴，址聲。撥之初文。《説文》：“撥，治也。从手，發聲。”金文作（易鼎），从二址，方爲疊加音符。址、方均屬幫紐。戰國文字承襲甲骨文。楚系文字承襲金文。方旁省作ナ、十形；或加又旁，與攴旁義同。秦系文字攴旁演變爲殳旁，爲小篆所承。（中略）

　　晉璽、魏璽“癹弩”，讀“發弩”，武官名。《漢書・地理志》南郡有“發弩”官，注：“主教放弩也。”

　　楚簡“紫癹”，讀“紫旆”，《詩・商頌・長發》“武王載旆”，《荀子・議兵》引旆作發。是其佐證。《易・豐》“豐其沛”，釋文：“沛，本或作旆。謂幡幔也。”包山簡二七三癹，馬具，其詳待考。包山簡“癹笴”，或作“發笴”，見發字 d。包山簡一二八癹，地名，或官名。帛書癹，讀發。《詩・邶風・谷風》“毋發我笥”，釋文：“發，亂也。”

　　青川牘癹，除草。

《戰國古文字典》頁 952

○**李零**（2000）　（編按：楚帛書）“”，屢見於楚簡和曾簡，字或从弓，蓋即發字。

《古文字研究》20，頁 166

△**按**　《説文》：“癹，以足蹋夷艸。从址从殳。《春秋傳》曰：癹夷蘊崇之。”楚文字多增从四止，又或省去又旁。何琳儀謂四止閒之ナ、十爲方旁之變，實即攴旁上半增橫筆。“癹”在戰國出土文獻中多表示“發”與“廢”兩義，包山簡“癹、發”並見，混用無別。

【癹弩】璽彙 0113—0116

○**羅福頤等**（1981）　發弩。

《古璽彙編》頁 19、20

○**羅福頤**（1981）　發弩：增城發弩、□平發弩、邰發弩、左發弩　《漢書・地理志》南郡下注有發弩官。師古曰：教發弩也。《印藪》載有發弩半通印。

《古文字研究》5，頁 253

○**于豪亮**（1981）　“發弩”亦見於璽印及古籍之中，除“睦城發弩”外，《古璽文字徵》尚有古璽“左發弩”。“發弩”亦見《睡虎地秦墓竹簡・秦律雜抄》：

　　除士吏、發弩嗇夫不如律，及發弩射不中，尉貲二甲。發弩嗇夫射不中,貲二甲,免。嗇夫任之。

　　在戰國時期,弩已成爲射程較遠殺傷力較强之武器,軍隊中遂有專司發弩者,率領發弩者之軍官則名爲發弩嗇夫。

　　《封泥彙編》64 頁有"南郡發弩"印,128 頁有"發弩"半通印,《齊魯封泥印存》亦有"發弩"半通印,均漢印也。《漢書·地理志》南郡下本注云"有發弩官",師古曰:"主教放弩也。"又《卜式傳》云:"臣願與子男及臨菑習弩、博昌習船者請行,死之,以盡臣節。"則是臨菑亦有習弩者。戰國、秦、漢之時,弩之使用已極普遍,發弩官必不止南郡一處,可斷言也。而漢代之發弩官乃因襲戰國而來者也。

　　　　　　　　　　　　　　　　　　　　　　《古文字研究》5,頁 260

△按　"𤼸弩"即秦系文字之"發弩",參見卷十二【發弩】條。

【𤼸𥸸】包山 125 反

○何琳儀(1998)　包山簡"發𥸸",或作"𤼸𥸸",讀"發引"。《後漢書·范式傳》:"式未及到,而喪已發引。"

　　　　　　　　　　　　　　　　　　　　　《戰國古文字典》頁 953

△按　"𤼸𥸸"包山 80 等又作"發𥸸"。

步　步

睡虎地·封診 79 　　青川木牘 　　新蔡甲三 76 　　陶彙 3·90　　春録 2·2

上博四·柬大 22

集成 10478 中山兆域圖

○朱德熙、裘錫圭(1979)　(編按:中山兆域圖)步。

　　　　　　　　　《朱德熙古文字論集》頁 106,1995;原載《文物》1979-1

○黄盛璋(1982)　(編按:中山兆域圖)𣥂(登):"從丘坎以至内宫六𣥂","從内宫以至中宫垣廿五𣥂",《簡報》朱、裘皆釋"步",按圖中長度用"尺",此處如表距離多長,仍當用尺。從字形構造上看,這個字不像是"步",而和"登"字上所從之頭部很相像,很可能就是"登"字,表階上登之級數。

　　　　　　　　　　　　　　　　　　　　　《古文字研究》7,頁 83

○何琳儀(1998)　兆域圖步,長度單位。《史記·秦始皇本紀》:"六尺爲步。"(中略)

秦璽、秦陶步，姓氏。步氏有二，晉公族郤氏之後，姬姓。又步陸氏改爲步氏，魏姓也。見《通志·氏族略》。青川牘步，面積單位。《司馬法》："六尺爲步，步百爲畝。"

《戰國古文字典》頁 592

○裴錫圭（2004）　《叕録》將見於周氏拓本的一個上從"止"下從反"止"的字釋爲"步"（二·二下"步"字條第一字。此條第二字上從"之"，非"步"字），是正確的；《文字徵》不辨"止、之"，又將反"止"看成反寫的"又"，釋此字爲"寺"（78 頁"寺"字條第一字），則是錯的。

《古匋文叕録·重印序言》頁 3

○宋華强（2010）　神靈"步"見於下揭簡文：

　（1）☐靈君子、户、步、門☐（甲三 76）

"步"字整理者原缺釋，其字形如下：𣥂

右側邊緣殘缺，但從上下簡寬和筆畫的走勢來看，字的右側應該不會再有其他偏旁。此字從上下兩"止"，左右反向，顯然就是"步"字。

古書中有神靈"步"，見於《周禮·夏官·校人》"冬祭馬步"，鄭玄注："馬步，神爲災害馬者。"孫詒讓《周禮正義》云：

> 今考馬步之祭，它經無文，鄭以漢制説之，亦無確證。竊疑"步"當讀如字。《曲禮》云"步路馬必中道"，孔疏云："步猶行也。"《左》襄二十六年傳云"左師見夫人之步馬者"，杜注云："步馬，習馬。"馬步蓋謂習馬之道。《月令》五祀，冬祭行。此冬祭馬步，猶人之有祭行。《史記·封禪書》有祠馬行，或其遺法。《月令》注，祭行在廟門外之西。然則祭馬步其在廐門外之西與？

孫氏認爲"祭馬步，猶人之有祭行"，這個看法非常具有啓發性。從葛陵簡中出現的神靈組合來看，"步"的位置正跟"行"相當。（中略）

據《禮記·祭法》鄭玄注，"行"神主管道路、行作。"行"的本義是道路，道路是人行走的，"行"引申爲行走。"步"的本義是行走，與"行"的引申義相同，故作爲引申義的"行"與"步"可以互訓。例如《荀子·王霸》"改王改行"，楊倞注："行，步也。"《詩·小雅·白華》"天步艱難"，毛傳："步，行也。"作爲神靈的"行"與"步"的關係，大概是"行"主司其物，即道路；"步"主司其事，即行作。不過從上揭三條簡文都是有"行"即無"步"，有"步"即無"行"來看，似乎當時二者尚未完全分化。到了後來，"行"既與"户、竈、中霤、門"合爲"五祀"，"步"則朝另一方向"獨立發展"，演變爲《周禮·夏官·校人》之"步"。

《新蔡葛陵楚簡初探》頁 228—230

歲 歲 戢 戢

集成 10374 子禾子釜 陶彙 3·5 睡虎地·效律 20

璽彙 4426

曾侯乙衣箱

楚帛書   包山 141   上博四·柬大 13   璽彙 0248

集成 10158 楚王酓忑盤   郭店·太一 3   上博六·競公 1   新蔡甲一 16

新蔡甲三 178   新蔡零 177

望山 2·1   上博五·鮑叔 8

包山 221"之歲"合文

○**吳大澂**（1884）　歲　[陳猷釜]　[古鉨]　[古鉨文]。

《説文古籀補》卷 2，頁 5

○**丁佛言**（1924）　(編按：璽彙 4426)古鉨千歲，止皆止之變，古文中其例甚多。

《説文古籀補補》卷 2，頁 6

○**胡光煒**（1934）　(編按：楚王酓前鼎等)即戢。《説文》肉部："戢，大臠也。从肉，戈聲。"此下从月，即肉。上从，即戈。古人左殽右戢，皆取諸鼎實，故云"以共(同龔)戢嘗"。

《胡小石論文集三編》頁 176，1995；原載《國風》4-3

○**饒宗頤**（1958）　戢字見於楚王酓忑鼎"呂共(供)戢嘗"，舊釋戢。因讀戢嘗爲蒸嘗。然其字下體實从月非从肉，由繒書所見月字知之。契文有臟字，爲祭名，如《粹編》一三二五"侯告冉册王□衣臟"，《庫方》一六三七"侯告冉册王臟"，臟即歲祭之歲字，戢殆即臟省去步旁。歲嘗者，《周禮·肆師》云"嘗之日涖卜來歲之芟"，鄭注："嘗者，嘗新穀。"《廣雅·釋詁》："嘗，食也。"故知戢嘗可讀爲歲嘗(若烝嘗連用，如陳侯午錞、陳侯因資錞均見以羴以嘗語，字並作羴，足見戢非烝字)。戢字繒書數見，如云戢季戢德，即歲季歲德，俱宜釋

歲,於文義始能通暢。此言步呂爲歲者,步猶推步。《洪範五行傳》"帝令大禹步",鄭注:"步,推也。"《漢書‧律曆志》名五星曰五步。《海外東經》"帝命豎亥步自東極至于西極",步義亦同。

　　金節銘首句云"大司馬卲𩅣**䣄**晉師於**𢽝陘**之**戠**",即敗晉師於襄陵之歲。有讀戠爲載。然同節有句云"毋載牛馬羊以出内關",別有載字。足見戠是歲而非載。繒書全文意義之瞭解以歲字爲重要關鍵,今得此金節互證之,足堅鄙説論戠德歲季等之可據。

　　　　　　　　　　　　　　《長沙出土戰國繒書新釋》頁 8—9、47

○**郭沫若**(1958)　　(編按:鄂君啟節)戠字是歲的異文,從月不從肉,銘中月字及從肉之字可證。歲積月而成,故字從月。

　　　　　　　　　　　　　　　　《文物參考資料》1958-4,頁 4

○**殷滌非、羅長銘**(1958)　　(編按:鄂君啟節)戠睪,雙聲連語,長銘初讀爲載倅,解爲裝載隨從的人們,但下文另有"毋載馬牛羊"的載字,寫法與此不同,可能仍是蒸祭的意思。滌非疑戠字或爲歲字別體,因字形與甲骨文歲形相近似。其下一字不識,疑爲罷字繁文。"歲罷"或有歲暮之意。首句"之戠"或即"之歲"。

　　　　　　　　　　　　　　　《文物參考資料》1958-4,頁 9—10

○**李學勤**(1959)　　(編按:鄂君啟節)"大司馬昭陽敗晉師於襄陵之戠","戠"從"戈"從"月",應爲"載"的本字,前述絹書中"又百載"之"載"也如此作,意均爲"年"。

　　　　　　　　　　　　　　　　　《文物》1959-9,頁 60

○**陳世輝**(1960)　　(編按:鄂君啟節)如鄂君啟節與楚絹書之戠字本歲字異文,而釋爲載。

　　　　　　　　　　　　　　　　　《文物》1960-1,頁 72

○**李學勤**(1960)　　(編按:楚帛書)絹書的文字不少合於《説文》、三體石經以及《汗簡》所録"古文",也有一些表現着楚國題銘的特色。其中"戠"字,陳世輝同志認爲仍應釋"歲"。按此字從"止、戈、月",如以爲"歲"字,是有可能的,但仍嫌缺少確鑿的理由。

　　　　　　　　　　　　　　　　　《文物》1960-7,頁 68

○**商承祚**(1963)　　(編按:鄂君啟節)從"敗晉帀(師)於襄陵之戠(歲)",及"戠(歲)罷(能)反"兩戠字確讀爲"歲"以後,可糾正楚王畬肯鼎和畬肯盤"以共(供)戠嘗(嘗)"之"戠"爲歲,而過去釋"戠"之非,又知其字從月,與甲骨文歲之作肯,有其共同之點和源流所自。

　　　　　　　　　　《商承祚文集》頁 313,2004;原載《文物精華》2

○于省吾（1963）   （編按：楚帛書）戠字从月之證　戠字也見車節，郭、殷釋歲。按釋歲是對的，惜無佐證。晚周繒書有"百戠"和"戠季"之稱。此外，古文字和小篆的歲字均不从月，惟漢瓦當文歲字偶有从月作**戈**者，此也漢篆時存古文之一證。

《考古》1963-8，頁442

○饒宗頤（1968）   （編按：楚帛書"凡歲德匿"）《説文》："歲，木星也。越曆二十八宿，宣徧陰陽，十二月一次。从步，戌聲。"沈括《夢溪筆談》："曆法步歲之法，以冬至斗建所抵，至明年冬至，所得辰刻衰杪，謂之斗分，故歲文从步从戌。戌者，斗魁所抵也。"此釋歲字从戌之義，以戌爲冬至所抵也。上文言寅歲之宜忌，此則言戌歲而兼及亥。

《史語所集刊》40本上，頁15

○羅福頤等（1981）   （編按：璽彙0248）長沙楚帛書歲字作**戠**與此同，鄂君啟節作**戠**亦與此形近。

《古璽文編》頁32

○曹錦炎、吳振武（1981）   《鄂君啟節》銘文首云："大司馬卲鶔敗晉師於襄陵之**戠**，顋（夏）尿之月，乙亥之日，王尻（居）於荩郢之游宫。"與此銘中**戠**字用法相同的，又見於下引材料：

《大廥鎬》："秦客王子齊之**戠**，大廥爲王僧晉鎬。集胅。"
《望山楚簡》："弨雕王於荩郢之**戠**，酓尿之月，癸未之日……"
　　　　　"☐於荩郢之**戠**，獻馬之月，乙酉之日……"

上引材料中的**戠**（**戠**）字，考釋諸家多釋爲"歲"。惟李學勤同志釋爲"載"，他指出："戠从戈从月，應爲載的本字……意均爲年。"按此字釋"歲"於形於音均不合，只有釋"載"是對的。但由於李學勤同志没有進一步提出證據。且此字又不从月，因此這一意見未能得到大家的重視，直到最近發表的有關研究文章中仍釋此字爲"歲"，所以，對此字有重加考釋的必要。

在上引材料中"戠"字既作**戠**又作**戠**，戰國文字中的**山**或可作**山**，如齒字仰天湖楚簡作**齒**，戰國陶文作**齒**（《古匋文香録》2·4）可證。所以**戠**也就是**戠**，隸定作戠。

戠，應从月（肉），**戈**聲。古文字从**戈**與从**戈**本通，如戴字，《説文》謂："故國在陳留，从邑，**戈**聲。"戰國陶文中此字既作**戠**又作**戠**，即其證。因此，戠即《説文》的戴字，秦篆作**戴**，《説文》謂"从肉，**戈**聲"。正因**戈**是从才得聲，所以戴字在金文中又可省作**戈**（《二年盉鼎》，《金文編》4·21），**戈**（《平安君鼎》，

《文物》1980年8期），其基本聲符和義符不變，只是將戈旁省去，古文字中每有此省作，如甲骨文“伐”字或省戈作𠂤（粹249，丙1）；金文“載”字或省戈作𫝀（《中山王方壺》）等等。高景祥曾釋《二年𨥘鼎》中的𠂤爲戠字是正確的。

《説文》：“戠，大臠也。”按《説文》之訓是其本義。在上引《鄂君啟節》等材料中，此字處於記時地位，顯然不能用其本義。根據銘文上下内容的聯繫來看，字在此只能用“年歲”義解。據此，各家在考釋中便釋此字爲“歲”。釋𢧜爲歲在通讀銘文上雖然没有什麽問題，但兩者在形體上的聯繫，從未有人提出過確切有力的證明。因爲兩者不僅義符不同，聲符也不同：歲字甲骨文作𢅀或𢆶，金文作𢧵𢧵，從步戉聲（《説文》以爲從戌聲，誤），而𢧜字卻從月（肉）戈聲，所以我們認爲𢧜字根本不能釋爲歲。

戠字明確作爲年歲義，據目前所能見到的古文字材料來看，似乎僅見於楚器。其以大事紀年，稱爲“某某之戠”，如同齊國銅器紀年稱“國差立事歲”（《國差𦉜》）、“陳喜再立事歲”（《陳喜壺》）等一樣。正因爲楚文化不同於中原文化，有其自己的特色，故以“戠”作爲年歲義，猶如商之稱“祀”，周之稱“年”（西周銅器銘文中也偶見稱“祀”，當是受商的影響），名雖不一，義本相同。

“戠”字在此應讀爲“載”。《爾雅・釋天》謂：“夏曰歲，殷曰祀，周曰年，唐虞曰載。”可見年歲可稱爲“載”。“殷曰祀，周曰年”不僅在典籍中可以得到證明，而且更可從出土的大量古文字材料中得到證明，《爾雅》的“唐虞曰載”是根據《禹貢》而來的，《禹貢》雖是戰國晚期作品，但這至少可以證明在戰國晚期“年”可稱爲“載”。《爾雅》中記載的十二月名與長沙所出土楚帛書相合，也説明了它的記載是有一定根據的，並非向壁虛構。《書・堯典》“朕在位七十載”，《史記・文帝本紀》“漢興，至孝文四十有餘載”等載字都是年歲之意。因此，年歲可稱“載”，應無異議。

載字也見於《鄂君啟節》，作𨍭；長沙楚帛書作𨍭，皆從車戈聲。字在文中均爲容載之義。上面我們已論證了戠即戠字，而戠與載聲符相同，例可通假，這在古文字材料中是可以得到證明的。

上引《二年𨥘鼎》中的肎（戠）字，據銘文應假爲容載之載。又新出土的《平安君鼎》銘曰：“廿八年，平安邦師（司）客，朎（戠）四分鼏，六益半鍂之冢（重）。”另外有一件傳世的《平安君鼎》銘曰：“卅二年，平安邦師（司）客，膚（容）四分鼏，五益六鍂四分鍂之冢（重）。”兩器銘文格式全同，相互比勘，一爲“朎（戠）四分鼏”，一爲“膚（容）四分鼏”，容、載義本相同，因此新出《平安君鼎》銘中的"䎀"（䳄）字只能讀爲"載"。此是假䳄爲載之例。

長沙馬王堆一號漢墓出土遣册中第 62 號簡云："牛載一筍。"63 號簡云："犬肩一器與載同筍。"簡文中的"載"字均假爲"䳄"，即《説文》所説的"大讞也"。這可和長沙砂子塘西漢墓出土的封泥木匣題記"牛肩䳄□□炙，□牛"相互印證。此是假載爲䳄之例。

另外，由於䳄字在古文字中可从止（之）聲，而止（之）、才、茲古聲韻並通，所以典籍中又借茲爲載，如《左傳》僖十六年："今茲魯多大喪，明年齊有亂。"杜注："今茲，此歲。"《孟子·滕文公下》："什一，去關市之徵，今茲未能，請輕之，以待來年然後已。"趙岐注："今茲爲今年。"楊樹達曾指出："茲字無年歲義，凡年歲之茲者，皆假爲載，《爾雅·釋天》云：載，歲也。茲、載古同音，故得通假矣。"

由此可知，䳄、載二字本可互假，在上述材料中凡作爲年歲義的"䳄"字均應讀爲"年載"之載。

䳄字既然可讀爲載，那麼另外一些銅器銘文也可得到正確釋讀。

壽縣楚器上常見"以供䳄嘗"一語，嘗爲祭名，"䳄"字前人雖知不能釋爲"大讞"但或讀爲蒸，或讀爲粢，均不確（亦有人讀爲歲，仍誤）。今知䳄可讀爲載，則"䳄嘗"猶言歲祭。壽縣楚器"以供䳄（載）嘗"一語可與長沙楚帛書言"䳄（載）則無縣祭"交驗互證，新出楚《鄝陲君》三器銘稱"攸立（莅）䳄（載）嘗"也可證明這一點。

又《商周金文録遺》578 戟銘云："陳昉𢓓□廑之戟。"𢓓乃"之䳄（載）"二字合文，字下兩小橫畫爲合文符號。這種寓一字於另一字中的合文形式也見於其他戰國文字，如"大夫"合文作𤞤，即其例。

總之，年載之載"本無其字"，在戰國文字中借䳄（䳄）爲之，在典籍中又借載或茲爲之。因古文字中䳄、載二字可互假，後世用作"年歲"一義的"載"字便由載行而䳄廢。

《吉林大學社會科學學報》1981-2，頁 24—25

○**饒宗頤**（1983）　（編按：曾侯乙衣箱）歲字下半从月，同於卜辭的 𤊾，楚帛書歲字皆作䳄，故可定爲歲字。

《古文字研究》10，頁 193

○**湯餘惠**（1983）　《十鐘山房印舉》1.7.1 著録的"䳄䳄之鉩"（編按：璽彙 0205），又見於《陳簠齋手拓古印集》，陰刻四字，有田字形闌格，此種形制楚國官璽多見。從文字看，䳄字从音作 𩲦，與楚"䳄（織）室之鉩"及"中䳄（織）室鉩"相同,這兩鈕古印石志廉同志曾考爲戰國楚璽是正確的。我們認爲"尚戠之鉨"也是戰國楚物,除了上述理由,從戠字更可以得到啓發。

戰國五系文字中,表示年載之義用字頗有異同。大抵三晉、秦、燕諸國僅用"年",器物銘刻紀年不用"歲、祀、戠"三字。齊國銘刻"年、歲"二字並用,但用法似有嚴格區別,大凡數字紀年用"年",十年陳侯午鐓"隹十年"、十三年陳侯午鐓"隹十三年"是其例;人事紀年用"歲",子禾子釜"□□立事歲"、陳純釜"陳猶立事歲"可以爲證。齊器陳騂壺銘文同時並用上述兩種紀年形式,稱"隹王五年奠□陳尋再立事歲",年、歲二字各有所當,用字體例不亂。

戰國楚器物銘刻紀年采用"年、祀、戠"三字,但三者並不是平行關係,"年、祀"流行時代較早,戰國初年楚惠王時代的銅器曾姬無卹壺"隹王廿﹦又六年"、楚王酓章鐘"隹王五十又六祀"的紀年形式乃是因襲商周以來的傳統紀年套語,我們注意到這兩種紀年形式在戰國中晚期的楚器物銘刻中已經極少沿用,而普遍代之以戠字。它不僅用以紀年,還常常出現於"吕共戠棠"一句成語中。引人注意的是列國文字中除楚之外其它各國幾乎無一使用戠字,這對判定此璽的國別很關重要。

戠字究竟應該釋爲何字,是值得進一步探討的問題。關於這個字,歷來影響較大的有釋戠、釋歲、釋載三説。楚文字"肉"作𠕎,"月"作𠂆,學者多有辨正,我們認爲是十分精當的。戠字下方從"月"不從"肉"(偶有變例不足爲據),釋"戠"之説可謂不攻自破。近年來釋"歲"之説比較盛行,大概是覺得釋"歲"在銘文中都可以讀得通,其實釋爲字義相同的"載"不是同樣可以讀通嗎?安知必定是"歲"而不是"載"呢?因此不從字的形、音、義全面考慮,問題還不能最終得到解決。釋"載"之説是李學勤同志50年代提出的看法,我們認爲是正確的,可惜他沒有作詳細的闡述。下面提出兩點論證作爲李説的補充。

(1)首先討論"戋"字的構形和讀音。戠字從"戋"作𢦏,又作𢦏,應是從戈,之聲。楚文字之字作𐘡者習見,省形或作𐘡,信陽楚簡之字或作𐘡(見105、106、107、109簡)可證。此字運用兼筆,戈、之二偏旁共有一橫畫,或以爲戠字從"止"非是。《商周金文録遺》578著録的戠銘有"戠﹦",顧及到前後文義,字下所加的"﹦"不可能是重文符號,而在考慮合文的諸種可能的釋法中,惟有釋成"戠之"二字,似覺文從字順。我們把戠銘釋爲"陳旺戠之倍(造)䣘(府)之戜(載)"(詳見另文),楚器昭王鼎銘文云"邵王之諻之鐈(䤶)貞

（鼎）”與戟銘文同一例。由此可知楚語固有在一句話中兩次使用語中助詞“之”字的習慣。戟銘中合文釋法如果不誤，似可作爲“弌”字从“之”的確證。

（2）“弌”究竟應釋爲何字？以往似乎都没有講清楚。釋“戴”者以爲上面从“弋”大概僅僅出於對小篆的附會。我們注意到，商周古文字及除楚以外的列國文字中均未見弌字，頗有深入考求的必要。在楚文字中，“弌”和“弋”應是一字。湖北望山昭固墓出土楚簡中“栽郢”一語數見；栽字不見於字書，可能是从人、弋聲的人事災禍的本字，簡文中借爲“哉”。此字又見於鄂君啟節，鄂君啟舟、車二節銘文栽郢字並作“戈”，抛開形符不看，弌、弋顯然一字，於是始悟“弌”即“弋”字異體。前者从戈，之聲，後者从戈，才聲；之、才二字古音相近，作爲形聲字的聲符，兩者可以互用，金文懋字或體作“懋”，魚鼎匕頂字作“顥”，與此同例。由上可見楚文字的“弌”即弌（弋）字異體，秦統一文字以後，“弋”行而“弌”廢，遂不見於後世字書。

明確以上兩點很有意義。“戴”是合體字，用“六書”的理論從造字角度著眼，此字非形聲即會意，似無別種可能。戴字从“弌”（亦即从“之”）得聲，與歲字古音聲韻遠隔，因此把它當成形聲的歲字便失去了立足餘地；至於從會意角度考慮，“月”和“弌”恐怕無論如何也難於會出歲字的“意”來，所以釋“歲”之説斷難成立。

我們認爲戴字可能是从月、弌聲的形聲字。月字偏旁作形聲字的義符可以表示時間，如朏、期、朔、霸等字均是，所以李學勤同志認爲戴爲年載的本字是很有道理的。“戴（戴）、載”同諧弌聲，典籍通作“載”；假借字通行而本字遂廢，此例多見，無須備引。

現在可以回頭探討璽文的涵義了。璽文的“戴（職）戴（載）”應即《周禮·天官》的“職歲”。《爾雅·釋天》“唐虞曰載，夏曰歲，商曰祀，周曰年”，此語不盡可信，但從年載的意義上説，這四個字異名而同實，至少戰國時代如此。字義相同或相近的字常常相互代用，古書上不乏此例，如同一語句此處用“年”而彼處用“歲”，此處稱“荊”而彼處稱“楚”，已是人們所熟知的事實，璽文“職載”《周禮》作“職歲”當屬同一道理。據《周禮》記載，職歲掌官府、都邑、群吏的財務支出，年終與司會等官署共理會計事宜，是直屬王室的財政機構之一。“戴戴之鈢”應即職歲所用的璽印。

《古文字論集》1，頁 62—64

○ **吳振武**（1983）　0248 歲昉信鈢·戴昉信鈢。

《古文字學論集》（初編）頁 490

○許學仁（1983）　楚王酓肯、酓忑鼎諸器篆銘，文末每具“以共（供）戠（歲）棠”四字，用以旌功表德。戠作𢧐，與甲骨、金文歲字迥異，而形近於訓爲大斧之“戉”。商錫永、劉節讀𢧐爲戠，謂盛肉以祭云云，固望文生義；而郭某、唐蘭雖知其絕非戠字，猶不得不釋爲“戠”字，再求諸假借之道。此由於彼等囿於材料之不足徵也。其後，楚繒書出於長沙、鄂君啟節出於壽縣，所見有關𢧐字辭彙既多，其字義遂寖明朗。繒書云“步以爲戠”“是胃（謂）孛戠”“千又百戠”與鄂君啟節“敗晉帀（師）於襄陵之戠”“戠能返”，戠字皆作𢧐，釋爲歲字，諸家皆無疑義，亦可證明舊釋“戠”字之非也。

　　𢧐爲歲之異構，金文歲字多从戈从戉，而不从戊，如：戉（舀鼎）、戉（國差𦉜）、戉（陳猷釜）、戉（子禾子釜）、戉（爲甫人盤），甲骨歲字則多數作戉，偶有作戉形者，與小篆及金文歲字最近，其另有別體作戉，金祥恆氏據卜辭文例，疑爲“夕歲”之合文。今觀繒書、鄂君啟節𢧐字，知戉亦歲字，非夕歲之合文，蓋積月成歲也。

　　商承祚氏考釋謂𢧐字：

　　　從月，與甲骨文歲之作戉，有其共同之點和源流所自。

　　金祥恆駁商氏釋形之誤，謂𢧐字从戉从步，而夕乃少之訛，非肉也。文云：

　　　商氏誤戉爲戉，誤夕爲月，戉或戊作戉者，甲骨斷無此例，故商氏將戉，隸書作戉，夕形在金文可釋爲肉字。如有𪔣趙脽胃胆等字所从之月，亦可釋爲月字，如日月之月字，蓋字形訛變，偶同之故，然戉亦偶然訛變爲戉者，如金文衛字，穌衛妃鼎、㽪攸比鼎、賢簠作戉，其韋之从戉訛成戉，與月夕字難分，由此推知𢧐所从夕乃由戉訛變而來，而戉仍如許氏《說文》所謂从步，與甲骨文作戉、金文作戉、《說文》作戉同原，作戉者，字形部分有所訛變而已。

　　金氏闡明歲戠一系，允稱詳贍，但亦有不可信據者，如謂戉訛爲戉，以形近之故，誠屬可能。然楚系文字：戉（繒書乙2·24）、戉（舟節7·1）、戉（蔡侯盤），足形甚爲固定。謂夕爲戉之訛變，求諸楚文字，本乏實例，求之彝銘，復不可得，其説殆有疑焉。且漢瓦當歲字从月作戉，夕字横寫作戉，準此，知戠字古文小篆均不从月，而楚文字之𢧐字从月者，蓋源自卜辭歲字別體戉，而所从之夕則來自戉形，漢瓦當戉，又其流衍之僅存者也。卜辭歲字作戉，取象於刈割禾麥，此甲骨以迄篆書，从兩足形之戉字所从出，而戉則取譬於積月成歲。又𢧐戉字之濫觴。二者取意既殊，義遂不同也。

○**饒宗頤**(1985)　(編按:楚帛書)脣與二十八宿,隨天左行,與天體之歲星爲右行義異。古人習慣以歲指太歲,亦稱歲陰。鄭玄云:

> 歲謂太歲。歲星與日同次之月,斗所建之辰也。歲星爲陽,右行於天,太歲爲陰,左行於地,十二歲而小周。其妖祥之占,甘氏《歲星經》其遺像也。賈《疏》:"此太歲在地,與天上歲星相應而行。歲星爲陽,右行於天,一歲移一辰……歲星爲陽,人之所見;太歲爲陰,人所不覩。既歲星與太歲雖右行、左行不同,要行度不異(馮相氏下注)。"

殷代晚期已見大歲之名。第四期卜辭云:

> 辛亥貞:壬子,又多公歲,弜又于大歲。叔。(《合集》33692、33693)

辭凡兩見。《荀子·儒效篇》説:"武王誅紂,行之日以兵忌,東面而迎太歲。"1976年臨潼縣出土利簋,銘云:"珷(武王)征商,佳甲子朝,歲鼎(貞),克聞。"歲即歲星。晚殷之天文知識,對歲星(木星)已有認識,不成問題。惟所謂"大歲",據章鴻釗説,大歲必指歲星,非如後來所指在地之歲陰。

西漢初馬王堆《五星占》帛書,記木星出,三百六十五日而夕入西方,伏三十日而晨出東方,凡三百九十五日百五分。實得 $395\frac{105}{240} = 395.44$ 日(帛書記明一度等於240分),與今實測395.88,相差只0.44日,可見先漢時楚人對於歲星之高度知識。太陰紀年,可能始於春秋晚期。《甘氏歲星經》部分保存於《開元占經》(卷二十三),其末句云:

> 歲星凡十二歲而周,皆三百七十日,而夕入於西方。三十日復晨出於東方,視其進退左右,以占其妖祥。

以甘氏"三百七十日"與馬王堆《五星占》之"三百六十五日"相比,前者遠不如後者之準確。甘氏德爲戰國時楚人。《史記·天官書》:"近世十二諸侯,七國相王,而尹(皋)、唐(昧)、甘、石(申),因時務,論其書傳,故其占驗,淩雜米鹽。"唐昧,楚人,死於垂沙之難,在秦昭王初年。《漢書·藝文志》:"六國時,楚有甘公。"《開元占經》卷八十五天棓章屢引甘氏之説。帛書乙篇言天棓事,可與甘説參證。楚帛書確切年代,據1973年湖南省博物館發掘該帛書出土之墓地(73長子川)伴出之陶器,證明宜屬戰國中晚期。正當唐昧、甘德之世。《甘氏歲星法》所占妖祥,備志二十八宿每歲所值之次,其文字可與楚帛書對讀。今附錄於後,以供參考。其言:

> 歲星處一國,是司歲十二名。

始於"攝提格之歲。攝提在寅,歲星在丑"。其十二歲之名,即爲攝提格等等,而以建寅起算,以楚用夏正故也。攝提見於《離騷》,足見甘公之天文實爲楚學。與楚帛書之侈言妖祥亦復類。其言"攝提在寅,歲星在丑"可證歲星確是右行,而歲陰則爲左行。楚帛書既與甘公同時,則戰國此際,楚國已有大歲(歲陰)左行之説可知。帛書乙篇第二段云:

> 凡歲悳匿,如曰丞(亥)隹(惟)邦所,五宊之行……隹悳匿之歲,三寺(時)……繫之以秎降。是月吕遷,曆爲之正。

帛書以陬爲正月,據虞喜説由於星次在娵訾。《吕覽》及《淮南》俱言孟春之月,日在營室。自戰國中期以來,用十二星次結合干支紀元,已成習慣。歲星所在,於十二次爲娵訾(豕韋),於二十八宿爲營室東壁,於十二辰爲亥。

《楚帛書》頁 128—131

○陳秉新(1985)　　(編按:楚王酓前鼎等)戕字銘文作戕,向有歲、戕二釋。按此字所從之戕,從戈從止,隸定爲戈,是戕(古歲字)之省文,並非從戔(戈),故戕不當釋歲。此字又見於鄂君啟節,彼銘有句云:"大司馬邵敭敗晉師於襄陲(陵)之戕。"郭沫若、殷滌非先生釋戕爲歲,于省吾先生然其説,並作了進一步論證:"晚周繒書有'百戕、戕季'之稱,此外,古文字和小篆的歲字均不從月,惟漢瓦當文'歲'字偶有從月作戕者,此亦漢篆時存古文之一證。"(于省吾《鄂君啟節考釋》,《考古》1963 年第 8 期)歲時之歲,原無本字,甲骨文借戉(鉞本字)爲歲,作戉、戉等形,于省吾先生説:"近年出土之商器斧鉞(例如《古銅器精華》七册 96 頁)屢見。其闊刃處做弧形,有類於近世武術家所用之月牙斧,其上下刃尾捲曲回抱。由是可知,戉字上下二點,即表示斧刃上下尾端回曲中之透空處,其無點者,乃省文也。"(《甲骨文字釋林·釋戉》。)戉、歲古音同在月部,戉屬舌根匣紐,歲屬齒頭心紐,發音部位雖不同,但同屬於摩擦音。清人戴震在《轉語二十章敘》裏曾提出"同位"和"位同"的説法,他説:"凡同位爲正轉,位同爲變轉。"周祖謨先生解釋説:所謂"同位",是指發音部位相同而發音方法不同,如同屬牙音,見與群或相通轉。所謂"位同",是指發音方法相同而發音部位不同,如同屬清音塞音,或同屬擦音可以通轉(見周祖謨《漢代竹書與帛書中的通假字與古音的考訂》,《音韻學研究》第一輯)。匣紐和心紐即屬於位同變轉。戉歲疊韻,聲亦可通,故戉可假爲歲。在卜辭中戉用爲歲有兩種意義,一是年歲,一是歲祭。歲祭是祭祀用牲法,又是祭名,即肢解獸牲或人牲以祭,後來又造戕來專門表示這個意思,從戉斷止會意,今歲時之歲即此字的訛變。戕字是戰國時代出現的表歲時的專字,從月,歲省聲,歲積月而成,故從月。這個歲時專字没有留傳下來,而歲祭之歲長期被借用爲歲時字,後來即爲借義所專。許慎不知歲字形、義之源,誤以木星爲歲之本義,誤會意爲从步,戌聲。

歲用爲祭名,卜辭多見。所謂歲祭,即肢解牲體以祭,大量的是用獸牲,也有人牲。《殷虛書契前編》六卷 16 頁 1 片"歲羌卅"與"卯十牛"對文,《殷契遺珠》335 片"歲羌三"與"卯二牢"對文,卯是用牲法,歲也應是用牲法,歲羌即肢解羌人以祭。歲祭的對象有先公、先王、帝、帝五臣等,目的在於祈祐。殷人的歲祭很頻繁,除十二月未見歲祭外,其他各月份都舉行歲祭。歲謂解牲以祭,在古代典籍中也可以得到證明。《墨子·明鬼》引古逸書云:"吉日丁卯,用伐祀社方,歲於祖若考,以延年壽。"(原文"用伐祀",誤爲"周代祝","若"誤爲"煮"。"代"郭老以爲"伐"之誤,其他均依孫詒讓《墨子閒詁》校改。)郭老引此文,以歲爲祭歲星之祀(見《甲骨文研究》),非是。歲與伐對文,伐指伐人以祭,歲則指解牲以祭。卜辭所見歲祭,幾乎無月不歲,而且歲羌與卯牛對文,歲牛若干、歲羊若干更爲多見,尤見歲是解牲之祭,非祭歲星之謂。後世禮簡,改無月不歲爲歲終一歲,例如《尚書·洛告(編按:"告"當作"誥")》之歲(此歲祭與烝祭同時舉行,卜辭亦有此例,《庫方二氏藏甲骨卜辭》1021 片"王賓兄庚,昪[烝]罙歲,無尤")及《逸周書·作雒解》"王既歸,乃歲"之歲,改薦生爲薦熟,例如《儀禮·少牢饋食禮》"用薦歲事於皇祖伯某"(《少牢饋食禮》所載升牛羊剖體於鼎及舌心皆午割之事,實乃殷代歲牲之遺風,鄭注訓"歲事"爲歲時之事,殊誤)。

歲由用牲法演進爲專祭,舉行歲祭時,亦不限於薦歲牲,亦有兼用酒祭者,如《殷虛書契後編》上五.12 片:"父己戉(歲)叀(惟)莫(暮),酚。"卜辭的莫歲與夕歲,同爲傍晚舉行的歲祭。這段卜辭是說,在傍晚歲祭父己,要用酒祭嗎?《殷契粹編》106 片有"酚戉(歲)自甲……"之辭,卜辭又多見酚彳戉(歲)於某之辭,都說明殷代歲祭時也同時用酒祭。西周金文毛公鼎銘有"錫女秬鬯一卣……用歲"之句,也是用鬯酒助歲祭的例證。

《文物研究》1,頁 67—68

○**李零**(1985)　(編按:楚帛書)乃步以爲歲,歲字从步戉聲,或即出於此義。

《長沙子彈庫戰國楚帛書研究》頁 69

○**何琳儀**(1986)　(編按:楚帛書)"戢",原篆作"**戣**"。李(甲)釋"載",李(乙)釋"歲"。按,釋"歲"正確。西周金文作"**戣**",春秋楚系文字省兩"止"增"月"作"**狚**"(《考古》1965 年 3 期)或"**狾**"(《考古》1981 年 2 期),戰國楚系文字則省一"止"作"**戣**"(其中"止"與"戉"共用一橫筆)。漢"千秋萬**歲**"(《秦漢瓦當文字》2:34)瓦當,尚保存戰國古形。另外,乙篇"步以爲戢"亦"戢"从"步"省之證。

《江漢考古》1986-1,頁 54

○羅運環（1989）　　"止""止"二形底橫畫上的豎畫，在西周晚期和春秋時代的楚國金文中基本上是直立着的。但是，自春秋戰國之際始，隨着金文字體由長變短的需要，止、止二形長長的豎畫明顯傾斜起來。

止字作□（《楚王酓章鎛》）、□□□□（邵王之諻殷、鼎銘）、□□□□□（《曾姬無卹壺》）、□□□□□（《鄂君啟節》）、□（《大鷹鎬》）、□□□（《楚王酓忎鼎》）、□（《楚王酓忎盤》）、□（《集酉□盤》）、□（《王后小鷹鼎》）、□□（郳陵君器銘）等形；正和政从止，春秋時作□（《楚王領鐘》）、□□（《楚屈子赤角匠》）、□□（《王孫彖鐘》）等形，戰國時期的《鄂君啟節》作□□□□□等形，《楚王酓忎鼎》作□□形，《楚王酓忎盤》作□形。

以上的比較表明："止"的兩豎畫，在春秋晚期逐漸變成兩斜畫，右邊豎上的小豎左彎畫自《鄂君啟節》前後亦變爲小斜畫。到了戰國晚期，小斜畫增長往往超過兩斜豎的長度並有時穿過一斜豎，甚至兩斜豎而著底；"正""政"所从止的中閒長豎畫亦逐漸傾斜，小豎左彎畫亦變爲短斜畫，長豎下的豎右彎畫的豎逐漸傾斜而致使整個筆道近似橫畫。

過去郭沫若、唐蘭等先生將歲字的□隸定爲戈，就是忽視了止的演變規律。甲骨文歲作□□□□等形；西周金文作□□□等形；春秋後期楚國金文的歲字作□（淅川下寺一號墓出土的編鐘銘文）；戰國早中期的簡文帛書作□（信陽楚簡）、□（天星觀一號楚墓簡文）、□（楚帛書）等形；戰國中晚期楚國金文作□□□（《鄂君啟節》）、□（《大鷹鎬》）、□（《楚王酓肯鎬鼎》）、□（《楚王酓肯鉈鼎》）、□□（《楚王酓忎鼎》）、□（《楚王酓忎盤》）、□□□（《郳陵君器銘》）等形。很顯然自春秋後期到戰國時代的歲字以月取代了下面的止，戈上的止仍保留，而止的底畫由豎右彎橫變爲橫畫時，使用了借筆法。即先省去止的底橫，後又省去止的左豎，而均借用戈的橫畫以爲止的豎右彎橫畫。其與戰國中晚期正、政所从止的演變正相吻合，其上所从確爲止，可隸定爲"戉"形。新版《金文編》雖認其爲歲字，但在1458葉隸定爲"戉"形則欠妥。

　　　　　　　　　　　　　　　　　　　　　　《江漢考古》1989–2，頁69

○李學勤、祝敏申（1989）　　（編按：集成9703陳璋方壺）"歲"字左部作"匚"形，其寫法源於西周旨鼎。這種形體據現有材料來看，東周時期只有齊國繼承下來，從春秋中期國差罉起，公孫窖壺、陳喜壺、子禾子釜、左關釜等一脈相承。雖與楚同屬東土，但與楚國"歲"字不同，一望而知是齊的典型風格。

　　　　　　　　　　　　　　　　　　　　　《文物春秋》1989創刊號，頁15

○睡簡整理小組（1990）　　（編按：睡虎地·日甲64"歲在東方"）歲，《開元占經·歲星占》引《石氏星經》曰："歲星,木之精也。歲行一次,十二年一周天,與太歲相應,故曰歲星。"歲星即木星,約十二年運行一周天。

《睡虎地秦墓竹簡》頁 191

○**曾憲通**(1993)　(編按:楚帛書)歲字過去有釋載、釋戠、釋歲數説。歲本从步,帛文言"步以爲歲",可見作歲仍以步爲基礎,而省去一止,復增月爲形符以足義。歲字作歲,是戰國楚系文字的特殊寫法,如楚王酓肯鼎"吕共歲棠"作歲,鄂君啟節"敗晉師於襄陵之歲"作歲,江陵楚簡某某"聞王於菣郢之歲"作歲,俱與帛文相同。望山楚簡還有一歲字作歲,義符易月爲日。歲本積日月以成,故字从日从月無別。

《長沙楚帛書文字編》頁 74

○**劉樂賢**(1994)　(編按:睡虎地·日甲 64"歲在東方")既然"歲"不是歲星,那是什麽? 我們認爲本篇的"歲"可能是選擇家們常説的太歲,其理由如下:

(1)"歲"運行與太歲相合。"歲"是由東而南而西而北,太歲也是由東而南而西而北。

(2)"歲"的方位吉凶與太歲相合。《論衡·難歲篇》云:"《移徙法》曰:'徙抵太歲,凶,負太歲亦凶。'"又曰:"假令太歲在子,天下之人皆不得南北徙,起宅嫁娶皆避之。其移東西,若徙四維,相之如者,皆吉。"其所占吉凶與本篇基本一致。

(3)古人常常把太歲叫做"歲"。如《論衡·難歲篇》通篇批評的是時人關於太歲的種種説法,標題卻叫"難歲篇"。篇中有"且移徙之家禁南北徙者,以爲歲在子位","歲"即太歲。《周禮·馮相氏》:"掌十有二歲、十有二月、十有二辰、十日、二十有八星之位。"注:"歲,謂太歲。"

如果"歲"是太歲,則"正月、五月、九月,歲在東方,以北大祥,東旦亡,南遇殃,西數反其向"一句的意思就非常簡單,無非是説正月、五月、九月因爲太歲在東方,往北大祥,往東旦亡,往南遇殃,往西數反其向。

《睡虎地秦簡日書研究》頁 103

○**董楚平**(1994)　(編按:集成 93 臧孫鐘)在甲骨文中,歲字偶爾寫作歲,从戊从步。在西周金文中,步字演變爲止字,如《毛公厝鼎》作歲。金文歲字大多从戈不从戊。如《爲甫人盨》作歲。到春秋戰國之際,楚國歲字左下部"止"換作"月",有積月成歲之會意;左上部的止字,其下一橫併入"戈"字肩上的橫筆,後來止字的左豎筆也省去。如淅川下寺 1 號墓出土的編鐘銘文作歲;《信陽楚簡》作歲,天星觀 1 號楚墓簡文作歲,楚帛書作歲,《鄂君啟節》作歲、歲,《郲陵君器銘》作𣥂，《楚王酓肯釶鼎》作𣥂，《楚王酓忎鼎》作𣥂等。這種歲字從月的寫法在北方尚未發現。吳越徐楚等南方國家文字常相同，而有別於北方。吳器《臧孫鐘》銘文多爲反文，“𣥂”字也從戈從月（金文“月”“夕”不分），省肩上兩筆，應該是南方歲字的另一種寫法。

《國際百越文化研究》頁 240

○劉信芳（1996）　（編按：楚帛書）戢（歲）　或釋爲“太歲”。按此謂歲末也，《夏小正》傳：“初歲祭來，始用暢也。暢也者，終歲之用祭也。”《國語·楚語下》：“古者先王，日祭、月享、時類、歲祀。”

《中國文字》新 21，頁 97—98

○李零（1998）　（編按：包山 238）歲。應指多煞。

《李零自選集》頁 64

○何琳儀（1998）　歲，甲骨文作𣥂（明二二三五）。從步，戉聲。或作𣥂（佚二一一），步旁省簡爲二短橫。或作𣥂（粹一三二五），從月，戉聲。西周金文作𣥂（利簋）、𣥂（舀鼎）、𣥂（毛公鼎），春秋金文作𣥂（國差罎）、𣥂（公子土斧壺）、𣥂（爲甫人盨）。戰國文字承襲兩周金文。齊系作𣥂、𣥂，戉之弧刃明顯；燕系作𣥂，戉省作戈形，上止譌作𣥂形。晉系作𣥂、𣥂，戉省作戈形，上止譌作𣥂、𣥂（或以爲從殺聲化）。楚系作𣥂、𣥂，戉省作戈形，以月易下止旁，上止旁或譌作𣥂、𣥂形。秦系文字作𣥂、𣥂，戉之弧刃不明顯與戊形相同，上止或譌作𣥂、𣥂形。

《戰國古文字典》頁 896

○陳偉武（2003）　戢：包山簡、天星觀簡、常德簡、望山簡、信陽簡等習見。此字用爲歲時之專字，故從“月”。何琳儀先生指出：“戢，甲骨文作𣥂（粹一三二五）。從月，戉聲。歲之異文。春秋南系金文作𣥂（攻敔臧孫鐘）。戰國楚系文字承襲春秋金文。”“歲”字或從“月”，或從“日”，情形與“期”字或作“旮”相同。曾憲通師指出：“……歲字作戢，是戰國楚系文字的特殊寫法……望山楚簡還有一戢字作𣥂，義符易月爲日。歲本積日月以成，故字從日從月無別。”

《華學》6，頁 101

○劉信芳（2003）　（編按：包山 238）此指歲星（木星）。戰國時以歲星紀年，術數家特別重視據歲星之贏縮以占吉凶，《史記·天官書》：“歲星贏縮，以其舍命國。所在國不可伐，可以罰人。其趣舍而前曰贏，退舍曰縮。贏，其國有兵不復；縮，其國有憂，將亡，國傾敗。”

《包山楚簡解詁》頁 246

○**陳偉**（2003）　（編按:郭店·太一3）歲,年歲。《尚書·堯典》云:"期三百有六旬有六日,以閏月定四時成歲。"孔穎達疏:"以定四時之氣節,成一歲之曆象。"《淮南子·天文訓》云:"天有四時以成一歲。"《春秋繁露·四時之副》云:"天之道,春暖以生,夏暑以養,秋清以殺,冬寒以藏,暖暑清寒,異氣而同功,皆天之所以成歲也。"自"大一生水"至"成歲而止",講述宇宙生成的過程。傳世本《老子》第四十二章云:"道生一,一生二,二生三,三生萬物。萬物負陰而抱陽,沖氣以爲和。"簡文這部分似與之相關。

《郭店竹書別釋》頁 27

【**歆棠**】楚王酓前鼎等

○**唐蘭**（1934）　然"歆棠"二字,至難解釋。如讀歆如本字,則何以與棠連文?且三鼎,三簠,一盤,其銘俱云:"以共歆棠。"古者盛歆以豆,鼎與簠、盤,均非盛歆之器也。郭氏又云:

> 歆與棠連文,則歆殆又假爲蒸,歆蒸乃陰陽對轉之聲也。故"吕共歆棠"即是"以供蒸嘗"。（原注:準《魯頌·閟宮》"毛炰歆羹"之例歆作如字,棠讀作羹,亦可通。然古人盛羹以鉶不以鼎故知其非。）

郭氏之觀察,每極敏銳,其謂歆之不能讀如字,甚是。然謂讀如蒸,則亦有誤。蓋金文"蒸嘗"之語習見,如姬鸞彝鼎云"用糞用嘗",陳侯午錞及陳侯因資錞並云"以羍以嘗",皆是。蒸字以"羍"或"糞"爲之,其用法則均以爲動詞,與此銘均迥異也。

余意此"歆棠"二字,當讀爲"粢盛","粢盛"之語,習見於《左傳》《國語》《周禮》等書,蓋春秋以後之通語也。《周禮·甸師》云"以供齍盛",《孟子·滕文公》下云"以共粢盛",《穀梁傳·桓十四年》云"以供粢盛",《禮記·祭統》云"以共齊盛",其句法並同。然則此云"以共歆棠",當即"以共粢盛","歆"與"粢","棠"與"盛",並語聲之轉耳。經傳所言"粢盛"俱指祭祀之黍稷,而此以"歆棠"爲之者,似已爲泛義之祭物矣。

《唐蘭先生金文論集》頁 23—24,1995;原載北京大學《國學季刊》4-1

○**劉節**（1935）　然諸器皆曰"以共歆常",歆讀如字,歆羹也。（中略）盛歆羹,故有鉈鼎。歆常,即歆羹與蒸嘗並舉之,是祭物之通稱也。

《古史考存》頁 115,1958;原載《楚器圖釋》

○**饒宗頤**（1958）　見"歲"字條。

○**李零、劉雨**（1980）　"歲嘗",曾見於壽縣朱家集出土酓肯、酓忎諸器,作"吕共歲嘗"。歲嘗之嘗,即烝嘗之嘗。古書有所謂春祠、夏礿、秋嘗、冬烝四時之祭,各書所記春夏祭名頗有異文,但秋曰嘗、冬曰烝則是共同的。古人解釋說,嘗是指穀熟嘗新,烝是指穀物的登藏。我們在銅器銘文中常常可以見到"以烝(烝)以嘗"這類話,有的銅器還以烝器或嘗器自名,如大師虘豆自銘"烝隓豆",六年瑚生簋自銘"嘗殷"。但烝、嘗二字,其使用可能亦如四時之獵名,並不十分固定。銘文中,嘗、兄、疆諸字押韻。

《文物》1980-8,頁 29

○**曹錦炎、吳振武**(1981)　　見"歲"字條。

○**湯餘惠**(1993)　　散,歲字異體。從歲省,從月,僅見於楚文字。棠,同嘗。歲、嘗皆爲祭名,組成一詞,泛指祭祀活動。

《戰國銘文選》頁 23

△**按**　"散(歲)棠(嘗)"爲一歲之中"嘗新"之祭,李零、劉雨説是。

此 𫠊

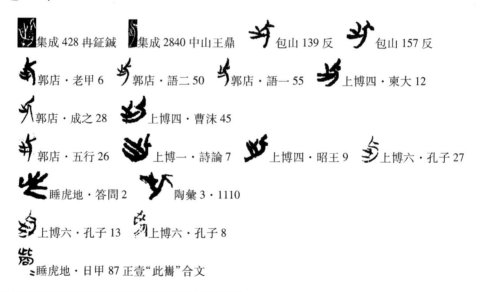

集成 428 冉鉦鍼　集成 2840 中山王鼎　包山 139 反　包山 157 反

郭店·老甲 6　郭店·語二 50　郭店·語一 55　上博四·東大 12

郭店·成之 28　上博四·曹沫 45

郭店·五行 26　上博一·詩論 7　上博四·昭王 9　上博六·孔子 27

睡虎地·答問 2　陶彙 3·1110

上博六·孔子 13　上博六·孔子 8

睡虎地·日甲 87 正壹"此䒑"合文

○**陳劍**(2008)　(編按:上博六·孔子)本篇有幾個"此"字寫法較爲特殊,往往被誤釋爲"易"。在整理者原釋爲"此"的字中,又包含有其他字的誤釋。這也大大影響了對有關文意的理解和竹簡的拼合編聯,因此於此集中討論。下面先來看被整理者釋爲"此"的字:

簡 5　簡 27　簡 17　簡 16　簡 13　簡 7

其中前 4 形的釋讀没有問題。倒數第 2 形即簡 13 之字,李鋭(2007a、2007c)讀爲"訾"。其文云"~言不忞(忌)",顯然當釋爲"出"。其右上角的曲筆旁邊並沒有一斜筆,跟"出"字之作(《上博(五)・姑成家父》簡4)對比,只左半中間多出一筆。最末一形即簡7之字,李鋭(2007a、2007c)等釋文已括注問號對釋爲"此"表示懷疑。其形實爲常見的"北(必)"字訛體,其筆畫分解、重新組合,分成上下兩截書寫,跟前文談過的"則"字訛體"勼"情況頗爲相類。但其整體輪廓與"北"還是極爲接近的。

下面來看被誤釋的幾個"此"字:

簡13　簡13　簡11　簡15　簡8　簡8

簡13前一"此"字和簡11、15的"此"字,原皆釋爲"易"讀爲"賜"。簡13後一"此"字原釋爲"易",謂"形有異,似還當讀爲'賜'",李鋭(2007a、2007c)已將其改釋爲"此"。簡8前一"此"字,原釋爲"易";簡8後一"此"字,原隸定作"豺",分析爲"從勿,爻聲",讀爲"狡";梁靜(2008)讀爲"郊"。按楚簡文字的"易",確有個別寫得跟上舉一些字形相近的,如《上博(二)・從政甲》簡18"惕"字,又信陽簡1-02、簡1-07等。但絕大多數的"易",其"勿"形的右上角所從的筆畫要複雜得多。以上諸字雖然字形略有變化,但從文意、句子結構各方面來看,都應該釋爲"此"。上引最末一形即簡8後一"此"字,顯然就是將簡13後一"此"字中的"爻"形挪到上方,同時其左下部分還保留"此"字的兩筆而成的。

《出土文獻與古文字研究》2,頁177—178

【此巂】睡虎地・日甲47

○睡簡整理小組(1990)　觜巂,二十八宿之一。《開元占經・西方七宿占》引《石氏星經》曰:"觜巂三星。"《淮南子・天文》作觜巂。本帛書巂字上半誤作從萑。

《睡虎地秦墓竹簡》頁188

○劉樂賢(1994)　巂字在曾侯乙墓竹簡中作巂(襦字偏旁),在馬王堆一號漢簡中作巂,在漢印中作巂。我們認爲該字本從萑或隹(甲骨文中隹、萑互用),《說文》及後代從崔是從隹之訛誤,整理小組之說不對。

《睡虎地秦簡日書研究》頁75

○張守中(1994)　通觜　此巂　日甲四七。

《睡虎地秦簡文字編》頁18

正　正

集成2782哀成叔鼎　　秦䭷玉版　　秦䭷玉版　　睡虎地・日甲138背

珍秦186　　上博一・緇衣14　　郭店・語三2　　貨系43　　貨系2647

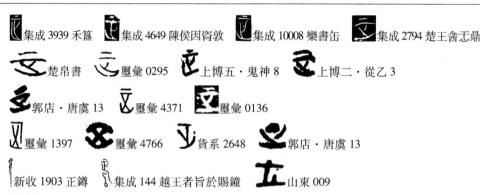

○吳大澂（1884）　正　<!-- -->古鉢文　<!-- -->古鉢文　<!-- -->古鉢文　<!-- -->古鉢文　<!-- -->古鉢文。

　　　　　　　　　　　　　　　　　　　　　《説文古籀補》卷 2，頁 5

○丁佛言（1924）　正　<!-- -->古鉢左正鉢　<!-- -->古鉢左桁正木　<!-- -->古鉢正行　<!-- -->古鉢正行無私

<!-- -->古鉢正王文　<!-- -->古鉢平匋宗正　<!-- -->古鉢中正　<!-- -->古鉢　<!-- -->古匋。

　　　　　　　　　　　　　　　　　　　　　《説文古籀補補》卷 2，頁 6

○鄭家相（1958）　（編按：貨幣文）文曰正，取正德利用之義。

　　　　　　　　　　　　　　　　　　《中國古代貨幣發展史》頁 155

○裘錫圭（1980）　（編按：璽彙 5221）必正。

　　　　　　　　　　　　《古文字論集》頁 19，1992；原載《古文字研究》3

○曾憲通（1983）　（編按：集成 171 之利鐘）正字作，與越王鐘字校，字有缺筆。左下飾以鳥形，屬鳥書。正爲正月之省，越其次句鑼“隹正初吉丁亥”，二器同文，正下亦均省去月字。

　　　　　　　　　　　　　　　　　《古文字學論集》（初編）頁 356

○吳振武（1983）　3737 左鉢・左正鉢
　　　　　3750 方敵□・方正戠□。

　　　　　　　　　　　　　　　　　《古文字學論集》（初編）頁 518

　　　　　5221 ・必正　5222—5224 同此釋。

　　　　　　　　　　　　　　　　　《古文字學論集》（初編）頁 524

　　　　　5400 ・正。

　　　　　　　　　　　　　　　　　《古文字學論集》（初編）頁 525

○吳振武（1986）　看《古璽文編》33—34 頁。又同書 584 頁第五欄字也應釋爲“正”。

　　　　　　　　　　　　　　　　　　　　　《古文字研究》14，頁 57

○**黄盛璋**(1989)　魏布幣中有以孚－釿爲重量單位的：

　　(1)梁充釿五十尚(當)孚　28.02—17.40 克

　　(2)梁充釿百尚(當)孚　15.05—7.21 克

　　(3)梁正幣百尚(當)孚　16.00—0.80 克

　　(4)梁半幣二百尚(當)孚(中略)

　　"充"指充當的釿,意即次品,"正"與"充"對,指正品。

《古文字研究》17,頁 40

○**睡簡整理小組**(1990)　(編按:睡虎地·日甲 87"生子,爲正")正,官長。

　　(編按:睡虎地·日甲 21 背"字東方高,西方下,女子爲正")正,《呂氏春秋·君守》注:"主也。"古書中或作政,《左傳》宣公二年:"疇昔之事子爲政,今日之事我爲政。"

《睡虎地秦墓竹簡》頁 193、211

○**王輝**(1990)　(編按:集成 2658 卅六年私官鼎"一斗半正")"正"在此用爲形容詞,意爲準確無誤。睡虎地秦簡《效律》有一條説:"衡石不正,十六兩以上,貲官嗇夫一甲……斗不正,半升以上,貲一甲……半斗不正,少半升以上……貲各一盾。"秦律對度量衡器,明確規定了誤差的限度,這是貫徹統一度量衡政策的法律保證。從三十六年私官鼎的銘文來看,可見昭王時已强調度量衡器的準確性,可能自孝公以後都是如此。簡報作者曾以水對此鼎容量進行實測,爲3000 毫升,即一斗爲 2000 毫升,一升爲 200 毫升,而商鞅方升容 201 毫升,二者相近。

《秦銅器銘文編年集釋》頁 70

○**李學勤**(1993)　正鐏:見羅森等編《青銅聚英》87,長而纖細,飾有精美的浮雕狀鳥形,下部有錯金銀鳥書一字。試加分析,當爲"正"字而附加鳥形爲飾。從工藝及字體看,應爲越器。

《四海尋珍》頁 85,1998;原載《文物天地》1993-1

○**張守中**(1994)　(編按:睡虎地簡)通征　出正　日甲七。

　　通政　立正　日甲三二。

《睡虎地秦簡文字編》頁 18

○**吳鎮烽**(1996)　(編按:新收 1334 工師文矗)惟其"正"字的斷讀可有兩種。其一是斷與上句,連讀爲"工師文,工安正",作工匠名解;其二是斷與下句,連讀爲"正十七斤十四兩、四斗"。作形容詞解,意爲正確、準確。《睡虎地秦簡·效律》有一條説:"衡石不正,十六兩以上,貲官嗇夫一甲。"不正即不準確。全句大意是“此器的重量和容積經測校準確無誤,重十七斤十四兩,容四斗”。

《于省吾教授百年誕辰紀念文集》頁 95—96

○**何琳儀**(1998) a 因資錞“正六月”,正陽之月,即夏曆四月,周曆六月。《詩·小雅·正月》“正月繁霜,我心憂傷”,箋:“夏之四月,建巳之月,純陽用事而霜多。”《左·莊二五》“唯正月之朔慝未作”,注:“正月,夏之四月,周之六月,謂正陽之月也。”齊璽三七三七正,鄉長。《禮記·王制》“史以獄成告于正”,注:“正,於周鄉師之屬。”齊璽“正孫”,複姓。齊陶“正月”,首月。《左·隱元》“春王正月”,疏:“正月,實是一月。”

b 左乘馬戈“正月”,見 a。燕陶四·一三四正,見《禮記·月令》“正權概”,注:“正,平之也。”

c 哀成叔鼎“正月”,見 a。吉語璽“正行”,見《晏子·問下》“正行則民遺,曲行則道廢”。晉吉語璽“正下”,見《墨子·天志》“無自下正上者,必自上正下”。晉吉語璽“正曲”,見《左·襄七》“正直爲正,正曲爲直”。晉吉語璽“正氏”,疑讀“正身”。(《禮記·内則》“祗見孺子”,注:“祗或作振。”《詩·大雅·大明》“大任有身”,《衆經音義》一引身作娠。是其旁證。)《荀子·堯問》:“正身之士,不可驕下。”趙璽“宗正”,官名。魏橋形布“正尚”,讀“正幣”。《禮記·曲禮》下“野外軍中無摯”,疏:“若土地無正幣,則時物皆可也。”引申爲標準貨幣。中山雜器“□正”,官名。

d 楚王酓忎鼎、徐郊尹鼎“正月”,見 a。正陽鼎、包山簡“正昜”,讀“慎陽”,真金文作(伯真甗),从丁得聲;金文正亦从丁得聲,詳上文。故真、正聲系可通。《漢書·地理志》汝南郡“慎陽”,在今河南正陽北。楚璽“正官”,對“副官”而言。楚璽○二九五正,見《周禮·夏官·諸子》“以軍法治之不正”,注:“正,音征。謂賦稅也。”楚璽○三四三、包山簡正,鄉長。見 a。《爾雅·釋詁》:“正,長也。”注:“謂官長。”楚璽“方正”,官名。包山簡、牘“正車”,疑讀“征車”,行旅之車。帛書“五正”,見《左·隱六》“翼九宗五正”,注:“五正,五官之長。”

e 青川牘正,見《廣韻》“正,定也”。睡虎地簡正,見《廣韻》“正,平也”。

《戰國古文字典》頁 796—797

○**荊門市博物館**(1998) (**編按**:郭店·緇衣 24“教之以正”)正(政)。

《郭店楚墓竹簡》頁 130

○**王輝、程學華**(1999) (**編按**:新收 1334 工師文罍)“工安正十七斤十四兩四斗”十一字頗難斷句。吴文指出有兩種可能性。一是“正”字與“工安”連讀,“安正”爲工匠之名;二是“正”與“十七斤十四兩四斗”相連,“正”作正確講。吴傾向於是工匠之名。韓文説“安正”是工師的下屬官吏,而非人名,但“未見史書記載,亦未見其它器物刻銘”。我以爲韓説没有證據,吴説雖可通,但“正”與容積、重量相連,一般作正確解於義爲勝。三十六年工師癉鼎銘“工疑,一斗半正,十三斤八兩十四朱”,即其例。又睡虎地秦簡《效律》:“衡石不正,十六兩以上,貲官嗇夫一甲……斗不正,半升以上,貲一甲……半斗不正,少半升以上,……貲各一盾。”此“正”明確説的是校正容積、重量之事。此罍與工師癉鼎鑄造時間僅差兩年,語例應該相同。

《秦文字集證》頁 50

○**王輝**(2001) (編按:秦駰玉版)潔可以爲瀘(法),(清)可以爲正

　　睡虎地秦簡《爲吏之道》:“凡爲吏之道,必精(清)絜(潔)正直,慎謹堅固,審息無私。”又《故宫博物院藏古璽印選》477 秦成語印:“中精(清)外誠。”潔清,即廉潔無私。《説文》:“正,是也。”郝懿行《爾雅義疏·釋詁下》:“《考工記·韗人》注:‘正,直也。’《文選·東京賦》注:‘正,中也。’中、直皆‘是’之義也。”廉潔、正直是秦時士吏的立身道德。

　　此句説秦執法士吏廉潔無私,可以爲法則,執法亦正直不阿。“潔精”本一詞,而分用者,是對偶句的需要。

《考古學報》2001-2,頁 149

○**晏昌貴、鍾煒**(2002) (編按:九店 56·57)水[瀆]之[聚],[婦]人正。“瀆”字原缺,睡簡《日書》甲種 14 至 18 號簡有“水竇”,讀作“水瀆”。今據補。“婦”字原缺,承劉國勝先生告訴筆者,當是“婦”字的殘形。其後有斷句符。睡簡《日書》甲種 20、21 號簡背有“女子爲正”。87 號簡有“生子爲正”。“爲正”當即“爲政”,亦即“爲吏”,指參預政事。古代把婦女參政視爲不吉利。《尚書·牧誓》:“古人有言曰:‘牝雞無晨。牝雞之晨,惟家之索。’”僞孔《傳》:“喻婦人知外事”,“婦奪夫政,則國亡”。《穀梁傳·僖公九年》“毋使婦人與國事”,范寧注:“女正位於内。”或曰:“婦人正”意指婦女守婦道。《孟子·滕文公下》:“以順爲正者,妾婦之道也。”趙岐注:“女子則當婉順從人耳。”《管子·權修》:“凡牧民者,欲民之正也,欲民之正,則微邪不可不禁也。”《戰國策·秦三》:“夫信婦貞,家之福也。”“婦貞”即婦正。

《武漢大學學報》2002-4,頁 420

○**劉信芳**(2003) (編按:包山 21)正:或釋爲“縣正”,未妥。簡文“正”並非僅爲

縣正,簡 19“郊正”,26“鄡易大正”,59“長沙正”,75“羕陵正”,131“陰之正”,
以上各例可以認爲是縣正。102“右司寇正陳得,正史炎”,其“正”爲右司寇的
屬官。“受期”簡中的“正邥塙、正坓得、正秀不孫”,“疋獄”簡中的“正沉具、
正義强、正秀齊、正義牢”等,皆是左尹官署的屬官。“正”作爲職官有“大正、
少正”之别,簡 26“鄡易大正”,魯官有“少正卯”(《史記·孔子世家》)。《禮
記·王制》:“史以獄成告於正,正聽之;正以獄成告於大司寇,大司寇聽之棘
木之下;大司寇以獄之成告於王,王命三公參聽之。”鄭玄《注》:“正,於周鄉師
之屬,今漢有平、正、丞,秦所置。”

《包山楚簡解詁》頁 34—35

○**張桂光**(2004)　　五和正之别在橫筆的平(**X**)與曲(**Ⅹ**、**Ⅹ**、**Ⅹ**)。

《古文字論集》頁 107

△**按**　“正”戰國出土文獻多表示匡正、端正、中正等義,又可讀爲“征、定、政”
等,以“正”爲“政”楚簡習見。

【正下】

○**葉其峰**(1983)　　“正下”(編按:璽彙 4529)。《墨子·天志》:“無自下正上者,
必自上正下。”意思是説:“自來就没有地位低的人治理地位高的,而只有地位
高的人治理地位低的人。”可見,“正”可訓“治理”。正下,意即治理下民或治
理天下。相類的成語璽有“正下可私”(編按:璽彙 4860)。此詞不見於經典。
“可”讀作“何”,石鼓文“其魚佳可”,“可”就是“何”的借字,可見,古“何、可”
相通。此詞大意是:治理天下自有禮制,何必用你自己的意見呢?

《故宫博物院院刊》1983-1,頁 76

○**何琳儀**(1998)　　見“正”字條。

【正木】

○**朱德熙**(1985)　　(2)至(5)各辭“桁”字下或言“正木”,或言“敨木”。據
《金薤留珍》(府二三·四)著録的“正木之璽”一印,可知“正木”是官職名,那
麽“敨木”也應是官職名,二者都是林衡的屬官。(中略)

　　綜上所述,本文討論的(1)至(5)各辭應是齊國的官印。

《古文字研究》12,頁 328

○**裘錫圭**(1996)　　“正木”之“正”似亦當讀爲“征”,正木大概是主管收木材
税的官。

《于省吾教授百年誕辰紀念文集》頁 158

○**王人聰**(1996)　　此璽之形制、文字與山東五連縣遲家莊戰國遺址所出銅璽

中之一號、二號、四號璽相同。璽文第二字,朱德熙釋"桁",並云:桁當讀爲衡,即《周禮·地官》之林衡,爲掌管山林之官。又《鐵雲藏陶》七二下著録一片陶文亦與此璽内容相同,其第三字與此璽第三字構形一致。該片陶文第三字朱德熙釋"正";高明《古陶文字徵》釋"立"。今按,上引兩家所釋均不確。陶文此字下部不从止,與立字構形亦不同,不得釋爲正或立字。《古璽彙編》零二零八號著録一璽,文爲"𡘹木之鉨",第一字朱德熙釋"奠";甚確。又《金薤留珍·府二三》著録一璽,璽文作"𡘹木之鉨",璽文第一字當係上舉璽文"𡘹"之簡化,亦應釋"奠"。今將文物館所藏此璽之第三字與《金薤留珍》著録之璽文第一字比較,二者構形相同,是知亦應釋"奠",璽文"奠木"當係林衡之屬官。

《古璽印與古文字論集》頁 36,2000;原載《于省吾教授百年誕辰紀念文集》

【正月】

○何琳儀(1998)　見"正"字條。

【正曲】璽彙 4865

○何琳儀(1998)　見"正"字條。

【正行】璽彙 4364—4373

○葉其峰(1983)　"正行"。"正"訓整頓、端正。正行意猶端正行爲。《荀子·議兵》:"修身正行。"又《王制》:"論禮樂,正身行。"《周禮·地官司徒》:"正其行。"正行或可釋作正確的行爲。成語璽"正行亡私",其意應是行爲端正而没有私心。

《故宫博物院院刊》1983-1,頁 76

○何琳儀(1998)　見"正"字條。

【正行亡厶】璽彙 4789、4791—4792,等

○羅福頤等(1981)　正行亡私。

《古璽彙編》頁 435

【正行亡曲】璽彙 4763—4788、4790,等

○羅福頤等(1981)　正行亡私。

《古璽彙編》頁 433—435

○陳松長(1991)　《周禮》"正其行",《荀子·議兵》"修身正行",是知"正行"爲當時習語,正行無私猶言端正行爲,没有私邪之心。

《湖南博物館文集》頁 110—111

○王人聰(1997)　(編按:璽彙 4763—4792)璽文亡與無字通,《詩·陳風·宛丘》:"無

冬無夏。"《漢書·地理志》引無作亡。《左傳·成公十八年》:"韓無忌。"《漢書·古今人表》作韓亡忌。典籍中亡與無相通之例甚多,不煩舉例。《荀子·議兵》云:"修身正行。"《堯問》:"其知至明,循道正行,足以爲紀綱。"《韓非子·飾邪》:"修身潔白而行公正,居官無私,人臣之公義也。"璽文"正行亡私"即是此義。

　　　　　《古璽印與古文字論集》頁 43,2000;原載《故宮博物院院刊》1997-4

△按　《古璽彙編》4763—4788、4790 號古璽當釋"正行亡(無)曲",與《古璽彙編》4789、4791—4792 號古璽作"正行亡(無)厶(私)"有別。

【正行治士】十鐘 3·2

○王輝(1990)　"正行"之正用爲動詞,意爲使其行爲正確、規範,合乎國家要求。《爲吏之道》指出爲吏者"正行修身",必能"過(禍)去福存"。古璽也有"正行亡私"(《璽彙》4775)。士爲士吏,見《秦律雜抄》,是一種低級佐吏。"正行治士"乃行爲端正的優秀士吏,這是低級官吏的作人理想。

　　　　　　　　　　　　　　　　　　　　《文博》1990-5,頁 250

【正志】上博一·性情 1

○濮茅左(2001)　心亡正志　亡,讀爲"無"。正志,正確的認識,《荀子·解蔽》:"壹於道則正,以贊稽物則察,以正志行論,則萬物官矣。"又《周易·遯》曰:"嘉遯貞吉,以正志也。"《郭店楚墓竹簡·性自命出》作"奠志",與"正志"義近。"心亡(無)正志"與《郭店楚墓竹簡·性自命出》"心有志也,無與不可"句正相呼應。心亡(無)正志,必將待師法然後正,得禮義然後治。

　　　　　　　　　　　　《上海博物館藏戰國楚竹書》(一)頁 221

△按　"正志"對應郭店《緇衣》簡 1 作"奠志","正、奠"並皆應讀爲"定"。

【正車】包山 271

○李家浩(1993)　"正車",《包山》說"似爲征車"。按此說似不可信。曾侯乙墓竹簡"正車"作"政車"。《說文》訓"政"爲"正也",並說从"正"得聲,所以"正車"可以寫作"政車"。古代的戰車分正、副。副車或稱作倅車、貳車、佐車等。疑"正車"是對副車而言的。墓主卲𥊨官至左尹。左尹的地位很高,戰爭時期要帶兵打仗,如《左傳》昭公二十七年記吳師圍潛,"左尹郤宛、工尹壽帥師至于潛"。所以卲𥊨乘的車爲正車。正因爲是正車,所以車上的裝備物要比其他的車多。

　　　　　　　　　　　　《第二屆國際中國古文字學研討會論文集》頁 376

○陳偉(1996)　正車。整理小組以爲"似即征車"。李家浩先生指出:"按此說似不可信。曾侯乙墓竹簡'正車'作'政車'。《說文》:'政,正也。从攴、正,正亦聲。'所以'正車'可以寫作'政車'。古代的戰車分正、副。副車或稱作倅車、貳車、佐車等。疑'正車'是對副車而言的。墓主昭它官至左尹。左尹的地位很高,戰爭時期要帶兵打仗……所以他乘的車爲正車。正因爲是正車,所以車上的裝備物要比其他的車多。"在曾侯乙墓竹簡中,政車見於 12號、123 號和 166 號,三簡分別屬於車輛裝載、人馬甲冑和用馬方面的記錄,實際上是講同一輛車。值得注意的是,在這些分類記載中,對車輛使用大斾、左斾、右斾、大殿、左殿、右殿、政車、類車、乘廣、尚轂、行廣等衆多不同稱謂,而在簡 120—121 中卻將它們總結爲:"凡廣車十乘又二乘;四類車,圓軒;攻差坪所造行廣五乘;游車九乘,圓軒;一旬車;一尚轂;一王僮車;一每宜車;路車九。大凡四大乘又三乘。"兩相對比可見,總述中的稱謂大概是按車輛結構或形制確定的;而在那些分述中,除了部分采用這類車名外,還較多使用了那些在古書中比較常見的戰車在車陣中表示位置的稱謂。"政車"在總述時沒有提到,其稱謂應屬於後一種情形。由此似可確認它屬於兵車。政(正)有君長之意。在曾侯乙的車陣中,政車只有一乘,其位置當較那些以"斾"命名的車爲後,而在以"殿"命名的車之前,大致比較適中。這樣看來,政(正)車有可能是車陣中的指揮車。

《考古與文物》1996-2,頁 71

○**劉信芳**(1997)　包山楚簡二七一:"一篳正車。""正車"曾侯乙簡一二、一六六作"政車",疑讀如"征車",《續漢志》:"戎車,其飾皆如之。蕃以茅麾金鼓羽析幢翳,轙冑甲弩之箙。"劉昭注引《漢制度》曰:"戎,立車,以征伐。"李家浩云:"古代的戰車分正、副。副車或稱作倅車、貳車、佐車等。疑'正車'是對副車而言的。"謹錄以備考。

《中國文字》新 22,頁 166—167;《包山楚簡解詁》頁 302 略同

○**何琳儀**(1998)　見"正"字條。

【正**殳**】上博二·容成 36

○**李零**(2002)　正**殳**　即"征籍",是抽稅的意思。按:中山王方壺"籍斂中則庶民附","籍"作"**殳**"。

《上海博物館藏戰國楚竹書》(二)頁 278

【正**尚**】貨系 1350

○**何琳儀**(1998)　見"正"字條。

【正官】璽彙 0136

○**上海書畫出版社**(1979)　正官。

《上海博物館藏印選》頁 5

○**石志廉**（1980）　　正（征）官。

《中國歷史博物館館刊》1980-2，頁 109

○**羅福頤等**（1981）　　五官。

《古璽彙編》頁 23

○**吳振武**（1983）　　0136 五官之鈢·正官之鈢。

《古文字學論集》（初編）頁 489

○**鄭超**（1986）　　正官之璽（《古璽彙編》0136）

　　第一字《古璽彙編》原釋"五"，此從吳振武釋。"正"和"勿正關璽"中的"正"一樣，都應讀爲"征"，《左傳·僖公十五年》"征繕以輔孺子"注："征，賦也。"《管子·海王》"何謂征鹽筴"，注："征，稅也。"征官當是專管賦斂稅收的。楚國的賦稅項目繁多，據吳永章研究，有田賦、戶口稅、山澤稅、關市稅、貢賦等項（《楚賦稅制初探》，《江漢論壇》1982 年 7 期）。

《文物研究》2，頁 88

○**何琳儀**（1998）　　見"正"字條。

【正昜】

○**李零**（1986）　　（編按：集成 1500 正昜鼎）銘文"正陽"是地名，地點在今安徽壽縣西南正陽關。

《古文字研究》13，頁 387

○**張中一**（1989）　　（編按：正昜鼎）1956 年 5 月，湖南省博物館在常德的德山清理了戰國楚墓 44 座，1958 年清理了 67 座，M26 出土了"正昜"銘文銅鼎。這個"正昜"銘文當是銅鼎的標志，即銅鼎是在"陽"地鑄造的正品。

《求索》1989-3，頁 127

○**何琳儀**（1998）　　見"正"字條。

○**徐少華**（1998）　　（編按：包山 111 等）簡文中有關正陽的記載甚多，"正"字也有幾種不同的寫法，而以"正"爲常見。從簡文內容看，正陽屬吏有莫囂（敖）、司馬、少攻尹、正差等，與楚王室之官同制，當爲一縣級政區單位。正陽所在，簡文整理者未作說明，我們認爲當即兩漢之慎陽、隋唐之真陽、清代以來的河南省正陽縣。

　　其一，"慎"從"真"得聲，古音在章紐真韻，"正"字古音在章紐耕韻，真、耕兩韻常可通轉，慎、真、正三字均爲雙聲疊韻，古音一致，可能互用，漢晉慎陽縣，隋唐改爲真陽縣，清代又改爲正陽，即是一個很好的說明。

　　其二，根據貸金文書內所載，當時貸越異之金以糴種的除了正陽之外，還有蓼、郪陵、安陵、鄩(櫟)以及芙(胡)等地的地方官吏,蓼即故蓼國、漢晉蓼縣,故址在今河南固始縣;郪陵即故郪國,入楚後曾於春秋晚期作爲徐君的封地,後置縣,故地在今安徽省界首至太和縣一帶;安陵在今鄢城縣東南;櫟即《左傳》昭公四年吳師侵楚,入棘、櫟、麻之櫟,在今河南新蔡縣西北;胡即文獻所載的歸姓胡國,春秋晚期滅於楚,故址在今安徽阜陽市西北境,這些楚地大都位於淮河上中游地區,則與諸地並貸越異之金的正陽亦應在這一區域。

漢慎陽之置,據《漢書 · 高惠高后文功臣表第四》(卷十六)記載,漢高祖十一年(公元前 196 年)十二月封樂說爲慎陽侯,其後改縣,歷經幾次廢置和更名,至今仍存。漢晉慎陽縣的地望,據《讀史方輿紀要》和《大清一統志》的記載,在清代真(正)陽縣(即今河南正陽縣)北四十里,並說是"明移今治",當是明洪武四年(公元 1371 年)廢真陽之後,於弘治十八年(公元 1505 年)復置時所移。

楚正陽位於淮河上游以北、淮汝之間,與蓼、安陵、櫟、郪陵、胡等地相去不遠,漢晉慎陽縣當因楚之正陽而來。至於漢代爲何改正陽爲慎陽,因記載缺乏,無從考知。

《武漢大學學報》1998-6,頁 101—102

○劉信芳(2003)　(編按:包山 111)正昜:簡 119 作"郪陽",150、179 諸簡作"郖昜",並讀爲"定陽"。正、定古音近義通,《尚書 · 堯典》:"以閏月定四時。"《史記 · 五帝本紀》定作"正"。《爾雅 · 釋天》:"營室謂之定。"郭璞《注》:"定,正也,作宮室皆以營室中爲正。"《水經注 · 漸江水》:"穀水又東,定陽溪水注之……其水分納衆流,混波東逝,逕定陽縣。"楊守敬《疏》:"在今常山縣東南三十里。"按穀水爲漸江水支流,即今衢江。定陽溪水爲今浙江衢州市南之烏溪江,定陽本爲越地,楚懷王時已入楚。1958 年常德德山曾出土"正昜"銅鼎,蓋沿內外及器身口沿計三處刻有"正昜"二字(《湖南考古輯刊》第一輯,頁 94),該鼎應是定陽所鑄。學者或據此以爲"正陽"乃常德,長沙附近地名(劉彬徽《楚系青銅器研究》頁 348)。劉釗謂"正陽","即現河南正陽"。徐少華釋"定陽"爲漢晉之"慎陽"縣,其地在今河南正陽縣北 40 里(《包山楚簡釋地四則》,《武漢大學學報》1998 年 6 期)。看來,"定陽"之地望,尚有待更多的資料方能明確。

《包山楚簡解詁》頁 103

【正箸】上博二 · 從乙 1

△按　讀爲"政教"。

【正植】上博一·緇衣2

○陳佩芬（2001）　丮是正植　“植”即“直”，《説文》：“直，户植也。”段玉裁注：“植，當爲直立之木。”《禮記·檀弓上》“行並植於晉國”，《國語·晉語八》作“行廉直於晉國”。郭店簡作“好氏貞植”。今本作“好是正直”。

《上海博物館藏戰國楚竹書》（一）頁176

【正欽】郭店·尊德2

○周鳳五（1999）　正欽，《郭簡》依形隷定而無説。按，疑當讀爲“征擒”，征从正聲；欽，古音溪母侵部；擒，群母侵部，可通。簡文此處論賞與刑，依序爲爵位、正欽、刑□、殺戮，缺字可意補“罰”。若正欽讀作“征擒”，則爵位爲賞，征擒、刑罰、殺戮爲刑，文意分明。征而擒之，刑而罰之，殺而戮之，先後次第井然。

《張以仁先生七秩壽慶論文集》頁358—359

○陳偉（2003）　正欽，疑讀作“政禁”。欽从“金”聲。在上古音中，“金、禁”都是見母侵部字，所从得聲之字每可通用。如《荀子·正論》“金舌弊口”，楊倞注：“金或讀爲‘禁’。”《戰國策·趙策一》“趙收天下且以伐齊”章“乃西師以禁秦國”，馬王堆漢墓帛書《戰國縱橫家書》“蘇秦獻書趙王”章中相應文句作“唫”。包山266號簡所記隨葬木器有“二鉢”，李家浩先生指出即東椁室所出之二禁。在此指禁令。古書中政、禁往往同時提到。如《周禮·地官·鄉大夫》説“各掌其鄉之政教禁令”，同書《秋官·大行人》説“時會以發四方之禁，殷同以施天下之政”，《淮南子·本經》説“亂政犯禁”。政，在通常意義上的政令之外，有時也特指禁令。如《禮記·王制》“修其教不易其俗，齊其政不易其宜”，鄭玄注：“政謂刑禁。”《大戴禮記·盛德》“德盛則脩法，德不盛則飾政”，盧辯注：“政，禁令。”比照簡書上下文所説的“爵位、殺戮”，此處“政”特指禁令的可能性較大，“政禁”猶言“法禁”。“攻”及其下二字，圖版漫漶不清，尚難置論。其最後一字，依文例，應是“也”字。

《郭店竹書別釋》頁152—153

△按　讀“政禁”是，楚文字“禁”多寫作“欽”。

乏　卩　金

集成9735 中山王方壺　　睡虎地·答問164　　璽彙3175　　璽彙3173

弋 貨系 2649　　乀 貨系 2650

○劉體智(1934)　(編按：璽彙 3174) 疋即古文疏字,見《説文》。《姓氏尋源》:疏出自棲疏氏也。《世本》云:疏氏有疏踦。《潛夫論》:疏倚姓。

《善齋吉金録》卷 14,頁 8

○張政烺(1979)　(編按：中山王方壺) 乏,匱竭。《左傳》襄公十四年"匱神乏祀"。

《古文字研究》1,頁 216

○趙誠(1979)　(編按：中山王方壺) 乏借爲廢,音近而通。

《古文字研究》1,頁 251

○朱德熙、裘錫圭(1979)　(編按：中山王方壺)《莊子·天地》"無乏吾事",釋文"廢也"。

《朱德熙古文字論集》頁 101,1995;原載《文物》1979-1

○張克忠(1979)　(編按：集成 10478 中山兆域圖) 乏,假借爲窆。《説文》:"窆,葬下棺也。"閣,寬也。

《故宮博物院院刊》1979-1,頁 48

○李學勤、李零(1979)　(編按：中山王方壺) 乏,應讀爲廢,同樣的例子有《國語·魯語上》:"大懼乏周公、太公之命祀。"

《考古學報》1979-2,頁 152

○徐中舒、伍仕謙(1979)　(編按：集成 10478 中山兆域圖) 乏,反正爲乏,言反復也。此爲宮禁反復搜檢人身吏役之稱。

《中國史研究》1979-4,頁 95

○商承祚(1982)　(編按：中山王方壺) 反正爲乏,此作正,與中子化盤、楚盈匜把正字反書爲乏,同是誤字。

《古文字研究》7,頁 67

○黃盛璋(1982)　(編按：集成 10478 中山兆域圖) 乏(窆):此圖朱、裘定名爲"兆域圖",李定爲"兆窆圖",關鍵在於下句中"乏"字讀法:"王命周爲兆乏閣狹大小□刂","乏"朱、裘讀"法",而李讀"窆",最後一字右從"刀",左旁只殘存下部,雖無從窺見全字面貌,但只能是"則、制"一類的字。《簡報》釋"制",或屬近似,如此"乏"不當讀"法",一則和最後一字語意重複,再則方壺銘明明有"法"字,不如此作,三則下文還有"進退这乏者死無若",證明此字不讀"法",應讀"窆",如此圖名"兆乏(窆)",銘文本身已載明。從圖的内容、體制上看,亦當名《兆窆圖》,不應名《兆域圖》,《兆域》雖見於《周禮·冢人》所指乃墓葬地域即平面圖,而此圖實包括立體,包括地下墓室、棺與題湊等在内,堂地上皆無門,門在地下,亦證明包括立體。關於此圖的研究,另詳專文,這裏僅就"乏"字爭論問題略舉所見。

《古文字研究》7,頁 81

○**湯餘惠**(1986)　《古璽文編》附錄第 67 頁收有

　　　　𡳐 3175　　**𡳐** 3177　　**𡳐** 3173　　**𡳐** 3178

等四例前所未識的字,按之於戰國文字資料,很可能就是乏字的變體,中山王墓兆域圖版乏字兩見均作**𠃌**,中山方壺一見作**𡳐**,璽文只不過把字上的斜畫和止旁中直連成一筆罷了。《説文》在乏字下引《左傳》"反正爲乏"爲解,段玉裁注云:"此説字形而義在其中矣。不正則爲匱乏,二字相嚮背也。"

　　其實從上引古文資料看,正、乏二字形體上的差别僅在字上的一筆:正字作横畫而乏字作斜畫,大概是取非正即乏之義,跟嚮背了不相涉。戰國文字的"正"有時寫作**𧾷**、**𠉕**,有時又寫成**𠂇**、**𢀜**,便是明證。

《古文字研究》15,頁 36

○**黄錫全**(1989)　古璽裏有一個寫作**𡳐𡳐**等形的字,見於《彙編》中的下列諸璽:

　　(1)**𡳐** 3173　(2)**𡳐** 3174　(3)**𡳐** 3175

　　(4)**𡳐** 3176　(5)**𡳐** 3177　(6)**𡳐** 3178

又有一個从**𠆢**从**𡳐**的字:

　　(7)**𡳐** 3500

《文編》並列入附録六七。

　　今按,古璽中與上舉**𡳐**字形體最接近的就是正字,根據《文編》二·九,我們把古璽中正字的形體大致歸納爲下列幾種:

　　A **𧾷** **𧾷** **𠉕**　　B **𠃌** **𠃌** **𠃌**　　C **𧾷** **𠃌**
　　D **𠉕** **𠉕** **𠂇**　　E **𠉕** **𠉕**

從這幾種形體我們可以看出,它們與**𡳐**字形近,但並不同形。C 形的上一筆作"**𠃌**",向前折筆而下,而**𡳐**字上筆向後傾斜,與 C 形正好相反。中山王壺乏作**𡳐**,兆域圖作**𠃌**,上一筆均斜畫,與正字均直畫平書(如兆域圖正作**𠃌**,金泡飾人名**𠉕**)有别,《説文》引"《春秋傳》曰'反正爲乏'"之説顯然是不足據的。因

此,我們認爲上揭諸卂字應該就是"乏","窊"字應隸定爲"窊"。《彙編》三八
五四"公孫窊",第三字缺釋,《文編》列入附錄八九,根據我們的分析,應該
釋定。

今本《説文》法(灋)字古文作窊,《汗簡》録石經也作窊,从宀从正(《説文》
正字古文作𧾷),很令人費解。我們認爲《説文》古文、石經古文的窊就是古璽
的窊,只是由於卂、正形近易混,後來誤卂爲正,又變从古文𧾷,遂成窊形。法、
乏同屬脣音葉部字,《説文》、石經古文應是假窊爲法。因此,古璽的乏、窊均
應讀爲法。

古有法姓。如《後漢書・法雄傳》:"齊襄王法章之後。"上揭第一方印
"乏章",應讀爲"法章"。很可能就是齊襄王法章(在位公元前283—公元前
265,見《史記・六國年表》)之印。其它應分別釋讀爲:(2)乏(法)腹(?)
(3)乏(法)癋　(4)乏(法)□　(5)乏(法)辻(上)　(6)乏(法)生居　(7)
乏(法)思。

《古文字研究》17,頁 292—293

○**張亞初**(1989)　戰國晚期中山王墓銘文材料出現的乏字,並不是正字的反
書,而是把正字上面一平畫改成一斜撇,作爲表示不正、不足的乏字。

《慶祝蘇秉琦考古五十五年論文集》頁 338—339

○**黃錫全**(1993)　(編按:貨系)

2649—2650	𠂤 𠂤	□	乏	背文	齊	刀

《先秦貨幣研究》頁 356,2001;
原載《第二屆國際中國古文字學研討會論文集》

○**何琳儀**(1998)　燕璽乏,讀泛,姓氏。周大夫食采於泛,因以爲氏。見《通
志・氏族略・以邑爲氏》。

c 中山王方壺乏,見《莊子・天地》"無乏吾事",注:"乏,廢也。"兆域圖
乏,讀法。《説文》灋(法)之古文作窊(宅),是其佐證。

e 睡虎地簡乏,廢。見 c。

《戰國古文字典》頁 1438

○**李家浩**(2006)　(編按:集成 10478 中山兆域圖)在討論銘文的"逃"字之前,先對
"兆乏"之"乏"的讀法略説幾句。在古文字學界,"兆乏"之"乏"有"窊、法"兩
種説法。我們認爲除了這兩種讀法外,似乎還有另外一種讀法。古代型範之
"範"與"乏"音近可通。例如《史記・司馬相如傳》所載《子虛賦》"於是乎周

覽泛觀”，《漢書・司馬相如傳》“泛”作“氾”，馬王堆漢墓帛書《老子》乙本卷後古佚書《十六經・正亂》“毋乏吾禁”等語，帛書整理小組注將“乏”讀爲“犯”。跟兆域同墓出土的中山王𦙛嗣奵蚉壺銘文有“雨（永）祠先王，世世母（毋）𧻚”之語，湯餘惠先生認爲“𧻚”應該讀爲中山王方壺銘文“乏其先王之祭祀”之“乏”。型範之“範”，按照《説文》所説本作“笵”，但是古籍多作“範”或“范”。“範、笵、范”三字所从聲旁“軋、氾”與“犯、𧻚”，皆从“巳”聲。“泛”从“乏”聲。慧琳《一切經音義》卷一引《玉篇》：“範，鑄金器之模樣也。”我們懷疑古代的“範”不限於指“鑄金器之模樣”，用於其他的“模樣”也可以稱爲“範”。兆域圖是建造中山王陵的“模樣”，頗疑“兆乏”，應該讀爲“兆範”，銘文末尾“其一从，其一藏府”之二“其”字，即指它前面的“兆範”，也就是所謂的兆域圖。從這一點看，似乎也可以説明把“兆乏”讀爲“兆範”，要比讀爲“兆法”或“兆窆”都要合理一些。

《康樂集》頁 23

【乏繇】睡虎地・答問 164

○**睡簡整理小組**（1990）　乏繇，没有服足繇役時閒。

《睡虎地秦墓竹簡》頁 132

○**陳偉武**（1998）　《法律答問》：“可（何）謂‘遝事’及‘乏繇（徭）’？律所謂者，當繇（徭）……已閲及敦（屯）車食若行到繇（徭）所乃亡，皆爲‘乏繇（徭）’。”整理小組注：“乏繇，没有服足繇役時閒。”

　　今按，“已閲及敦（屯）車食若行到繇（徭）所乃亡”，實際上並未真正服繇役，故“乏繇”非指“没有服足繇役時閒”，“乏繇”猶言廢繇。《莊子・天地》：“子往矣，無乏我事！”陸德明釋文：“乏，廢也。”其實，《法律答問》“乏繇（徭）”之“乏”也即《繇律》“御中發徵，乏弗行”之“乏”，整理小組注：“乏，廢。《急就篇》顏注：‘律有乏興之法，謂官有所興發而輒稽留，乏其事也。’”此注是。

《中國語文》1998-2，頁 142

是　昰

石鼓文・而師　　陶彙 5・384　　集成 2840 中山王鼎　　集成 2811 王子午鼎

集成 11263 邟王是埜戈　　集成 4096 陳逆簋　　集成 2782 哀成叔鼎

包山 4　　新蔡甲三 321　　上博四・逸詩・交交 3　　上博二・民之 8

○**强運開**（1935） （編按：石鼓文）《説文》："是，直也，从日、正。昰，籀文是，从古文正。"運開按，齊侯鐘是字作昰，毛公鼎作昰，與鼓文微異。秦公敦作昰，虢季子白盤作昰，均與鼓文同。

《石鼓釋文》庚鼓，頁 2

○**鄭家相**（1941） （編按：貨幣文）右布文曰是，在左。按是爲隄省，即隄上，見昭二十六年，杜注：周地。顧棟高曰：《漢書》河決酸棗，東潰金隄。《寰宇記》：在洛陽縣西南二十三里。時漢興未四十年，河道始決，金隄係三代時物明矣。所云隄上，疑即此。

《泉幣》9，頁 23

○**鄭家相**（1958） （編按：貨幣文）文曰是，《説文》：是，直也。又正，是也。則是字取正直之義。

《中國古代貨幣發展史》頁 166

○**張政烺**（1979） （編按：中山王方壺"是有純德遺訓"）是讀爲寔。

《古文字研究》1，頁 212

○**姜亮夫**（1980） （編按：詛楚文）是、寔、諟等皆轉注字，義皆相通。此是即寔之分化字。寔字今俗多作實，實从貫，《説文》訓富，其本義也。寔、實同音異調（實讀入聲），故得相通也。

《蘭州大學學報》1980-4，頁 58

○**裘錫圭**（1982） （編按：睡虎地·秦律 22—25）《倉律》：

嗇夫免，效者發，見雜封者，以隄（題）效之，而復雜封之，勿度縣，唯倉自封印者是度縣。出禾，非入者是出之，令度之，度之當堤（題），令出之……入禾未盈萬石而欲增積焉，其前入者是增積，可殹（也）；其它人是增積，積者必先度故積，當堤（題），乃入焉。（36 頁）

注釋在"唯倉自封印者是度縣"下加注説:"是,在此用法同'之'字,參看裴學
海《古書虛字集釋》卷九。是度,即度之。下文'非入者是出之'即非入之者之
出之。"(37頁)

　　今按:上引律文中的"是"字應是起複指作用的代詞。"唯倉自封印者是度
縣"句的結構("縣"字姑且據注釋解作動詞,連上爲句),與"唯你是問"一類句
子相同。按照一般的説法,"是"字在這裏是用來複指提前的賓語的。"非入者
是出之""其前入者是增積""其它人是增積"等句裏的"是"字,也是起複指作
用的,只不過"唯倉自封印者是度縣"句的"是"字所複指的,對於"是"字後面
的動詞來説是受事者;這幾句"是"字所複指的,對於"是"字後面的動詞來説
是主事者。王引之《經傳釋詞》認爲這種用於複指的"是"字猶"寔"也。可以
參考。上引律文注釋認爲"是"在句中的用法同"之",是不確切的。

《古文字論集》頁 537—538,1992;原載《文史》13

○**李裕民**(1983)　　(編按:侯馬盟書"麻夷非是")我認爲,多數學者讀是爲氏族之
"氏"是正確的,侯馬盟書中"是"寫作"氏"者計有十六・二九、八五・一九、
九六・八、二〇〇・一一、二〇〇・一八、二〇〇・四六等七例,説盟書"尚未
發現'非是'二字有異文",當是没有細檢全書而出現的差錯。是通氏,在帛書
本《戰國縱橫家書》中常見,如安陵氏作安陵是,韓氏、趙氏、魏氏、梁氏作韓
是、勻是、魏是、梁是。漢金文中嚴氏也作嚴是(《漢金文録》二四九),董氏也
作董是(同上五九三、五九四)。

《古文字研究》10,頁 119

○**睡簡整理小組**(1990)　　(編按:睡虎地・秦律 22"唯倉自封印者是度縣")是,在此用法
同"寔"字,參看王引之《經傳釋詞》。者是下文"非入者是出之"同。

《睡虎地秦墓竹簡》頁 26

○**湯餘惠**(1993)　　(編按:中山王鼎"是克行之")是,通寔(shí),《爾雅・釋詁》:
"寔,是也。"副詞,相當於今語的"確實、的確"。

《戰國銘文選》頁 35

○**何琳儀**(1998)　　盟書是,讀氏。《儀禮・覲禮》"太史是右",注:"古文是爲
氏。"《戰國策・齊策》三"魏取伊是",鮑本是作氏。是其佐證。氏,姓之支
系。《左・隱八》:"因生以賜姓,胙之以土而命之氏。"晉璽"文是",複姓。韓
方足布"同是",讀"銅鞮",地名。韓方足布"唐是",讀"楊氏",地名。

《戰國古文字典》頁 751

○**李家浩**(2000)　　(編按:九店 56・18"是謂無功")本墓竹簡"是"字多作。按古文

字"是"主要作䢔、䢙二形（《金文編》90頁）。前者从"早"从"止"。因"早"的下部與"內"形近，故後者所从"早"旁的下部訛變作"內"。簡文"是"就是將這種訛變的"是"字中閒一豎省略了的寫法。此種省略寫法的"是"字還見於包山楚墓竹簡四號。

《九店楚簡》頁72

○**馬承源**（2002）　（編按：上博二·子羔1）又吳是　文獻作"有虞氏"。

《上海博物館藏戰國楚竹書》（二）頁184

○**李朝遠**（2003）　（編按：上博三·中弓1）季是　楚簡中，"是"往往借爲"氏"，如《包山楚簡》二·四、二·八九的"是"均可釋爲"氏"。文獻中，"是"與"氏"通。《儀禮·覲禮》"太史是右"，鄭玄注："古文是爲氏也。"從簡文看，季氏應指季桓子。

《上海博物館藏戰國楚竹書》（三）頁264

【是佳】哀成叔鼎

○**張政烺**（1981）　是惟二字構成一個詞，古書中常見，《毛詩》中寫作實維，如《魯頌·閟宮》："后稷之孫，實維大王。"《商頌·長發》："允也天子，降予卿士，實維阿衡，實左右商王。"是也寫作時，如《大雅·生民》："厥初生民，時維姜嫄……載生載育，時維后稷。"惟也寫作爲，如《國語·晉語》二："是故先置公子夷吾，寔爲惠公。"《晉語》六："乃納孫周而立之，寔爲悼公。"可見是惟就是現在普通話説的"就是"。

《古文字研究》5，頁30—31

○**趙振華**（1981）　是佳　是，《博雅》："此也。"佳即唯，此用如爲。

《文物》1981-7，頁68

○**蔡運章**（1985）　嘉是佳哀成叔之鼎：

"是佳"即"是惟"，古書中常見，可有二種解釋：一，"是惟"可讀作"實惟、時維"或"寔爲"。如《詩·魯頌·閟宮》"后稷之孫，實惟大王"；《大雅·生民》"厥民之初，時維姜嫄"；《國語·晉語》"是故先置公子夷吾，實爲惠公"。這裏的"是惟"可理解爲現在普通話裏的"就是"，故釋者多以爲"嘉即是哀成叔"。但從通篇銘文來看，正如李學勤先生指出的"鼎銘'嘉'係作器者名，'哀成叔'是諡，可能即本墓墓主，兩者並非一人"。哀成叔是此墓的主人，由同墓出土的豆銘"哀成叔之䇥（登）"、鉈銘"哀成叔之鉈"可以爲證。由此可見，將這裏的"是惟"讀作"實惟、時惟"或"寔爲"，實難通讀銘文。二，"是惟"亦可讀如"是以"。《經傳釋詞》卷三："惟，猶以也。"《詩·魏風·葛屨》："維是褊心，是以爲刺。"《尚書·牧誓》："是信是使，是以爲卿大夫。"《古書虛字集釋》卷九：“‘是以’猶‘故’也，申事之詞也。”它的含義相當於現在普通話裏的“所以”。因此，我們認爲將此銘“是惟”讀爲“是以”較爲正確。

《中原文物》1985-4，頁 57—58

【是蜀】上博三·周易 40
○濮茅左（2003）　“是蜀”，或讀爲“蹢躅”。《經典釋文》：“蹢躅，不靜也。”
　　本句馬王堆漢墓帛書《周易》作“嬴豨復，適屬”；今本《周易》作“嬴豕孚，蹢躅”。

《上海博物館藏戰國楚竹書》（三）頁 191

趕 趕 愇

臺 曾侯乙 73　　 上博三·周易 11　　 上博二·民之 10

○濮茅左（2002）　“不疐”，“疐”同“愇”。《文選·幽通賦》“違世業之可懷”，李善注引曹大家曰：“違或作愇，愇，亦恨也。”《禮記·孔子閒居》鄭玄注：“不違者，民不違君之氣志也。”指内無所戾。

《上海博物館藏戰國楚竹書》（二）頁 170

【愇如】上博三·周易 11
○濮茅左（2003）　“疐”，即“愇”字，通“趕”。《集韻》：“趕，通作愇。”《説文·是部》：“趕，是也。从是，韋聲。”明其是者，戒其非。或讀爲“威、委”。

《上海博物館藏戰國楚竹書》（三）頁 152

△按　《説文》謂：“愇，籀文趕从心。”諸字从心，韋聲，與“趕”字籀文同。曾侯乙簡之字用爲人名。上博三《周易》“愇如”，馬王堆帛書本作“委如”，今本作“威如”，“愇、委、威”音近。上博二《民之父母》“無聲之樂，氣志不愇”，又清華三《説命上》簡 5“遆審愇卜，乃殺一豕”，“愇”讀爲“違”。

趧

 天星觀

△按　字形據滕壬生《楚系簡帛文字編》，上下文殘，不詳其讀。